L'UNION AFRICAINE

Etudes Africaines
Collection dirigée par Denis Pryen et François Manga Akoa

Déjà parus

Claude GARRIER, *Forêt et institutions ivoiriennes*, 2006
Nicolas MONTEILLET, *Médecines et sociétés secrètes au Cameroun*, 2006.
Albert NGOU OVONO, *Vague-à-l'âme*, 2006.
Mouhamadou Mounirou SY, *La protection constitutionnelle des droits fondamentaux en Afrique : l'exemple du Sénégal*, 2006.
Toumany MENDY, *Politique et puissance de l'argent au Sénégal*, 2006
Claude GARRIER, *L'exploitation coloniale des forêts de Côte d'Ivoire*, 2006.
Alioune SALL, *Les mutations de l'intégration des Etats en Afrique de l'Ouest*, 2006.
Jean-Marc ÉLA, *L'Afrique à l'ère du savoir : science, société et pouvoir*, 2006.
Djibril Kassomba CAMARA, *Pour un tourisme guinéen de développement*, 2006.
Pierre FANDIO, *La littérature camerounaise dans le champ social*, 2006.
Dominique BANGOURA, Emile FIDIECK A BIDIAS, *L'Union Africaine et les acteurs sociaux dans la gestion des crises et des conflits armés,* 2006.
Maya LEROY, *Gestion stratégique des écosystèmes du fleuve Sénégal*, 2006.
Omer MASSOUMOU (dir.), *La marginalité en République du Congo*, 2006.
Gilchrist Anicet NZENGUET IGUEMBA, *Le Gabon : approche pluridisciplinaire*, 2006.
Innocent BIRUKA, *La protection de la femme et de l'enfant dans les conflits armés en Afrique*, 2006.
Alain BINDJOULI BINDJOULI, *L'Afrique noire face aux pièges de la mondialisation*, 2006.
Benedicta Tariere PERETU, *Les Africaines dans le développement, le rôle des femmes au Nigeria*, 2006.
Armand GOULOU, *Infrastructures de transport et de communication au Congo-Brazaville*, 2006.

Guy Mvelle

L'UNION AFRICAINE

Fondements, organes, programmes et actions

Préface de Stéphane Doumbé-Billé

L'Harmattan
5-7, rue de l'École-Polytechnique ; 75005 Paris
FRANCE

L'Harmattan Hongrie	**Espace L'Harmattan Kinshasa**	**L'Harmattan Italia**	**L'Harmattan Burkina Faso**
Könyvesbolt	Fac..des Sc. Sociales, Pol. et	Via Degli Artisti, 15	1200 logements villa 96
Kossuth L. u. 14-16	Adm. ; BP243, KIN XI	10124 Torino	12B2260
1053 Budapest	Université de Kinshasa – RDC	ITALIE	Ouagadougou 12

http://www.librairieharmattan.com
diffusion.harmattan@wanadoo.fr
harmattan1@wanadoo.fr

© L'Harmattan, 2007
ISBN : 978-2-296-02286-7
EAN : 9782296022867

À ma fille Francette
À ma mère Dora
À mon père James
À toute la famille Mvelle

Remerciements

Ma gratitude s'adresse à tous ceux qui, inlassablement, m'ont encouragé et aidé dans la réalisation de cet ouvrage ; en particulier toute l'équipe du Centre de droit international de Lyon 3 que dirige le Professeur **Stéphane Doumbé-Billé,** et qui est composée de **Frédérique Lozanorios, Mariana Lunca, Kiara Neri** et **Augustin Tchameni.**

Mais j'aimerais rappeler que c'est au Professeur **Pascal Chaigneau** que je dois ma carrière universitaire ; lui qui a guidé, par son incroyable connaissance de l'Afrique et son esprit critique, mes premiers et plus importants pas dans la recherche.

Mes profonds remerciements vont enfin à ceux qui m'ont tendu la main et ont cru sans a priori aux capacités qui pouvaient être les miennes. Je pense principalement aux Professeurs **Thierry Debard et Olivier Echappé**, à qui je dis ici mille fois merci.

« Agis de telle sorte que la maxime de ta volonté puisse être érigée en loi morale universelle ». (Emmanuel Kant)

Qu'il me soit permis de dire à toutes et à toutes, mes très sincères gratitudes. Bien entendu, les insuffisances de ce livre relèvent de ma seule responsabilité.

« L'Afrique peut être perçue comme un risque. L'Afrique est perçue par beaucoup comme un risque. Mais pour nous, l'Afrique peut être une grande opportunité, l'Afrique doit être une grande opportunité. Si nous nous donnions tous la main, si nous agissions dès aujourd'hui, dès aujourd'hui, pas demain, car il sera tard. Si nous agissons dans le cadre d'un large consensus pour exercer notre leadership politique et établir l'Agenda pour l'Afrique ».

Alpha Oumar Konaré

Préface

L'ouvrage que j'ai le plaisir de préfacer ne devrait pas en principe manquer de susciter l'intérêt de ses lecteurs. Cette constatation de simple bon sens ne relève pas seulement de l'évidence. Elle est surtout justifiée par deux séries d'éléments qui en renforcent du reste la force persuasive : le premier tient au thème abordé, qui ne peut qu'attirer l'attention en raison de l'intérêt et de la curiosité que soulève irrésistiblement toute réflexion relative à la coopération interafricaine. La littérature est en tout cas assez peu développée pour susciter un engouement constant et il n'est pas douteux que l'analyse de M. Guy Mvelle retiendra vite l'attention. Le second élément est précisément lié à la personnalité et au style de l'auteur, politiste spécialisé dans les questions de politiques publiques africaines et francophones, chercheur associé au Centre de droit international de l'Université Jean Moulin – Lyon 3 au sein de laquelle il enseigne notamment les relations internationales et la théorie des organisations internationales.

Chacun sera vite et probablement de façon durable sensible à la manière de rédiger de M. Mvelle dont je veux rappeler ici qu'il fut dans une ancienne vie journaliste avant de replonger dans le monde des études doctorales politiques. Il en résulte un travail clairement présenté, dont le caractère didactique le rend accessible au public non universitaire, même s'il ambitionne à bon droit de porter l'analyse du système juridique de l'Union Africaine à la connaissance des étudiants et chercheurs spécialisés en relations internationales.

Cette ambition ne doit pas cependant conduire à se méprendre sur la portée exacte du projet de l'auteur qui se concentre sur la nouvelle formule de cette coopération interafricaine qu'illustre l'Union Africaine en succédant dans les conditions, qualifiées de *« contexte et co-déterminants d'une création »,* parfaitement décrites par l'ouvrage. Ce projet présente en réalité une grande modestie en se concentrant sur la nouvelle institution dont M. Mvelle décrit avec talent les organes et les limites et/ou obstacles qui affectent déjà sa jeune existence, avant de nous donner un idée des programmes spéciaux à travers l'examen du NEPAD et de la CSSDCA. A l'évidence, l'auteur a voulu s'en tenir à ces deux pôles de crise que sont le développement économique de l'Afrique et la gestion des (trop) nombreux conflits qui minent le continent.

On ne saurait naturellement réduire l'Union Africaine à ces deux aspects, même s'ils constituent effectivement d'un point de vue médiatique, des boutons de fièvre. On regrettera à cet égard que M. Mvelle soit resté *« aimanté »* par le seul *« Acte constitutif »* de l'Union, laissant de côté tout l'héritage institutionnel et juridique de l'ex-OUA. On peut regretter en particulier l'absence d'une approche réflexive sur le volet des droits de l'homme, alors que d'une part, l'une des spécificités du système africain est de consacrer ces droits sous la forme de droits de l'homme et des peuples et que, d'autre part, la Charte africaine relative à ces droits célèbre cette année son quart de siècle d'existence, en même temps que son protocole additionnel relatif à la création, destinée à perfectionner le système d'une Cour africaine des droits de l'homme et des peuples entre en vigueur avec la nomination effective de ses onze juges.

M. Mvelle pouvait-il cependant, dans la masse invraisemblable de données qu'il avait à traiter, tout faire et en particulier ne pas évoquer la Commission africaine des droits de l'homme et des peuples qui joue encore un rôle central dans ce mécanisme régional de protection ? La question reste posée et, parce que dans l'esprit de l'auteur des présentes lignes, faire une préface ne constitue pas un exercice de bon aloi, elle mérite de l'être sans affaiblir pour autant l'intérêt que présente par ailleurs le travail de M. Mvelle. L'Union Africaine, très jeune encore, ne constitue pas (encore) à proprement parler une usine à gaz. L'organisation n'en présente pas moins dès son origine une complexité qui invite certainement à aller plus au fond des choses.

Celles qui sont dites ne manqueront pas pour leur part de susciter la discussion. Ce n'est pas là le moindre des mérites de cette contribution notable à la connaissance juridique et politique de l'Union Africaine. Il est assuré que sur de nombreux points, tel que celui, central ici, de la nature de l'organisation, les analyses de M. Mvelle emporteront aisément la conviction, ce qui est pour celui qui croit assez bien le connaître, une raison supplémentaire de justifier le plaisir qu'il a pris à préfacer cet ouvrage, assuré de son avenir non seulement éditorial mais académique au service de l'enseignement et de la recherche en Afrique. /.

Stéphane Doumbé-Billé
Pr. de droit public à l'Université Jean Moulin – Lyon 3
Directeur du Centre de droit international
Dir. de l'Observatoire de l'intégration juridique africaine

Sigles et abréviations

Nous avons retenu ici les sigles qui sont d'usage courant. Certains ne sont pas d'origine française mais viennent de l'anglais ou de l'espagnol. Dans ce cas on a donné directement le sens français.

- **AGNU**
Assemblée générale des Nations Unies
- **AIEA**
Agence internationale de l'énergie atomique
- **ANAD**
Accord de non-agression et d'assistance en matière de défense
- **ANE**
Acteurs non-étatiques
- **APE**
Accord de Partenariat économique
- **APF**
Assemblée Parlementaire de la Francophonie
- **ASE**
Acteurs sub-étatiques
- **ASEAN**
Association des Nations de l'Asie du Sud-est
- **AUE**
Acte Unique Européen
- **BCA**
Banque Centrale Africaine
- **BCEAO**
Banque Centrale des Etats de l'Afrique de l'Ouest
- **BEAC**
Banque des Etats de l'Afrique Centrale
- **BIRD**
Banque Internationale pour la Reconstruction et le Développement
- **BM**
Banque Mondiale
- **CAE**
Communauté des Etats de l'Afrique de l'Est
- **CE**
Conseil de l'Europe
- **CEA**
Communauté Economique Africaine
- **CEA**
Communauté de l'énergie atomique

- **CECA**
Communauté Economique du Charbon et de l'Acier
- **CEDEAO**
Communauté Economique des Etats de l'Afrique de l'Ouest
- **CEE**
Communauté Economique Européenne
- **CEMAC**
Communauté Economique et Monétaire de l'Afrique Centrale
- **CER**
Communautés Economiques Régionales
- **CFI**
Commission Fluviale Internationale
- **CIJ**
Cour Internationale de Justice
- **COMESA**
Marché Commun d'Amérique Centrale
- **COREP**
Comité des Représentants Permanents de l'Union Africaine
- **CPS**
Conseil de Paix et de Sécurité
- **CSCE**
Conférence pour la Sécurité et la Coopération en Europe
- **CSNU**
Conseil de Sécurité des Nations Unies
- **CSSDCA**
Conférence pour la Sécurité, la Stabilité, le Développement et la Coopération en Afrique
- **CUA**
Commission de l'Union Africaine
- **DSRP**
Document Stratégique de Lutte Contre la Pauvreté
- **ECOMOG**
Groupe de Surveillance de la CEDEAO
- **ECOSOC**
Conseil Economique et Social des Nations Unies
- **FAAC**
Forces Armées Alliées de la Communauté (Union Africaine)
- **FAO**
Organisation pour l'Alimentation et l'Agriculture
- **FIDA**
Fonds International de Développement Agricole
- **FMI**
Fonds Monétaire International
- **FNUAP**
Fonds des Nations Unies pour la Population
- **HCDH**
Haut Commissariat des Nations Unies aux Droits de l'Homme

- **IBW**
Institutions de Bretton Woods
- **IFI**
Institutions financières internationales
- **IGAD**
Autorité Intergouvernementale pour le Développement
- **IPPTE**
Initiative de Pays Pauvres Très Endettés
- **MCCA**
Marché Commun de l'Afrique Orientale et Centrale
- **MUAS**
Mission de l'Union Africaine au Soudan
- **NEPAD**
Nouveau Partenariat pour le Développement en Afrique
- **NTIC**
Nouvelles Technologies de l'Information et de la Communication
- **OCAM**
Organisation Commune Africaine et Malgache
- **OCDE**
Organisation pour la Coopération et le Développement Economique
- **ODM**
Objectifs de Développement du Millénaire
- **OEA**
Organisation des Etats Américains
- **OIG**
Organisation Intergouvernementale
- **OIT**
Organisation Internationale du Travail
- **OMC**
Organisation Mondiale du Commerce
- **OMI**
Office des Migrations Internationales
- **OMPI**
Organisation Mondiale de la Propriété Intellectuelle
- **OMS**
Organisation Mondiale de la Santé
- **ONG**
Organisation Non Gouvernementale
- **ONU**
Organisation des Nations Unies
- **ONUDI**
Organisation des Nations pour le Développement Industriel
- **ONU-HABITAT**
Programme des Nations Unies pour les Etablissements Humains
- **ONU-SIDA**
Organisation des Nations Unies pour la Lutte contre le Sida

- **OSCE**
Organisation pour la Sécurité et la Coopération en Europe
- **OUA**
Organisation de l'Unité Africaine
- **PAC**
Politique Agricole Commune
- **PAM**
Programme Alimentaire Mondial
- **PESC**
Politique Etrangère et de Sécurité Commune
- **RCA**
République centrafricaine
- **RDC**
République Démocratique du Congo
- **RECAMP**
Renforcement des Capacité Africaines de Maintien de la Paix
- **RFA**
République Fédérale d'Allemagne
- **RSA**
République Sud-africaine
- **SADC**
Communauté de Développement de l'Afrique Australe
- **UA**
Union Africaine
- **UE**
Union européenne
- **UEMOA**
Union Economique et Monétaire Ouest Africaine
- **UEO**
Union de l'Europe Occidentale
- **UIT**
Union Télégraphique Internationale
- **UMA**
Union du Maghreb Arabe
- **UNESCO**
Organisation des Nations Unies pour l'Education, la Science et la Culture
- **UNICEF**
Fonds des Nations Unies pour l'Enfance
- **UNIFEM**
Fonds de Développement des Nations Unies pour la Femme
- **UPU**
Union Postale Universelle
- **URSS**
Union des Républiques Socialistes Soviétiques
- **UIT**
Union Internationale des Télécommunications

INTRODUCTION

Indifférence ou intérêt pour l'Afrique et pour l'Union Africaine ?

L'état de la doctrine récente

Difficile de dire qu'il existe une quelconque indifférence de la part de la doctrine vis-à-vis de l'Afrique, surtout quand nous nous situons du côté des africanistes, c'est-à-dire des auteurs étrangers qui s'intéressent aux questions africaines sur tous les plans. Seulement, nous devons bien faire la distinction entre les études sur l'Afrique en général et les travaux sur l'Union Africaine. Nous pouvons aisément constater que les premières sont bien plus abondantes que les secondes. Peut-être l'Union Africaine entant qu'objet d'étude des relations internationales africaines, demeure, selon l'expression du professeur Sindjoun *« une narration inconditionnelle »*[1], alors même qu'elle fait bien partie du jeu international des puissances dont la scène internationale en est l'environnement global.

Dans l'ensemble, les bases de données des grandes librairies françaises font état, de près de 2600 ouvrages édités ces dernières années en français ayant le mot Afrique dans le titre. A ceux-là il faudrait ajouter les livres publiés dans les autres langues dont l'anglais et l'espagnol. Nous en avons donné un descriptif en annexe en nous limitant cependant aux travaux jugés récents, donc d'après nous, ceux publiés entre 2000 et 2006.

Sur l'Union Africaine, la situation est différente de celle concernant l'ensemble de l'Afrique, tant les ouvrages sur l'organisation continentale sont encore peu nombreux. En langue française, nous avons identifié trois ouvrages récents et nous ne disposons d'aucune donnée sur les travaux dans les autres langues. Le plus récent de ces ouvrages est sans doute l'ouvrage de Talonto

---

[1] Luc Sindjoun : *« Sociologie des relations internationales africaines »*, Paris, Khartala, 2002, p 23.

Fattany : *« Union africaine et développement. Entre espoirs et illusions »* (L'Harmattan, 2004). Dans cet essai, l'auteur nous présente une vision assez pessimiste de l'Afrique ; une Afrique où selon lui, rien ne permet de rassurer les hommes et les femmes qui y vivent. En cela, il se pose le question de savoir comment pouvons-nous retrouver toutes ces ressources qui ont été dilapidées et qui sont aujourd'hui la propriété des intérêts politiques locaux et de leurs alliés du Nord. De ce fait, Fattany part d'un constat qui fait état des tristes réalités et des faits persistants en Afrique ; enchaîne avec une analyse prospective pour proposer les voies à suivre pour l'Union et les axes pour financer notre développement. Plusieurs solutions déjà connues sont évoquées : la taxe Tobin, l'annulation de la dette, l'augmentation de l'aide publique au développement ou encore le développement et le soutien des tontines africaines…

Les deux autres ouvrages sont d'une part de Dominique Bangoura : « L'Union Africaine face aux enjeux de paix, de sécurité et de défense. » (L'Harmattan, 2003), et de l'autre d'Amnesty International : « Union africaine. Une nouvelle chance pour la promotion et la protection des droits humains en Afrique », 2002. Ce deuxième titre est un rapport dans lequel cette organisation reconnaît que l'Union Africaine offre une occasion nouvelle pour la promotion et la protection des droits humains en Afrique. C'est ainsi qu'elle pense que l'Union, pour être efficace, doit intégrer la bonne gouvernance et le respect des droits humains et des peuples à tous les niveaux de son intervention. En plus de cela, les critères déterminant le maintien d'un pays dans l'Union devraient inclure son engagement à respecter les droits fondamentaux, la démocratie et l'Etat de droit.

Compte tenu donc de ce nombre limité d'œuvres sur une organisation qui représente l'espoir de l'intégration et du développement du continent, inutile de dire l'importance de poursuivre la réflexion sur n objet dont le vide cognitif est en ce moment incontestable.

Les initiatives internationales

Au-delà de la doctrine, l'attitude des hommes politiques, des acteurs supra étatiques et non étatiques est-elle la même ? Le débat vis-à-vis du Sud en général, et de l'Afrique en particulier est-il toujours moribond comme l'ont constaté dans les années 90 Jacques

Adda et Marie-Claude Smouts[2] ? Indifférence et cynisme continuent sans doute encore à caractériser les attitudes vis-à-vis d'un continent où de milliers de gens vivent chaque jour *« dans la misère la plus noire, et dans les conditions les plus sordides.* » Mais remarquons tout de même que la communauté internationale s'est distinguée ces dernières années par la prise d'un certain nombre d'initiatives et de mesures vis-à-vis du monde pauvre en général et de l'Afrique en particulier.

Tokyo International Conference on Africa Development (TICAD)

Dès 1993 s'est tenue la première Conférence Internationale sur le Développement de l'Afrique (TICAD I[3]). C'est une initiative du gouvernement japonais visant à aider le continent noir à desserrer les contraintes de son sous-développement structurel dans le cadre d'un dialogue politique entre les dirigeants africains et leurs partenaires de développement. Les principes directeurs de ce forum sont *« l'appropriation »* par les Africains de leurs processus de développement et le *« partenariat »* international. Plusieurs partenaires sont ici impliqués : le gouvernement du Japon, la Coalition Mondiale pour l'Afrique, le Bureau du Conseiller spéciale pour l'Afrique de l'ONU, le PNUD, la Banque Mondiale, un large éventail de pays africains, des pays asiatiques, des donateurs, les institutions internationales, les organisations de la société civile, le secteur privé et les parlements.

La TICAD II a eu lieu en 1998 et a abouti sur l'avènement du Plan d'action de Tokyo qui vise principalement à réduire la pauvreté et à intégrer l'Afrique dans l'économie mondiale. Ce plan prévoyait, entre autres, d'aider l'Afrique à accroître sa part dans les échanges commerciaux, et d'attirer davantage d'investissements directs étrangers afin d'assurer un niveau élevé de croissance, et de faciliter l'intégration du continent dans l'économie mondiale. L'ambition de la TICAD II était de mettre sur pied un partenariat fondé sur l'appropriation, par les pays africains, de leurs stratégies de

---

[2] Jacques Adda et Marie-Claude Smouts : *« La France face au Sud. Le miroir brisé »*, Karthala, 1989.

[3] TICAD : Tokyo international conference on African development.

développement, et sur les priorités définies par les Africains eux-mêmes.

La TICAD III qui s'est tenue quant à elle du 29 septembre au 1er octobre 2003, voulait aborder des réponses aux questions posées dans le cadre des deux premières conférences. Elle a tablé sur six points ayant trait au développement et à l'intégration de l'Afrique : la consolidation de la paix, le renforcement des capacités, le développement axé sur l'homme, les infrastructures, le développement agricole et le développement du secteur privé.

Toute la question est de savoir évidemment si jusque-là, les plans des TICAD ont atteint leurs principaux objectifs. Les réponses restent mitigées dans la mesure où les indicateurs économiques et sociaux des pays africains demeurent très bas. L'un des objectifs majeurs des plans de Tokyo consiste à réduire à 50% d'ici à 2015 la proportion de la population vivant dans une misère extrême. Or la dégradation des conditions de vie des populations reste difficile à maîtriser. Le signe positif nous vient de la contribution du gouvernement japonais au Fonds de la paix de l'Union Africaine qui s'élevait globalement en 2003 à 1,8 million de dollars US.

Initiative des pays pauvres très endettés (IPPTE)

Fin 1999, la Banque Mondiale et le Fonds Monétaire International ont lancé à Cologne l'initiative bien connue aujourd'hui sous l'expression IPPTE : Initiative des pays pauvres très endettés. Fondée sur une approche de l'allègement de la dette incluant pour la première fois les créances multilatérales, l'IPPTE est destinée à alléger le fardeau excessif de la dette extérieure de certains pays les plus pauvres de la planète. Pour la Banque Mondiale, cette initiative représente une innovation majeure en termes de financement de développement. Elle fait le lien entre l'efficacité de l'aide et le contexte global de l'action des pouvoirs publics, ainsi que de la coordination de l'aide entre la conditionnalité et la prise en charge des politiques macro-économiques et les ordres de priorités établis pour les dépenses publiques. Au final, après avoir été améliorée dans sa phase initiale, l'IPPTE représente donc pour ses initiateurs, une stratégie ambitieuse contenant au moins trois séries d'objectifs : assurer une sortie définitive du cycle de rééchelonnement de la dette ; promouvoir la croissance et libérer les ressources pour un surcroît de dépenses sociales. Son bilan et sa mise en œuvre sont vivement critiqués et les partisans de l'annulation totale de la dette des pays pauvres en exigent plus. Mais reconnaissons que ce petit pas pour le développement de l'Afrique est une grande avancée dans la question de la dette africaine ; une dette qui remonte à l'accession à l'indépendance des pays africains, et qui s'élevait encore- dette publique externe- à 185 milliards de dollars US en 2003.

Objectifs de développement du millénaire (ODM)

Outre l'IPPTE, le grand espoir de ces dernières années nous vient évidemment de l'ensemble de la communauté internationale qui a adopté en 2000, à l'ONU, dans le cadre de la Déclaration du Millénaire, les *« Objectifs du Millénaire pour le Développement »*. Pour la première fois, les dirigeants de la planète se sont engagés à s'attaquer sur tous les fronts aux problèmes de la paix, de la sécurité et du développement, des droits de l'homme et des libertés fondamentales, avec comme terrain privilégié, le monde en développement en général, et l'Afrique en particulier. Les huit Objectifs du Millénaire pour le Développement vont de la réduction de moitié de la pauvreté à la lutte contre le VIH/Sida, en passant par l'école primaire universelle, avec pour date butoir l'année 2015. Pour les observateurs les plus réservés, nous sommes déjà au tiers du parcours, et la communauté internationale a pris du retard sur ces promesses solennelles faites aux plus pauvres.

Mais le mérite des OMD est qu'ils constituent le plan que tous les pays et toutes les grandes institutions de développement du monde ont accepté en tant que projet d'ensemble. D'où l'espoir qu'ils feront *« avancer les choses. »* Et les disponibilités financières internationales autorisent à rêver. Les 50 milliards d'aide publique supplémentaires nécessaires aux pays pauvres en 2006 et qui n'ont pas pu jusque-là être versés sont bien minimes par rapport aux 40 mille milliards de dollars de produit mondial brut, aux 8 mille milliards que représente chaque année le commerce international, et aux 1500 milliards de dollars créés par la croissance mondiale en 2004.

La Commission for Africa

L'autre initiative internationale en faveur de l'Afrique à citer est bien celle de la *Commission for Africa* instituée par le Premier ministre britannique, Tony Blair, dans la perspective du G8 de Gleneagles en 2005. Réunissant les personnalités internationales de grande renommée comme Gordon Brown, Michel Camdessus, Jack Lang ou encore Meles Zenawi, cette commission avait globalement pour but de proposer une approche occidentale de l'attitude à adopter vis-à-vis du continent africain en matière d'aide et de développement. Elle est arrivée au constat qu'il faut établir entre les pays d'Afrique et les pays développés *« un partenariat d'un genre nouveau, un nouveau type de développement fondé à partir d'objectifs énoncés sans ambiguïté, sur un respect mutuel*[4] *»*

La Commission for Africa poursuivait cinq objectifs :

Mettre en œuvre des idées et des actions nouvelles allant dans le sens d'une Afrique plus forte et prospère, en utilisant le tremplin que représentent les présidences britanniques conjointes du G8 et de l'Union européenne en 2005

Encourager la conduite de travaux d'analyse concernant l'Afrique, en particulier ceux émanant du NEPAD et de l'Union Africaine, puis s'assurer que ces recherches portent leurs fruits

Contribuer à la concrétisation des engagements internationaux pris envers l'Afrique

Offrir des perspectives de développement nouvelles et positives, afin de préserver la diversité culturelle de l'Afrique au XXIe siècle tout en abandonnant les idées reçues

Comprendre les aspirations africaines et leur permettre de s'épanouir en écoutant les Africains.

Concrètement, la Commission de monsieur Blair proposait entre autres pour l'Afrique : le renforcement des institutions, l'éradication de la pauvreté, le rapatriement des fonds détournés aux peuples africains, l'investissement dans les ressources humaines, le développement de la croissance ou encore, l'accroissement des échanges commerciaux et l'annulation à 100% de la dette des pays pauvres de l'Afrique

---

[4] Rapport de la Commission for Africa : *« Pour l'Afrique. Contre l'indifférence et le cynisme »*, Paris, La documentation Française, 2005, p 5.

subsaharienne qui en ont besoin. De ces recommandations est née « *l'Accord historique* » signé à Londres, en juin 2005, par les ministres des finances des pays du G8, accord dans lequel il a été convenu d'une annulation « *immédiate* » de 40 milliards de dollars US de dette multilatérale de 18 pays pauvres très endettés, parmi lesquels 14 pays africains. Cette initiative est la plus large déclaration jamais faite par les ministres des finances des pays riches sur la question de la dette et de la lutte contre la pauvreté.

African Grouth Opportunity Act (AGOA), l'Accord de Partenariat Economique (APE)…

D'autres initiatives aux effets encore à démontrer ont été également prises comme c'est le cas de l'African Grouth Opportunity Act (AGOA) adopté par les Etats-Unis ou l'Accord de Partenariat Economique (APE) pris dans le cadre de l'Accord de Cotonou, ou encore le « *Plan Blair IFF* » *(International Finance Facility).*

Notons brièvement que le texte de l'AGOA originel voté par le Congrès américain en 2000, prévoit l'entrée en franchise de douane aux Etats-Unis de 6.400 produits divers, notamment les textiles, en provenance des pays africains qui ont entrepris des réformes axées sur l'économie de marché. D'autres critères d'éligibilité à cette loi portent sur le respect de la loi et du pluralisme politique, la pratique de la bonne gouvernance, le respect des droits de l'homme et de ceux des travailleurs, l'équité de l'appareil judiciaire, les efforts de lutte contre la corruption, l'élimination des barrières au commerce et à l'investissement américain…En 2005, 37 pays africains étaient éligibles à l'AGOA et six ans après son entrée en vigueur, les échanges entre les Etats-Unis et l'ensemble de ces pays ont augmenté de 115 %. Bien plus, 98 % de toutes les importations des Etats-Unis en provenance de ces pays étaient entrées en franchise de douane en 2005. Bien qu'ayant été réalisé qu'en partie, l'AGOA a été prolongé le 24 juin 2006 jusqu'en 2015.

C'est dire que l'Afrique est restée ces dernières années une préoccupation quasi-constante pour la communauté internationale, même si on peut continuer à dire avec la Commission for Africa qu'une « *trop grande partie de l'histoire du rôle du monde*

industrialisé est une histoire lamentable de promesses non tenues.[5] »
Et pour cause, l'Afrique est encore ce continent où environ 4 millions d'enfants de moins de 5 ans meurent chaque année de maladies qu'il est possible de guérir à prix très réduit pour les deux tiers ; c'est également plus de 250 000 femmes qui meurent chaque année des complications d'une grossesse ou d'un accouchement ; c'est environ 40 millions d'enfants qui ne peuvent pas aller à l'école ; c'est plus de 25 millions de personnes infectées par le VIH/ Sida ; et c'est par ailleurs le continent où la faim tue plus que toutes les maladies infectieuses du continent réunies. D'où la nécessité de poursuivre la réflexion à laquelle cet ouvrage a l'ambition de contribuer.

---

[5] Commission for Africa, op, cit, p 14.

ORIENTATIONS ET PLAN DE L'OUVRAGE

Objectifs

Le présent ouvrage répond à un double objectif : celui de combler un vide documentaire et celui de faire quelques précisions sur certaines idées reçues au moment où les sceptiques parlent déjà de l'UA, après le sommet de Banjul (Gambie) de juillet 2006, comme un *« rêve brisé »*. *« Rêve brisé »* en raison de l'incapacité pour l'Union à trouver des solutions définitives aux crises et conflits en Somalie, au Darfour, en Côte d'Ivoire ou en République Démocratique du Congo. *« Rêve brisé »* à cause d'un scandale de détournement de 7 millions de dollars dans le cadre de la conférence des intellectuels d'Afrique et de la diaspora, organisée par l'UA et tenue à Dakar en octobre 2004. *« Rêvé brisé »* en raison des blocages que rencontre le NEPAD, principal programme de l'Union, dans sa mise en œuvre, et qui est considéré aujourd'hui comme une chimère, *« un moulin à prière »*. *« Rêve brisé »* en raison des désaveux et des obstacles de toutes natures que rencontre le président de la Commission, Alpha Oumar Konaré. Celui-ci est obligé de ne pas briguer un second mandat en 2007 en raison des difficultés structurelles et une faible capacité financière de l'Union qui a un budget annuel qui atteint péniblement les 60 millions de dollars US et des arriérés de cotisations de l'ordre de 100 millions.

L'Union Africaine et partant le panafricanisme, suscitent donc des inquiétudes qu'il serait intéressant d'analyser et de commenter six ans après l'adoption de son acte constitutif. Si la toute première mission du panafricanisme telle qu'elle avait été définie au tournant des XIXe et Xxe siècles sur le continent américain, a quelque peu été atteinte au fil des années - réhabiliter les civilisations africaines, restaurer la dignité de l'homme noir... - l'objectif de l'intégration et donc du développement de l'Afrique piétine encore[6]. Mais avant d'avancer

---

[6] Après la naissance du panafricanisme sur le continent américain, Sylvester William organise en 1900 à Londres la première conférence panafricaine qui est suivie par le premier congrès panafricain organisé par Du Bois à Paris en 1919...Cf. Mwayila Tshiyembe : *« Du messianisme aux rives de la mondialisation. Difficile gestation de l'Union africaine »*, Le Monde Diplomatique, juillet 2002, pp 22-23.

dans ces réflexions, le premier objectif pour l'enseignant des relations internationales que je suis, confronté à une pénurie de sources doctrinales sur l'Union, est de fournir aux étudiants, aux praticiens, à tout public et à mes collègues enseignants et chercheurs un outil de travail. Certes incomplet et imparfait, cet outil a pour ambition de procurer des informations descriptives et des analyses libres sur une institution beaucoup décriée, mais peut-être peu connue ; et pourtant deuxième grand espoir de l'intégration et du développement du continent.

Outre cette ambition de vulgarisation, le deuxième objectif de cet ouvrage est de préciser quelques idées reçues qui nous ont longtemps été présentées soit par le discours officiel soit par des chroniqueurs avides de sensationnel. Pour beaucoup, l'Union Africaine, en raison de son innovation institutionnelle et des processus ambitieux qu'elle présente, est une organisation d'intégration, différente de l'OUA et proche de sa consœur, l'Union européenne (UE). Pourtant, comme on le verra plus loin, l'Union Africaine a certes de réelles ambitions d'intégration, mais elle demeure une organisation de coopération. Elle s'est limitée jusque-là à coordonner les initiatives des Etats membres avec une Commission sans réel pouvoir sur la machine de l'Union, un président de la Commission jugé trop ambitieux, stigmatisé par sa propension à soumettre des budgets trop pharaoniques... Tout cela fait que l'Union Africaine et l'Afrique ont tendance à s'éloigner chaque jour de la feuille de route, et donc du projet africain de l'intégration. Tout porte à croire qu'on reste bien dans ce *« panafricanisme minimaliste »* qui a généré l'Organisation de l'Unité Africaine, s'opposant au *« panafricanisme maximaliste »* dont le but ultime a toujours été la création d'un Etat fédéral africain, les Etats-Unis d'Afrique, projet soutenu hier par NKrumah et le Groupe de Casablanca, et aujourd'hui par des leaders comme Mouammar Kadhafi ou Alpha Oumar Konaré...

Les limites de cet ouvrage

En poursuivant comme but la vulgarisation et la précision de certaines idées reçues, il est certain que cet ouvrage d'initiation à la connaissance de l'Union Africaine pourra bien donner une image de l'Union proche de la réalité. Cela est possible en analysant les conditions qui ont entraîné sa création, ses organes et ses programmes spéciaux, tout en précisant les rapports que ses différents membres entretiennent entre eux et ses relations avec le reste du monde. Mais nous avons buté sur deux séries d'obstacles : celui de la nature de l'objet à traiter, les organisations internationales, et celui même de la recherche sur un objet touchant l'Afrique.

Traiter des organisations internationales pose le problème fondamental de la place du droit dans leur étude, et partant de la place du droit dans l'étude des relations internationales réelles. Que l'on soit dans le cadre de la science politique en général ou des relations internationales en particulier, le droit général et le droit international ont souvent et même toujours eu une place centrale dans les recherches. Ainsi s'il y a de multiples façons de faire de la science politique et de multiples manières de nommer ce qu'on fait en science politique comme le dit Pierre Favre, c'est bien parce que notre discipline, jadis connue en France sous l'appellation de « *sciences morales et politiques* », a toujours subi « *l'invasion* » d'autres courants de science politique dont la science politique positive ou expérimentale, la psychologie collective, et surtout la science politique camérale (droit public)[7].

Par ailleurs, l'omniprésence classique du droit dans les relations internationales s'est accentuée après la Seconde Guerre mondiale, et ce dans presque tous les domaines de la vie internationale : la dimension politico-militaire, les questions économiques, monétaires et financières, les débats environnementaux...[8] A l'inverse des juristes enclins à s'enfermer dans « *l'univers clos des normes* » dépouillé de tout lien avec la réalité, nous avons voulu analyser l'Union Africaine par une approche pluridisciplinaire. En accordant au droit une place que certains trouverons exagérée dans cet ouvrage, nous avons non seulement voulu user d'un moyen nous permettant d'aboutir à notre fin, mais également satisfaire un besoin d'information d'étudiants des facultés de droit dans lesquelles se trouvent confinés les départements de science politique. C'est d'abord à ces étudiants, aujourd'hui face à une pénurie de manuel sur l'Union Africaine, que cet ouvrage est sans doute destiné. L'autre justification de la place du droit dans l'étude de l'Union Africaine tient à un souci de traduire une part importante de la

---

[7] Pierre Favre : « *Naissance de la science politique en France. 1870-1914* », Paris Fayard, p 52.

[8] Jean-François Guilhaudis, op. cit, p 21.

réalité actuelle des relations internationales[9]. On ne peut donc pas oublier la part du droit dans l'étude des acteurs des relations internationales et la part qu'il occupe dans l'observation de la réalité. Le plus important pour nous a été de veiller à la scientificité de notre travail, c'est-à-dire à la conformité de notre démarche de description, d'analyse et de commentaire à des normes habituellement reconnues.

En dehors de cette inquiétude sur la place supposée exagérée du droit dans l'étude de l'Union Africaine, l'autre difficulté de ce travail aura porté sur les recherches sur un objet typiquement africain. Nous saluons ici les multiples efforts de l'administration de la Commission de l'Union Africaine qui s'évertue à mettre en ligne le maximum d'informations possibles pour la connaissance de l'Union. Sont régulièrement mises sur le site les dernières décisions et déclarations ; celles-ci venant enrichir, avec quelques manquements certes, d'anciens textes constitutifs sur les structures, les procédures et les programmes de l'Union. Mais malgré cet effort d'information et de communication, l'étude sur l'Union Africaine reste tributaire des conditions générales de la recherche en Afrique ou sur un objet typiquement africain, qui plus est encore aussi récent. Les recherches sur l'Afrique, particulièrement au sud du Sahara, butent régulièrement et toujours sur des obstacles tant au plan empirique qu'au plan théorique. Sur le terrain, les zones d'ombre, les jugements partisans et l'absence de statistiques se mêlent à des renseignements partiels et partiaux dus à une culture du secret bien connue en Afrique et à la technicité des sujets à traiter.

Au plan théorique, c'est à la question de la situation de l'Afrique en politique comparée que nous avons été confrontés. On sait que le continent noir n'a été investi que très récemment par la science politique. Dans la division académique entre disciplines en sciences sociales, c'est l'anthropologie (Evans Pritchard, Balandier...) qui *« a hérité des objets considérés comme exotiques*[10] *»* La place qui est accordée à l'Afrique en tant qu'objet d'étude en science politique et dans les relations internationales reste donc marginale. A cela il faut associer les conditions dans lesquelles travaillent les chercheurs africains ; conditions qui ne sauraient être favorables à une production scientifique abondante même sur des objets jugés fondamentaux. En

---

[9] Guilhaudis, op. cit, p 22.

[10] Mamadou et Gazibo, 2003.

cela le nombre d'enseignants, de chercheurs, d'étudiants, l'ampleur des ressources financières et l'indépendance des études de science politique et de relations internationales dans l'organisation des universités n'ont de commune mesure avec aucune aire scientifique des pays développés, pour que soient produits abondamment des travaux sur des objets fondamentaux à notre intégration et à notre développement. Ces allures de désert intellectuel que présente notre continent datent déjà, car il y a plus de 30 ans, Cheikh Anta Diop posait déjà la problématique de la recherche scientifique en Afrique[11]. Alors qu'elle est considérée partout ailleurs comme *« la source de renouvellement du monde au sens le plus général et le plus profond »*, dans la mesure où elle *« pourvoit en techniques nouvelles le champ de la pratique quotidienne »*, la recherche a tendance à être considérée en Afrique comme un luxe. Erreur lourde de sens.

Moteur du progrès, la recherche souffre malheureusement depuis longtemps en Afrique d'un manque de coordination à l'intérieur du même territoire et d'un territoire à l'autre, et d'un manque de ressources financières. Elle manque surtout, soulignait déjà Cheikh Anta Diop en 1974, d'une absence d'informations, alors que la fécondité du chercheur est fonction de ses moyens de documentation. La solution n'est-elle toujours pas aujourd'hui à ce qu'il proposait jadis : la régionalisation de la recherche par nécessité financière. N'est-ce pas la seule voie permettant à l'Afrique de mettre fin à son *« parasitisme intellectuel »*. Tout comme un pays, un continent pèse ce que pèse le poids de ses cerveaux. Ce n'est peut-être que par là que l'Afrique et ses organisations internationales cesseront d'occuper l'appendice de grands ouvrages sur les relations internationales.

La méthode de travail

Selon un principe fondamental de recherche, nous sommes partis du général au particulier tout en suivant les étapes classiques de la recherche : observation, hypothèse et dans une moindre mesure, expérimentation. Ce dernier point s'est limité à l'observation systématique des actions menées jusque-là par les organes de l'Union Africaine.

---

[11] Cheikh Anta Diop : *« Perspectives de la recherche scientifique en Afrique »*, Notes Africaines, octobre 1974.

Dans notre observation de la création de l'Union, de ses organes et de ses programmes spéciaux, la première démarche a consisté à chasser de notre esprit les idées préconçues qui nous ont toujours présenté l'Union Africaine comme « *la* » solution à l'intégration et au développement du continent africain. Nous avons fait l'effort de rester en retrait vis-à-vis de cette passion sur la mystique de l'unité africaine, cette familiarité prématurée avec une nouvelle organisation ; familiarité pouvant constituer pour nous un obstacle épistémologique dans la mesure où cette situation peut produire continûment « *des conceptions ou des systématisations fictives..*[12] ».

Cette attitude s'est poursuivie par la systématisation de définitions et du recours à la théorie générale des organisations internationales, avec un fort attrait pour l'approche juridique qui dans ce domaine, est quasi incontournable. Recourir aux définitions systématiques et aux théories générales a été pour nous, non seulement une exigence pratique, mais également une règle élémentaire de méthode. Sans l'élever au rang de canon d'un catéchisme méthodologique auquel tout le monde devrait pieusement sacrifier[13], il nous a semblé utile et fondamental de nous y soumettre pour éviter les diverses confusions conceptuelles et les idées reçues longuement véhiculées par le discours officiel et une certaine presse en mal d'afro pessimisme.

La construction de nos hypothèses quant à elle a été guidée par la particularité même de notre objet d'étude, chaque thème de recherche comportant un objet différent. Notre but est de proposer des réponses à une série de questions portant sur les raisons du passage de l'OUA à l'UA, la nature de l'Union Africaine (objectifs, principes, organes), la nature et la portée de ses programmes spéciaux...Sans toujours être précis au départ, nous avons au fil des lignes recadré nos hypothèses afin de sélectionner les aspects à traiter, ceci pouvant nous permettre au final de les interpréter, de leur donner une signification qui constituera un élément possible de début de théorie.

---

[12] Madeleine Grawitz : « *Méthodes des sciences sociales* », 11e édition, Dalloz, 2000, p380.

[13] Patrick Lehingue : « *La loyalty, parent pauvre de la trilogie conceptuelle d'A. O. Hirschman* », in Josepha Laroche : « *La loyauté dans les relations internationales* », l'Harmattan, 2001, p 77.

Problématique générale de l'ouvrage

La meilleure manière de définir et de construire notre objet de recherche était de bâtir une problématique théorique nous permettant de soumettre à une interrogation systématique, les aspects réels de l'Union Africaine mis en relation avec les questions qui leur sont posées. La science commençant toujours par un objet spécifié, nous avons pu deviner, sous les apparences, les vrais problèmes et les bonnes questions que se pose le public sur l'Union Africaine. De plus, nous nous sommes posés des questions sur le rôle que peut jouer l'Union dans l'intégration et le développement de l'Afrique.

Ainsi qu'est-ce que l'Union Africaine ? Comment et pour quoi est-elle née ? Comment est-elle organisée et comment fonctionne-t-elle ? Quelle est son approche du développement et de l'intégration en Afrique ? Quelle est son approche de la sécurité collective en Afrique et que fait-elle pour la prévention, la gestion et le règlement des conflits et crises sur le continent ? A notre avis c'est dans ces questions que se trouve le cœur du débat actuel sur l'Union Africaine.

Plan de l'ouvrage

Nos développements tendent à concevoir, organiser et construire notre travail dans la perspective de décrire, de commenter et d'analyser la naissance, le développement et l'action de l'Union Africaine. Nous développerons dans la première partie le contexte et les codéterminants de la création de l'Union Africaine avec huit chapitres. Notre deuxième partie portera sur les organes de l'Union Africaine alors que la troisième traite des limites et des obstacles à l'intégration africaine avec trois chapitres. La quatrième et la dernière partie examinent les programmes spéciaux avec une étude sur le NEPAD et la CSSDCA. L'ouvrage est complété par des annexes qui font état de lumières supplémentaires que nos développements n'ont pas abordé, avec à la clef un petit lexique de l'Union Africaine et les grandes dates de la construction de l'Union Africaine. Une bibliographie y est enfin indiquée.

Rappelons enfin que la capacité de collecte de données, d'analyse et de commentaire d'un auteur a des limites et qu'il ne s'agissait certainement pas de faire ici œuvre définitive, mais de faire œuvre utile, de nature à susciter des contradictions, mais aussi des réflexions.

Nous est-il permis d'espérer que nos erreurs seront des erreurs fécondes ? Certaines de nos interprétations pourront être discutées, et certains points de détail, revus et corrigés. D'avance, nous faisons donc amande honorable à tous ceux dont la relativité de certains propos heurtera la sensibilité intellectuelle.

Première partie

L'Union Africaine : le contexte et les codéterminants d'une création

CHAPITRE 1

Aux origines de la création de l'Union Africaine : les conférences fondatives

> **PLAN DU CHAPITRE**
>
> **Section 1**
> Les rencontres et les différentes options en présence
> 1. Le sommet extraordinaire de Syrte de septembre 1999
> 2. Le sens du choix de Mouammar Kadhafi
> 3. Le 36ᵉ sommet de l'OUA et la naissance de l'Union Africaine
>
> **Section 2**
> Une troisième voie possible : un fédéralisme fonctionnel ?
> 1. Un fédéralisme à mi-chemin entre la confédération et l'Etat fédéral
> 2. Un modèle à compléter

Remonter aux conférences fondatives de l'Union Africaine nous permet de cerner de façon plus ou moins précise la construction de cette institution qui comme toute création revêt un caractère particulier. Au plan des rapports entre les acteurs internationaux, cette construction revêt même un caractère particulier, voire conflictuel. C'est ce qu'affirme Marie-Claude Smouts pour qui une institution n'est pas *« immanente ou naturelle.*[14] *»* C'est le fruit d'une construction sociale. *« Elle résulte de compromis entre acteurs rivaux au terme d'évolutions souvent très conflictuelles.*[15] *»* Cette situation

---

[14] Marie-Claude Smouts : *« Les organisations internationales »*, Paris, Armand Colin, 1995.

[15] Smouts, op,cit, p 16.

que l'on retrouve au plan interne l'est également pour les relations internationales dont l'exemple le plus illustrateur est bien celui de la dernière conférence sur le droit de la mer qui a duré plus de dix ans pour aboutir aux résultats que nous connaissons. C'est aussi le cas des négociations de l'Uruguay Round qui donneront naissance en 1994, à Marrakech au Maroc, à l'Organisation mondiale du commerce (OMC).

Comme ce fut le cas pour l'Organisation de l'Unité Africaine, la création de l'Union Africaine est l'aboutissement d'un affrontement entre des visions sur la nouvelle approche susceptible de mieux réaliser l'intégration et l'unité du continent. L'analyse des relations internationales[16] et donc des organisations internationales qui en sont parmi les acteurs les plus importants, en appelle au recours de plusieurs approches[17]. Serge Sur dans ce qu'il appelle la diversité des courants doctrinaux des relations internationales parle de dimensions des relations internationales dans lesquelles il oppose schématiquement trois conceptions. La première c'est la conception sociologique. Elle considère la totalité des rapports internationaux dans leur complexité en partant des individus et des groupes ainsi que de leurs représentations collectives. La deuxième c'est l'approche institutionnelle, elle restreint le champ de son étude à l'ensemble des institutions ou ensembles organisés, mais surtout des institutions publiques, dès lors qu'ils organisent et régulent de façon consciente et volontaire un domaine international conçu comme tel. La troisième approche est l'approche stato-centrée, plus restrictive, elle considère le rôle organisateur et régulateur des Etats comme prépondérant sur la scène internationale, et que c'est par rapport à eux que doivent être définies et étudiées les relations internationales. Nous pouvons dire que nous nous appuierons sur les deux premiers courants doctrinaux- Courant sociologique et approche institutionnelle- pour cerner l'objet Union Africaine.

---

[16] Serge Sur : « *Relations internationales* », 3ᵉ édition, Paris, Montchrestien, 2004, p 17.

[17] Smouts, op. cit. p. 17. Pour l'auteur, l'analyse des relations internationales se nourrit désormais de tout ce qui concourt à analyser le comportement humain individuel ou collectif. Dans ce sens, les emprunts et les raisonnements analogiques sont constants dans cette discipline.

Ce chapitre se limitera bien évidemment à la simple description des différentes rencontres africaines et les thèses en présence en mettant en exergue les rapports entre les acteurs africains dans toute leur complexité (Section 1). Nous traiterons ensuite de l'option finalement retenue par les fondateurs de l'Union après une seconde tentative de fédéralisme en Afrique (Section 2).

Section 1

Les rencontres et les différentes options en vigueur

Comme dans toute institutionnalisation d'une organisation internationale, la mise sur pied définitive du projet de l'Union Africaine, c'est-à-dire l'adoption de l'Acte constitutif, s'est faite après quelques rencontres, mais à la suite de longs débats aux thèses parfois diamétralement opposées. Un document de 17 pages contenant 35 articles a remplacé ainsi dès son adoption par les différents chefs d'Etats et de gouvernement, la Charte de l'Organisation de l'Unité Africaine, ainsi que les dispositions du Traité d'Abuja qui n'étaient plus en conformité avec les nouvelles dispositions.

Il s'avère donc que, les ministres africains réunis à Tripoli le 1er et le 2 juin 1999, sont parvenus à l'adoption du texte, dit aujourd'hui consensuel au prix de longues et difficiles discussions. Les institutions communautaires de l'Union africaine telles qu'on les a définies, les objectifs et autres dispositions, sont le fruit d'âpres négociations dont il serait intéressant d'en rappeler les contenus et les thèses en présence. Trois grandes rencontres nous intéresseront pour ce faire : le sommet extraordinaire de Syrte en Libye du 9 septembre 1999 au cours duquel la Libye a fait la proposition de l'établissement des Etats-Unis d'Afrique avec un Parlement panafricaine bâti sur le modèle du Congrès américain, le 36ème sommet de l'OUA tenu à Lomé, le 11 juillet 2000 et le deuxième sommet extraordinaire tenu en mars 2001 à Syrte qui a porté des modifications de l'Acte constitutif.

1. Le sommet extraordinaire de Syrte de septembre 1999

C'est le quatrième sommet extraordinaire de l'OUA organisé sous la houlette et l'invitation du guide de la Révolution El Fatah, le Colonel Mouammar Kadhafi, et conformément à la décision de la 36e session ordinaire du sommet de l'Organisation tenu à Alger, du 12 au 14 juillet 1999. Au cours de cette rencontre, les chefs d'Etat et de gouvernement africains ont examiné les voies et moyens de renforcer l'Organisation de l'Unité Africaine afin de la rendre plus efficace et de lui permettre de s'adapter aux changements sociaux, politiques et économiques qui se sont produits à l'intérieur et à l'extérieur du continent. Tout en cherchant cette amélioration, les participants à cette rencontre se sont voulus fidèles aux idéaux des pères fondateurs de l'OUA et de toutes les générations des panafricanistes. Ainsi ont été tenus en compte les idéaux d'unité, de solidarité, de cohésion, ainsi que l'idée de la coopération entre les peuples d'Afrique et entre les Etats africains. Tout en étant fiers des progrès enregistrés sur la voie de la promotion et de la consolidation de l'unité africaine, les chefs d'Etat et de gouvernement réunis en Libye ont souligné ainsi la nécessité impérieuse et l'extrême urgence de raviver les aspirations des peuples africains à une plus grande unité, une solidarité, une cohésion dans une communauté plus large de peuples qui transcende les différences culturelles, idéologiques, ethniques et nationales.

C'est dans cet ordre d'idées que s'est située l'idée de la *« revitalisation »* de l'Organisation de l'Unité Africaine afin que celle-ci puisse jouer un rôle plus actif et continuer à répondre aux besoins des peuples africains et aux exigences de la conjoncture actuelle. Tout en avouant avoir été inspirés dans leurs travaux par les propositions faites par le Colonel Kadhafi, les chefs d'Etat et de gouvernement africains n'ont pour autant pas adopté la vision que le leader libyen avait d'une *« Afrique forte et unie, capable de relever les défis qui se posent à elle au niveau mondial et d'assumer sa responsabilité de mobiliser les ressources humaines et naturelles du continent afin d'améliorer les conditions de vie de ses peuples.*[18] *»* La vision du président libyen portait principalement sur l'établissement d'une fédération des Etats-Unis d'Afrique et la mise sur pied d'un Parlement panafricain sur le modèle du Congrès américain. Théoriquement et concrètement que cela signifie-t-il ?

Au plan de la théorie des relations internationales, le fédéralisme appartient bien aux approches mettant l'accent sur la coopération et l'interdépendance entre les acteurs sur la scène internationale, par opposition aux approches dites conflictualistes. Pour Jean-François Guilhaudis, il n'y a pas pour les auteurs une présentation uniforme des relations entre les sujets et les acteurs sur la scène internationale.

---

[18] Extrait du texte de la Déclaration du Syrte du 9 septembre 1999.

Souvent on distingue entre conflit et coopération[19]. Certains autres retiennent trois catégories : la coopération, le conflit et l'intégration[20] ; les relations pacifiques, les négociations conflictuelles et la guerre[21]. D'autres choisissent un mode de présentation plus analytique et présentent les interactions entre des acteurs ou des catégories d'acteurs identifiés de manière plus précise : les grandes puissances, le Nord et le Sud, les pays du Sud[22]

Reprenant l'expression de René Jean Dupuy, Serge Sur tout en considérant le fédéralisme comme une doctrine utopique, reconnaît qu'elle est harmoniste là où les autres approches sont stratégistes[23]. Alors qu'elle a un versant interne, c'est plutôt le versant international qui nous intéresse, celui dans lequel on distingue un fédéralisme classique et une approche de Jean Monnet qui est jugée plus originale mais plus complexe aussi.

Issue de la pensée de certains auteurs du XIXe siècle comme Proudhon[24] qui a posé que l'antagonisme, la contradiction des intérêts et des aspirations entre groupes et classes sont inévitables[25], le fédéralisme se base pour l'essentiel sur la limitation de la souveraineté des Etats, la fragmentation du pouvoir politique et la relativisation de la distinction entre la sphère interne et la sphère internationale. Pour Serge Sur : *« Le fédéralisme international procède d'une inspiration tendant au dépassement de la souveraineté de l'Etat, considéré comme signe et facteur d'anarchie et plus précisément comme la*

---

[19] Braillard et Djallili : *« Relations internationales »,* Paris, PUF, coll. QSJ, 1997, chap. v, p 99-117.

[20] Gonidec et Charvin : *« Relations internationales »,* Paris, Montchrestien, 3ᵉ édition, 1981, p 290-472.

[21] Duroselle Jean-Baptiste : *« Tout empire périra »,* Paris, Armand Colin, 1992, p 175-251.

[22] Jean-François Guilhaudis : *« Relations internationales contemporaines »,* 2ᵉ édition, LexisNexis Litec, 2005, p 311.

[23] Sur, op. cit, p 29.

[24] Pour le XXe siècle on peut citer dans le même ordre d'idées un auteur comme Georges Scelle qui a présenté un système plus spécifiquement international et plus étroitement juridique. Pour Serge Sur, ses analyses juridiques sont cependant fondées sur des considérations sociologiques influencées par Auguste Comte et Emile Durkheim. Sur, op. cit, p 31.

[25] Sur, op. cit, p 31.

principale origine des conflits internationaux… [C'est] un mouvement d'encadrement et d'insertion de plus en plus serrés dans un réseau de solidarités et de contraintes comportant une dimension institutionnelle.[26]» Concrètement, le fédéralisme a pour objectif de transférer à une unité supérieure les pouvoirs des unités qui étaient souveraines. C'est d'un transfert de souveraineté qu'il s'agit.

Outre la création d'une fédération des Etats-Unis d'Afrique comme le proposait déjà N'NKrumah depuis 1958, le leader libyen imaginait un Parlement panafricain sur le modèle du Congrès américain. On sait grossièrement que selon l'article 1, section 1 de la Constitution des Etats-Unis, c'est au Congrès que reviennent tous les pouvoirs législatifs. Il est composé d'un Sénat et d'une Chambre de représentants[27]. Ce bicaméralisme est le même en France où le Parlement est composé d'une Assemblée nationale et d'un Sénat. Mais comme le note Philippe Ardant, c'est un bicaméralisme inégalitaire, l'Assemblée nationale disposant de plus de prérogatives qui sont refusées au Sénat. Le Sénat des Etats-Unis est composé de deux sénateurs pour chaque Etat, choisis pour six ans par la législature de chacun, et chaque sénateur disposant d'une voix. La Chambre des représentants quant à elle est composée des membres choisis tous les deux ans par le peuple des différents Etats. Le nombre de représentants n'excède pas un pour trente mille habitants. A ce stade c'est dire que le Parlement panafricain qu'imaginait Mouammar Kadhafi aurait été composé d'un Sénat de 106 membres à raison de deux membres pour chacun des 53 Etats africains ; et d'une chambre des représentants dont il est difficile d'imaginer le nombre de membres ; en tout cas chaque Etat ayant eu autant de représentants proportionnellement à sa démographie.

2. Le sens du choix de Mouammar Kadhafi

L'important du choix de Mouammar Kadhafi porte sur les pouvoirs qui auraient été confiés au Parlement panafricain s'il avait été bâti sur le modèle du congrès américain. On sait que celui-ci a de larges pouvoirs dans les domaines considérés comme essentiels à la

---

[26] Sur, op. cit, p 30.

[27] Philippe Ardant : « *Institutions politiques et Droit constitutionnel* », 15ᵉ édition, LGDJ, 2003, p 542.

souveraineté des Etats-Unis. Il s'agit des impôts, du commerce extérieur, du droit de battre monnaie et surtout de la défense des Etats-Unis. Selon la section 8 de l'article 1 de la Constitution américaine, le Congrès a le pouvoir de lever et de percevoir les taxes, droits, impôts et excises, de payer les dettes et pourvoir à la défense commune et à la prospérité générale des Etats-Unis. Il réglemente le commerce avec les nations étrangères, entre divers Etats et avec les tribus indiennes. En cas de conflits avec un autre Etat ou une région quelconque, c'est au Congrès que revient le droit de déclarer la guerre, d'accorder des lettres de marque et de représailles, et d'établir des règlements concernant les prises sur terre et sur mer. Dans cet ordre d'idées c'est à lui que revient le droit de lever et d'entretenir les trois armées américaines. Pour boucler l'étendue de ses pouvoirs, il est bien prévu dans la Constitution américaine que le Congrès a le pouvoir de faire toutes lois qui seront nécessaires et convenables pour mettre à exécution ses pouvoirs et tout autre pouvoir conféré par l'Acte fondamental au gouvernement des Etats-Unis, ou à l'un quelconque de ses départements ou fonctionnaires. C'est ainsi que nombre de pouvoirs des Etats dépendent de la volonté du Congrès.

Il est impossible pour eux de lever par exemple des impôts ou des droits sur les importations ou les exportations autres que ceux qui seront absolument nécessaires pour l'exécution de ses lois d'inspection sans le consentement du Congrès. Par ailleurs : « *Aucun Etat ne pourra, sans le consentement du Congrès, lever des droits de tonnage, entretenir des troupes ou des navires de guerre en temps de paix, conclure des accords ou des pactes avec un autre Etat ou une puissance étrangère, ni entrer en guerre, à moins qu'il ne soit effectivement envahi ou en danger trop imminent pour permettre le moindre délai*[28] »

Mais force est de constater que les propositions et la vision du leader libyen n'ont pas été retenues par les participants au Sommet de Syrte. Sans toutefois le dire, les chefs d'Etats africains ont sans doute craint dans ces propositions de Mouammar Kadhafi, comme ce fit le cas face au fédéralisme de Nkrumah, l'avènement d'une nouvelle forme d'autocratie et d'une dictature à l'échelle continentale. Or c'est

---

[28] Constitution des Etats-Unis d'Amérique, article 1, section 10, §3 n Herson J. Lawrence : « *La politique publique des Etats-Unis. Théorique et pratique* », Nouveaux horizons, 1987.

mal connaître la philosophie qui sous-tend le modèle américain sur lequel le leader libyen fondait ses propositions. On sait que la base philosophique fondamentale des institutions américaines dont le Congrès en est un des piliers essentiels, est bien la doctrine de la séparation des pouvoirs[29] issue des réflexions d'illustres Anciens comme Aristote, Marsile de Padoue, Locke et Montesquieu et qui ont abouti comme le souligne Georges Vedel, *« au triomphe définitif du Parlement dans sa lutte contre la monarchie illimitée.*[30] *»* Pour le Doyen Vedel, comme aux Etats-Unis, en France, Montesquieu et son école utiliseront la distinction du législatif et de l'exécutif dans le même sens : institution d'un pouvoir *« non arbitraire »*, régime de droits individuels et de libertés publiques.

Murray et Stedman (1954) pensent que cette séparation de pouvoirs ne signifie pas non plus que la Constitution des Etats-Unis a créé au sein du système une série de compartiments étanches. La preuve en est que le corps législatif possède certains pouvoirs exécutifs comme l'approbation par le Sénat des nominations présidentielles et des traités, et le Congrès possède également un certain pouvoir judiciaire : la chambre des représentants peut mettre en accusation les agents de l'exécutif et le Sénat les juger. Il est vrai comme le souligne Denis Lacorne (1992) que des choix étaient nombreux dans la mesure où les Pères fondateurs *« auraient pu privilégier la tradition anglo-saxonne d'avant la conquête normande, la tradition Whig néo-harringtonnienne, la tradition puritaine.*[31]*»* L'auteur rappelle que la Révolution américaine a été produite en partie par des gens de lettres, qui plus, habitants de Rome et d'Athènes que de leur pays, ont cherché à ramener dans l'Europe les mœurs antiques. Et l'un des symboles même de la patrie américaine est issu de ce mimétisme romain : le grand sceau des Etats-Unis reproduit depuis toujours sur les billets de un dollar, représente une pyramide tronquée,

---

[29] Murray S. Stedman Jr : *« Le travail du Congrès »*, Revue française de science politique, vol.4, n° 4, 1954, p 736.

[30] Georges Vedel : *« Le problème des rapports du législatif et de l'exécutif au Congrès de l'Association internationale de science politique »*, Revue française de science politique, vol.8, n°4, 1958, p 757.

[31] Denis Lacorne : *« Mémoire et amnésie : les fondateurs de la République américaine, Montesquieu et le modèle politique romain »*, Revue française de science politique, vol.42, n° 3, 1992, p 363.

couverte d'un triangle au sein duquel rayonne un œil de la raison, et l'ensemble est couvert d'un cercle d'inscriptions latines.

Les pères fondateurs et architectes de la Constitution américaine avaient donc eu pour ambition, sur la base de la pensée de ces auteurs, de mettre sur pied un gouvernement limité au point où on se demanderait- comment en Afrique, face aux propositions de Kadhafi on a pu parler d'autocratie et de dictature à l'échelle continentale. Ce n'est qu'en mettant sur pied une séparation effective des pouvoirs législatif, exécutif et judiciaire qu'on pourrait arriver à limiter le pouvoir excessif d'un gouvernement, fut-il continental. Cela permet d'ailleurs la garantie des libertés tant foulées au pied dans nos Etats. La limitation du pouvoir a pour principal bénéficiaire sinon le peuple, du moins la classe la plus apte à le représenter. La tyrannie redoutée n'est dans ce cas possible que s'il y a prédominance d'un des ces différents corps. Pour Murray S. Stedman Jr : « *et comme s'en rendent compte ceux qui étudient la politique contemporaine, les arguments avancés par Madison, Hamilton et Jay dans les Federalist Papers, ne sont absolument pas devenus anachroniques.*[32] » Pour les Pères fondateurs, les pouvoirs seront exercés aux Etats-Unis « *avec le maximum de sagesse et le moins de risques pour la société, s'ils étaient partagés entre les trois branches du pouvoir fédéral.*[33] » Encore faut-il savoir si le Colonel Kadhafi prônait un système de séparation de pouvoirs.

Là où se situerait une inquiétude, c'est bien au niveau de certaines impasses auxquelles font aboutir le système de séparation de pouvoirs. On sait sur les termes de Murray et Stedman Jr. que le système de « *freins et contrepoids* » « *érige en institution la lutte ouverte entre le pouvoir exécutif et le pouvoir législatif. Parfois aussi les luttes prolongées ont lieu entre la Cour suprême et les deux autres pouvoirs comme durant la période 1933-1937.*[34] » L'auteur fait aussi remarquer que la composition du Congrès, notamment celle de la Chambre des représentants affiche un aspect exagéré des régions peu peuplées a des répercussions au plan politique et économique. C'est dire que le Congrès des Etats-Unis n'est vraiment pas la source de la stabilité du système américain. Stedman demande d'aller la chercher dans

---

[32] Murray et Stedman, op, cit, p 736.

[33] Murray et Stedman, op, cit, p 736

[34] Murray et Stedman, op, cit, p 736.

« *l'évolution remarquable de la Présidence.*[35] » Par ailleurs comme fait remarquer Gorges Vedel, le principe de la séparation des pouvoirs, de par son idéologie même et par les conséquences pratiques qu'il entraîne, « *conduit à une supériorité du législatif sur l'exécutif.*[36] » Il prend le cas de la France qui est arrivée très vite après 1789, en dépit du culte de la séparation des pouvoirs et sous le régime même de la monarchie constitutionnelle, à « *une dictature du législatif* ».

Avec la Troisième République et après l'échec de la tentative du pouvoir personnel de Mac-Mahon, s'installera la suprématie du législatif qui sera la règle de la Troisième République[37]. Enfin connaissant le leader libyen, on pourrait se baser sur le néo-institutionnalisme historique, et notamment les arguments des partisans de la perspective « *calculatrice* » et lui reprocher ses ambitions hégémoniques. Pour cette approche en s'investissant dans les institutions, « *les individus cherchent à maximiser leur réussite par rapport à un ensemble d'objectifs définis par une fonction de préférence donnée et que ce faisant, ils adoptent un comportement stratégique, c'est-à-dire qu'ils examinent tous les choix possibles pour sélectionner ceux qui procurent un bénéfice maximal.*[38] ». Les Etats-Unis d'Afrique étaient peut-être pour monsieur Kadhafi le meilleur moyen d'assurer sa domination sur nombre d'Etats africains dont la souveraineté peut-être considérée comme purement « *nominale* », selon les termes de l'historien allemand Treitschke (1834-1896)[39]. Pour H. V Treitschke, « *l'État est une personnalité impérieuse et ambitieuse, impatiente de toute sujétion même apparente ; il n'est vraiment lui-même que dans la mesure où il s'appartient*

---

[35] Murray et Stedman, op, cit, p 738. En retraçant l'histoire de cette institution, il semble que la présidence des Etats-Unis donne l'image d'une extension continue de pouvoir. Le leadership aux Etats-Unis, même en période de crise est donc à chercher du côté de la Maison Blanche.

[36] Vedel, op, cit, p 758.

[37] Vedel, op, cit, p 759.

[38] Hall et Taylor : « *La science politique et les trois néo-institutionnalismes* », Revue française de science politique, vol.47, n° 3-4, 1997, p 472.

[39] H.V. Treitschke utilise cette expression pour désigner tous les Etats faibles, à l'instar de la Belgique pendant le Première Guerre mondiale, qui sont incapables d'exercer leur volonté de puissance. Pour lui, l'essence d'un Etat correspond avant tout à la puissance qui lui donne son indépendance. Sans cette puissance, l'Etat risque d'être subjugué et de disparaître.

complètement à lui-même. Mais, pour pouvoir jouer ce rôle, pour contenir les velléités d'empiétement, imposer sa loi sans en subir aucune, il faut qu'il possède de puissants moyens d'action. Un État faible tombe nécessairement sous la dépendance d'un autre et, dans la mesure où sa souveraineté cesse d'être entière, il cesse lui-même d'être un État. D'où il suit que ce qui constitue essentiellement l'État, c'est la puissance.[40] »

L'approche adoptée a été non pas celle d'un gouvernement central africain, mais celui d'une Union Africaine conformément aux objectifs fondamentaux de la Charte de l'OUA et aux dispositions du Traité d'Abuja instituant la Communauté économique africaine. Le but est d'accélérer le processus de mise en œuvre de ce traité en assurant une création rapide de toutes les institutions qui en sont prévues : La Banque centrale africaine, l'Union monétaire africaine, la Cour de Justice et en particulier le Parlement panafricain que Kadhafi voulait sur le modèle du Congrès américain. L'idée d'un Parlement panafricain provient du fait que les Africains voulaient avoir une plate-forme commune pour leurs peuples et pour leurs organisations communautaires en vue d'assurer leur plus grande participation aux discussions et aux prises des décisions concernant les problèmes et les défis qui se posent au continent.

En lieu et place d'un gouvernement continental, les pairs africains ont préféré le renforcement et la consolidation des Communautés économiques régionales qui constituent d'après eux les piliers de la réalisation des objectifs de la Communauté économique africaine et de l'Union envisagée.

3. Le 36ᵉ sommet de l'Organisation de l'Unité Africaine et la naissance de l'Union Africaine

Comme dans toute rencontre des Chefs d'Etat et de gouvernement, le 36ᵉ sommet de l'OUA a fait l'objet de plusieurs débats ayant abouti à vingt-cinq déclarations et décisions dont les plus importantes ont porté sur les conflits en Afrique (Ethiopie/Erythrée, République Démocratique du Congo, Somalie, Sierra Léone, Angola, Comores et la Côte d'Ivoire).

---

[40] Emile Durkheim : « *L'Allemagne au-dessus de tout* », 1915, Les classiques des sciences sociales, p 14.

D'autres décisions ont porté sur les maux qui minent l'Afrique comme le VIH/SIDA, la tuberculose et les autres maladies infectieuses. Mais celle qui nous concerne est bien évidemment celle portant sur la création de l'Union Africaine, et subsidiairement la décision sur la création du Parlement panafricain. Cette décision découlait du rapport et des recommandations de la 72e session ordinaire du Conseil des ministres de l'OUA ; lequel rapport a entraîné l'adoption du projet d'Acte constitutif de l'Union Africaine. C'est au cours de cette rencontre que la Conférence des chefs d'Etat et de gouvernement a donc exhorté les Etats membres de l'OUA à prendre les mesures nécessaires pour signer l'Acte et le ratifier afin d'assurer sa mise en œuvre. Cet Acte entrera ainsi en vigueur le 26 mai 2001.

Pour les signataires de l'Acte constitutif, « L'UA est l'institution fondamentale et la principale organisation du continent dans le domaine de la promotion de l'intégration socio-économique accélérée en vue du renforcement de l'Unité et de la solidarité entre les pays et les peuples africains. [Elle] est basée sur la vision partagée d'une Afrique unie et forte, et sur la nécessité de bâtir un partenariat entre les gouvernements et toutes les couches de la société civile, en particulier les femmes, les jeunes et le secteur privé, afin de renforcer la solidarité et la cohésion entre les peuples africains.[41] » Mais que cela signifie t-il par rapport à la question de savoir si l'Union Africaine est une organisation de coopération ou une organisation d'intégration pouvant à long terme aboutir à une fédération comme le souhaite certains de ses pairs fondateurs ? Nous tenterons d'examiner cette question plus loin.

Le moins qu'on puisse dire c'est qu'avec la création d'une nouvelle organisation dont le but est la coordination des politiques des Etats africains avec une certaine autonomie de ses organes, contrairement à l'OUA, on est tout de même arrivé à une deuxième tentative avortée du fédéralisme en Afrique. Kwame Nkrumah avait longtemps bataillé pour l'instauration d'un gouvernement fédéral africain depuis 1958. A cette approche plusieurs leaders africains s'étaient opposés. Ce fut le cas de l'Ivoirien Houphouët Boigny ou des Nigérians Awolowo et Balewa. Le leader Ethiopien Haïlé Selassié avait quant à lui, considéré plusieurs modèles, notamment le cas de

---

[41] http://www.africa-union.org/home/bienvenue.htm.

l'ONU si le Conseil de sécurité, avec le droit de veto de ses cinq membres permanents, ne se présentait pas comme un organe quasi-exécutif[42]. Ce modèle fut abandonné dans la mesure où les pères fondateurs ont bien voulu respecter, comme c'est le cas maintenant, le principe d'égalité des Etats. Il est vrai que le nouveau Conseil de Paix et de Sécurité n'est pas bien loin du modèle du Conseil de sécurité des Nations Unies avec la seule différence que ses membres ne sont pas pourvus d'un droit de veto. Il est donc bâti sur le modèle des organes fonctionnels qui en appelle pour leur fonctionnement, *« le concours des Etats les plus capables de contribuer efficacement à l'action de l'organisation*[43] *»*.

Il semble alors que l'Empereur Haïlé Selassié fut plutôt impressionné par les modèles de l'Organisation des Etats Américains et celui de la Ligue Arabe. Le premier ne prescrit pas de formation de gouvernement fédéral ou même confédéral encore que pour Serge Sur ces deux concepts pris hors du cadre d'une conception juridique précise, ne présentent pas de différence[44]. Le fédéralisme dans les relations internationales doit être entendu au sens large, c'est-à-dire sans distinction entre fédération et confédération et ne renvoie pas à une conception juridique précise. Au plan juridique la situation est différente avec ses implications dans la mesure où la confédération maintient l'autonomie internationale des Etats composants.

En tout état de cause, ce qui a séduit le leader éthiopien dans le modèle de l'OEA c'est le fait qu'elle respecte la souveraineté absolue de chaque Etat membre. Cette association est basée sur le principe de la concertation et de la coopération sur les questions qui font le consensus entre les chefs d'Etat et de gouvernement. Les principes prévus par l'article 3 de la Charte de Bogota du 30 avril 1948 portent sur le respect du droit international, la souveraineté des Etats membres, l'ingérence dans les affaires intérieures, le règlement pacifique des différends, la coopération économique, le respect des droits de la personne humaine et de la diversité culturelle. A ces principes les Etats membres se sont fixés des droits et devoirs dits fondamentaux prévus dans les articles 10 à 23. Il s'agit toujours du

---

[42] Lansiné Kaba : *« Nkrumah et le rêve de l'unité africaine »,* vol.11, Afrique contemporaine, 1991, p 164.

[43] Serge Sur, op. cit, p 332.

[44] Sur op.cit, p 30.

respect de la souveraineté des Etats membres, de l'intangibilité des droits fondamentaux des Etats (art.12), la condamnation de l'injustice vis-à-vis des Etats membres (art.15)…[45]

Il s'agissait donc pour Haïlé Selassié de créer une Organisation étant un simple organe de consultation alors que NKrumah voulait *« la création immédiate d'un gouvernement unitaire africain avec un parlement, une politique étrangère, une zone monétaire et une banque centrale, une défense, une nationalité et un plan de développement économique communs à tous les Etats.*[46] *»* Bien plus, comme le résume le professeur Lansiné Kaba, les Ghanéens ne voulaient pas d'un secrétariat permanent au service des chefs d'Etat, mais, plutôt, un organe exécutif dont les décisions primeraient sur celles des leaders individuels. Etaient ainsi prévue, l'abrogation des Etats et l'institution d'une entité supranationale.

Mais les critiques et les rejets de ce modèle furent sans appel. Les leaders africains opposés à ce modèle fédéral reprochaient au projet de NKrumah son caractère romantique et irréaliste. Ils le trouvaient radical et dangereux puisqu'il présentait des germes d'autocratie et de dictature à l'échelle continentale. Certains Africains ne voulaient pas d'une République populaire socialiste africaine[47].

Au plan théorique on peut expliquer cette double réticence à une fédération des Etats-Unis d'Afrique par le fait qu'une nouvelle forme institutionnelle ne peut prendre corps et résister que si elle présente au sein de l'environnement dans lequel elle est implantée, une valeur largement reconnue. Le fédéralisme est peut-être pour les acteurs africains une pratique *« aberrante »* dans l'accomplissement de leurs objectifs d'unité et d'intégration. Il faut pour qu'une forme d'institution voie le jour dans un environnement culturel donné, qu'il

---

[45] D'autres droits et devoirs portent sur l'ingérence dans les affaires intérieures des Etats et le règlement pacifique des différends. En cela aucun Etat ou groupe d'Etats n'a le droit d'intervenir directement ou indirectement dans les affaires intérieures ou extérieures d'un autre Etat. Cela implique alors l'interdiction de toute violation du territoire d'un Etat, de l'emploi de la force armée, sauf en cas de légitime défense, mais aussi toute autre ingérence ou tendance attentatoire à la personnalité de l'Etat et aux éléments politiques, économiques et culturels qui la constituent. (Article 19, 20, 21 et 22).

[46] Lansiné Kaba, op. cit, p 166.

[47] Lansiné Kaba, *ibidem,* p 166.

y ait ce que John L. Campbell[48] appelle une *« logique des convenances sociales »,* par opposition à une *« logique instrumentale ».* On validera cette hypothèse en observant les régimes politiques africains dont la majorité s'éloigne de la forme fédérale. Le fédéralisme n'est donc peut-être pas l'idéal pour l'Afrique. C'est ce que tente de démontrer Marc Antoine Pérousse De Montclos quand il se pose la question de savoir si le fédéralisme est la forme de gouvernement la plus adaptée pour répondre aux défis du multiculturalisme en Afrique. La réponse pour lui semble négative au regard des expériences contrastées du Nigeria et du Soudan. Au Nigeria, le décret instituant en 1967, une fédération de douze Etats n'a pas empêché, trois jours après, la proclamation de l'indépendance du Biafra. Au Soudan, atteste l'actuel conflit dans le pays, la réorganisation de l'Etat, à partir de 1991, n'a pas empêché les populations du Sud à provoquer une division du pouvoir central[49]. On dirait qu'il y a une sorte de dissonance cognitive (Léon Festiger, 1957) sur le fédéralisme au sein des organisations internationales africaines ; toute tentative de fédéralisme a toutes les chances d'être perçue comme non-pertinente, sinon totalement combattue dans la mesure où elle heurte les attentes et les croyances dominantes sur le continent.

---

[48] Hall et Taylor, op,cit, p 485.

[49] Marc Antoine Pérousse De Montclos : *« Le fédéralisme au secours de l'Afrique ? Du Nigeria au Soudan, des expériences contrastées »,* Revue Afrique contemporaine, Hiver 2003, pp101 à 114. Lire aussi utilement à ce sujet Mwayila Tshiyembe : *« L'Afrique face au défi de l'Etat multinational »,* Le Monde diplomatique, septembre 2000, pp14-15.

Section 2

Une troisième voie possible : un fédéralisme fonctionnel ?

L'idée d'une troisième voie possible découle de l'observation selon laquelle les fondateurs de l'Union Africaine, bien qu'ambitieux dans leur projet, ne sont pas allés jusqu'au bout de leur logique. Dans l'ambition de vouloir mettre sur pied une véritable organisation d'intégration, ils ont finalement limité leurs objectifs et limité les organes à de simples instruments de coordination sans véritable autonomie vis-à-vis des Etats membres. Pour Charles Zorgbibe on n'est pas loin d'une erreur de méthode qui fait penser à une troisième voie, une approche plus pragmatique définissant clairement les domaines d'intervention de la nouvelle Union[50]. Et cette troisième voie n'est autre que celle qu'a suivie l'Union européenne dans sa construction, du traité de Paris du 18 avril 1951 instituant la CECA, au traité de Nice du 26 février 2001 en passant par le traité de Rome du 25 mars 1957 instituant la Communauté économique européenne et la Communauté de l'énergie atomique… Charles Zorgbibe parle d'un *« fédéralisme fonctionnel »*, celui où les regroupements se feront sur la base de questions qui constituent des enjeux primordiaux pour le développement, la paix et la sécurité en Afrique. L'idée aurait été donc de lancer par exemple des communautés africaines dans les secteurs de l'énergie, des télécommunications, des transports, de l'enseignement supérieur ou de la lutte contre le sida…

1. Un fédéralisme à mi-chemin entre la confédération et l'Etat fédéral

Le fédéralisme fonctionnel de Charles Zorgbibe découle des théories de l'intégration dont les principales sont d'une part les théories fonctionnalistes et néo-fonctionnalistes, et de l'autre, les

---

[50] Zorgbibe Charles : *« De l'OUA à l'Union Africaine »*, géopolitique africaine, édition électronique : www.african-geopolitics.org/show.a…

réflexions menées sur les politiques publiques et sur le fédéralisme[51]. Premièrement, le fédéralisme au sens large dont les variantes sont d'ailleurs nombreuses, renvoie à « *un processus d'association des communautés humaines distinctes aboutissant à concilier deux tendances contradictoires : la tendance à l'autonomie des collectivités composantes et la tendance à l'organisation hiérarchisée d'une communauté globale groupant l'ensemble des communautés élémentaires.*[52] » Il présente deux modèles types ou moyens : la confédération, option la plus faible et l'Etat fédéral, l'option approfondie de l'intégration.

Deuxièmement, le fonctionnalisme est une école de pensée découlant des travaux de David Mitrany et qui postule une défiance vis-à-vis des Etats qui sont jugés incapables de satisfaire aux besoins fondamentaux des populations. Il propose ainsi une coopération basée sur des domaines spécifiques où les autorités supra-nationales disposeraient des pouvoirs transversaux. C'est dans ce sens que Robert Schuman déclarait le 9 mai 1950 que l'Europe «...*ne se fera pas d'un coup ni dans une construction d'ensemble ; elle se fera par des réalisations concrètes créant d'abord une solidarité de fait.*[53] »

Le fédéralisme fonctionnel de Zorgbibe suppose donc une Union Africaine constituée sous la forme d'une union à but étatique où la structure supranationale ne retire pas aux Etats l'essentiel de leur compétence de souveraineté, notamment leur autonomie constitutionnelle, mais limite la coopération dans les domaines jugés d'intérêt communautaire. Les compétences des communautés africaines seraient donc seulement celles prévues par l'Acte constitutif ou les actes constitutifs comme c'est le cas dans une situation de confédération des Etats. Mais à la différence de celle-ci, les compétences des communautés africaines ne se limiteront pas seulement aux questions externes, les questions internes demeurant du

---

[51] Jean-Jacques Roche *« Relations internationales »*, LGDJ, 1999, p 176 et s.

[52] Guilhaudis, op.cit. p 124. L'observation que fait l'auteur est que le fédéralisme a été beaucoup utilisé pour marquer l'étape dans la décomposition des empires. C'est le cas du fédéralisme de ségrégation ou de désagrégation pour ce qui est de l'URSS de Gorbatchev. Le fédéralisme d'agrégation contribue à l'inverse, à la construction d'ensembles politiques englobant des collectivités précédemment indépendantes, éventuellement à la constitution des empires.

[53] Roche, op. cit. p 176.

ressort de chaque Etat pris individuellement. Elles pourront donc s'occuper des secteurs qui constituent de véritables enjeux de développement et de maintien de la paix et de la sécurité en Afrique : santé (sida), monnaie, économie, éducation et formation, emploi, gestion des ressources naturelles (diamant, pétrole...)

Par ailleurs, les membres des communautés ne seront pas que des représentants des Etats nations comme il en est dans le cas de la confédération. A eux s'ajouteront des technocrates qui ne tiendront pas leurs pouvoirs des Etats-membres. Régies par le principe de l'égalité des voix, ces communautés africaines devraient avoir un pouvoir décisionnel qui s'impose directement aux ressortissants des Etats membres. Doté d'un législatif communautaire, ces communautés devront avoir un pouvoir juridictionnel, un exécutif et surtout des ressources propres. Alors qu'elles ne pourraient pas se doter d'une armée propre, problème qui se pose aujourd'hui à tous les regroupements régionaux, les communautés africaines pourraient bien envoyer des contingents militaires dans les situations de gestion et de règlement des conflits comme c'est le cas actuellement au Soudan où sept pays africains ont envoyés des troupes pour le conflit au Darfour dans la cadre de la Mission de l'Union Africaine au Soudan, MUAS.

2. Un modèle à compléter

On peut donc résumer que le fédéralisme fonctionnel serait une intégration fonctionnelle à mi-chemin entre l'Etat fédéral et la confédération ; soit un système fédéral. Peut-il en être autrement dans la mesure où la tendance des Etats dans les regroupements régionaux va rarement vers *« le dépassement de l'Etat par l'Etat*[54]*»* Les Etats préfèrent la formule des *« organisations internationales »* ou celle des *« groupements d'Etats »* dans lesquelles l'intégration se fait à partir de la définition des affaires communes, l'établissement d'organes pour les gérer et la superposition des structures[55]. Même les débats récents

---

[54] Guilhaudis, op.cit. p 126.

[55] Guilhaudis, *ibidem*, p 126. Concernant la construction européenne, l'auteur pense que quoique de grandes évolutions sont faites dans le sens de la construction d'un Etat fédéral, *« le stade fédéral n'est pas encore atteint. »* Malgré les transferts de compétences qui dans certains domaines affectent les conditions essentielles d'exercice de la souveraineté, les Etats membres de l'Union européenne restent des

sur la construction européenne ont rejeté ou éludé la question de l'établissement d'un Etat fédéral européen, sorte de puissance mondiale capable de concurrencer l'hyper puissance américaine. Joschka Fischer à la veille du débat sur une constitution pour l'Europe demandait à l'université Humboldt un accord sur le fait d'inscrire la création d'un Etat fédéral démocratique comme finalité institutionnelle de l'Union[56]. Pour Fritz Scharpf, avant l'échec sur le vote de la Constitution européenne, on avait l'impression que la France se rangeait du côté des défenseurs de la souveraineté nationale alors que la vision allemande d'un Etat fédéral européen n'était pas acceptable. La solution restait donc une union comprise comme une fédération d'Etats nations s'appuyant, après réforme de ses institutions, sur le triangle institutionnel formé par le Conseil, la Commission et le Parlement Européen.

Sauf que le fédéralisme de Zorgbibe n'est pas à jour et oublie que les tendances dépassent désormais la simple coopération basée sur les domaines spécifiques pour faire appel d'une part, à un fédéralisme participatif, et de l'autre, à une intégration multi niveau comme c'est actuellement le cas au sein de l'Union européenne. Le fédéralisme participatif est *« un mode de gouvernement qui repose non seulement sur l'autonomie des communautés fédérés, leur participation aux instances fédérales, mais surtout sur la coopération entre gouvernements pour atteindre des buts communs par des ententes, des programmes et des financements communs.*[57] *»* L'idée ici est que la pratique a plus d'importance que les textes constitutionnels obligatoires et rigides. Ce modèle ou cette variante du fédéralisme établit des domaines de compétences mixtes, des tâches communes qui se trouvent à mi-chemin entre les compétences exclusives des autorités locales et les compétences partagées des autorités fédérales.

Etats souverains. L'Union européenne est donc encore dans un système de type pré fédéral.

[56] Fritz W. Scharrpf : *« La diversité légitime : nouveau défi de l'intégration européenne »*, Revue française de science politique, vol. 52, n° 5-6, octobre-décembre 2002, p 609.

[57] Roche, op. cit. p 179..L'auteur désigne aussi ce fédéralisme de gouvernemental.

CHAPITRE 2

De l'organisation de l'unité africaine à l'Union Africaine : les codetérminants d'une création

> « *La création de l'Union Africaine et son lancement officiel lors du sommet des Chefs d'Etat à Durban en juillet 2002 expriment notre volonté d'accélérer l'intégration africaine et de doter l'Afrique d'un instrument efficace de mobilisation des ressources humaines et matérielles pour mieux répondre aux préoccupations essentielles de nos populations et faire de l'Afrique un acteur majeur du processus de mondialisation* ».
>
> **Amadou Toumani Touré**
>
> « L'Union Africaine et le maintien de la paix » in Dominique BANGOURA (sous la direction), « L'Union Africaine face aux enjeux de paix, de sécurité et de défense », l'Harmattan, 2003.

PLAN DU CHAPITRE

Section 1

L'OUA et l'absence d'un sentiment de dépendance, *path dependency*

1. Une période de conjoncture favorable à la création d'une autre organisation

2. L'Union Africaine : un remède aux insuffisances de l'OUA

Section 2

L'Union Africaine : du choix rationnel à l'action de certains dirigeants

1. L'Union Africaine : fruit d'un choix calculé

2. Les contraintes économiques

3. Les contraintes sécuritaires

4. L'Union Africaine ou le volontarisme et la capacité de certains dirigeants

Inutile de dire que le phénomène des organisations internationales en Afrique est très récent en comparaison avec son évolution dans le reste du monde. L'apparition des organisations internationales sur la scène internationale remonte au début XIXe siècle. Les premières organisations apparaissent après le congrès de Vienne en vue de faciliter la navigation sur le Rhin et le Danube. C'est le cas par exemple de la Commission fluviale internationale concernant la navigation sur le Rhin créée en 1815. Dans la seconde moitié du XIXe siècle se mettent d'abord en place des organismes destinés à favoriser le développement des services dus aux progrès techniques : L'Union télégraphique internationale (1865), l'Union Postale Universelle (1874). Ensuite naissent l'ancêtre de l'OMS, l'Office d'Hygiène Publique créée en 1906 ou encore la future Organisation pour l'Alimentation et l'Agriculture (FAO) sous forme d'institut permanent de l'agriculture (1905).

Dans l'entre-deux-guerres apparaît la Société des Nations qui se voudra l'organe central d'un nouveau dispositif plus rationalisé que les premières organisations. En vertu de l'article 24 de son pacte signé le 28 juin 1919, elle avait vocation à placer sous son autorité, tous les bureaux et commissions antérieurement établis, et qui seront ultérieurement créés. Bien que virtuelle, cette position de *« prééminence unificatrice »* préfigurait la naissance du système des Nations Unies et le rôle de *« coordination centralisatrice »* des institutions spécialisées qui sera instauré par la Charte signée à San Francisco le 26 juin 1945[58], et publié au journal officiel le 13 juin 1946[59]. Aujourd'hui le système international compte plus de 300

---

[58] L'expression « *Nations Unies* » est due au président Franklin D.Roosevelt et apparaît pour la première fois dans la *« Déclaration des Nations Unies »* du 1er Janvier 1942 par laquelle pendant la Seconde Guerre Mondiale, les représentants de 26 nations se sont engagés à poursuivre ensemble la guerre contre les puissances de l'Axe. L'Organisation des Nations Unies a officiellement commencé à exister le 24 Octobre 1945, lorsque la Charte a été ratifiée par la Chine, les Etats-Unis, la France, le Royaume-Uni et l'URSS et par la majorité des autres pays signataires.

[59] Depuis 1995, la structure globale institutionnelle du système mondial s'est fortement enrichie. En 1996, 18 organismes bénéficiaient du statut d'institutions spécialisées au sens des articles 57 et 63 de la Charte des NU. L'Agence internationale de l'énergie atomique (AIEA) n'a pas juridiquement ce statut en raison de ses liens directs avec le conseil de sécurité. Parmi celles qui jouent un rôle de premier plan, il convient de citer l'organisation internationale du travail (OIT),

organisations internationales, plus connues sous le nom d'organisations intergouvernementales dans lesquelles on retrouve l'Union Africaine et plus d'une dizaines d'organisations sous-régionales appartenant au continent africain[60].

Avant d'aborder les éléments factuels qui nous permettent d'expliquer le passage de l'Organisation de l'Unité Africaine à l'Union Africaine, il est possible d'avancer que cette mutation répond à plusieurs explications au plan théorique. Celles-ci nous viennent de trois approches issues du néo-institutionnalisme et qui nous permettent d'aller au-delà de l'événementiel. Tout en analysant les phénomènes politiques avec des méthodes différentes, *« elles cherchent toutes à élucider le rôle joué par les institutions dans la détermination des résultats sociaux et politiques.[61]»*, et surtout elles nous permettent d'expliquer le processus par lequel les institutions naissent ou se modifient[62]. Il s'agit de l'institutionnalisme historique, l'institutionnalisme du choix rationnel, le béhaviorisme ou institutionnalisme sociologique. L'une et l'autre nous permettent de donner au moins trois raisons d'ordre théorique pour lesquelles les fondateurs de l'Union Africaine ont jugé nécessaire de créer une nouvelle organisation panafricaine. Ces approches sont issues du néo-institutionnalisme qui est comme le précisent Badie et Hermet un ensemble de paradigmes mis en ordre par March et Olsen *« ...qui repose sur ce principe que, une fois créées, les institutions d'un pays ou d'un régime international empruntent un parcours et induisent des modes d'actions déterminés par leur logique initiale.[63] »* Même si cette approche n'est pas unifiée, les travaux qui en découlent présentent un point commun portant sur la place qu'occupent les institutions dans le processus politique dans une démarche dialectique.

Nous avons d'une part des préoccupations qui portent sur le processus de création d'institution et de l'autre la façon dont elles sont affectées par les différentes mutations et les processus sociaux et

---

l'OMS, l'Organisation pour l'alimentation et l'agriculture (FAO), l'UNESCO, ou encore l'OMC.

[60] Chiffres donnés par Jean-François Guilhaudis, op. cit, p181.

[61] Hall A. Peter, Taylor C. R. Rosemary, op. Cit, p 469.

[62] Hall A. Peter, Taylor C. R. Rosemary, *ibidem*, p 469.

[63] Bertrand Badie, et Guy Hermet : *« La politique comparée »*, Armand Colin, 2001, p83.

politiques. Ces approches s'évertuent par ailleurs à *« expliquer comment les institutions structurent les processus sociaux et politiques, influencent leur aboutissement et provoquent les mutations.*[64] *»* Les néo-institutionnalistes estiment comme le pensent Badie et Hermet que les institutions structurent les choix politiques subséquents de façon durable. Cela est possible même en cas d'inadaptation des institutions à leur environnement comme ce fut le cas de l'OUA dans la mesure où leur modification impliquerait des coûts élevés.

---

[64] Gazibo et Jenson : *« La politique comparée. Enjeux et approches théoriques »*, les Presses de l'Université de Montréal, 2003, p 203.

Encadré 1 : Les étapes de l'Union Africaine

Depuis 1999, divers sommets et réunions ministérielles ont balisé la route conduisant à la création de l'Union africaine. Il s'agit, entre autres, des réunions suivantes :

Sommet extraordinaire de l'OUA tenu à Syrte le 9 septembre 1999 :

Proposition libyenne de créer une fédération des Etats-Unis d'Afrique, avec un Parlement panafricain qui serait établi suivant le modèle du Congrès américain ;

Déclaration de Syrte sur la création de l'Union africaine.

Première réunion ministérielle africaine tenue à Abuja, en mai 2000, sur la CSSDCA :

Appel lancé aux dirigeants africains pour qu'ils mettent en œuvre la Déclaration de Syrte et mettent en place l'Union africaine et le Parlement panafricain, et pour qu'ils accélèrent la mise en oeuvre du Traité d'Abuja instituant la Communauté économique africaine.

Conférence ministérielle tenue à Tripoli, en juin 2000, sur la création de l'Union africaine :

Clarification des relations entre l'OUA, l'Union africaine, la Communauté économique africaine et le Parlement panafricain ;

Finalisation des projets de documents à soumettre au Sommet de Lomé.

36ème Sommet de l'OUA tenu à Lomé, le 11 juillet 2000 :

Adoption de l'Acte constitutif de l'Union africaine ;

Adoption de la Déclaration solennelle sur la CSSDCA.

Deuxième Sommet extraordinaire tenu en mars 2001 à Syrte : Modification de l'Acte constitutif.

Entrée en vigueur de l'Acte constitutif, le 26 mai 2001 : un mois après sa ratification par le 36ème Etat membre (Proclamation à Abuja au Nigeria).

37ème Sommet de l'OUA tenu à Lusaka, en juillet 2001 :

Le Secrétariat est chargé de préparer le lancement de l'Union africaine et de faire des propositions à cette fin au Sommet de Durban ;

Dissolution de l'OUA et lancement officiel de l'Union africaine pour la remplacer ;

Institution d'une « *période intérimaire* » d'une durée d'un an pour permettre aux Commissaires intérimaires de finaliser les propositions sur la structure et le financement de la nouvelle Commission, et les modalités de l'élection des nouveaux membres de la Commission,

Adoption de la Déclaration du NEPAD sur la gouvernance démocratique, la gouvernance politique, la gouvernance économique et la gouvernance des entreprises.

2ème Sommet de l'Union africaine tenu à Maputo, en juillet 2003- Principaux résultats :

Election des membres de la Commission pour un premier mandat de quatre ans ;

Approbation des propositions sur le budget et le financement de l'Union ;

Approbation de la structure de la Commission de l'Union africaine et des plans pour le lancement des autres organes de l'Union ;

Adoption d'une déclaration sur l'intégration du NEPAD dans l'Union africaine.

Section 1

L'OUA et l'absence d'un sentiment de dépendance, *path dependency*

1. Une période de conjoncture défavorable au maintien de l'OUA

La première des thèses qui pourrait expliquer la création de l'OUA nous vient de l'institutionnalisme historique. Cette approche nous permet de remonter la genèse lointaine des institutions. Elle nous permet d'aller au-delà de la simple exégèse ou du simple rappel (voir encadré) du passé pour faire une *« évaluation empirique »* de sa naissance. Selon les institutionnalistes historiques (Sven Steinmo, Theda Skocpol, Peter Flora, Peter Katzenstein, Peter Hall…)[65] la création des institutions correspond à des périodes de conjonctures favorables ou défavorables, c'est selon. Ils parlent de *« moments cruciaux »* après lesquels bien sûr les institutions créées se stabilisent[66]. Ainsi les institutions anciennes durent parce qu'après leur création, elles ont généré *« des conditions de leur permanence en engageant la dynamique de leur reproduction.[67] »* Vu sous cet angle, l'OUA aura perduré de 1963, date de sa création, à son démantèlement à partir de 1999, parce qu'elle a pu créer de la part des Etats africains, un sentiment de dépendance qui faisait que ceux-ci y trouvaient un intérêt dans son existence. Cet intérêt que les Africains avaient eu pendant près de trente six ans vis-à-vis de l'organisation panafricaine, a fait qu'il était impossible d'envisager aisément sa suppression. Ce type d'argument est particulièrement avancé par le néo-institutionnalisme dans sa perspective calculatrice qui pense que les institutions *« perdurent parce qu'elles réalisent quelque chose de*

---

[65] Badie et Hermet, op.cit p 83.

[66] Gazibo et Jenson, op. cit, p204.

[67] Gazibo et Jenson, *ibidem,* p 205.

l'ordre d'un équilibre de Nash.[68] *»* Les individus y adhèrent parce qu'ils perdront plus à s'en écarter qu'a y adhérer.

C'est dans ce sens que Hall et Taylor pensent que les institutions contribuent à résoudre des dilemmes (dilemme de sécurité notamment) portant sur une action collective. Et plus elles rendent les gains procurés par un échange, plus elles restent robustes. La perspective culturelle du néo-institutionnalisme historique complète cette vision nous permettant de mieux comprendre la résistance des institutions en postulant qu'elles perdurent à toute remise en chantier radicale *« parce qu'elles structurent les décisions même concernant une réforme éventuelle que l'individu est susceptible de prendre.*[69]*»*

Certains ont pu manipuler certes l'OUA pour leurs fins propres depuis sa naissance, mais elle a gardé sa solidité et a pu résister pendant 36 ans. Malheureusement, face à de nouvelles contraintes internes et externes auxquelles ses objectifs et principes ne pouvaient plus apporter des solutions adaptées, l'Organisation a été frappée de désuétude. Les raisons de cette incapacité à résister aux intempéries proviennent de l'impact des crises économiques et des conflits (néo-institutionnalisme historique) comme nous allons le montrer plus loin. L'Organisation de l'Unité Africaine n'a plus pu créer les conditions de sa permanence et de son maintien en vie ; et les acteurs de la scène africaine n'ont donc plus pu s'opposer à son démantèlement car leurs intérêts n'étaient plus défendus.

Nous pouvons donc postuler que c'est parce que l'OUA n'a pas pu continuer à créer une dépendance vis-à-vis d'elle, *(path dependency)*, qu'une nouvelle institution a été créée au sens où l'entendent les institutionnalistes historiques : *« les procédures, protocoles, normes et conventions officiels et officieux inhérents à la structure organisationnelle de la communauté politique ou de l'économie politique.*[70]*»* Sont concernées ici à la fois les règles constitutionnelles issues de l'Acte constitutif ou des procédures de

---

[68] Hall et Taylor, op. cit. p 473.

[69] Hall et Taylor, op. cit, p 474.

[70] Peter A. Hall et Rosemary Taylor : *« La science politique et les trois néo-institutionnalismes »* Revue française de science politique, vol 47, n°3-4, 1997 cité par Gazibo et Jenson, op. cit. p 198.

fonctionnement, voire des conventions régissant le comportement des organes et d'autres acteurs...

2. L'Union Africaine : un remède aux insuffisances de l'Organisation de l'Unité Africaine

C'est dans l'espoir de remédier aux insuffisances de l'OUA que l'UA a été créée. Outre le fait que l'OUA n'a pas pu créer un sentiment de dépendance vis-à-vis d'elle, les Etats africains n'ont pas pu établir entre eux une véritable coopération et une intégration entre les peuples, capable de susciter un développement durable et de parer à toute tentative de rupture interne et inter étatique. La défense de la souveraineté, de l'intégrité territoriale et de l'indépendance des Etats - concepts si chères aux pères fondateurs de l'OUA - n'a toujours pas permis à l'OUA de jouer un rôle significatif dans les conflits et dans le développement des pays africains. Pour la seule période allant de 2001 à 2002, le continent africain qui pour 10% de l'humanité n'a généré que 1% du produit mondial brut, regroupait à lui seul près de la moitié des 34 conflits locaux recensés par les polémologues. La faiblesse de l'Etat, la privatisation de la guerre, l'ethnisme, les conflictualités religieuses et autres intérêts économiques divergents s'y combinaient pour en faire un théâtre durablement crisogène. C'est dans ce sens que Jean-Paul Joubert pense que le problème de l'Afrique est avant tout celui de créer un espace politique pacifié[71]. Comme cause de rupture de paix ou d'absence de paix, le professeur Joubert pointe du doigt l'Etat, un Etat unitaire dont le modèle, importé de l'occident, a montré ses limites en Afrique. Considéré comme *« l'horizon indépassable »* ou comme une sorte de *« fin de l'histoire »*, l'Etat a prouvé en Afrique, comme dans les pays les plus puissants ou les plus intégrés, qu'il était incapable à lui seul de fournir les prestations sécuritaires nécessaires au confort des populations. Sa capacité de pacification étant devenue problématique, il a causé dans sa faillite la transformation de certains concepts clés liés à sa souveraineté. C'est le cas de la guerre qui a finalement changé le sens étroit que lui donnait

---

[71] Jean-Paul Joubert : *« Réflexions sur les Etats-Unis d'Afrique »*, Géopolitique africaine, 2002.

Clausewitz pour qui elle était toujours du monopole des entités politiques organisées[72] ».

La guerre est une simple continuation de la politique par d'autres moyens. Elle n'est pas seulement un acte politique, mais un véritable instrument de la politique, une poursuite des relations politiques, une réalisation de celles-ci par d'autres moyens. C'est aussi la conception de Gaston Bouthoul qui fait de la guerre « *la lutte armée et sanglante entre groupements organisés*[73] ». L'auteur est conscient des difficultés que pose sa définition. Celle-ci a surtout l'inconvénient d'entourer la délimitation du phénomène de la guerre de larges franges d'interférences avec des phénomènes similaires. Elle laisse ainsi dans un vague volontaire la notion de groupement organisé, étant donné qu'à travers l'histoire, ces groupements offrent une grande variété de structure. Mais l'idée de l'auteur est de faire de la guerre une forme de violence qui a pour caractéristique essentielle d'être méthodique et organisée quant aux groupes qui la font et aux manières dont ils la mènent.

C'est dans ce sens que Hervé Coutau-Begari relèvera que jusqu'au XIXe siècle la guerre était une compétence légitime et courante de l'Etat : seuls les Etats avaient le droit de faire la guerre et la guerre devait être précédée d'une déclaration selon les formes prescrites[74]. Mais les multiples mutations contemporaines, dont la faillite de l'Etat, vont transformer toute cette doctrine, avec pour conséquence que la guerre tiendra désormais compte d'autres acteurs sub-étatiques ou trans-étatiques. Ainsi la capacité des Etats à désarmer les populations s'est affaissée, le loyalisme envers lui est devenu plus douteux- peut-être parce que sa capacité à assurer la sécurité est mise en cause.

Mais dire que la guerre ou les situations de conflits ont entraîné un besoin d'unité et donc un souci de créer une nouvelle institution pour mieux y remédier, en appelle à une nuance. A l'inverse de l'Europe où ce sont les guerres entre Etats qui ont été à l'origine de sa construction, l'Afrique s'est unifiée dans les années 1960 en s'opposant aux puissances coloniales de l'occident. Il n'existe donc

---

[72] Carl Von Clausewitz : « *De la guerre* », les éditions de minuit, 1992, p 66.

[73] Gaston Bouthoul : « *Traité de polémologie. Sociologie des guerres.* », Bibliothèque scientifique de Payot, 1991, p 35-37.

[74] Hervé Coutau-Begari : « *Traité de stratégie* », 2ᵉ édition, Paris Economica, 1999, p 45.

pas de tradition de guerres interétatiques en Afrique. Quand bien même celle-ci existerait elle serait trop faible. Les seules guerres de grande ampleur en Afrique ont été des guerres de libération nationale, celles menées contre les métropoles coloniales. Dans l'absolu ces guerres dites coloniales interviennent entre peuples de civilisations différentes, c'est-à-dire de techniques et de mentalités hétérogènes[75]. On s'accorde à dire qu'elles ont créé un réel sentiment de panafricanisme tout en empêchant l'apparition d'un nationalisme agressif et exacerbée entre les Etats africains.

Malgré les limites ici soulevées constatant l'incapacité de l'OUA à susciter une véritable intégration en Afrique et une paix durable entre les peuples et les Etats, les dirigeants africains se défendent bien des avancées qui ont été opérées. Si on veut en juger soi-même il convient pour nous de les reprendre dans les encadrés ci-contre telles qu'elles sont présentées officiellement. Mais, malgré ces quelques efforts sans cesse renouvelés et réalisés, les chefs d'Etat et de gouvernement de l'Afrique eux-mêmes reconnaissent les travers de leur gestion nationale, les faiblesses structurelles et les associent volontiers aux insuffisances de l'OUA. La défiance de l'autorité de la loi, la corruption et l'impunité qui accompagnent les abus des droits humains ont bien évidemment maintenu l'Afrique dans une situation de conflit, en compromettant toute initiative de développement durable dans un environnement international exigeant lui aussi une adaptation[76].

---

[75] Bouthoul, op. cit. p. 448.

[76] Rapport de la Commission de l'Union Africaine, op.cit.p17.

Encadré 2 : Efforts de l'OUA pour l'intégration et le développement de l'Afrique

« - Le Plan d'action de Lagos (PAL) et l'Acte final de Lagos, adoptés en 1980, qui définissent les programmes et les stratégies visant à promouvoir un développement auto-entretenu et la coopération entre les pays africains.

- La Charte africaine des droits de l'homme et des peuples, adoptée en 1981 à Nairobi, qui a conduit à la création de la Commission des droits de l'homme et des peuples, dont le siège est à Banjul (Gambie), ainsi que la Déclaration et le Plan d'action de Grand-Baie, deux instruments adoptés par l'OUA pour promouvoir les droits de l'homme et des peuples sur le continent.

- Le Programme prioritaire de redressement économique en Afrique (PPREA), adopté en 1985, qui est un programme d'urgence visant à faire face à la crise des années 80 dans le domaine du développement, à la suite de la longue période de sécheresse et de famine qui a sévi sur le continent et de l'effet paralysant de la dette extérieure africaine.

- La Déclaration de l'OUA sur la situation politique et socio-économique en Afrique et les changements fondamentaux qui se produisent dans le monde, adoptée en 1990, qui souligne la détermination de l'Afrique à prendre l'initiative, à façonner son propre destin et à relever les défis de la paix, de la démocratie et de la sécurité.

- La Charte africaine de la participation populaire, adoptée en 1990, qui témoigne de la détermination renouvelée de l'OUA à tout mettre en œuvre pour placer le citoyen africain au centre des processus de développement et de prise des décisions.

- Le Traité instituant la Communauté économique africaine (AEC), adopté en 1991 et plus communément connu comme le Traité d'Abuja, qui vise à mettre en place l'AEC en six étapes devant aboutir à un Marché commun africain dont les piliers sont les communautés économiques régionales (CER). Le Traité est en vigueur depuis 1994.

- Le Mécanisme pour la prévention, la gestion et le règlement des conflits, adopté en 1993, est l'expression concrète de la détermination des dirigeants africains à trouver des solutions au fléau des conflits et à promouvoir la paix, la sécurité et la stabilité sur le continent.

- Le Programme d'action du Caire, adopté en 1995, qui est un programme visant à relancer le développement politique, économique et social de l'Afrique.

- La Décision d'Alger sur les changements anticonstitutionnels de gouvernement, adoptée en 1999, et la Déclaration de Lomé sur le cadre pour une réaction face aux changements anticonstitutionnels de gouvernement, adoptée en 2000.

- La Position africaine commune sur la crise de la dette extérieure de l'Afrique, adoptée en 1997, qui est une stratégie visant à faire face à la crise de la dette extérieure du continent.

- La Décision d'Alger sur les changements anticonstitutionnels de gouvernement, adoptée en 1999, et la Déclaration de Lomé sur le cadre pour une réaction face aux changements anticonstitutionnels de gouvernement, adoptée en 2000.

- La Déclaration solennelle sur la Conférence sur la sécurité, la stabilité, le développement et la coopération en Afrique (CSSDCA), qui établit les principes fondamentaux pour promouvoir la démocratie et la bonne gouvernance sur le continent.

- Les réponses face aux autres défis : l'Afrique a pris un certain nombre d'initiatives collectives, sous l'égide de l'OUA, dans le domaine de la protection de l'environnement, de la lutte contre le terrorisme international, de la lutte contre la pandémie de VIH/SIDA, le paludisme et la tuberculose, de la gestion des questions humanitaires telles que l'afflux des réfugiés et des personnes déplacées, les mines terrestres, les armes légères et de petit calibre, etc.

- L'Acte constitutif de l'Union africaine, adopté en 2000 lors du Sommet de Lomé (Togo).

- Le Nouveau Partenariat pour le développement de l'Afrique (NEPAD), adopté lors du Sommet de Lusaka

(Zambie), en tant que programme de l'UA. »

Section 2

L'Union Africaine : du choix rationnel à l'action de certains leaders

1. L'Union Africaine : fruit de choix calculés

La deuxième source d'explication nous vient de l'institutionnalisme du choix rationnel. C'est l'un des trois aspects du néo-institutionnalisme dont l'origine est à chercher dans l'étude des comportements au sein du Congrès des Etats-Unis et qui a importé dans le domaine de la science politique des outils théoriques empruntés à la nouvelle économie de l'organisation[77]. Cette théorie insiste entre autres sur les rentes et les coûts de transaction pour le développement et le fonctionnement des institutions. En mettant un accent sur la manière dont les règles de procédure et les commissions d'une organisation structurent les choix et les informations dont disposent ses membres[78], cette approche aborde l'étude des institutions en se demandant pourquoi les institutions existent et pourquoi les relations entre les acteurs doivent être régies par des dispositifs institutionnels et des règles. C'est la première question qui nous intéresse et nous permet d'analyser la question de savoir pourquoi l'U Africaine a été créée alors que l'Afrique disposait d'une organisation continentale à laquelle on pouvait simplement apporter des réformes au niveau de la structure et de son action.

Les auteurs ont apporté des réponses à cette question en se basant sur l'étude de l'Etat. C'est le cas de Margaret Lévi dans son livre intitulé *« Of rule and Revenue »* qui a étudié l'Etat et les impôts. En démontrant que l'objectif des gouvernants est de maximiser les ressources de l'Etat par le changement des règles pour répondre aux différents changements notamment budgétaires, elle nous donne

---

[77] Hall et Talyor, op. cit. p 477. L'une des questions à laquelle s'est consacrée cette approche du néo-institutionnalisme porte bien sur les raisons de la stabilité des décisions du Congrès américains.

[78] Hall et Taylor, *ibidem,* p 477.

matière supplémentaire à expliquer les raisons du passage de l'OUA à l'UA. Face aux contraintes d'ordre interne et à la nouvelle donne internationale, le seul moyen pour les Etats africains de maximiser leurs gains dans ce jeu d'intérêts internationaux était de mettre sur pied une nouvelle organisation avec une structure et des objectifs adéquats. L'idée pour les pays africains était de mettre sur pied une institution qui réduirait les coûts des transactions liés à la conclusion d'accords de façon à leur permettre de tirer des bénéfices des échanges internationaux. Ce cadre devrait ainsi permettre de rendre leurs rapports beaucoup plus stables en raison des accords qui y sont conclus[79]. L'idée est donc que l'Union Africaine permettra de régler plus que l'Organisation de l'Unité Africaine une grande partie des problèmes d'action collective ordinairement rencontrés par les Etats et les peuples africains dans leur lutte contre la pauvreté, pour le développement, contre l'instabilité et l'insécurité. Ces questions peuvent également être relatives à la dette africaine ou aux crises et conflits qui secouent le continent.

Nous savons à partir des théoriciens de l'institutionnalisme du choix rationnel que les acteurs se comportent de façon complètement[80] utilitaire pour maximiser la satisfaction de leurs préférences, à un niveau de stratégie qui présuppose selon Hall et Taylor *« un nombre important de calculs*[81] *».* Comme le dit Pierre Pierson, les institutions arrivent à créer les conditions de leur permanence par le biais de leurs acteurs qui s'opposeront à leur démantèlement parce qu'ils craindront que leurs intérêts soient mis en péril. C'est ce que pense aussi Marie-Claude Smouts pour qui, la légitimité et donc la pérennité d'une institution sont dues au respect qu'elle peut générer dans son environnement. Cette légitimité existent lorsque les procédures sont acceptables de tous, *« c'est-à-dire lorsque leurs normes établissent une certaine proportionnalité entre la contribution et la rétribution,*

---

[79] Hall et Taylor évoquent dans cet ordre d'idées le cas du Congrès américain où on tenta d'expliquer que les institutions du Congrès abaissent les coûts de transactions liées à la conclusion d'accords de façon à permettre aux parlementaires de tirer profit des bénéfices de l'échange, ce qui rendrait possible l'adoption des lois plus stables. Hall et Taylor, op. cit. p 477.

[80] Pierson, Pierre cité par Gazibo et Jenson, op. cit. p204.

[81] Hall et Taylor, *ibidem,* p 479.

entre le poids de la contrainte et les avantages qu'on en retire.[82] *»* En clair, quand les coûts d'une institution ne compensent pas les avantages, elle s'en trouve méprisée, contournée et parfois combattue. Marie-Claude Smouts de conclure : *« le principal avantage des institutions est de procurer un cadre pour l'action à partir d'une rationalité commune.*[83] *»* En était-il encore le cas pour l'Organisation de l'Unité Africaine ? Pour mieux comprendre le choix des acteurs africains, il est question de rappeler les contextes économique et sécuritaires qui ont motivé leurs options.

2. Une réaction face aux contraintes économiques

Au plan économique le constat qui est fait par les chefs d'Etat et de gouvernement eux-mêmes, est que l'Afrique en ce début du XXIe siècle donne l'image d'un continent qui n'a que peu tiré parti de la globalisation économique. Ceci est d'autant vrai qu'elle éprouve d'énormes difficultés à le faire. Avec ses 832 millions d'habitants, 13 % de la population mondiale, elle n'accueille que 1 % des investissements directs étrangers dans le monde, assure seulement 1 % du Produit intérieur brut mondial et environ 2 % du commerce mondial, en net recul par rapport aux années 1960. La conséquence de tous ces écarts est que le continent africain est celui où l'on trouve le plus grand nombre de Pays les moins avancés (PMA), soit 33 des 48 PMA dans le monde. Ceci a pour corollaire immédiat que le continent regorge alors du plus grand nombre de pays pauvres. Plus de 40 millions d'Africains se trouvant au Sud du Sahara vivent en dessous du seuil de pauvreté internationale de 1 $ par jour et par personne, pendant que la FAO estiment que 200 millions d'habitants du continent ne mangent pas aujourd'hui à leur faim[84].

---

[82] Sur la scène internationale, un pays reste membre de l'ONU même lorsqu'il y est régulièrement en minorité parce que l'appartenance à l'organisation ne coûte pas plus cher et procure des avantages. Le droit international est respecté lorsque l'observance de ses règles, même coûteuse garantit l'appartenance à la collectivité internationale et qu'il serait plus coûteux encore de s'en affranchir. Smouts, op.cit. p 15.

[83] Smouts, *ibidem,* p 16.

[84] Tous ces chiffres sont tirés du rapport de la Commission de l'Union Africaine, op.cit., p13.

Le continent devait donc s'adapter. S'adapter à l'implosion de la bulle spéculative liée à la nouvelle économie. S'adapter aux principes du néo-libéralisme sur lesquels repose en grande partie la mondialisation : un taux de change faible[85], une liberté des échanges[86], la libre concurrence par la suppression des subventions et la détermination du juste prix par le marché, la déréglementation[87] ou encore le renforcement des droits de propriété privée pour, soit disant, *« encourager la création privée des richesses. »* En matière d'investissements, il fallait que les Etats adoptent des mesures tendant à attirer les capitaux étrangers en leur garantissant les mêmes avantages qu'ont les investissements nationaux. Face à tous ces nouveaux principes régissant les rapports économiques et financiers internationaux, l'Afrique avait besoin de se réajuster, d'autant plus que les politiques économiques nationales sont le plus souvent planifiées ou tout au moins hybrides. C'est peut-être pour quoi l'Acte constitutif de l'UA prévoit de *« créer les conditions appropriées permettant au continent de jouer le rôle qui est le sien dans l'économie mondiale et dans les négociations internationales »* (article 3.) L'Afrique avait donc besoin de réécrire le rôle de l'Etat et celui de la souveraineté ; elle avait besoin de s'arrimer à *« ...toutes les dynamiques contraignant tous les acteurs du champ international [...] à raisonner en termes globaux, soit à l'échelle de la planète entière.*[88] *»*

Face à une mondialisation exigeant moins de régulation et plus de coopération, l'Afrique était appelée à l'adaptation. Mesmer Luther Gueuyou parle d'un *« effort d'adaptation »* aux structures de la société internationale et une orientation vers des grands ensembles économiques et politiques[89]. En tout état de cause, l'enjeu pour le

---

[85] Le but dans ce cas était soit disant de favoriser la compétitivité sur les marchés extérieurs, donc l'exportation.

[86] La liberté des échanges concerne l'abaissement des barrières douanières ou encore la libre circulation des capitaux dans le monde entier.

[87] En déréglementant il fallait éliminer toute réglementation contrariant l'initiative économique et la libre concurrence.

[88] Philippe Moreau-Defarges : *« Les grands concepts de la politique internationale »* in Guilhaudis, Jean-François : « Relations internationales contemporaines », 2ᵉ édition, Litec, 2005, p405.

[89] Mesmer Luther Gueuyou : *« Les rapports entre l'Organisation des Nations unies et l'Organisation de l'unité africaine- l'Union africaine au regard du chapitre VIII*

continent dans cette nouvelle initiative de l'Union Africaine est alors de formuler un projet sociétal de développement endogène ouvert au monde. Cette ouverture est possible d'après les pairs africains par le renforcement de sa base de production en la diversifiant par l'attraction de nouveaux investissements directs et en remontant la chaîne de valeurs pour produire des biens manufacturés et des services de qualité adaptés à la demande des consommateurs. Ces axes permettront alors aux pays africains de *« gagner la bataille du marché intérieur et régional avant de se lancer avec succès sur les marchés mondiaux.*[90] *»* Dans ce sens sont avancées un certain nombre de pistes. Il s'agit de doper sa compétitivité en relevant les différentes contraintes méso et micro-économiques auxquelles le continent est confronté. Il s'agit dans le même ordre d'idées de se départir des spécialisations agricoles et industrielles héritées de l'économie coloniale et réaliser une croissance économique forte de l'ordre 7 à 8 % par an. C'est donc dans le but de maximiser les ressources nécessaires au développement de l'Afrique qu'une nouvelle institution a été créée. Sans toutefois nier le fait que l'UA est née comme on va le démontrer, des contraintes internes et externes ayant eu des influences sur le fonctionnement et l'efficacité de l'OUA, il est bien possible de postuler ici la rationalité de l'acteur décisionnel africain. Dans ce cas l'UA est alors le fruit de choix calculés.

3. Une réponse face aux contraintes sécuritaires

Au plan sécuritaire, la scène internationale était face aux mutations qu'ont entraînées les attentats du 11 septembre 2001, faisant paraître une nouvelle forme de conflit. Avec le développement du nouveau terrorisme[91], on est passé des conflits symétriques aux conflits asymétriques. Les premiers *« ...opposent, en général, des*

---

de la Charte de l'ONU », thèse de doctorat en droit de l'Université de Paris X, Nanterre, 2002, version électronique, p48, http://www.lexana.org/theses/20020325mg(1).pdf.

[90] Rapport de la Commission de l'Union Africaine, op.cit. p 14.

[91] Nous parlons bien de nouveau terrorisme dans la mesure où en tant que phénomène de violence et de déstabilisation de l'ordre existant le terrorisme remonte bien à des époques plus anciennes. On sait que c'est un acte terroriste qui a été la cause immédiate de la première guerre mondiale : l'assassinat en juillet 1914 de l'héritier d'Autriche-Hongrie à Sarajevo, l'archiduc François Ferdinand.

adversaires disposant de moyens, infrastructures et formation comparables. Il s'agit des conflits conventionnels où les combattants recourent à des logiques similaires et poursuivent des objectifs de même nature.[92] » Le conflit symétrique se caractérise par la recherche de la supériorité. Les seconds- conflits asymétriques- opposent des adversaires aux logiques différentes. Celles-ci supposent une disparité profonde au niveau des moyens humains, logistique et économiques et les objectifs poursuivis sont rarement les mêmes. Conflits nouveaux ne respectant aucune règle juridique ou morale et considérés tantôt comme des guerres de résistance ou de simples crimes de masse[93], les guerres asymétriques ont donc obligé les acteurs internationaux à reformuler leurs politiques et leurs stratégies de lutte contre la violence. C'est dans ce sens que nous pouvons imaginer que le Conseil de Paix et de Sécurité est une innovation dans la construction de la paix et de la sécurité sur le continent, même si le terrorisme n'est pas la première cause d'insécurité sur le continent comme il l'est de plus en plus dans le monde occidental.

Yves Alexandre Chouala salue cette institutionnalisation et cette légitimation de la force dans la résolution des conflits et l'édification de la paix par le biais du CPS.[94] C'est dire que la création de l'Union Africaine répond à ce souci qu'ont les Etats Africains de mettre sur pied une alliance pour se venir mutuellement en aide en cas de crises ou de conflits, qu'ils soient internes ou inter étatiques[95].

A cette mutation dans les formes de conflits qui en a appelé à une mutation au niveau de la structure et des principes de l'organisation continentale, il faut ajouter le laxisme onusien à intervenir dans les conflits africains et l'incapacité fonctionnelle de l'OUA à y suppléer[96].

---

[92] « *La guerre asymétrique I* », http://www.webzinemaker.com/geopolitique/.

[93] Monique Castillo : « *La guerre asymétrique* », Le mensuel de l'Université, mars 2006, www.lemensuel.net.

[94] Yves Alexandre Chouala : « *Puissance, résolution des conflits et sécurité collective à l'ère de l'Union Africaine* », Annuaire français des relations internationales, 2005, p 288 et s.

[95] Sindjoun, op, cit, p 27.

[96] Albert Bourgi : « *L'Union africaine entre les textes et la réalité* », AFRI, vol.5, 2005. Notons bien que « *laxisme* » ne saurait signifier bien sûr absence d'intervention, mais plutôt inefficacité dans les interventions car des 57 OMP réalisées depuis 1948 par l'ONU, l'Afrique en a bénéficié de quinze contre 8 pour les Amériques, 6 pour l'Asie, 4 pour l'Europe et 6 pour le Moyen-Orient.

Traditionnellement c'est par le biais des opérations de maintien de la paix (OMP) que l'ONU intervient dans les conflits, qu'ils soient internes ou internationaux. Selon la définition de l'ancien Secrétaire général Dag Hammarskjöld, ces opérations relèvent du *« Chapitre VI et demi »* de la Charte, se situant entre les méthodes traditionnelles de règlement pacifique des différends que sont la médiation et l'établissement des faits (Chapitre VI), et les mesures plus énergiques que sont l'embargo ou l'intervention militaire (Chapitre VII).

C'est par le biais de son bras armé qu'est le Conseil de Sécurité que l'organisation universelle, de par l'article 39 de sa Charte *« ...constate l'existence d'une menace contre la paix, d'une rupture de la paix ou d'un acte d'agression et fait des recommandations ou décide quelles mesures seront prises conformément aux articles 41 et 42 pour maintenir ou rétablir la paix et la sécurité internationales. »* Dans ces OMP, il s'est agi au départ pour l'ONU, de déployer sous son commandement, des contingents venus de pays différents pour contenir et régler des conflits armés. Aujourd'hui il est question de mener des actions répondant aux besoins spécifiques de chaque conflit, *« suivant leur nature et les changements qui s'opèrent en permanence sur la scène internationale. »* Depuis la première opération lancée en 1948[97], on dénombre à peu près 57 OMP dont 14 encore en fonction. L'Afrique en a bénéficié d'une quinzaine d'opérations dont la première fut celle envoyée au Congo lors des évènements de 1960-1965 (ONUC, 1960). Il y a eu par ailleurs les trois Missions de vérifications des Nations Unies pour l'Angola (UNAVEM I, II, et III) ou encore le Groupe d'observateurs des Nations Unies dans la Bande d'Aouzou (GONUBA, 1994). Mais c'est le génocide rwandais qui a suscité le plus d'interrogations sur l'action de l'ONU dans les conflits en Afrique, au point où nous serions d'accord avec Mario Bettati pour qui, en dépit de certains espoirs suscités par ses actions dans les années quatre-vingt-dix, l'ONU n'est toujours pas *« le nouveau gendarme du monde.*[98] *»*

---

[97] L'Organisme des Nations Unies chargé de la surveillance de la trêve (ONUST).

[98] Mario Bettati : *« L'usage de la force par l'ONU »*, Revue Pouvoirs, n°109, 2004, p111.

4. L'UA ou le volontarisme et la capacité de certains dirigeants

La troisième approche nous permettant d'apporter une explication au passage de l'OUA à l'Union Africaine est bien celle de l'institutionnalisme sociologique. Elle appartient aussi aux théories néo-institutionnalistes. C'est une approche qui a fait son apparition dans le cadre de la théorie des organisations et dont la genèse remonte à la fin des années soixante-dix et correspond à la période où certains sociologues se sont mis à contester « *la distinction traditionnelle entre la sphère du monde social réputée être le reflet d'une rationalité abstraite des fins et des moyens...et les sphères influencées par un ensemble varié de pratiques associées à la culture.*[99] »

L'institutionnalisme sociologique repose sur les réflexions des béhavioristes qui prennent leurs objets dans le fonds commun des politistes, tout en empruntant leur méthode à la psychologie et à la sociologie[100]. Cette approche nous permet de nous pencher sur « *la qualité des élites politiques et l'action des grands dirigeants*[101] » africains dans la création de la nouvelle institution qu'est l'Union Africaine. Sur la base de l'analyse de Badie et Hermet, il est possible de postuler que les acteurs individuels ou collectifs des processus « *réels* » peuvent susciter des changements par leur volontarisme et leur capacité à s'adapter aux contraintes de leur environnement[102]. Et cet aspect de l'analyse - dynamisme et capacité des acteurs - n'influence pas que le court terme. Il peut devenir l'une des explications les plus fondamentales aux différentes orientations à court et à moyen terme, et donc à la raison qui a poussé le passage de l'OUA à l'UA.

Il est ainsi relativement simple d'énumérer un certain nombre de leaders ayant à cet effet pesé de tout leur poids afin que le projet d'une nouvelle organisation panafricaine aboutisse, même si les vues des uns et des autres n'ont pas toutes été prises en compte. Le premier cas que nous pouvons citer dans cet ordre d'idées est bien celui du leader libyen qui comme nous le savons, est à l'origine de la tenue du quatrième sommet extraordinaire de l'Organisation de l'Unité

---

[99] Hall et Taylor, op. cit. p 481.

[100] Gazibo et Jenson, op.cit, p 196.

[101] Badie et Mermet, op.cit, p 84.

[102] Badie et Hermet, *ibidem*, p 84.

Africaine. Au cours de cette rencontre, les chefs d'Etat et de gouvernement africains ont examiné les voies et moyens de renforcer l'Organisation de l'Unité Africaine afin de la rendre plus efficace, et de lui permettre de s'adapter aux changements sociaux, politiques et économiques qui se produisent à l'intérieur et à l'extérieur du continent. C'est dire que le Colonel Kadhafi de par son volontarisme et peut-être par les ambitions cachées qu'on lui prête, est bien à l'origine du processus de création de l'Union Africaine, même si sa vision sur la mise sur pied d'une fédération des Etats-Unis d'Afrique et d'un Parlement panafricain sur le modèle Congrès américain n'a pas été retenue.

Grâce à la qualité de certaines élites africaines et à l'action de ses *« grands dirigeants »,* l'Afrique est arrivée à l'institutionnalisation d'une nouvelle forme de panafricanisme. Les étapes de la création de l'UA ont révélé le volontarisme et la détermination de certains chefs d'Etat et de gouvernement comme messieurs Obasanjo du Nigeria, Thabo Mbeki de la République Sud-africaine, Abdoulaye Wade du Sénégal ou encore Bouteflikha d'Algérie. La preuve en est d'ailleurs que les principaux programmes sur lesquels est basée l'action de l'Union Africaine portent bien la marque de certains de ces chefs d'Etat africains. On sait que le NEPAD a pour source le *« Millénium Partnership for the African Recovery Programme »* (programme MAP) proposé par les Présidents Mbeki, Bouteflika, et Obasanjo ainsi que le plan OMEGA de monsieur Wade.

CHAPITRE 3

L'Union Africaine : nouvelle organisation ou simple succession

> **PLAN DU CHAPITRE**
>
> **Section 1**
> L'UA et les formes classiques d'établissement des organisations internationales
> 1. L'Union Africaine : un développement par étapes successives ?
> 2. L'Union Africaine et l'institutionnalisation progressive
>
> **Section 2**
> L'Union Africaine : un établissement par formation spontanée
> 1. Une petite ambiguïté ?
> 2. Une naissance suite à deux conférences fondatives

A première vue, il est relativement simple de retracer le parcours qu'a suivi l'Union Africaine, de l'idée d'une nouvelle organisation, à son premier sommet. Rien apparemment ne sert d'évoquer la moindre controverse doctrinale sur l'établissement de l'UA. Il est difficile d'établir une théorie générale sur l'établissement des organisations internationales dans la mesure où le droit général des organisations internationales, même en présence de certaines *« données communes »*, reste dominé par le principe de la spécialité[103]. Combacau et Sur parlent d'unité et de diversité dans leur droit tout en soulignant le principe de spécialité qui les caractérise. Ils font allusion à leur caractère instrumental et donc aux tâches particulières que leur

---

[103] Jean Combacau et Serge Sur : *« Droit international public »*, LGDJ, 2005, p 697.

confère leur statut. A côté de cette spécialité on peut parler pour ce qui est de la naissance des organisations d'un principe de spécificité, chaque organisation ayant ses modalités particulières d'établissement et de fonctionnement, cela ne signifiant bien sûr pas qu'on ne peut pas établir des permanences, des constances qui existent d'ailleurs dans ce domaine. En faisant un peu de droit et de politique comparés on arrive aussi à établir des constances et préciser les spécificités. C'est ainsi que sur la base d'une certaine typologie, l'établissement de l'UA cause des problèmes de classification.

Section 1

L'Union Africaine et les formes classiques d'établissement des organisations internationales

De toutes les formes d'établissement des organisations internationales, c'est la typologie qu'établit Serge Sur qui nous semble plus opératoire. Il distingue trois formes d'établissement : la formation instantanée, le développement par étapes et l'institutionnalisation progressive[104].

1. L'Union Africaine : un développement par étapes successives ?

L'une des formes d'établissement que distingue Serge Sur est le *« développement par étapes »*. Ici la constitution par un acte fondateur ne se fait pas une fois pour toute comme c'est le cas du système de la formation instantanée, mais elle se fait *« ...par une succession de phases ou de mutations successives*[105] *»*. L'exemple le plus illustrateur est celui de la construction européenne. On peut aussi citer d'autres cas comme ceux de l'Union de l'Europe Occidentale (UEO)[106] ou celui de l'ONUDI[107]. Le cas de la construction européenne retient notre attention vu le processus d'élargissement qu'elle prévoit et la série de sept traités qui la constitue : le traité de la CECA, Paris 1951, le traité de Rome, mars 1957 ; le traité de fusion, Bruxelles 8 avril 1965, l'Acte unique européen (AUE), Luxembourg et La Haye, entré en vigueur le 1er juillet 1987 ; le traité sur l'Union européenne,

---

[104] Sur, op. cit, p312.

[105] Sur, *ibidem*, p314.

[106] Le traité de l'UEO signé à Bruxelles a élargi en 1948 le Traité de Dunkerque de 1947 conclu entre la France et le Royaume-Uni.

[107] L'ONUDI a été initialement institué en 1966 en tant qu'organe subsidiaire des NU. Elle a été transformée en organisation autonome sous l'influence des pays en voie de développement et dotée de sa propre Charte par l'Acte constitutif de Vienne de 1979. Cf. Serge Sur, op. cit, p315.

Maastricht 7 février 1992 ; le traité d'Amsterdam, 2 octobre 1997,et le traité de Nice, 26 février 2001, entré en vigueur le 1er février 2003. C'est pourquoi Quermone parle, concernant la construction européenne, d'une sédimentation ayant donné lieu à un appareil exagérément sophistiqué construit au rythme des étapes d'un calendrier heurté. Pour le moment pouvons-nous dire que la construction de l'Union Africaine s'est faite sur ce modèle de développement par étapes ? Une chose est sûre, les objectifs, les principes et surtout les organes de l'Union ont été arrêtés dès l'adoption de l'Acte constitution à Lomé en juillet 2000. Mais les acteurs africains continuent, d'années en années, de définir et de préciser les cadres de ces organes, leurs missions et rôles.

2. L'Union Africaine et l'institutionnalisation progressive

L'autre forme d'établissement que distingue Serge Sur est celle de l'« *institutionnalisation progressive* ». C'est un modèle que nous retrouvons dans le passage, d'une part de l'Accord Général sur les Tarifs Douaniers et le Commerce (GATT) à l'Organisation Mondiale du Commerce (OMC), et de l'autre à celui du passage de la Conférence sur la Sécurité et la Coopération en Europe (CSCE) à l'Organisation de la Sécurité et de la Coopération en Europe (OSCE). Ces organisations internationales sont parties de l'établissement progressif d'un processus bureaucratique non prévue à l'avance par les membres participants aux différentes conférences, à la mise sur pied d'organisations permanentes. C'est l'utilité d'une institution permanente qui entraîne son établissement et non la volonté explicite d'origine de mettre sur pied un processus politico institutionnel permanent. Soulignons que le passage d'une conférence internationale à une organisation permanente naît d'une nécessité : celle de passer d'une coopération dite « *classique* » et « *insuffisante* », « *trop aléatoire* » ou « *ponctuelle* » à une coopération de type nouveau, permanente et « *capable de répondre efficacement à des besoins constants* » des Etats, voire des peuples[108]. En tout cas sans le dire explicitement, c'est une manière pour Serge Sur de présenter le passage d'une conférence internationale - non pas au sens de conférence fondative - à une organisation internationale dans laquelle

---

[108] Sur, op. cit, p309 et s.

il est établi un mécanisme institutionnel ayant pour fonction générale d'encadrer la coopération entre ses membres, de la *« canaliser »* ou de *« l'orienter et de la diviser selon les cas.*[109] *»* Ce n'est sans doute pas le cas de l'Union Africaine dans la mesure où les Etats africains entretenaient leurs relations multilatérales par le biais soit de l'organisation continentale (OUA), soit par le biais des multiples organisations sous-régionales qui peuplent le continent : l'Union du Maghreb Arabe, la Communauté des Etats Sahélo Sahariens, la CEDEAO, l'UEMOA, la CEEAC, la CEMAC, l'Autorité Intergouvernementale pour le Développement (IGAD), la Communauté des Etats de l'Afrique de l'Est (CAE), la Commission de l'Océan indien, la SADEC, le COMESA…

Que nous soyons dans le cadre d'une formation instantanée, d'un développement par étapes ou d'une institutionnalisation progressive, à l'exception du cas de l'OSCE, l'établissement se fait par voie conventionnelle. Les participants à la création procèdent à un échange de volonté qui est consigné dans un document dont la dénomination varie selon les cas, et peut emprunter quelque fois comme le pense Charles Rousseau, le vocabulaire du droit public interne[110]. Il s'agit soit d'un *« Pacte »*, d'une *« Charte »*, d'un *« Traité »*, d'une *« Constitution »*, ou d'une *« Convention »*. L'Union Africaine a opté pour un *« Acte constitutif »*, ce qui ne fait pas moins d'elle une organisation au sens d'*« un groupement à vocation permanente, essentiellement composé d'Etats, constitué par eux sur la base d'une convention, généralement multilatérale, doté d'organes propres, et disposant de compétences d'attribution.*[111] *»* Le cas de l'OSCE reste exceptionnel en la matière. Son origine remonte à la période de la Détente - années 70 - lorsque la Conférence sur la Sécurité et la Coopération en Europe a été constituée pour servir d'instance multilatérale de dialogue et de négociation entre l'Est et l'Ouest. Lors des réunions qui se sont déroulées deux années durant à Helsinki et à Genève, la CSCE est parvenue à un accord sur l'Acte final d'Helsinki qui a été signé le 1er août 1975. Au début des années 1990, un Secrétariat et des institutions ont été créés, des réunions ont été

---

[109] Sur, *ibidem*, p309.

[110] Charles Rousseau : *« Droit public international »*, Tome II, Les sujets de droit, 1974, p462.

[111] Combacau et Sur, op. cit, p700.

organisées de manière plus régulière, des missions ont été établies et les travaux de la Conférence ont été mieux définis. En 1994, les participants au sommet de Budapest sont convenus d'en changer l'appellation en Organisation pour la Sécurité et la Coopération en Europe.

Mais même si l'Acte constitutif, l'accord de volonté entre les fondateurs de l'organisation est l'élément essentiel de l'établissement d'une organisation internationale, il n'en est pas le seul. L'existence d'une organisation internationale est également conditionnée par son caractère permanent qui lui confère l'existence d'organes qui lui sont propres, des principes, des buts, des objectifs, des missions, et éventuellement de façon explicite ou non, un statut juridique. Celui-ci concerne sa personnalité juridique[112], l'opposabilité de la personnalité de l'organisation aux tiers, les capacités et les compétences de l'organisation et les privilèges et immunités. La situation de la personnalité juridique de l'Union Africaine n'est point déterminée car l'Acte constitutif n'en fait pas cas. La seule piste pour y voir claire c'est de se référer à la jurisprudence classique de la Cour Internationale de Justice. Par un avis consultatif du 11 avril 1949 devenu célèbre *(Réparation des dommages subis au service des Nations Unies),* la Cour a autorisé la reconnaissance de la personnalité juridique des organisations internationales. En l'absence de disposition expresse établissant cette personnalité juridique, elle se déduit éventuellement de l'ensemble des dispositions du traité constitutif, au moyen d'un raisonnement fondé sur l'idée d'effet utile. C'est ce raisonnement de la CIJ qui est repris dans la plupart des cas et qui fait dire que les organisations internationales ont une personnalité juridique. En pratique il est rare que les traités constitutifs

---

[112] La personnalité juridique de l'organisation est à la fois interne et internationale. Concernant l'ONU, pour la Cour Internationale de Justice, la Charte ne s'est pas bornée à faire simplement de l'organisation créée par elle un centre où s'harmonisent les efforts des Nations vers les fins communes définies par elle (art 1er, §4). Elle lui a donné des organes ; elle lui a assigné une mission propre. Elle a défini la position des membres par rapport à l'organisation en leur prescrivant de lui donner pleine assistance dans toute action entreprise par elle (art 2 § 5), d'accepter et d'appliquer les décisions du Conseil de sécurité, en autorisant l'Assemblée générale à leur adresser des communications, en octroyant à l'organisation une capacité juridique, des privilèges et immunités sur le territoire de chacun de ses membres, en faisant prévision d'accord à conclure entre l'organisation et ses membres.

reconnaissent la personnalité juridique de l'organisation internationale qu'ils créent. La plupart du temps les textes annoncent une capacité de droit interne et des privilèges et immunités.

Section 2

L'Union Africaine : un établissement par formation instantanée

Au regard de la typologie dressée par Serge Sur, l'établissement de l'Union Africaine fait-elle problème ? Peut-on dire que l'Organisation panafricaine est née d'une formation instantanée comme l'OUA ?

1. Une petite ambiguïté ?

Une chose est sûre, L'Union Africaine ne provient de façon ferme ni d'un développement par étapes, ni d'une institutionnalisation progressive. D'une part les juristes parlent de succession, c'est-à-dire du passage de l'Organisation de l'Unité Africaine à l'Union Africaine. Dans ce sens, il y a donc eu, selon les termes de Suzane Bastid, institution d'une organisation *« qui assure la continuité des services antérieurs en préconisant un type particulier de relations entre les deux organisations et leur adaptation malgré la disparition du prédécesseur.*[113] *»* Il s'agit dans ce cas, comme cela se fait pour certaines successions d'Etats, de la substitution d'une organisation nouvelle par une organisation préexistante. Or sur la base de la typologie de Serges Sur nous avons bien un Acte constitutif nouveau qui fait de l'Union Africaine une organisation établie par formation instantanée.

2. Une ou plusieurs dates de naissance ?

L'établissement par formation instantanée est une forme dont les exemples types sont l'ONU, l'OUA ou encore le Conseil de l'Europe. Dans ce cas l'organisation est instituée par un acte ayant un caractère *« fondateur »,* élaboré au cours d'une conférence fondative ou

---

[113] Suzane Bastid in Ranjeva ® : *« La succession d'organisations internationales en Afrique »,* Pedone, 1978 cité par Gueuyou, op. cit, p48.

préparatoire. L'ONU en a eu cinq rencontres fondatives sanctionnées souvent par des traités : la Chartre de l'Atlantique (USA et R.U) du 14 août 1941, la Déclaration des Nations Unis du 1er janvier 1942 (26 états), la Déclaration quadripartite de Moscou du 30 octobre 1943 (USA, URSS, CHINE, R.U), la Rencontre du Dumbarton Oaks du 07 octobre 1944 et la Conférence de Yalta de février 1945.

Mais à vrai dire, il n'est pas facile de fixer de façon radicale la date de naissance de l'Union Africaine, pas plus qu'il n'est facile de déterminer de façon exacte le début d'une institution humaine. Comme le dit Emile Durkheim, les spéculations tendant à fixer de façon précise des dates sont le plus souvent injustes et discréditée. Ce sont des « *...constructions subjectives et arbitraires qui ne comportent de contrôle d'aucune sorte*[114] ». C'est dire qu'il est courant d'entendre des voix différentes quant à ce qui est de la création de l'Union Africaine, certains n'hésitant pas à célébrer la date qui leur rend le plus hommage dans le processus d'institutionnalisation de l'Union. C'est dans ce sens qu'il a été célébré le 9 septembre 2006 à Syrte le 7e anniversaire de « *la déclaration sur la naissance de l'Union africaine* ». Mais pour couper court au débat, il est incontestablement admis que quatre sommets se sont tenus et ont abouti au lancement officiel de l'Union africaine : la session extraordinaire de la Conférence des Chefs d'Etat et de gouvernement tenue à Syrte en 1999 au cours de laquelle il a été décidé de créer l'Union africaine ; le sommet de Lomé, tenu en 200, au cours duquel a été adopté l'Acte constitutif de l'Union ; le sommet de Lusaka, tenu en 2001, qui a établi le programme pour la mise en place de l'Union africaine et le sommet de Durban, tenu en 2002, au cours duquel été lancé l'Union africaine et qui a été suivi de la tenue de la session inaugurale de la Conférence des chefs d'Etat et de gouvernement de l'Union.

Les modalités de substitution, les rapports entre l'OUA et l'UA, le sort réservé aux organes et fonctions de l'ancienne organisation sont prévus par l'Acte constitutif de l'UA (art.33), et surtout par le rapport du Secrétaire général de l'OUA sur la mise en œuvre de la Déclaration de Syrte et de la Déclaration de la 36ᵉ session de la Conférence des Chefs d'Etat et de gouvernement. Y sont précisés les éléments portant

---

[114] Durkheim Emile : « *Les formes élémentaires de la vie religieuse* », Presses universitaires de France, 1994, p11.

sur les conditions juridiques d'entrée en vigueur de l'Acte de l'UA, les conditions de transformation de l'OUA en UA…

CHAPITRE 4

La définition de l'Union Africaine

> **PLAN DU CHAPITRE**
>
> **Section 1**
> L'Union Africaine : une organisation régionale
> 1. Une organisation régionale non-restreinte
> 2. Une différence par rapport à l'OUA ?
>
> **Section 2**
> L'Union Africaine : une organisation généraliste
> 1. Une organisation aux compétences non-spécialisées
> 2. Une mission globale portant sur l'unité et la solidarité
>
> **Section 3**
> L'Union Africaine : une organisation d'intégration ou de coopération ?
> 1. Un débat classique
> 2. Des critères permanents de distinction

Puisqu'il est généralement admis qu'il n'existe pas de théorie générale des organisations internationales, il serait donc difficile de définir une organisation internationale. Cette carence en théorie générale entraîne donc entre autre, l'impossibilité d'établir une typologie générale des organisations internationales. La solution a toujours alors été de recourir à ce Marie-Claude Smouts appelle des classifications tenant compte « *des commodités à partir de quelques critères rudimentaires.*[115] » Mais les organisations internationales ne sont que victimes d'une question plus générale en sciences sociales concernant les concepts et leurs définitions[116].

Il existe une grande difficulté à définir en sciences sociales les concepts utilisés ; principalement parce qu'ils sont plus ou moins étendus et plus ou moins compréhensifs. Cette difficulté est alimentée et aggravée par l'opposition entre empiristes et rationalistes. Ces deux courants de pensée s'affrontent sur le mode d'élaboration des concepts. Les premiers (les empiristes) pensent que la généralité du concept résulte de la somme d'expériences, de situations observées d'où l'on a extrait certaines propriétés qui leur étaient communes. Les rationalistes quant à eux estiment au contraire que la généralité du concept résulte de sa définition elle-même, « *c'est-à-dire de l'existence d'une propriété essentielle, abstraite, commune à toutes les situations qui relèvent du concept.*[117] » Cette opposition qui entraîne d'autres questions implique au moins le rapport entre la définition et le concept, ce qui nous permet de savoir à partir d'une définition réelle ce qu'est l'Union Africaine. En faisant appelle à des propriétés réelles qui caractérisent l'Union Africaine, nous pouvons dépasser la simple « *définition nominale* » et apporter une « *définition réelle* » de cette organisation internationale. Alors que la définition nominale « *utilise un mot ou une phrase (definiens) comme substitut d'un autre (definiendum)*[118] », la définition réelle « *désigne l'objet par ses caractéristiques essentielles*[119] » En établissant ces caractéristiques nous arrivons à une systématisation du concept, cette démarche nous permettant de comparer, d'analyser, de prouver, de progresser et donc

---

[115] Smouts, op. cit. p 12-13.

[116] Grawitz Madeleine : « *Méthodes des sciences sociales* », 11ᵉ édition, Dalloz, 2005, p 19.

[117] Grawitz, op. cit. p 18. Ces notes sont extraites de l'analyse que fait l'auteur sur l'affrontement entre empiristes et rationaliste sur le concept de frustration.

[118] Grawitz, *ibidem*, p 20. Pour l'auteur, le concept dans ce cas a la signification qui lui est donnée arbitrairement. Il ne prétend à d'autres vérités que la conformité à sa propre définition. Il n'ajoute rien à nos connaissances, mais peut sur le plan méthodologique, aider à les accroître.

[119] Grawitz, *ibidem*,. p 20. Dans ce sens la définition est « *vérité* ». Tout en établissant une équivalence entre le défini et la définition, elle dépasse le plan du langage pour atteindre celui de la connaissance.

de comprendre[120]. C'est la démarche scientifique, celle qui nous fait dire que l'Union Africaine est une organisation régionale (1), et généraliste (2) naviguant entre coopération et intégration (3).

---

[120] Grawitz, *ibidem,* p 409.

Section 1

L'Union Africaine : une organisation régionale

1. Une organisation régionale non restreinte

A partir de ce que Marie-Claude Smouts appelle des *« critères rudimentaires »,* il a été déterminé qu'il existe des organisations universelles qui ont vocation à accueillir tous les Etats existant au sens du droit international. C'est le cas par définition de l'Organisation des Nations Unies, mais aussi d'autres organisations universelles à finalités spécifiques à l'instar des institutions spécialisées de l'ONU (OIT, OMS, UNESCO, OMPI, UIT, OACI, OMI, OMM, FMI, BM ; FAO...), ou bien d'autres encore comme l'Organisation Mondiale du Commerce. A côté de cette classification, il existe d'une part des organisations dites restreintes lorsqu'elles ne réunissent qu'un petit nombre d'Etats partageant les mêmes caractéristiques (OCDE), et de l'autre des organisations régionales. L'Union Africaine, l'Organisation des Etats Américains, l'Union européenne, et l'Association des Nations d'Asie du Sud-Est (ASEAN) correspondent à ce dernier cas...Ce sont, comme l'avait été l'Organisation de l'Unité Africaine, des regroupements d'un nombre limité d'Etats dans un espace géographique donné : l'Afrique pour ce qui est de l'Union Africaine. L'article 3 (a) de l'Acte constitutif dispose bien que l'Union a pour but de réaliser une plus grande unité et solidarité entre les pays africains et entre les peuples d'Afrique. Il est bien évidemment fait référence au continent africain tout au long des articles de l'Acte constitutif. Et l'article 29, portant sur l'admission comme membre de l'Union Africaine, n'ouvre bien sûr cette admission qu'aux Etats africains qui pourraient à tout moment, après l'entrée en vigueur de l'Acte, notifier au président de la Commission leur intention d'adhérer et d'être admis comme membre de l'Union.

2. Une différence par rapport à l'Organisation de l'Unité Africaine ?

Une différence est à noter avec le texte fondateur de la défunte OUA qui prévoyait en son article 1er une organisation des Etats africains et malgaches. Il disposait : *« Les Hautes Parties Contractantes constituent, par la présente Charte, une organisation dénommée « Organisation de l'Unité Africaine. L'Organisation devra inclure les Etats africains continentaux, Madagascar et les îles entourant le continent. »* Mais même en l'absence de cette précision sur les îles voisines du continent africain, Madagascar est membre fondateur de l'Union Africaine et en demeure membre de droit. Ce qui fait de l'Union Africaine comme l'était la défunte OUA, une organisation régionale regroupant les Etats du continent africain. Il est donc à se demander pourquoi les rédacteurs de l'Acte constitutif de l'Union Africaine ont omis Madagascar dans le texte alors que ce pays est bien membre fondateur de l'Union.

Section 2

L'Union Africaine : une organisation généraliste

1. Des compétences non spécialisées

Parler d'organisation internationale généraliste signifie qu'un regroupement d'Etats s'engage à poursuive des activités dans tous les domaines touchant à la vie des Etats et des peuples. C'est la classification en fonction des activités de l'organisation. Marie-Claude Smouts parle dans ce cas d'organisation exerçant une compétence non spécialisée. Au plan universel l'exemple type demeurera évidemment les Nations Unies et la défunte Société des Nations qu'elle a remplacée. L'Union Africaine s'inscrit dans cette logique d'organisation dont la prétention est d'être un cadre où se discutent et s'élaborent les solutions tendant à résoudre *« tous les problèmes »* auxquels sont confrontés les Etats et les peuples. Cette philosophie qui prend corps dans les deux premières organisations universelles et qui s'est étendue au niveau des organisations régionales et même sous-régionales, est bien ancienne et remonte à l'époque des Lumières, au XVIIIe siècle. Pour Philippe Moreau Defarges analysant le cas de la SDN et de l'ONU, ce mouvement de fond est né de l'idée de combattre les phénomènes considérés comme fatals ou naturels : la faim, la misère, la guerre[121]. Pour les penseurs des Lumières : *« l'homme peut se libérer de ces malheurs si, en s'éclairant de sa raison ; il en identifie et analyse les causes et les difficultés.*[122] *»* C'est entre autres l'objet du *« Projet de paix perpétuelle »* de l'Abbé de Saint Pierre (1658-1743) qui est lui-même le prolongement du *« Grand Dessein »* élaboré par Sully pour Henri IV au début du XVIIe siècle[123].

---

[121] Philippe Moreau-Defarges : *« De la SDN à l'ONU »,* Revue Pouvoirs, n° 109, avril 2004, p 15.

[122] Moreau-Defarges, op. cit. p 15.

[123] Frédéric Ramel : *« Philosophie des relations internationales »,* Paris, Presses de Sciences PO, 2002, p 207.

2. Une mission globale d'unité et de solidarité

L'Union Africaine entend réaliser l'unité et la solidarité entre pays et peuples africains dans presque tous les domaines : politiques, économiques, social, culturel...Elle a entre autres pour objectif d'accélérer l'intégration politique et socio-économique du continent, promouvoir la paix, la sécurité et la stabilité sur le continent ; promouvoir les principes et les institutions démocratiques, la participation populaire et la bonne gouvernance...D'autres objectifs qui confirment le caractère généraliste de l'Union Africaine portent sur les questions de droits de l'homme, de développement durable et de la recherche.

Même si l'Organisation de l'Unité Africaine reposait principalement sur un objectif politique qui était l'élimination sous toutes ses formes le colonialisme en Afrique en favorisant la coopération internationale, elle était également une organisation généraliste. Les Etats membres entendaient coordonner et harmoniser leurs politiques générales dans presque tous les domaines : la politique et la diplomatie, l'économie, les transports et les communications ; l'éducation et la culture ; la santé, l'hygiène et la nutrition ; la science et la technique ; et enfin la défense et la sécurité. Nous n'étions pas loin des autres modèles d'organisations régionales, notamment le cas de l'Organisation des Etats Américains (OEA) qui entend entre autres garantir la paix et la sécurité entre les Etats du continent américain, encourager et consolider la démocratie représentative, trouver une solution aux problèmes politiques, juridiques et économiques, ou encore favoriser par une action concertée, la coopération le développement économique, social et culturel...[124] Nous sommes bien dans une approche onusienne qui consiste à maintenir la paix et la sécurité internationale, développer entre les nations des relations amicales et surtout réaliser la coopération internationale en résolvant les problèmes internationaux d'ordre économique, social, intellectuel ou humanitaire. L'organisation mondiale poursuit cet objectif en développant et en encourageant le respect des droits de l'homme et des libertés fondamentales pour tous, sans distinction de race, de sexe, de langue ou de religion. Ce sont les mêmes soucis qui animent ainsi l'Union Africaine et qui font d'elle une organisation généraliste non spécialisé avec des missions principales sur l'unité et la solidarité.

---

[124] Article 2 de la Charte de l'OEA.

Section 3

L'Union Africaine : une organisation d'intégration ou de coopération ?

1. Un débat classique

Le débat n'est pas nouveau dans les organisations régionales et le cas le plus illustrateur est bien celui de l'Union européenne qui, comme on le sait, navigue entre coopération et intégration. C'est dans ce sens que Jean-Louis Quermonne s'était interrogé sur la question de savoir s'il existe *« vraiment »* *« un modèle politique européen susceptible de guider son union politique*[125]*»*. En réponse, il constatera selon l'expression de Marcel Merle et à la suite de René Rémond que le *« seuil irréversible de supra-nationalité qui transférerait le pouvoir de décision des instances nationales aux instances communautaires n'est pas encore affranchi.*[126]*»* et *« que le fonctionnement des institutions européennes est aujourd'hui quasiment inintelligible.*[127]*»* L'auteur parle à ce propos d'un *« résultat de sédimentation qui donne à sa physionomie l'allure d'un appareil exagérément sophistiqué dont l'assemblage des principales pièces s'est produite au rythme des étapes d'un calendrier heurté.*[128]*»* C'est ainsi que les domaines d'intégration de l'Union européenne se reportent au premier pilier, qui est le pilier de la supranationalité, laquelle fait de l'Union européenne l'héritière de la CECA et de la CEE, puis du Traité de Rome révisé par l'Acte Unique. Ces domaines d'intégration portent sur la politique agricole commune (PAC), l'union douanière, le marché intérieur et l'euro. Les domaines de la

---

[125] Jean-Louis : Quermone : *« Existe-t-il un modèle politique européen »*, Revue française de science politique, vol. 40, n°2, 1990, p194.

[126] Marcel Merle : *« Sociologie des relations internationales »,* Paris Dalloz, 1998, 4ᵉ édition, p372 cité par Quermone, op. cit. p 195.

[127] René Remond Interview accordée à Pouvoirs Locaux, 3, 1989, p 92, cité par Quermonne, op.cit. p 195.

[128] Quermone, op.cit. p 195.

coopération quant à eux se rapportent au deuxième pilier (politique étrangère et de sécurité commune, PESC) et au troisième pilier (coopération policière et judiciaire en matière pénale).

2. Des critères permanents de distinction

Même en l'absence d'une théorie générale des organisations internationales, reconnaissons que des auteurs ont tout de même établi des critères qui permettent de distinguer une organisation de coopération à une organisation d'intégration, ou alors une organisation supranationale d'une organisation de coordination. Les traits principaux de l'intégration sont : l'attribution à l'organisation des compétences dans des domaines qui sont traditionnellement considérés comme liés à la souveraineté des Etats (monnaie, sécurité, diplomatie…) ; la mise en place d'organes autonomes par rapport aux autorités des Etats membres ; l'établissement au profit de l'organisation d'un pouvoir de décision qui s'impose même aux Etats membres qui ne sont pas d'accord, ce pouvoir pouvant être attribué aux organes autonomes. Enfin le droit de l'organisation et ses décisions sont doté d'un effet direct sur les ressortissants des Etats membres[129].

Les organisations de coopération quant à elles ne disposent pas de compétences s'étendant aux domaines les plus sensibles ; leurs organes n'ont ni autonomie par rapport aux Etats membres, ni de pouvoir de décision et leur droit doit être reçu par les Etats membres pour être applicable à leurs ressortissants. Dans le cas des Nations Unies où la coopération prévaut, la Charte aménage cependant dans le chapitre VII un véritable pouvoir de décision dans l'intérêt du maintien de la paix[130]. Et au sein de l'Union européenne, une partie importante des progrès dans la mise en œuvre de l'Union sans cesse plus étroite s'effectue par le moyen classique de la coopération

---

[129] Au nom de la citoyenneté européenne, depuis l'entrée en vigueur du Traité de Maastricht (1993), tout citoyen européen qui se trouve en difficulté dans un pays extérieur à l'Union européenne (pays tiers) dans lequel son pays d'origine ne dispose ni d'ambassade ni de consulat, peut faire appel aux représentations des autres Etats membres de l'Union européenne pour bénéficier de la protection consulaire.

[130] Il concerne précisément l'action en cas de menace contre la paix, de rupture de la paix et d'acte d'agression.

intergouvernementale (PESC, coopération policière et judiciaire en matière pénale, 2ᵉ et 3ᵉ piliers).

Au-delà de cette distinction formelle entre organisation de coopération et organisation d'intégration, Ernst Haas avait bien donné les critères qui permettent de parler formellement d'intégration, au moins politique. Pour lui, cité par Christian Lequesne, l'intégration politique suppose que les élites, en particulier les groupes d'intérêt transfèrent « *...leurs loyautés, attentes et activités politiques vers un nouveau centre dont les institutions possèdent et revendiquent des compétences supérieures à celles des Etats nationaux préexistants*[131] ». De tous ces critères on peut retenir deux grands aspects pouvant rendre notre analyse intelligible : le transfert des compétences élargies aux instances supranationales et la grande autonomie des organes de l'institution.

Le seuil irréversible de la supranationalité entre l'Union Africaine et les Etats africains est-il atteint ? Les Etats ont-ils tous et suffisamment transféré leurs loyautés, attentes et activités vers la nouvelle organisation continentale ? Il est facile de répondre à cette question par la négative. La volonté d'acheminement vers une organisation d'intégration est certes affichée par nombre d'acteurs africains, mais l'ensemble de la communauté ne souhaite visiblement pas aller jusqu'au bout de cette logique (voir encadré ci-contre). Les compétences de l'Union Africaine ne sont pas suffisamment larges dans la mesure où les domaines relevant de la souveraineté des Etats restent encore l'apanage de ceux-ci : la monnaie, la défense, la diplomatie...Bien plus l'autonomie des organes de l'Union est encore à faire et à parfaire comme on le verra plus loin avec le fonctionnement du Parlement panafricain et celui de la Commission de l'Union Africaine.

Sur la base des analyses qui suivront, nous pouvons ainsi poser que l'Union Africaine est une coopération d'Etats à caractère généraliste dont le but est d'atteindre une plus grande intégration des communautés et des peuples africains.

---

[131] Lequesne : « *La Commission européenne entre autonomie et dépendance* », Revue française de science politique, vol. 46, n° 3, 1996, p392.

Encadré 3 : **La réponse officielle sur l'actuel modèle africain d'intégration**

DE L'UNITÉ	A L'UNION
Une seule source d'autorité : la conférence des chefs d'Etat et de gouvernements	De nombreuses sources d'autorités : La conférence de l'Union, la Cour de justice, le Parlement…
Une coopération limitée aux seuls gouvernements des Etats souverains	Respect de l'autorité nationale + droit d'intervention dans des circonstances graves
Primauté au respect de la souveraineté nationale	Dispositions prévoyant la suspension des régimes accédant au pouvoir par des moyens anticonstitutionnels
Non-ingérence dans les affaires intérieures	Dispositions prévoyant la création du Mécanisme africain d'évaluation par les pairs dans le cadre du NEPAD.
Pas de disposition pour envisager une souveraineté commune	Dispositions prévoyant le contrôle de la conformité aux décisions, dans le cadre de la CSSDCA
Objectif fondamental : lutte collective pour la libération des pays africains du colonialisme et la défense de la souveraineté nationale	Objectif fondamental : permettre à l'Afrique de relever les défis du 21ème siècle et renforcer la position du continent au sein de l'économie mondiale et de la communauté internationale
L'OUA est distincte de la Communauté	Intégration de la Communauté économique

Economique Africaine instituée par le Traité d'Abuja – Fusion entre l'OUA et la communauté pour former l'OUA/AEC en 1994	Intégration de la Communauté économique régionale dans l'Union Africaine.
Du Secrétariat …	à la Commission
Autorité : exécutive (le Secrétariat général a obtenu le pouvoir de prendre des initiatives au cours des dernières années)	Autorité : exécutive +pouvoirs propres en matière d'initiative Membres de la Commission élus et dotés d'un mandat politique pleinement reconnu
Mise en œuvre des décisions des Chefs d'Etats	Tâches politiques spécifiques propres à la Commission

Source : Le plan stratégique de la Commission de l'Union Africaine, vol.1, Vision d'avenir et missions de l'Union Africaine, mai 2004.

CHAPITRE 5

Les idées-forces de l'Union Africaine

> Le développement consiste à « naviguer par zigzag pour atteindre le cap choisi en utilisant les vents favorables et contraires »
>
> **Albert Hirschmann**
> *Professeur à l'Institute for Advanced Studies à Princeton (USA)*
>
> « Il n'est pas de vent favorable pour celui qui ne sait où il va. »
> Sénèque
> *Philosophe, homme d'Etat et auteur tragique latin, v. 4 av. JC.*

PLAN DU CHAPITRE

Section 1
L'intégration politique et la réaffirmation du rôle de l'Etat
1. L'intégration politique
2. La réaffirmation du rôle de l'Etat

Section 2
Les idées liées à la personne et aux peuples africains
1. Le développement du continent
2. La participation populaire
3. La dignité humaine
4. La place de la jeunesse et la mobilisation de la diaspora africaine

Pour arriver à conjurer les difficultés internes et externes freinant le développement de l'Afrique, les pairs africains ont donc décidé de mettre sur pied, par le biais de la Commission de l'Union Africaine, un cadre stratégique qui balise les axes de « *délivrance* » du continent. Ils en appellent à cet effet à la volonté des Etats membres pour réaliser la nouvelle intégration et l'adhésion citoyenne au projet d'intégration ou encore, l'exploitation optimale de tous les atouts du continent[132]. En cela, sept idées force découlent de l'Acte constitutif de l'UA et peuvent être subdivisées en deux grandes catégories : les premières ont trait à l'Etat et à l'intégration politique (Section 1), et les deuxièmes sont relatives aux peuples africains (Section 2).

---

[132] La Commission de l'Union Africaine : « *Le plan stratégique de la Commission africaine. Volume 1, Vision d'avenir et mission de l'Union Africaine* », mai 2004, p7.

Section 1

L'intégration politique et la réaffirmation du rôle de l'Etat

1. L'intégration politique

La première idée est que l'intégration politique doit être la raison d'être de l'Union Africaine, l'objectif étant d'arriver à terme à une fédération ou une confédération d'Etats, *« Etats-Unis d'Afrique »*. L'espoir des Etats africains porte à cet effet sur le recul des régimes autoritaires ; recul qui pourrait donc permettre une intégration politique entre des Etats démocratiques respectueux des droits humains et soucieux de construire des sociétés équilibrées, dépourvues d'exclusion et de toutes formes de discrimination.

2. La réaffirmation du rôle de l'Etat

Une autre idée-force postule la réaffirmation du rôle de l'Etat, qui selon les pères fondateurs de l'Union Africaine, aura contribué aux succès économiques du continent. Cette idée nous confirme le caractère interétatique ou intergouvernemental de l'Union Africaine alors même qu'on ne cesse de parler à son sujet d'une organisation d'intégration. L'Etat reste au centre des préoccupations et des initiatives de l'Union Africaine, un Etat pourtant défaillant, y compris dans les pays les plus développés. On serait tenté de s'interroger à ce sujet sur ce qui séduit encore les panafricanistes en ce monstre froid qui ne cesse de démontrer ses limites, en témoignent les écoles de pensée.

Pour les marxistes (Marx et Engels), le système international est un produit du capitalisme, les Etats capitalistes sont dominateurs et agressifs, les conflits sont liés avant tout à des problèmes d'exploitation économique et sociétale. La compétition entre Etats est moins importante que celle qui oppose les possesseurs du pouvoir économique, véritables acteurs du jeu de la politique mondiale que sont les détenteurs du capital. Dans cet ordre d'idées, l'Etat, loin d'être un acteur à part entière, ne fait ainsi que refléter les rapports de force sous-jacents entre les classes sociales.

Pour la pensée libérale en général, la société internationale est constituée d'Etats indépendants qui rivalisent pour la défense de leurs intérêts propres, comme les individus compétitionnent au sein de chaque Etat pour la satisfaction de leurs intérêts et leurs besoins. Cependant, les relations internationales peuvent être civilisées et pacifiées au même titre que les relations interpersonnelles si elles sont fondées sur le capitalisme, le droit et la démocratie. Le développement du droit international et des organisations internationales contribuent au règlement des conflits et au renforcement de la coopération entre Etats. L'extension de la démocratie, quant à elle, diminue les risques d'affrontements armés en soumettant les dirigeants politiques au pouvoir des citoyens, qui sont par nature et de par leurs intérêts favorables à la paix. Bien que reconnaissant le rôle de l'Etat, le libéralisme n'en postule pas moins sa mise à l'écart. Le libéralisme sous ses différentes formes a privilégié, pendant la quasi-totalité du XXe siècle, l'acteur étatique, oubliant ce faisant, l'acteur de référence du libéralisme qu'est l'individu dont l'Etat n'est que l'émanation. C'est pourquoi nous nous appuyons plus sur la conception de Moravcsik qui replace l'individu au centre de la réflexion libérale.

Le point de départ de Moravcsik est toujours le libéralisme de Locke et plus exactement le libéralisme individualiste de la doctrine lockéenne du contrat social. C'est sur cette hypothèse d'individu, titulaire de droits et de besoins antérieurs et extérieurs à l'Etat que Moravcsik fonde sa théorie des relations internationales : « *les acteurs fondamentaux de la politique internationale sont les individus et les groupes privés [...] rationnels et répugnants au risque.*[133] » Par opposition au réalisme pour qui l'Etat est l'acteur principal, voire exclusif des relations internationales, Moravcsik pense que l'Etat ne fait que représenter les individus sur la scène internationale, « *il n'est que le simple préposé aux intérêts à la fois matériels et idéels (ideational) des membres de la société civile, et en tant que mandataire, il est chargé d'y défendre ceux des intérêts que les acteurs sociétaux, individuels ou collectifs, ne peuvent eux-mêmes*

---

[133] Moravcsik in Dario Battistela op. cit, p162.

satisfaire d'une façon plus efficace, il est à moindre coût et/ou à moindre risque.[134] »

Sur la base de ce raisonnement, le libéralisme de Moravcsik considère l'Etat non plus comme acteur privilégié, sinon exclusif des relations internationales, mais comme *« une simple courroie de transmission des intérêts de la société civile. »* L'Etat n'est plus l'acteur principal des relations internationales. Il n'est non plus un acteur unitaire. Pour Moravcsik, la politique gouvernementale des Etats sur la scène internationale est tributaire des identités, intérêts et pouvoirs sous-jacents des individus et des groupes qui, au sein et en dehors de l'appareil de l'Etat *« exercent en permanence une pression sur les décideurs en vue de leur faire adopter des politiques conformes à leurs préférences.*[135] »

Cette position des libéraux n'est pas éloignée des paradigmes de l'interdépendance[136] et du transnationlisme qui relèguent par ailleurs au second rang le rôle de l'Etat dans les relations internationales. Ces relations sont d'après cette approche, *« toute relation qui, par volonté délibérée ou par destination, se construit dans l'espace mondial au-delà du cadre étatique national et qui se réalise en échappant au moins partiellement au contrôle et à l'action médiatique des Etats.*[137] » Ce courant a pour pionniers d'une part, aux Etats-Unis, Robert Keohane et Joseph Nye qui ont travaillé sur l'influence des acteurs non-étatiques dans les relations internationales, et de l'autre, en Grande Bretagne, John Burton qui forgera la notion de société mondiale, tout en conceptualisant son *« modèle de la toile d'araignée »* par opposition au *« modèle des boules de billard »* d'Arnold Wolfers. Il anticipera l'analyse de ce qui sera désignée par la suite sous la dénomination de *« mondialisation ou globalisation. ».* Mais la variante la plus récente du courant transnationaliste est

---

[134] Moravcsik in Dario Battistela, *ibidem,*, p163.

[135] Dario : Battistela *« Théorie des relations internationales »,* Presses de sciences Po, 2004, p164.

[136] En tant que théorie des relations internationales, le paradigme de l'interdépendance a été théorisé au début des années 1970 par Robert Keohane et Joseph. Nye. Convaincus que l'interdépendance constitue une modification importante de la vie internationale, ces deux auteurs américains sont à l'origine d'un courant connu sous le nom *« d'Ecole de l'interdépendance complexe ».*

[137] Bertrand Badie et Marie Claude Smouts in Dario Battistela, op. cit, p182.

représentée par James Rosenau avec son *« modèle de la turbulence »* ou paradigme de la politique post-internationale à laquelle on peut associer l'analyse proposée par Bertrand Badie.

James Rosenau affirme que la politique internationale contemporaine a subi depuis quelques décennies des changements radicaux, des fluctuations inédites et des variations inconnues. Le déclin progressif de la capacité de l'Etat à satisfaire les demandes des citoyens a affecté les paramètres régulateurs qui organisaient et stabilisaient depuis 1648 le système interétatique westphalien. Il s'agit notamment du paramètre micro-politique relatif aux compétences des citoyens, le paramètre macro-politique, relatif à la structure d'ensemble de la politique globale, et le paramètre macro-micro (relationnel) relatif aux rapports d'autorité et de loyauté établis entre les individus et les acteurs collectifs animant la vie politique internationale.

Pour James Rosenau, si de moins en moins d'individus accordent un crédit automatique aux gouvernements en matière d'analyse et d'action internationale, et a fortiori, si de plus en plus d'individus s'engagent directement au sein d'acteurs collectifs non étatiques pour satisfaire leurs revendications, c'est parce que l'Etat n'est plus le seul acteur international, et le système international n'est plus exclusivement interétatique. Rosenau parle alors de *« bifurcation »*, de *« scission »* entre un monde interétatique et un monde multi centré. Le monde interétatique est d'après lui composé d'un nombre relativement stable de *« sovereignty-bound actors »*, les acteurs étatiques traditionnels. Le monde multi centré quant à lui est un monde de réseaux composé de *« sovereignty-free actors »* que sont l'ensemble des acteurs non-étatiques visant par leurs relations informelles à élargir leur autonomie par rapport aux Etats et à banaliser le contournement des territoires, la contestation des frontières, la remise en cause des souverainetés étatiques. Poursuivant dans le même ordre d'idées, Badie parle de *« détriplement »* de la scène mondiale avec une cohabitation entre Etat-nation, entreprises transnationales et entrepreneurs identitaires.

Bien plus, selon P. Braillard et M.R. Djalili (1997), le paradigme de l'interdépendance est une conception des relations internationales qui met l'accent sur l'interdépendance et la coopération en considérant que les relations internationales contemporaines ne correspondent pas au modèle conflictuel et interétatique des théories réalistes. Le développement de la coopération internationale, avec notamment, la multiplication des structures de coopération que sont les organisations internationales, manifeste alors d'après eux *« une évolution profonde des relations internationales, dont la nature conflictuelle tendrait à passer au second plan, et une tendance à l'organisation d'un système international marqué toujours plus profondément par l'interdépendance et la communauté des intérêts.*[138] *»*

---

[138] P. Braillard et M.R. Djalili : *« Les relations internationales »,* Paris, Presses Universitaires de France, Que sais-je ? 1997.

Section 2

Les idées liées à la personne et aux peuples africains

1. Le développement du continent

En matière de développement, l'Union Africaine hérite des dispositions du traité de la Communauté Economiques Africaine connue sous le nom de « *Traité d'Abuja* », adopté par le sommet de l'OUA de 1991, et qui fait de l'intégration régionale le modèle stratégique de transformation des économies africaines. La mise en œuvre de ce traité est un processus qui se fera en six étapes réparties sur 34 années, la date butoir étant fixée à l'an 2028.

La première étape qui s'étalera sur cinq ans prévoit le soutien aux communautés économiques régionales existantes, et la création de nouvelles communautés, si nécessaire. La deuxième étape porte sur l'harmonisation des tarifs et des barrières du commerce régional, et le soutien de l'intégration sectorielle, particulièrement le commerce, l'agriculture, les finances, les transports et la communication, l'industrie et l'énergie. Il est également question durant les huit ans que durera cette étape, d'assurer une meilleure coordination et une harmonisation des activités des communautés économiques régionales. Durant la troisième étape - dix ans -, les Etats africains prévoient établir une zone de libre échange et une union douanière au niveau de chaque communauté économique régionale. La quatrième étape - deux ans - quant à elle prévoit la coordination et l'harmonisation des systèmes tarifaires et non-tarifaires parmi les communautés régionales en vue d'une union douanière continentale.

Au cours de la cinquième étape - quatre ans - les Etats africains comptent établir un marché commun africain et adopter des politiques communes avant de passer à la sixième étape qui est celle de l'intégration de tous les secteurs. Il est ainsi prévu, la mise sur pied d'une banque centrale africaine et une seule monnaie africaine. C'est dire que les institutions financières africaines prévues par l'Acte de l'Union Africaine devront attendre avant d'être mises sur pied. Il est également prévu à cette dernière étape qui durera cinq ans, la création d'une union monétaire et économique africaine et la création, puis l'élection du premier Parlement panafricain. L'élection se fera sans doute au suffrage universel car l'Union Africaine a déjà mis sur pied un Parlement dont les membres sont cependant désignés par les Etats membres. Dans ce sens, le Traité d'Abuja mettra sur pied un mécanisme d'élection comme cela se fait au sein du Parlement Européen, première institution mentionnée par le Traité de Rome, et unique institution internationale dont les membres sont élus démocratiquement au suffrage universel direct depuis juin 1979.

Le développement économique du continent est donc là, une énorme tâche qu'entendent accomplir les acteurs de l'Union Africaine, quand on sait que la situation du continent a globalement stagné pendant vingt ans. Certes la croissance a dépassé les 5 % dans 24 pays d'Afrique subsaharienne en 2003, mais au cours des décennies passées, la part de l'Afrique dans le commerce mondial est tombée de 6 % en 1980 à moins de 2 % en 2002. Et une des principales erreurs commises par les Africains depuis les indépendances, et à laquelle l'Union de par ses programmes devrait s'attaquer, est de ne pas avoir diversifié les économies nationales afin de mettre fin à leur dépendance vis-à-vis des principaux produits de base. Il reste anormal qu'aujourd'hui, la plupart des pays africains continuent à miser toujours sur une liste très réduite de produits d'exportation. D'où d'ailleurs, la vulnérabilité du continent aux fluctuations des cours mondiaux de ces marchandises.

Les statistiques internationales révèlent que de 1980 à 2000, le prix du sucre a baissé de 77 %, celui du cacao de 71 %, celui du café de 64 % et celui du coton de 47 %; et que les prix d'exportation en Afrique sont près de quatre fois plus instables que ceux des pays développés[139]. Bref, les économies africaines présentent des faiblesses énormes que l'Union Africaine doit aider à relever. Philippe Hugon en donne les facteurs négatifs principaux : la spécialisation primaire, le faible taux d'épargne et sa fuite (40%), le coût de l'intermédiation financière, le niveau des infrastructures, la faible participation à la valeur ajoutée internationale (règle du ½), la pression fiscale limitée, la faiblesse des investissements directs étrangers (IDE, 1 à 2 % du total mondial), l'importance des taux de rentabilité des

---

[139] Commission For Africa, rapport, cité, p24.

investissements, mais également des risques réels ou anticipés, l'horizon à court terme des décideurs...[140]

2. La participation populaire

La participation populaire suppose que l'intégration soit fondée sur *« une base élargie et populaire »*. Le but est d'aboutir à une Union Africaine démocratique parce que soutenue par l'union des peuples. Dans ce sens l'intégration en Afrique va au-delà du travail des représentants des gouvernements, des parlementaires, des partis politiques, des opérateurs économiques et associe les membres de la société civile. Comme cadre de mise en œuvre à cette participation populaire, l'Union Africaine a créé un Parlement panafricain et un Conseil économique, social et culturel. Y seront aussi associés des groupes de pays jouant le rôle de locomotive au sein des Communautés Economiques Régionales ou entre celles-ci.

Mais il ne faut déjà pas se faire d'illusion, la participation populaire en appelant à la démocratisation de l'Union Africaine, il est inutile de dire que celle-ci a encore du chemin à faire en la matière. Dominique Bangoura posait déjà en 2003 avec insistance cette question de la démocratie au sein de l'Union Africaine et retenait deux critères qui permettait de la mesurer au sein d'une organisation internationale : d'une part la séparation des pouvoirs au plan institutionnel, et de l'autre le mode de gouvernance[141] au plan politique. C'est sans détour qu'elle a conclu que l'Union Africaine s'apparente au plan institutionnel *« à une organisation régionale dans laquelle règne la confusion des pouvoirs. Il n'y a pas en effet dans*

---

[140]Philippe Hugon : *« Atouts et faiblesses des économies africaines »* in Coll. : *« Les défis de l'Afrique »*, Paris, Dalloz, 2005, pp 89-95.

[141] Par extension, la bonne gouvernance est un terme qui a été beaucoup mis en avant ces dernières années par les organisations internationales dont la Banque mondiale dont les critères de définition reposent sur la responsabilisation *(accountability)* des gouvernants et de leurs administrations, l'information des citoyens et la transparence des décisions et des procédures et enfin la mise en place d'un Etat de droit et le respect de la loi. Voir pour ce concept : Pagden Anthony : *« La genèse de la gouvernance et l'ordre mondial cosmopolitique selon les Lumières »*, Revue internationale des sciences sociales, Unesco/Eres, n°155, mars 1998 ; Moreau Defarges Philippe, *« Gouvernance - Une mutation du pouvoir ? »*, Le Débat, n 115, mai-août 2001...

l'Acte constitutif de séparation de pouvoirs et a fortiori d'indépendance de la justice. Les pouvoirs exécutif, législatif et judiciaire sont du ressort des Chefs d'Etats et de Gouvernement[142] »
Au plan politique, l'auteur s'était inquiété sur le mode de prise de décision dans la mesure où l'Acte constitutif prévoit que les décisions sont prises par consensus ; processus qu'elle juge non transparent et « *difficile à vérifier* ». C'est dans cet ordre d'idées que nous verrons plus loin que d'autres organes de l'Union comme la Commission ne jouissent pas totalement d'une indépendance qui les affranchit du contrôle des Etats membres. La Commission est dans une situation intermédiaire et se trouve à mi-chemin entre l'absence totale de pouvoir de décision et une réelle autonomie vis-à-vis des Etats membres de l'Union[143].

3. La dignité humaine

Une autre idée-force porte sur la dignité humaine. Les politiques qui seront mises sur pied par les institutions de l'Union Africaine entendent placer la personne humaine au centre de leur préoccupation. L'homme sera l'acteur et le bénéficiaire des transformations structurelles engendrées par le développement, de manière à pouvoir assumer son identité et sa condition. Sont principalement concernés, le monde rural, les classes défavorisées, les handicapés et les femmes…En ce qui concerne celles-ci, l'Union Africaine entend intégrer la problématique genre dans toutes ses activités et dans tous ses organes « *afin de créer une dynamique irréversible de reconnaissance et d'émancipation.* »

4. La place à la jeunesse et la mobilisation de la diaspora africaine

L'Union Africaine entend mobiliser la jeunesse pour qu'elle porte les idéaux de l'intégration africaine. Elle compte couvrir les besoins des jeunes en termes d'éducation, de santé et d'infrastructures de base. Sont aussi à l'ordre du jour, la lutte contre le travail d'enfants, le trafic des enfants et l'utilisation des enfants soldats.

---

[142] Dominique Bangoura (sous la direction) : « *L'Union Africaine face aux enjeux de paix, de sécurité et de défense* », l'Harmattan, 2003, p 21.

[143] *Ibid, p 124-135.*

La septième idée force porte sur la mobilisation de la diaspora[144] africaine. Celle-ci pourrait contribuer de part ses ressources scientifiques, technologiques, financières et son expertise, à la réalisation des programmes de l'Union en général, et ceux de la Commission de l'Union en particulier. L'idée est aussi qu'elle soit un soutien dans le nouveau partenariat que l'Afrique souhaite instaurer avec les pays industrialisés et les autres pays du Sud. L'Union entend en cela faire de la question de l'émigration, du retour et de la rétention des ressources humaines africaines sur le continent, une préoccupation constante. C'est dire l'importance de la place de la diaspora dans la construction de l'intégration africaine. C'est dans cet ordre d'idées que seront axés le 30 octobre au Sénat de Paris, les travaux de la deuxième journée de la rencontre annuelle du Réseau de l'Initiative internationale pour l'Union Africaine (IUA).

La réflexion au sein du Réseau de l'IUA

Intitulée « *L'Union Africaine et ses diasporas* », cette réunion qui regroupera à la fois universitaires, hommes politiques, journalistes et experts venus d'horizons divers, aura pour objectif global de faire des analyses et des perspectives pour « *une plus grande contribution des diasporas africaines au développement du continent.* » Les travaux seront divisés en deux grandes parties. La première portera sur l'évolution de la pensée intégrative vers la représentativité au sein de l'Union Africaine. La deuxième quant à elle sera axée sur les contributions des diasporas aux problèmes de l'Afrique contemporaine.

Premièrement, il sera question de faire l'examen du rôle et du bilan des contributions des diasporas africaines à la construction de l'idéal panafricain à travers deux tables rondes. La première portera sur le bilan des différentes contributions des diasporas africaines à la construction du panafricanisme, et de leur action au sein de l'Organisation de l'Unité Africaine. La seconde quant à elle sera consacrée à l'examen de la place et du rôle actuel des diasporas au sein de l'Union Africaine, de leur représentativité dans les structures que l'Union entend leur offrir, afin qu'elles s'impliquent davantage

---

[144] Au pluriel le terme désigne les déplacements des populations : expulsés, déplacés, expatriés, exilés, réfugiés, immigrés, minorités…

dans le processus d'intégration politique, social, économique et culturel du continent africain.

Deuxièmement, les débats lors de cette deuxième journée du Réseau de l'IUA, basés sur trois tables rondes, seront consacrés à l'examen des moyens d'une plus grande contribution des diasporas africaines à la viabilité économique, intellectuelle et politique du continent. Il sera ensuite question d'explorer les actions et les politiques actuellement menées par différents acteurs de la société civile, des institutions publiques et privées en France ou à l'internationale pour maximiser les apports des diasporas africaines aux défis du continent. Dans cet ordre d'idées, nous avons analysé le rôle des diasporas africaines dans la coopération décentralisée de la France en Afrique, qui est comme on le sait, l'espoir qui permettra de corriger les travers de la coopération gouvernementale franco-africaine dans le cadre du soutien au développement et de la lutte contre la pauvreté. Nos conclusions ont été à cet effet mitigées quant au rôle, ou à la place qui est donnée aux diasporas africaines dans la fabrication des politiques, programmes et projets de développement en France.

Une participation minimaliste dans les projets de développement en France

En faisant une observation au cas par cas, nous pouvons retenir par exemple que les études réalisées en la matière éludent cette question. Dans une étude que la région du centre a réalisée entre juillet et octobre 2004, il est bien démontré que les organisations de solidarité internationale issues de l'immigration (OSIM) sont des acteurs du développement *« ici et là-bas »,* mais dans le cadre des projets qui leur sont propres et non ceux initiés par les collectivités locales et leurs groupements. Il s'agit de l'intégration des nouveaux migrants, des actions culturelles, des actions de jeunesse, de l'éducation au développement. Quand elles ne travaillent pas seules, ces OSIM peuvent agir en partenariat ou avec le parrainage d'autres structures telles que les OSI, les cabinets médicaux ou encore des entreprises locales[145]. Dans leurs relations avec les autorités locales, il

---

[145] CENTRAIDER : *« Les organisations de solidarité internationale issues des migrations (OSIM) en région centre »,* juillet octobre 2004, p 9.

est juste mentionné la question des accords préalables avec les pays du Sud pour la mise en œuvre de leurs projets de développement. Pas un mot ou presque sur leur participation au processus de fabrication des actions de coopération décentralisée en France.

Outre ce cas d'exclusion des OSIM dans la fabrication de l'action internationale décentralisée, la Commission Nationale de la Coopération Décentralisée en France parle plutôt de *« concertations régionales et territoriales »* autour de l'action de la coopération décentralisée et l'action internationale des collectivités territoriales. Certaines de ces concertations sont constituées sous la forme de réseaux avec des acteurs de la société civile. D'autres consistent, dans un premier temps, à rassembler les pouvoirs publics (Etat et collectivités territoriales) au niveau d'une même région de sorte à contribuer à l'élaboration de stratégies politiques partagées. Les dispositifs associant Etat, collectivités avec les représentants des acteurs du territoire régional sont divers et variés. Mais il n'est en aucun cas spécifié de façon formelle l'élargissement des concertations régionales et territoriales aux OSIM. Quand cet élargissement a lieu, il s'inscrit dans le cadre général de la concertation avec les OSI, alors même que la réalité et le droit en France -depuis 1981 - font des OSIM des entités à part entière et entièrement à part.

Cette participation est donc confondue et générale. Nous pouvons postuler qu'au cas où elle existait, elle est minimaliste. Mais, alors que le recours à la démocratie participative au niveau local est de plus en plus envisagé dans les sociétés occidentales comme *« solution au problème de défiance par rapport au politique*[146] *»*, la participation effective des OSIM constitue-t-elle une préoccupation pour les acteurs de la coopération décentralisée ?

---

[146] Bernard Jouve : *« La démocratie en métropoles : gouvernance, participation et citoyenneté »*, Revue française de science politique, vol.55, n°1, 2005.p 324. Pour l'auteur, ce registre de démocratie participative est censé constituer la matrice à partir de laquelle on peut refonder le lien entre la sphère du politique et la société civile sur de nouvelles bases. La démocratie locale est alors dans une perspective typiquement tocquevilienne appelé au chevet des démocraties modernes pour reconstruire un ordre politique en pleine mutation.

Un vide dans les conventions officielles en France

Une fois de plus il est difficile de répondre à cette question en l'absence d'une enquête générale. Même les rapports publics faisant autorité en France en matière de coopération décentralisée éludent la question. Dans ses conclusions de 2004 sur une enquête portant sur les *« Pratiques de la coopération décentralisée pour le développement et la solidarité internationale »*, le Haut Conseil de la Coopération Internationale s'inscrit dans le même mutisme. En s'interrogeant entre autres sur les moyens humains et les partenaires de ces actions, il n'a pas pu aborder clairement la question de la participation des OSIM et de la diaspora[147]. Même si la question de la portée réelle de ses conclusions se pose parce qu'elles ne concernent que 35 collectivités territoriales et leurs groupements, il est à noter que l'enquête touche tout de même *« les collectivités particulièrement actives en matière de coopération décentralisée.*[148] *»* Le rapport ne prétend pas donner une vue exhaustive des actions publiques internationales des collectivités locales françaises parce qu'il concerne un peu moins du quart de celles-ci. Mais ces enseignements couplés aux observations individuelles dévoilent en filigrane la réalité d'une situation : celle de la non participation des migrants et de la diaspora dans le processus décisionnel[149].

Bien plus, sur près de cinquante partenariats noués entre la France et la sous région Afrique centrale et les Grands Lacs par exemple, le constat est qu'aucune convention ne mentionne la participation effective des collectifs ou associations de migrants lors de l'élaboration et de la mise en œuvre des différents projets. Les rencontres programmées ou fortuites entre élus ont le plus souvent été ; à l'origine de ces coopérations. Les enjeux sont certes la

---

[147] Haut Conseil à la Coopération Internationale : *« « Pratiques de la coopération décentralisée pour le développement et la solidarité internationale »,* janvier 2004, 20 p.

[148] Haut Conseil à la coopération internationale : *« Les pratiques de la coopération décentralisée pour le développement et la solidarité internationale. »,* 2004. p2.

[149] Il est tout de même important de noter l'importance que revêt les collectifs et associations des migrants dans la philosophie même du Haut Conseil. L'article 2 du Décret de 2002 relatif à sa création mentionne les collectifs d'organisations de migrants, chargées de leur intégration en France, en liaison avec leur pays d'origine ; comme membres à part entière du Conseil.

solidarité envers les plus démunis, la réponse à un enjeu social, le militantisme alter mondialiste, les questions d'ordre économique ou encore les questions d'image ou de rayonnement international, mais l'élargissement du débat n'est pas au rendez-vous. N'y a-t-il pas là rupture du principe de participation sur lequel doit être fondées les politiques publiques en général, et les actions de coopération en particulier[150] ? Mais le plus important reste peut-être de savoir pourquoi il y a exclusion des OSIM ?

Des facteurs justificatifs de l'exclusion des migrants et des diasporas

L'exercice qui consiste à traiter de la participation des publics cibles à un processus décisionnel n'est pas évident. Les ouvrages de référence en France - et même les références étrangères qui sont citées - en matière de politiques publiques traitent de la question sous certains aspects particuliers. Pierre Muller et Yves Surel (1998) relèvent en cela l'existence des travaux analysant *« les modalités »* de participation des acteurs concernés dans la fabrication des politiques publiques[151]. Or notre préoccupation porte plutôt sur les causes ou les raisons qui font que des acteurs concernés ne soient pas associés à une politique publique, le cas ici des OSIM et de la diaspora dans le cadre de la coopération décentralisée. A défaut d'avoir une réponse théorique à ce questionnement, nous pouvons nous référer à la réponse que donnent Cobb et Elder, cités par Muller et Surel, à la question inverse à la nôtre et qui s'interrogent sur les facteurs susceptibles de déterminer un accès privilégié des groupes concernés à l'agenda des acteurs politico administratifs.

En se servant de cette analyse, nous pourrions donc renverser notre interrogation et poser que si tel ou tel groupe n'a pas accès à l'agenda des autorités publiques, c'est parce que certain facteurs

---

[150] Adda Bekkouche et Bertrand Gallet soulignent bien l'importance de ce concept de *« participation »* qui implique non seulement que tous les acteurs soient étroitement associés aux décisions qui affectent leur vie, mais aussi qu'ils puissent constamment avoir accès au pouvoir de décision, y compris dans le cadre de la coopération décentralisée. Bekkouche Adda et Gallet Bertrand : *« La coopération décentralisée : l'émergence des collectivités et autorités territoriales sur la scène internationale »*, AFRI, 2001, p384.

[151] Pierre Muller et Yves et Surel, op. cit.

susceptibles de faciliter la prise en compte de ses points de vue au sein de l'arène des décideurs publics ne sont pas réunis. Mais la question que nous traitons ne concerne pas les revendications usuelles des collectifs des migrants pour leur intégration dans les processus socio politico économiques en France. Notre préoccupation ne porte pas sur ce que Daniel Mouchard appelle *« les mobilisations des « sans » », celles qui naissent au début de la décennie 1990 en France avec pour point commun la défense des groupes à faibles ressources tels que les chômeurs, les « sans-papier » ou les « mal-logés*[152] *».* Nous nous interrogeons sur les causes de leur exclusion dans un processus où ils peuvent remplir des fonctions multiples en tant que *« groupe d'identification », « groupes d'attention »* et *« public attentif. »*

Si pour Cobb et Elder il existe quatre ensembles de facteurs susceptibles de déterminer un accès privilégié des groupes cibles à l'agenda des autorités publiques, il existe alors par extension autant de facteurs qui justifieraient l'exclusion de certains groupes du processus décisionnel et répondraient en partie à notre préoccupation.

Il s'agit premièrement de l'existence ou non d'un acteur public en charge de la décision pouvant se sentir redevable au groupe particulier ou s'identifier lui-même comme membre à part entière de ce groupe. Cette condition est difficilement réalisable en France dans la mesure où la sélection du personnel politique local ne se fait pas sur la base de l'appartenance de certains de ses membres à des groupes qualifiés de minoritaires. Bref il n'existe pas encore de *« discrimination positive »* dans le processus électoral en France. Contrairement à ce qu'a tendance à affirmer Bernard Jouve pour qui en France, *« ...les représentants politiques des minorités issues de l'immigration se fondent aisément dans le mainstream au sein des institutions locales*[153] *»,* les groupes minoritaires n'ont pas une visibilité politique au sein des conseils municipaux.

Deuxièmement, les groupes qui veulent faciliter leur visibilité doivent disposer de ressources matérielles, symboliques ou organisationnelles suffisantes et supérieures à celles des autres. Or

---

[152] Daniel Mouchard : *« Les mobilisations des « sans » dans la France contemporaine l'émergence d'un «*

Radicalisme auto limité », revue française de science politique, Vol. 52, Numéro 4, 2002, p.425-447.

[153] Jouve, op, cit. p 336.

beaucoup d'associations étrangères ont des moyens d'action très modestes. Elles fonctionnent presque exclusivement avec des bénévoles et ne sont guère à même de bénéficier des financements publics, notamment ceux de la Mission pour la Coopération non Gouvernementale.

Troisièmement, les positions stratégiques dans lesquelles sont placés certains groupes peuvent faciliter la publicisation de leurs problèmes.

Quatrièmement enfin, la visibilité de certains groupes tient au fait que ceux-ci peuvent être socialement valorisés dans les représentations et croyances dominantes, ceci rendant légitimes leurs revendications auprès des publics larges et variés. Cette explication rejoint l'analyse que font Chantal Bordes-Benayoun et Dominique Schnapper pour qui la reconnaissance des particularismes est moins légitime dans les Etats nations plus anciens et plus centralisés. C'est le cas évidemment de la France ; cette situation pouvant être différente dans des pays comme les Etats-Unis où les diasporas suscitent plus d'engouement[154]. Ce n'est vraiment pas le cas pour les populations migrantes, elles dont la perception varie en fonction des circonstances, des lieux et de époques. Pour Marmora : « *les migrations ont pu être synonymes de progrès, de menace compétitive dans le monde du travail, d'invasion territoriale, de destruction culturelle ou de construction nationale.*[155] » Ceci entraîne donc tous les préjugés qui sont dirigés vers eux et qui vont de la xénophobie à la xénophilie en passant par l'exophobie et l'endophobie[156].

Une fois de plus, il n'est pas question ici d'analyser les causes d'exclusion des populations migrantes au sein des politiques nationales en France, mais de chercher à savoir pourquoi les pouvoirs locaux ne les consultent suffisamment pas, au moins dans les phases de formulation et de légitimation des actions de coopération décentralisée. La précision vaut la peine dans la mesure où nous sommes d'accord avec Virginie Guiraudon qu'il y a des droits désormais octroyés aux étrangers en situation régulière dans nombre

---

[154] Chantal Bordes-Benayoun et Dominique Schnapper : « *Diasporas et nations* », Odile Jacob, 2006, p 12.

[155] Marmora, op. cit. p 25.

[156] Marmora, *ibidem*, p 26.

de pays européens dont la France, droits auparavant réservés aux seuls nationaux[157]. Le problème que nous posons est celui de leur participation à la vie locale en général, et à la fabrication des actions publiques de coopération décentralisée en particulier. Cette question rejoint la problématique générale du droit des étrangers à la participation politique. Ce droit reste contesté et varie selon les pays en Europe ; les Pays-Bas venant en tête en matière d'intégration pour avoir octroyé aux étrangers le droit de vote et d'éligibilité aux élections locales pour la première fois en 1986[158]. En France, le Conseil Constitutionnel s'est prononcé dans sa décision du 9 avril 1992 sur l'incompatibilité de la clause du traité de Maastricht sur les droits des citoyens de l'Union européenne avec l'article 3 de la Constitution[159].

Une autre raison pouvant justifier l'exclusion des populations des migrants dans les processus locaux tient à ce que le Secrétariat technique des Commissions mixtes[160] désigne sans plus d'explication par *« les différences d'approche »* et *« un manque de volonté de se reconnaître. »*

Les raisons d'une participation des migrants

En retenant désormais que les OSIM et les représentants de la diaspora sont exclues du processus de fabrication des actions de coopération décentralisée et donc des actions de développement pour diverses raisons[161] dont celles inspirées de l'analyse de Cobb et Elder,

---

[157] Virginie Guiraudon, op. cit p755. Les droits dont fait allusion Mme Guiraudon sont relatifs aux libertés fondamentales, aux droits de participations politiques et aux prestations sociales. C'est la typologie tripartite (civil, political, social rights) de T.H. SHALL dans son cours de 1949 : *« Class, citizenship and social development »*, New York, Doubleday, 1965.

[158] Guiraudon, *ibidem,,* p755-756.

[159] Pour la Cour, il faudrait à cet effet une modification constitutionnelle avec l'accord des deux tiers des parlementaires et l'adoption d'une loi organique pour réformer le code électoral.

[160] Secrétariat technique des commissions mixtes, exploitation des résultats du questionnaire sur les 10 ans de son existence. Document inédit.

[161] C'est toute la question de la place des élus politique et de la démocratie représentative qui ici posée.

il est maintenant utile de dire qu'elle est la nécessité de les associer dans ces opérations.

La première raison tient au fait que ces populations migrantes peuvent être à la fois ce que Muller et Surel appellent des groupes d'identification, des groupes d'attention et un public attentif. En tant que groupe d'identification, elles sont capables d'associer leurs propres intérêts, de manière stable et durable à ceux des populations destinataires des actions de coopération décentralisée. En qualité de groupe d'attention, leur participation peut être plus ou moins indexée aux phénomènes sociaux dont les actions de coopération décentralisée entendent apporter des éléments de solution. Et en tant que public attentif, les OSIM et les représentants de la diaspora peuvent se mobiliser à intervalles réguliers pour soutenir des causes des plus déshéritées auxquelles pourraient s'adresser une action de coopération décentralisée. Ces trois rôles d'identification, de participation et d'attention peuvent alors s'exercer tant au niveau de la formulation, que celui de la légitimation des décisions de coopération décentralisée.

La formulation qui est la phase de choix des réponses devant être apportées à des phénomènes jugés problématiques, en appelle à de nombreuses activités qui vont des études économiques aux rencontres informelles, en passant par des tables rondes ou des contacts confidentiels. Cette phase correspond à une collecte et une analyse d'informations particulières et précises qui ne sont pas toujours fournies par les commissions publiques ou autres études privées. Seuls sont capables de fournir ce type d'information et d'en donner des ressorts de compréhension profonds, les populations originaires des lieux de destination des différents projets ou les groupes défendant leurs intérêts. Cette vision de l'intérêt que peut présenter les migrants et la diaspora rejoint la vision que le gouvernement français a de leur rôle dans la politique de codéveloppement. Une partie des migrants a acquis des qualifications élevées, souvent dans des domaines où leur pays souffre de manques. Pour le pays d'accueil, et donc éventuellement pour les pouvoirs locaux engagées dans la coopération décentralisée, les migrants peuvent être des médiateurs, des intermédiaires grâce auxquels ils peuvent asseoir leur influence dans les pays d'origine, voire refonder sur des intérêts partagés pour l'avenir, une relation souvent basée sur l'héritage du passé.

En l'absence de ces renseignements portant sur les us et coutumes, l'histoire, l'environnement politico juridique et le contexte économique, les décideurs locaux ne sauraient avoir d'éléments suffisants pour soupeser les différents solutions envisageables, d'en évaluer les effets politiques ici et là-bas, les retombées techniques et financières[162].Rappelons avec Muller et Surel que l'une des dimensions du travail de formulation dans les politiques publiques est de faire face à « *une situation d'hyper choix* » qui caractérise la décision politique, c'est-à-dire la nécessité d'intégrer des variables de différentes natures[163].

Outre cette phase de formulation à laquelle il serait utile d'associer les OSIM et la diaspora, leur participation semble en outre utile dans la phase de légitimation des actions à engager par les collectivités à l'international. Il est évident que les décisions prises par les collectivités locales doivent être conformes à la légalité, à l'ordre existant. La Circulaire du 20 avril 2001 du ministère de l'Intérieur et du ministère des Affaires Etrangères parle bien du respect des « *compétences mutuelles* » et de la conformité aux engagements de la France.

---

[162] Muller et Surel, 1998.

[163] Muller et Surel, 1998.

CHAPITRE 6

La participation au sein de l'Union Africaine

PLAN DU CHAPITRE

Section 1
La participation plénière
1. L'adhésion : une rupture avec la pratique au sein de l'OUA
2. La perte de la qualité de membre

Section 2
La participation restreinte
1. Le silence des textes
2. Un concours nécessaire au multilatéralisme

Section 3
Les modes de votation au sein de l'Union Africaine
1. Le consensus comme principe de base
2. Le recours à la règle de la majorité

La participation au sein d'une organisation internationale est basée sur le principe de la double liberté[164.] Comme dans toute organisation intergouvernementale, ce sont les Etats qui au sein de l'Union Africaine sont les *« participants essentiels.*[165]*»* Les 53 Etats

---

[164] L'entrée au sien d'une organisation internationale est doublement volontaire : de la part de l'Etat et de la part de l'organisation elle-même. Combacau et Sur, op.cit. p 723.

[165] Combacau et Sur, *ibidem,* p 720.

membres de l'Union bénéficient ainsi d'une participation plénière (Section 1) alors que la participation restreinte est réservée à d'autres acteurs (Section 2).

Section 1

La participation plénière

1. L'adhésion : une rupture avec la pratique au sein de l'Organisation de l'Unité Africaine

Alors qu'au sein d'autres organisations intergouvernementales on distingue les membres fondateurs des membres admis, l'Union Africaine ne présente pas cette caractéristique dans la mesure où tous ses 53 membres ont signé la Charte lors de l'adoption au sommet de Lomé en juillet 2000. Il s'agit de : Afrique du Sud ; Algérie ; Angola, Bénin, Botswana, Burkina Faso, Burundi, Cameroun, Cap Vert, République Centrafricaine, les Comores, République Démocratique du Congo, République du Congo, Côte d'Ivoire, Djibouti, Egypte, Ethiopie, Erythrée, Gabon, Gambie, Ghana, Guinée, Guinée Bissau, Guinée Equatoriale, Kenya, Lesotho, Libéria, Libye, Madagascar, Malawi, Mali, Maurice, Mauritanie, Mozambique, Namibie, Niger, Nigeria, Ouganda, Rwanda, République Arabe Sahraoui Démocratique, Sao Tome & Principe, Sénégal, Seychelles, Sierra Léone, Somalie, Soudan, Swaziland, Tanzanie, Tchad, Togo, Tunisie, Zambie, et Zimbabwe.

Tous ces Etats ont ainsi la même qualité de membre de droit selon le principe de l'égalité des Etats. Contrairement à l'Organisation de l'Unité Africaine où l'on avait 32 Etats au moment de sa création[166], l'Union Africaine ne présente pas la question de membres originaires et de membres admis, à moins que le Maroc décide de rejoindre la famille, hypothèse très peu probable pour le moment, dans la mesure où ce pays continue à considérer le Sahara Occidental, actuellement membre fondateur de l'Union Africaine, comme une partie intégrante de son territoire. Le cas échéant selon l'article 27 de l'Acte constitutif, tout Etat membre de l'OUA peut adhérer à l'Union Africaine après

---

[166] Il est noter que toutes les admissions de l'OUA s'étaient faite à l'unanimité, il n'y a pas eu de rejet pour quelques raisons que ce soit.

son entrée en vigueur, en déposant ses instruments d'adhésion auprès du président de la Commission.

On est dans la logique de Mouammar Kadhafi pour qui, il n'y a pas en Afrique un groupe de pays qui approuvent et un autre qui décident d'adhérer plus tard. Toute l'Afrique agit donc collectivement et même s'il survenait de nouvelles adhésions à l'instar de celle du Maroc, il n'y aurait pas de différence au niveau de droits entre celui-ci et les membres originaires. Les Etats qui ont négocié l'Acte constitutif et ceux qui en sont devenus membres par la ratification ont les mêmes droits et cette qualité ne porte pas atteinte au principe d'égalité qui régit l'organisation[167].

2. La perte de la qualité de membre : une rupture théorique avec le régime de l'impunité

La qualité de membre se perd selon deux modalités : soit par décision des instances compétentes de l'Union (cas de la suspension), soit par la volonté de l'Etat même à se retirer (cessation de la qualité de membre). La première hypothèse est prévue par l'article 30 de l'Acte constitutif qui prévoit : *« Les Gouvernements qui accèdent au pouvoir par des moyens anti-constitutionnels ne sont pas admis à participer aux activités de l'Union. »* Nous sommes en présence là d'une innovation dans la mesure où la Charte de l'Organisation de l'Unité Africaine ne prévoyait pas les cas de suspension ou d'exclusion de membre pour quelques raisons que ce soit. A l'impunité et à la permissivité de la Charte d'Addis-Abeba, se substitue donc une sorte de vigilance sur le respect de l'Etat de droit en Afrique. Sauf que cette innovation reste jusque-là théorique, les condamnations pour accession non constitutionnelle au pouvoir en Afrique n'ont jamais abouti à une suspension de la qualité de membre au sein de l'UA. Le Togo n'a pas été suspendu après l'accession non constitutionnelle en février 2005 de Faure Gnassingbé à la suite de la mort de son père Etienne Eyadema. Les sanctions se sont limitées à un appel insistant du président en exercice de l'Union Africaine, O. Obasanjo, et à celui de la CEDEAO, au retour à l'ordre constitutionnel au Togo.

---

[167] Combacau et Sur, op. cit. p 723.

La perte de la qualité de membre quant à elle est prévue par l'article 31 de l'Acte constitutif qui reprend l'esprit de l'article 32 de la Charte de l'OUA sur la « *Renonciation à la qualité de membre* ». Mais l'Acte constitutif de l'Union Africaine parle de « *Cessation de la qualité de membre* » et dispose : « ***1.*** *Tout Etat qui désire se retirer de l'Union en notifie par écrit le Président de la Commission qui en informe les Etats membres. Une année après ladite notification, si celle-ci n'est pas retirée, le présent Acte cesse de s'appliquer à l'Etat concerné qui, de ce fait, cesse d'être membre de l'Union.* ***2.*** *Pendant la période d'un an visée au paragraphe 1 du présent article, tout Etat membre désireux de se retirer de l'Union doit se conformer aux dispositions du présent Acte et reste tenu de s'acquitter de ses obligations aux termes du présent Acte jusqu'au jour de son retrait.* » Et l'article 6 de poursuivre : « *Si un membre de l'Organisation enfreint de manière persistante les principes énoncés dans la présente Charte, il peut être exclu de l'Organisation par l'Assemblée Générale sur recommandation du Conseil de sécurité.* »

Section 2

La participation restreinte

1. Le silence des textes

La participation restreinte au sein d'une organisation intergouvernementale est réservée aux membres associés et aux observateurs. Pour le moment, aucune disposition de l'Acte ou du Protocole d'amendement de l'Acte ne prévoit l'admission de membres associés ou d'observateurs au sein de l'Union, alors que ce sont ces instruments qui précisent généralement le contenu du statut d'observateur ou de membre associé. Nous sommes autorisés à dire tout de même que, vu son intention d'associer au mieux la société civile à la construction de l'intégration africaine, l'Union Africaine fera bénéficier à court ou à moyen terme les représentants des ONG et des associations du statut d'observateur. En général, ce statut donne accès aux réunions des organes, permet de disposer de la documentation établie et dans une certaine mesure, de participer aux débats de l'organisation. Les membres associés quant à eux, sont beaucoup plus proches des membres de droit, et leur statut précède en règle générale celui de membre de plein droit, mais pour autant, ils n'ont pas le droit de vote, ni les mêmes obligations financières que les membres de droit. Certaines organisations ont octroyé le statut de *« partenaire de dialogue »* à certains pays avec lesquels elles entretiennent d'importantes relations. C'est le cas de l'ASEAN qui a pour partenaires de dialogue ses principaux partenaires commerciaux : Etats-Unis, Union européenne, Canada, Australie... Ce dialogue s'est ensuite élargi à d'autres pays comme la Chine, la Corée du Sud, l'Inde ou la Russie. Elle entretient également des relations avec des organisations internationales comme le Conseil de Coopération du Golfe et le Forum du Pacifique Sud. Outre les organisations sous-régionales africaines, l'Union Africaine entretient une étroite collaboration avec l'Organisation des Nations Unies. Il est également à noter que traditionnellement, les pays africains entretiennent des relations avec l'Union européenne par le biais des Accords ACP/UE qui sont régis aujourd'hui par l'Accord de Cotonou adopté en 2000 et entré en vigueur en 2003.

2. Un concours nécessaire au multilatéralisme

Au-delà de cette restriction de nature purement juridique, il est à préciser que ces membres dont la participation est restreinte au sein des organisations intergouvernementales concourent largement au plein exercice du multilatéralisme. Ils contribuent à définir un système mondial de coopération et d'intégration dans lequel tous les acteurs cherchent à promouvoir leurs relations avec les autres, plutôt que de donner la priorité aux actions unilatérales ou bilatérales jugées dangereuses et déstabilisantes. C'est le cas des ONG, mais également des individus ayant contribué dans leur domaine respectif à la résolution des grands problèmes que rencontre le monde, des firmes, des groupes d'intérêt…Le multilatéralisme est devenu un élément incontournable dans ce monde qui est devenu, malgré la défense des intérêts particuliers, sans cesse interdépendant. Mais les auteurs s'interrogent effectivement s'il est devenu un horizon indépassable, un valeur suprême de notre temps vu les agissements de certains acteurs sur la scène internationale, notamment les Etats-Unis[168].

---

[168] Yves Bertoncini : « *Le multilatéralisme en question. Horizon indépassable ou fausse valeur* », Fondation Robert Schuman, site : http://www.robert-schuman.org/supplement/questions_europe2.htm.

Section 3

La prise de décision au sein de l'Union Africaine

1. Le consensus comme principe de base

Le principe de prise de décision au sein de l'Union Africaine est celui du consensus (conférence de l'Union et Conseil exécutif).

Le consensus est « un système de décision sans vote où le silence général témoigne de l'absence d'objection dirimante de la part des Etats membres et autorise l'adoption du texte.[169] » En recherchant un accord général, les Etats membres arrivent à une sorte « d'unanimité tacite ». La technique du consensus permet de maintenir l'équilibre entre l'unanimité qui privilégie les aspects diplomatiques des négociations et le vote majoritaire qui lui privilégie les aspects parlementaires[170]. Combacau et Sur parlent à cet effet de « revanche » sur le principe de l'unanimité[171]. Mais on dit de ce système qu'il traduit en général des compromis en désaccord et que l'unanimité qui ressort des débats entre les Etats membres, bien que préservant la survie de l'organisation, n'est qu'une sorte d'insatisfaction collective non exprimée. D'où les réserves que présentent le plus souvent les membres et dont « la connaissance est indispensable pour déterminer la portée réelle des textes adoptées.[172] »

Combacau et Sur distinguent deux types de consensus : le consensus « *sine qua non* » et le consensus « *si possible* ». L'absence du premier empêche toute décision, et le défaut du second entraîne le recours à un vote formel à la majorité en dernière ressource.

---

[169] Nguyen : « *Droit international public* », LGDJ, 6e édition par Patrick Daillier et Alain Pellet, 1999, p621. Mais l'auteur précise que l'absence de vote n'enlève en rien à la décision ou la recommandation sa valeur et sa potée juridique.

[170] Nguyen, *ibidem*, p619.

[171] Jean Combacau et Serge Sur : « *Droit international public* », 6ᵉ édition, Montchrestien, 2004, p733.

[172] Nguyen, op, cit, p621.

2. La règle de la majorité comme exception[173]

A défaut d'adopter une décision par consensus, les Etats membres de l'Union Africaine peuvent statuer à une majorité qualifiée (2/3) ou même à la majorité simple pour les questions de procédure, y compris pour déterminer si une question est de procédure ou non. La règle de la majorité est un principe de démocratie internationale. Elle garantie la primauté de la volonté de la majorité tout en autorisant le respect du fameux principe *« un Etat, une voix*[174] *».* Si au sein des organes de l'UA on vote à la majorité qualifiée des 2/3, comme c'est le cas au sein de la Conférence et du Conseil, il est à remarquer que les majorités requises varient selon les organisations, mais aussi suivant les organes et même, suivant les questions traitées[175]. L'assemblée Générale des Nations Unies vote à la majorité des 2/3 des membres présents et votants pour les questions importantes, et à la majorité simple sur les autres questions (art 18 §2 et §3).

La technique majoritaire est une transposition par analogie des règles en vigueur dans les assemblées parlementaires nationales. Pour Nguyen Quoc Dinh[176] son souci est de *« démocratiser »* la vie politique internationale, en ce sens qu'elle garantit la primauté de la majorité tout en tenant compte du principe égalitaire traduit par la formule d' *« un Etat, une voix ».* Marquée par l'esprit des effets paralysants ayant contribué largement à l'échec de la SDN, la génération d'organisations internationales postérieures à 1945 avait adopté la règle générale de substitution du principe de la majorité par celui de l'unanimité[177]. Il faut donc remarquer dans le temps, une

---

[173] Je remercie grandement Augustin Tchameni, doctorant en droit international à Lyon 3, pour son apport dans nos discussions sur la question de la majorité au sein des organisations internationales.

[174] Voir une illustration de toutes les techniques d'adoption de textes au sein des organisations internationales dans la Section 3 de l'annexe à l'Accord de New York de 1994 sur la partie XI de la Convention des Nations unies de Montego Bay sur le droit de la mer.

[175] Combacau, *ibidem*, p732.

[176] Nguyen Quoc Dinh, op. cit, p. 617-619.

[177] Pierre-Marie Dupuy : *« Droit International Public »*, 7è éd, Dalloz, 2004, p. 170-171.

variation du système de votation au sein des organisations internationales[178].

La technique majoritaire se décline cependant en diverses modalités pratiques. Ainsi, la majorité peut être simple, absolue ou qualifiée selon les organisations ou leurs organes, voire selon l'objet de la décision. Certes la règle de la majorité ne constitue pas de manière directe la négation du principe de l'égalité entre les Etats, en ce sens que chaque Etat dispose d'une voix. Néanmoins sur le plan fonctionnel de l'Organisation, elle peut créer un déséquilibre significatif aux dépens de grandes puissances. Raisons pour laquelle certaines organisations telle l'Union européenne ou le FMI connaissent un système de pondération des voix en fonction du poids économique ou démographique de certains Etats. D'où les accusations d'organisations non démocratiques

---

[178] J.Combacau et Serge Sur, op, cit, p.732-734.

CHAPITRE 7

Les principes de l'Union Africaine

PLAN DU CHAPITRE

Section 1
Les principes régissant les rapports entre les Etats africains
1. Des principes de l'OUA enrichis
2. Une innovation certaine

Section 2
L'Union Africaine et les organisations africaines
1. Généralités
2. L'Union Africaine et la Communauté Economique Africaine (CEA)

Section 3
Les relations entre l'Union Africaine et le reste du monde
1. Les dispositions statutaires
2. Un soutien opérationnel de l'ONU
3. Les relations Europe-Afrique
4. Les relations Afrique-Asie

Nous subdiviserons ce chapitre en deux sections comme la plupart de ceux que nous avons traité jusque-là : les principes régissant les rapports entre les Etats africains dans le cadre de l'Union Africaine (Section 1), les relations entre l'Union Africaine et les organisations sous-régionales africaines (Section 2), puis les rapports avec le reste du monde (Section 3).

Section 1

Les principes régissant les rapports entre les Etats africains

Il est très intéressant d'analyser les principes qui régissent les rapports entre les Etats membres de l'Union Africaine en faisant un peu de comparatisme, comme nous tentons de le faire depuis le début de cet ouvrage. Ce n'est pas qu'une simple clause de style mais le respect d'une véritable méthode de travail qui permet de produire comme le pensent Yves Mény et Yves Surel (2004), des notions plus fermes et des analyses mieux informées des systèmes ou des institutions que nous étudions[179]. Dans l'esprit des premiers travaux de comparatisme élaborés par des auteurs comme Montesquieu, Tocqueville[180], Durkheim[181], Weber[182] ou même les auteurs américains Powell et Almond, la comparaison, tout en nous permettant de spécifier, confronter et classer les systèmes ou les institutions que nous étudions en vue d'en arriver à une généralisation, a des vertus nous permettant de conduire et d'établir des particularités et les points communs. Elle nous permet de savoir si oui ou non tel

---

[179] Yves Mény et Yves Surel : « *Politique comparée. Les démocraties. Allemagne, Etats-Unis, France, Grande Bretagne, Italie.* », Paris, Montchrestien, 7ᵉ édition, 2004, p 5.

[180] Pour Mény et Surel, ce qui conduit à intégrer Tocqueville dans ce qu'ils appellent *« la généalogie schématique de la politique comparée »*, c'est sa mise en avant dans *« De la Démocratie en Amérique »* et dans *« L'Ancien Régime et la Révolution »*, d'une analyse plus compréhensive des phénomènes étudiés par l'usage de dimensions transversales et par l'élaboration d'une démarche comparative qui soit à la fois temporelle et spatiale.

[181] Dans ses ouvrages dont *« Les règles de la méthode sociologique »*, l'auteur souligne que la comparaison en tant que méthode et principe d'analyse constituait un substitut nécessaire à l'expérimentation pratiquée dans les autres sciences. Mény et Syrel, op. cit. p 8.

[182] Pour Weber son influence sur la politique comparée tient aux objectifs assignés à l'analyse, et notamment à l'importance accordée à la formalisation de catégories générales, les idéaux-types à partir desquels il faut établir les spécificités des phénomènes observés. Mény et Surel, op. cit. p 8.

idéal-type est bien similaire à tel autre. Dans ce cas on pourrait dans une certaine mesure confirmer ou non les hypothèses de ceux qui veulent nier ou affirmer la différence qu'il y a entre l'Union Africaine et les autres organisations régionales, y compris l'Organisation de l'Unité Africaine qu'elle a remplacé.

En remontant au tant que faire se peut vers le système de l'Organisation de l'Unité Africaine et sur les autres organisations continentales, nous avancerons ainsi peu à peu vers une connaissance fine et une analyse compréhensive de cette institution. Sur cette base, on peut dire qu'il y a une très grande évolution au niveau des principes qui régissent actuellement les rapports entre les Etats membres de l'Union Africaine.

1. Des principes de l'Organisation de l'Unité Africaine enrichis

Dans un premier temps, on peut remarquer que l'Union Africaine reprend plusieurs principes énoncés par la Charte de l'OUA en essayant soit de les élargir, soit des les rendre plus contraignants. C'est le cas du principe d'égalité souveraine de tous les Etats membres, qui s'est enrichi du principe de l'interdépendance afin que la coopération ne soit pas une simple coexistence pacifique entre les Etats continentaux. Une autre similitude porte sur la non-ingérence dans les affaires intérieures des Etats membres de l'Union. C'était là la formulation de la Charte de l'OUA qui est restée inchangée dans l'Acte constitutif de l'Union Africaine. Il est également prévu le respect de la souveraineté et de l'intégrité territoriale des Etats membres de l'Union. Cette disposition de la Charte de l'OUA a été reformulée pour devenir : « *Respect des frontières existant au moment de l'accession à l'indépendance* ». En cas de conflits ou de différends entre les Etats membres, la Charte de l'OUA prévoyait le règlement pacifique des différends, par voie de négociation, de médiation, de conciliation ou d'arbitrage. L'Union Africaine quant à elle, réaffirme ce principe de règlement pacifique, sans toutefois préciser les moyens par lesquels les Etats y arriveront, l'Acte constitutif parle de « *Règlement pacifique des conflits entre les Etats membres de l'Union par les moyens appropriés qui peuvent être décidés par la Conférence de l'Union* ». Ce principe est évidemment complété par celui prévoyant l' « *interdiction de recourir ou de menacer de recourir à l'usage de la force entre les Etats membres de l'Union* » et celui de la

« *Coexistence pacifique entre les Etats membres de l'Union et leur droit de vivre dans la paix et la sécurité.* »

Un dernier principe hérité de la Charte de l'OUA est bien celui portant sur la condamnation de toutes sortes de violences politiques exercées au sein des Etats ou entre les Etats membres. C'est le cas de l'assassinat politique ou des activités dites subversives. Contrairement à l'OUA, l'Union Africaine est plus audacieuse et va plus loin, en prévoyant d'une part, le « *respect du caractère sacro-saint de la vie humaine et la condamnation et le rejet de l'impunité, des assassinats politiques, des actes de terrorisme et des activités subversives* », et de l'autre la : « *Condamnation et rejet des changements anti-constitutionnels de gouvernement* ». Comme nous l'avons souligné plus haut avec le cas du Togo, cette disposition n'est jusque-là qu'une sorte de déclaration d'intention dans la mesure où le Togo n'a pas été suspendu en 2005 en qualité de membre de l'Union Africaine à la suite de la prise de pouvoir non constitutionnelle de Faure Gnassingbé Eyadema.

Au total, l'Union Africaine reprend certes plusieurs principes énoncés par la Charte de l'OUA en abandonnant d'autres d'ailleurs[183], mais les approfondit par des dispositions plus audacieuses. Comme on le constate, ces dispositions ne sont que des principes, et si l'Union Africaine les a adoptées dans sa Charte, ils ont rarement fait l'objet d'application et n'ont jamais donné lieu à quelques sanctions de la part de la Conférence, organe suprême de l'Union.

---

[183] Deux grands principes sont abandonnés par l'Acte constitutif de l'Union Africaine alors qu'il figurait en bonne place dans l'esprit et les textes du panafricanisme : d'une part le dévouement sans réserve à la cause de l'émancipation totale des territoires africains non encore indépendants, et de l'autre l'affirmation d'une politique de non-alignement à l'égard de tous les blocs. Les raisons de ces abondons sont simples : d'une part l'Afrique n'a plus de territoires colonisés et de l'autre l'existence des blocs a pris fins avec la chute du bloc soviétique en 1990.

2. De nouveaux principes notamment sur les droits de l'Homme[184]

On remarque par ailleurs, que l'Union Africaine a vraiment innové en insérant dans l'Acte constitutif des principes non seulement qui ne figuraient pas dans la Charte de l'OUA, mais qui sont devenus aujourd'hui de véritables valeurs, devant lesquelles aucune société moderne et aucune institution se voulant démocratique, ne sauraient reculer. Ces valeurs ou principes peuvent se subdiviser en deux : d'une part, ceux ayant trait aux rapports entre l'Union Africaine et les peuples africains, et de l'autre, ceux se rapportant aux rapports entre l'Union, la sécurité et la défense des Etats membres. De par ces principes, on est tenté de croire que l'Union est une véritable organisation d'intégration, une organisation supranationale qui va au-delà de la simple coordination des politiques et des initiatives des Etats.

Ainsi, cinq séries de principes réglementent les rapports entre l'Union Africaine et les peuples africains : la participation aux activités de l'Union ; le droit de l'Union d'intervenir dans un Etat membre sur décision de la Conférence, dans certaines circonstances graves (les crimes de guerre, les génocides et les crimes contre l'humanité); la promotion de l'égalité entre les hommes et les femmes ; le respect des principes démocratiques, des droits de l'homme, de l'état de droit et de la bonne gouvernance ; et enfin la promotion de la justice sociale afin d'assurer un développement économique équilibré. Il est quand même important de souligner le caractère innovant des dispositions relatives à l'égalité homme/femme au sein de l'Acte constitutif, et de remarquer que cette disposition a donné naissance à un protocole à la Charte africaine des droits de l'homme et des peuples relatifs aux droits de la femme adopté en juillet 2003 à Maputo. La Charte africaine des droits de l'Homme et des peuples disposait déjà en son article 2 que toute personne a droit à la jouissance des droits et libertés reconnus et garantis sans distinction aucune, notamment de race, d'ethnie, de couleur, de sexe, de langue, de religion, d'opinion politique ou de toute autre opinion, d'origine

---

[184] Lire utilement à ce sujet l'ouvrage de Monsieur Kéba M'baye, « *Les droits de l'homme en Afrique* », Paris, Pedone, 2003. L'auteur retrace dans ce livre les deux grandes lignes force de l'évolution des droits de l'homme en Afrique : la mouvance universelle et la mouvance africaine. Il s'intéresse ensuite à la promotion et à la protection des droits de l'homme dans le contexte africain.

nationale ou sociale, de fortune, de naissance ou de toute autre situation.

Malheureusement celui-ci n'est jamais entré en vigueur faute de ratification suffisante. Le texte, qui rappelle que les droits de la femme sont reconnus et garantis par tous les instruments internationaux relatifs aux droits de l'homme, prévoit dans son article 2, l'élimination de toutes formes de discrimination à l'égard des femmes par des mesures appropriées au plan législatif, institutionnel et autres. A cet égard, les Etats ayant ratifié et ceux qui ratifieront ce protocole s'engagent au moins à :

« inscrire dans leur Constitution et autres instruments législatifs, si cela n'est pas encore fait, le principe de l'égalité entre les hommes et les femmes, et à en assurer l'application effective... adopter et à mettre en œuvre effectivement les mesures législatives et réglementaires appropriées, y compris celles interdisant et réprimant toutes les formes de discrimination et de pratiques néfastes qui compromettent la santé et le bien-être général des femmes... intégrer les préoccupations des femmes dans leurs décisions politiques, législations, plans, programmes et activités de développement ainsi que dans tous les autres domaines de la vie... »

Les rapports entre l'Union et les Etats membres sont ainsi enrichis par de nouveaux principes qui portent d'une part, sur la mise en place d'une politique de défense commune pour le continent africain, et de l'autre sur le droit des Etats membres à solliciter l'intervention de l'Union pour restaurer la paix et la sécurité en Afrique.

Section 2

L'Union Africaine et les organisations africaines

1. Généralités

Les dispositions statutaires qui font mention des rapports entre l'Union Africaine et les organisations régionales se trouvent inscrites dans l'article 3 de l'Acte constitutif de l'Union Africaine. Il est précisé que la nouvelle organisation a entre autres pour objectifs de *« coordonner et harmoniser les politiques entre les Communautés économiques régionales existantes et futures, en vue de la réalisation graduelle des objectifs de l'Union. »* Dans ce cas, l'Union Africaine aura à mener des actions conjointes avec plusieurs Communautés économiques régionales africaines (CER) dont les plus actives sont : l'Union du Maghreb Arabe, la CEMAC, la CEEAC, le Marché commun des pays de l'Afrique Australe (COMESA), la SADC, la CEDEAO, la Commission de l'Océan indien (COI)

Outre cette disposition, on peut relever que généralement les organisations internationales accordent un statut d'observateur à d'autres organisations internationales ; ceci leur permettant de participer à leurs travaux sans droit de vote, mais surtout de réfléchir à une meilleure coordination des actions qui leur sont communes.

2. L'Union Africaine et la Communauté Economique Africaine

Il existe par ailleurs des dispositions particulières régissant les relations entre l'Union Africaine et la Communauté Economique Africaine (CEA) dont le Traité, dit *« Traité d'Abuja »,* a été signé en 1991 lors de la 27e session ordinaire des Chefs d'Etat et de gouvernement de l'OUA. L'objectif de la CEA (voir statuts en annexe), est la promotion du développement économique, social et culturel, mais aussi l'intégration des économies africaines afin d'assurer une autosuffisance et une croissance économique endogène. Le but final est de créer un espace favorable au développement, à la mobilisation des ressources humaines et matérielles, tout en assurant la promotion de la coopération et le développement de toutes les activités susceptibles de rehausser le niveau de vie des populations africaines. La CEA en tant que processus, permet de mettre sur pied une marche progressive et donc réaliste de l'intégration répartie en 6 étapes d'une durée globale de 34 ans, soit jusqu'en 2028, (voir document CEA en annexe). Les relations entre la CEA et l'Union Africaine se situent alors au plus haut niveau dans la mesure où, comme c'était le cas avec le Secrétaire général de l'OUA, le Président de la Commission de l'Union Africaine assure également le secrétariat de la CEA pour toute question liée à la mise sur pied du Traité d'Abuja. D'où la nécessité d'une révision du contenu, du processus et de la structure du Traité d'Abuja.

Section 3

Les relations entre l'Union Africaine et le reste du monde

Plusieurs éléments nous permettent d'analyser les relations entre l'Union Africaine et le reste du monde, notamment les principales organisations internationales avec lesquelles elle est censée avoir plus de rapports. Nous pouvons ainsi nous baser sur les dispositions de la Charte, tout comme il est intéressant de s'appesantir sur les résolutions existantes ou même sur le statut de l'Union Africaine auprès de certaines organisations, voire le soutien de ces organisations aux activités de l'Union.

1. Les dispositions statutaires

En règle générale et conformément au droit international, dès lors qu'une organisation internationale possède la personnalité juridique internationale elle a la capacité, dans le cadre de ses compétences, d'entretenir tous types de relations avec d'autres organisations internationales, et même d'acquérir la qualité de membre auprès d'elles[185]. Dans le même ordre d'idées, cette capacité juridique permet aux organisations internationales d'exercer un droit de légation actif et passif. Le premier leur donne la capacité d'accréditer des agents diplomatiques auprès des Etats tiers et le second leur permet de recevoir des représentants accrédités par ces Etats auprès de l'organisation internationale.

Dans le cadre de l'OUA plusieurs dispositions nous permettaient de déduire de l'étroite collaboration entre elle et l'Organisation des

---

[185] Diez de Valasco Vallejo : « *Les organisations internationales* », Economica, 2002, p 653. La Cour par un célèbre avis consultatif du 11 avril 1949 (répartition des dommages subis au service des Nations unies) a autorisé la reconnaissance de la personnalité juridique des OI. En l'absence de disposition expresse établissant cette personnalité juridique. En pratique il est rare que les traités constitutifs reconnaissent la personnalité juridique de l'OI qu'ils créent. La plupart du temps les textes annoncent une capacité de droit interne et des privilèges et immunités.

Nations Unies. L'OUA recommandait aux Etats de conduire leurs relations avec les Etats non africains autant que possible dans le cadre des Nations Unies. La philosophie de l'organisation panafricaine était d'ailleurs en partie basée sur la Charte de l'ONU qui pour les Etats africains, offrait une base solide pour une coopération pacifique et fructueuse entre eux. Cette idée fut alors concrétisée dans l'article 2 de la Charte de l'OUA qui prévoyait de favoriser la coopération internationale, en tenant dûment compte de la Charte des Nations Unies. Cette collaboration étroite entre l'OUA et l'ONU a été renforcée par la Résolution CM/121 IX, adoptée par le Conseil des ministres africains des Affaires étrangères, tenu à Kinshasa avec l'approbation de la Conférence des chefs d'Etat et de gouvernement. Par ailleurs, le Secrétaire générale de l'OUA avait une invitation permanente pour assister en qualité d'observateur, aux sessions de l'Assemblée générale de l'ONU. Une autre manifestation de l'étroite collaboration entre l'OUA et l'Organisation des Nations Unies portait sur le fait qu'il était prévu que seront conclus des accords de coopération entre l'Organisation panafricaine et l'UNESCO, la FAO et l'AIEA.

Concernant l'Union Africaine elle-même, il est facile de constater que les dispositions statutaires prévoyant la coopération avec les Nations Unies sont rares. Le préambule de l'Acte n'en fait aucunement mention, contrairement au préambule de la Charte de l'OUA. Ce n'est qu'au niveau des objectifs que cette coopération est prévue. L'Acte constitutif prévoit dans son article 3 (e) que l'Union favorisera la coopération en tenant dûment compte de la Charte des Nations Unies. Il est par ailleurs prévu, conformément au droit international le dépôt de l'Acte constitutif auprès du Secrétaire général de l'ONU, dépositaire de tous les traités internationaux. In fine on se refera donc à la tradition qui veut que les relations entre l'ONU et les organisations régionales sont consacrées par les dispositions de la Charte, chapitre VIII, articles 52, 53 et 54, en vertu desquelles l'organisation universelle précise ne pas s'opposer à l'existence d'accords régionaux destinés à régler les affaires qui, touchant au maintien de la paix et de la sécurité internationale, se prêtent à une action de caractère régional. La principale condition est que ces accords soient compatibles aux buts et principes de l'ONU.

CHARTE DES NATIONS UNIES

CHAPITRE 8 - ACCORDS RÉGIONAUX

Article 52

1. Aucune disposition de la présente Charte ne s'oppose à l'existence d'accords ou d'organismes régionaux destinés à régler les affaires qui, touchant au maintien de la paix et de la sécurité internationales, se prêtent à une action de caractère régional, pourvu que ces accords ou ces organismes et leur activité soient compatibles avec les buts et les principes des Nations Unies.

2. Les Membres des Nations Unies qui concluent ces accords ou constituent ces organismes doivent faire tous leurs efforts pour régler d'une manière pacifique, par le moyen desdits accords ou organismes, les différends d'ordre local, avant de les soumettre au Conseil de sécurité.

3. Le Conseil de sécurité encourage le développement du règlement pacifique des différends d'ordre local par le moyen de ces accords ou de ces organismes régionaux, soit sur l'initiative des Etats intéressés, soit sur renvoi du Conseil de sécurité.

4. Le présent Article n'affecte en rien l'application des Articles 34 et 35.

Article 53

5. Le Conseil de sécurité utilise, s'il y a lieu, les accords ou organismes régionaux pour l'application des mesures coercitives prises sous son autorité. Toutefois, aucune action coercitive ne sera entreprise en vertu d'accords régionaux ou par des organismes régionaux sans l'autorisation du Conseil de sécurité ; sont exceptées les mesures contre tout Etat ennemi au sens de la définition donnée au paragraphe 2 du présent Article, prévues en application de l'Article 107 ou dans les accords régionaux dirigés contre la reprise, par un tel Etat, d'une politique d'agression, jusqu'au moment où l'Organisation pourra, à la demande des gouvernements intéressés, être chargée de la tâche de prévenir toute nouvelle agression de la part d'un tel Etat.

6. Le terme « *Etat ennemi* », employé au paragraphe 1 du présent Article, s'applique à tout Etat qui, au cours de la seconde guerre mondiale, a été l'ennemi de l'un quelconque des signataires de la présente Charte.

Article 54
Le Conseil de sécurité doit, en tout temps, être tenu pleinement au courant de toute action entreprise ou envisagée, en vertu d'accords régionaux ou par des organismes régionaux, pour le maintien de la paix et de la sécurité internationales.

Coopération entre l'Organisation des Nations Unies et les organisations régionales ou autres

Coopération entre l'Organisation des Nations Unies et l'Organisation de l'unité africaine

1. Le 11 octobre 1965, lors de sa vingtième session, l'Assemblée générale a adopté la résolution 2011 (XX), par laquelle elle a invité le Secrétaire général administratif de l'Organisation de l'unité africaine (OUA) à assister aux sessions de l'Assemblée générale en qualité d'observateur. Elle a en outre invité le Secrétaire général de l'Organisation des Nations Unies à rechercher, en consultation avec les organes appropriés de l'OUA, les moyens permettant de promouvoir la coopération entre les deux organisations et à lui faire rapport en temps opportun.

2. Le 15 novembre 1965, le Secrétaire général de l'Organisation des Nations Unies et le Secrétaire général administratif de l'OUA ont signé un accord sur la coopération entre l'OUA et la Commission économique pour l'Afrique de l'ONU, qui est entré en vigueur à sa signature, conformément à l'article VII (1) de l'accord.

3. Le 9 octobre 1990, le Secrétaire général de l'Organisation des Nations Unies et le Secrétaire général de l'OUA ont signé un autre accord sur la coopération entre l'Organisation des Nations Unies et l'OUA. Le paragraphe premier de l'article III de cet accord dispose que, sous réserve des décisions que pourraient prendre ses organes compétents en ce qui concerne la participation d'observateurs à ses réunions, l'Organisation des Nations Unies, conformément aux règlements intérieurs des organes concernés, invitera l'OUA à envoyer des représentants aux réunions et conférences de l'Organisation des Nations Unies lorsque des observateurs seront autorisés à y assister, chaque fois que des questions intéressant l'OUA seront examinées. D'après le paragraphe 2 de cet article, l'Organisation des Nations Unies bénéficie de droits similaires aux réunions convoquées par l'OUA. Conformément au paragraphe premier de l'article X de l'accord, celui-ci est entré en vigueur le jour de sa signature.

4. Dans sa résolution 46/20 du 26 novembre 1991, l'Assemblée générale a rappelé l'accord du 15 novembre 1965 sur la coopération entre l'Organisation des Nations Unies et l'OUA tel qu'il a été mis à

> jour et signé le 9 octobre 1990 par les Secrétaires généraux des deux organisations, et pris note du rapport du Secrétaire général sur la coopération entre l'Organisation des Nations Unies et l'OUA, qui comprenait des renseignements sur la conclusion et l'application des accords susmentionnés.
>
> 5. L'Union Africaine héritant de l'actif et du passif de l'OUA elle reprend donc les droits et les responsabilités de celle-ci en tant qu'observateur invité, conformément à la résolution 2011 (XX) de l'AGNU et aux « *dispositions pertinentes* » de l'Accord de coopération, à participer aux réunions et conférences de l'ONU.

2. Un soutien opérationnel de l'ONU

Outre ces dispositions d'ordre général et surtout normative, il est à noter que les rapports entre l'ONU et l'Union Africaine se matérialisent aussi, tout au moins pour ces premières années d'existence de l'Organisation continentale par des actions au plan opérationnel. Outre le soutien accordé aux Africains dans le cadre de création même l'Union Africaine, l'ONU en a appelé à la communauté internationale au soutien des programmes de l'Organisation africaine. Ce fut le cas pour le NEPAD et même pour l'ensemble des actions de l'Union Africaine dans lesquelles les organes techniques et organismes spécialisés de l'ONU œuvrent pour une meilleure mise en œuvre et une efficacité dans l'action[186].

C'est dire que le système des Nations Unies voudrait jouer un rôle de premier plan dans la mobilisation de la communauté internationale à l'activité de l'Union Africaine en général et au NEPAD en particulier. Il se veut un des piliers de l'action internationale en faveur du NEPAD. Son appui en la matière englobe plusieurs activités qui vont de l'assistance technique pour le développement institutionnel aux campagnes de sensibilisation, en passant par le renforcement des capacités, la conception des projets ou encore la mobilisation des ressources de toutes natures. Ainsi, la réunion de consultation régionale des Nations Unies qui œuvre en Afrique a créé des groupes

---

[186] Rapport du Secrétaire général : « *Nouveau partenariat pour le développement en Afrique : deuxième rapport complet sur les progrès de la mise en oeuvre et de l'appui international* », 4 août 2004.

thématiques concernant les domaines prioritaires du NEPAD. En plus de cela, plusieurs organes techniques et organismes spécialisés des Nations oeuvrent chacun en ce qui le concerne au soutien de l'action de l'Union Africaine en général, et à la mise en œuvre du NEPAD en particulier.

Le Programme alimentaire mondial (PAM) a élaboré pour le NEPAD une stratégie de préparation aux situations d'urgence dans le cadre d'un mémorandum d'accord signé avec le secrétariat du Nouveau Partenariat. Cette collaboration étudie les systèmes autochtones de réserves alimentaires dans les pays africains. Elle vise par ailleurs à renforcer les capacités aux fins de la planification de ressources alimentaires et de leur distribution à l'échelon national et de faire des enfants, les principaux bénéficiaires de ces ressources grâce aux programmes d'alimentation scolaire. Dans le même ordre d'idées il est question de créer des capacités de réserves à l'échelon sous-régional. Le but final est d'atténuer l'effet des catastrophes alimentaires et être prêt à intervenir en pareilles circonstances.

Le Fonds international de développement agricole (FIDA) avait accordé en fin 2003 aux pays africains des prêts d'un montant total avoisinant 3,6 milliards de dollars US afin de financer 317 projets dans 51 pays. De tous ces projets, 97 ont été destinés au continent africain pour 47% du financement actuel total fourni par le Fonds.

Le Programme des Nations Unies pour les établissements humaines (ONU-Habitat) a permis la mise au point du programme du NEPAD consacré aux villes. Celui-ci vise à accroître la coopération Sud-Sud pour répondre aux enjeux du développement des zones urbaines et rurales à réduire la pauvreté dans les centres urbains.

Le Programme des Nations Unies pour l'environnement s'active à renforcer le mécanisme de consultations sous-régionales. Celui-ci est un outil de promotion de la coopération avec l'Union Africaine et le secrétariat du NEPAD. Il permet d'amplifier les activités de sensibilisation et d'information du public en appuyant l'élaboration d'une politique environnementale dans les pays africains et en mobilisant les ressources nécessaires pour le plan d'action du Nouveau Partenariat.

Le secrétariat de la Convention des Nations Unies sur la lutte contre la désertification collabore avec le secrétariat du NEPAD, pour favoriser une programmation conjointe, aux échelons sous-régional et local, des activités de lutte contre la désertification et accroître la viabilité du développement agricole et économique.

Le Département des Affaires économiques et sociales du Secrétariat de l'ONU aide les pays d'Afrique à renforcer leurs capacités en matière d'administration publique et de gouvernance. Il les soutient également, pour la mise en valeur de leurs ressources humaines, appuie la gestion intégrée des ressources en eau et le secteur de l'énergie, notamment par l'élaboration des plans directeurs pour l'eau, des méthodes pour assurer l'approvisionnement en eau des zones rurales, le recours à l'énergie renouvelable, ainsi que le suivi intégré des conférences des Nations Unies.

L'organisation mondiale de la santé (OMS) aide les pays d'Afrique à mettre au point des stratégies et interventions dans le domaine de la santé en se fondant sur les méthodologies et les traitements de santé qu'elle a élaborés et qui se sont révélés efficaces pour établir des plans et programmes viables à l'échelon national. Elle aide par ailleurs, divers pays à se servir de leurs plans et programmes nationaux de développement en matière de santé comme instruments de sensibilisation, pour parvenir à mobiliser des ressources.

L'ONU-SIDA collabore avec l'Union Africaine pour mettre au point une politique et une stratégie en matière de VIH-SIDA qui étofferont la position et la stratégie de l'Union Africaine, ainsi que les mesures qu'elle entend prendre pour enrayer l'épidémie sur le continent.

A défaut de faire la liste toutes les actions et les programmes que tous les organes techniques et les organismes spécialisés de l'ONU mène en faveur de l'Union Africaine, il est à signaler que d'autres efforts sont menés entre autres par le Département des opérations de maintien de la paix, le Département des Affaires politiques, le Fonds des Nations Unies pour la populations (FNUAP), l'Organisation internationale pour les migrations (OIM), le Fonds de développement des Nations Unies pour la femme (UNIFEM), le Haut Commissariat des Nations Unies aux droits de l'Homme (HCDH), la Banque mondiale (BM), le Programme des Nations Unies pour le développement (PNUD), l'UNESCO, l'UNICEF, l'Organisation mondiale de la propriété intellectuelle (OMPI), l'Union internationale des télécommunication (UIT)…

Outre ces relations qui existent entre l'Union Africaine et l'Organisation des Nations Unies, il est très utile de mentionner les rapports qui existent globalement entre l'Afrique et l'Union européenne que ce soit dans le cadre des programmes de lutte contre la pauvreté des institutions européenne ou encore dans le cadre des accords ACP/UE.

3. Les relations Europe-Afrique

Les nouvelles relations entre l'Afrique et l'Europe s'inscrivent dans le cadre de l'Accord de Cotonou que Alain Antil considère comme le « *dernier avatar des négociations ACP-UE* » et qui achèvent le tournant libéral de l'aide européenne au développement[187]. Conclu en 2000 pour une durée de vingt ans, cet Accord possède une clause de révision tous les cinq ans et est doté d'un budget de 13,5 milliards d'euros pour les cinq premières années. Après les accords de Yaoundé et de Lomé, l'Accord de Cotonou est entré en vigueur le 1er avril 2003 après la ratification par les 15 pays membres de l'Union européenne et les 76 pays ACP signataires. Le 25 juin 2005, un accord révisé a été signé par l'Union européenne et les 77 pays ACP (+ la Chine). L'article 1er concernant les objectifs, prévoit :

« La Communauté et ses États membres, d'une part, et les États ACP, d'autre part, ci-après dénommés « parties », concluent le présent accord en vue de promouvoir et d'accélérer le développement économique, culturel et social des États ACP, de contribuer à la paix et à la sécurité et de promouvoir un environnement politique stable et démocratique. Le partenariat est centré sur l'objectif de réduction et, à terme, d'éradication de la pauvreté, en cohérence avec les objectifs du développement durable et d'une intégration progressive des pays ACP dans l'économie mondiale... »

Nous sommes donc dans un nouveau chapitre dans les relations entre l'Union européenne et les ACP. Ce sont de nouveaux engagements destinés à s'attaquer aux problèmes rencontrés par les pays d'Afrique et des Caraïbes dans différents domaines liés au développement et à la sécurité. Parmi les nouvelles dispositions, notamment celles contenues dans l'accord révisé en 2005, figurent le

---

[187] Alain Antil : « *Europe-Afrique : la fin d'un modèle ?* », revue Ramsès, août 2006, pp137-146.

renforcement du dialogue politique, les références à la lutte contre le terrorisme, ainsi que la coopération dans la lutte contre la prolifération des armes de destruction massive.

Tout en élargissant la coopération antérieure entre l'UE et les ACP[188], les accords de partenariats économiques (APE) qui s'apprêtent à être signés d'ici 2007, ont pour but final d'inclure dans les négociations, tous les aspects dont dépend le commerce ; qu'il s'agisse de mesures tarifaires ou non tarifaires sur les marchés d'exportation, des domaines liés au commerce, des politiques intérieures ou encore des capacités de production dans les pays ACP. Les APE viennent donc renforcer les initiatives d'intégration régionale déjà existantes au sein des pays ACP. Ceci aboutira à la création progressive de zones de libre-échange entre les parties.

Une autre ambition de l'Union européenne dans le cadre de l'Accord de Cotonou est de favoriser l'émergence d'économies d'échelle ; l'amélioration des niveaux de qualification, la réduction des coûts de production et de transaction, l'amélioration de la compétitivité des pays ACP, et surtout l'attrait de plus d'investissements dans ces économies.

Actuellement les négociations suivent leurs cours entre l'UE et les regroupements régionaux africains. En juillet 2004, le processus a démarré avec l'Afrique centrale et une feuille de route a été signée entre la CEMAC et l'UE pour des négociations qui dureront jusqu'en 2007, pour une entrée en vigueur de l'Accord prévue en 2008. Ces négociations suivent également leur cour avec l'UEMOA qui a organisé en mai 2006 un séminaire de formation sur les enjeux de ces accords à l'intention des Chambres consulaires régionales (CCR).

---

[188] La politique d'aide européenne aux pays en développement se concentrait, jusqu'à la fin des années soixante, sur les pays liés à l'Europe par la colonisation. Dès la naissance du Marché commun en 1957 (Traité de Rome), les anciennes colonies de la France, de la Belgique, de l'Italie, et des Pays-Bas ont été au cœur de la politique d'aide au développement menée par la Communauté. En accédant à l'indépendance, ces territoires ont négocié sur des bases contractuelles leurs relations avec la Communauté européenne. Le Traité de Rome instituait un régime d'association des pays et territoires d'outre-mer pour conserver les relations particulières entre l'Europe naissante et ses anciennes colonies. Par la suite, la politique communautaire de coopération entre l'UE et les pays ACP a été mise en place par les Conventions de Yaoundé I et II (1963 et 1969) et de Lomé I, II, III ET IV (1975, 1979, 1984 et 1989 révisée en 1995), et l'Accord de Cotonou. Tous créaient un cadre institutionnel permanent et paritaire accompagné par des mécanismes d'échanges spécifiques.

C'est non loin de cet ordre d'idées que les deux exécutifs des deux organisations régionales- Commission de l'Union Africaine et Commission Européenne- se sont réunis le 2 octobre 2006 à Addis-Abeba, afin de discuter des conditions de leur partenariat et du développement institutionnel. Ont aussi été à l'ordre du jour de cette réunion, les progrès dans la mise en œuvre de la stratégie de l'UE pour l'Afrique, et la manière dont les flux migratoires peuvent être orientés. Les deux commissions ont par ailleurs échangé leurs expériences dans des secteurs spécifiques tels que l'emploi, la science, la technologie ou la santé. Il a été enfin question d'un programme de soutien de 55 millions d'euros pour le développement institutionnel de l'Union Africaine, et le lancement d'un programme d'échange des fonctionnaires et des stagiaires entre les deux institutions.

4. Les relations Afrique-Asie

Les relations entre l'Afrique et l'Asie sont aujourd'hui animées dans le cadre de deux dialogues : d'une part TICAD- voir notre introduction- et de l'autre, les Forums Afrique-Asie (FAA). Trois forums FAA ont été jusqu'ici organisés :

FAA I tenu en 1994 en Indonésie. Il a adopté le Document cadre de Bandung pour la coopération Asie-Afrique en identifiant les secteurs prioritaires de cette coopération.

FAA II tenu en 1997 en Thaïlande. Il a débouché à l'adoption de la Déclaration de Bangkok pour le progrès de la coopération Afrique-Asie

FAA III tenu en Malaisie en 2000. Ce troisième sommet a adopté la Déclaration du Nouveau Millénaire de Kuala Lampur.

Au plan opérationnel, il est à noter que l'Asie a partagé son expérience avec l'Afrique dans de nombreux domaines dont la gestion de la dette extérieure, la protection de l'environnement, l'appui du secteur privé…Il est également à noter la collaboration des instituts de recherche agricole en Asie et en Afrique dans le domaine de la réduction de la pauvreté et de l'insécurité alimentaire. Cette coopération a permis de mettre au point une nouvelle variété de riz à haut rendement appelé NERICA.

CHAPITRE 8

Les ressources financières de l'Union Africaine

PLAN DU CHAPITRE

Section 1
L'Union Africaine et les financements classiques
1. Considérations générales
2. Les différentes sources de financements de l'Union Africaine

Section 2
A la recherche de ressources alternatives de financement
1. Un risque de dépendance financière
2. Quelques pistes dont les annulations de la dette

Section 1

L'Union Africaine et les financements classiques

1. Considérations générales

Envisager la question des ressources financières d'une organisation revient à s'interroger sur la manière dont cette organisation entend financer toutes les dépenses auxquelles elle devra faire face tout au long de son existence. Ces dépenses, même si leur importance varie selon la taille, l'activité de l'organisation, ses ambitions et la capacité financière des Etats membres, n'en sont pas moins incontournables. Elles peuvent porter soit sur le fonctionnement de l'appareil administratif (dépenses de personnel, entretien, achat ou location éventuelle des locaux, dépenses liées aux réunions...), soit sur les activités fonctionnelles et opérationnelles de l'organisation[189]. Ces dernières peuvent porter sur l'action humanitaire, l'aide au développement ou l'assistance technique que mènent certaines grandes organisations internationales comme l'ONU ou l'Union européenne. On sait par exemple qu'en 2000, l'Union européenne a consacré 491,7 millions d'euros au titre de l'aide humanitaire qu'elle accorde à presque toutes les régions du monde qui en ont besoin : Afrique, Caraïbes, Pacifiques, Europe oriental, ex-Union soviétique et Moyen-Orient). C'est dire combien l'aspect financier a un rôle important dans la vie d'une organisation internationale, comme dans toute organisation humaine d'ailleurs.

En règle générale, les organisations internationales recourent à trois modalités pour financer leurs activités et leur fonctionnement : les contributions des Etats membres (obligatoires et volontaires), les recettes propres de l'organisation et les autres ressources qui peuvent être de nature fiscale[190]. Les dispositions de la Charte de l'OUA étaient bien claires concernant le budget de l'organisation. Elles

---

[189] Diez de Velesco, op. cit, p 95.

[190] Diez de Velesco, op. cit, p 96.

prévoyaient à l'article 23 que le budget de l'OUA était alimenté par les contributions des Etats membres, conformément aux références qui ont permis l'établissement du barème des Nations Unies avec la restriction que la contribution d'un Etat ne pouvait pas excéder 20% du budget ordinaire annuel de l'Organisation. C'était dans le souci de maintenir le principe d'égalité entre les Etats membres, et d'éviter que certains Etats de par l'importance de leurs contributions, puissent paralyser ou s'approprier l'action de l'OUA à leurs fins personnelles. Une situation qui est courante dans certaines organisations internationales comme l'ONU où les caprices de certains grands contributeurs comme les Etats-Unis ont souvent privé la poursuite efficace des activités de l'Organisation. Ce rôle perturbateur des Etats-Unis se rencontre aussi au sein de l'Organisation des Etats américains où sa contribution y est aussi importante. Mais cette attitude, qui consiste à limiter le taux des contributions des Etats membres au budget annuel d'une organisation internationale peut manquer de réalisme dans un continent comme l'Afrique où les regroupements régionaux et sous-régionaux souffrent de l'insolvabilité des Etats membres. Cet élément- insuffisance, faiblesse et irrégularité des financements- a d'ailleurs été retenu comme l'un des principaux facteurs limitant l'action de ces organisations[191].

2. Les différentes sources de financement de l'Union Africaine

La situation au sein de l'Union Africaine bien qu'innovatrice, en ce sens qu'elle prévoit la recherche de financements alternatifs, est floue sur le plafond des taux de contributions au budget annuel de l'Union. Y sont néanmoins prévues toutes les formes classiques de financement dont la première repose bien sûr les contributions obligatoires et volontaires des Etats membres. Mais comme ce fut la cas pour l'Organisation de l'Unité Africaine, à peine cinq ans après sa création, l'Union Africaine fait déjà face à une situation de non paiement de leurs contributions obligatoires par plusieurs Etats membres dont le nombre est d'ailleurs croissant. Même les pays dont les richesses sont relativement importantes par rapport à l'ensemble des pays africains ont des arriérés de contribution. C'est le cas du

---

[191] Centre Africain pour le politique commerciale : « *Financement de l'intégration régionale* », Commission économique pour l'Afrique, novembre 2004.

Gabon, du Niger et Djibouti, dont les sanctions ont été levées à la huitième session extraordinaire du Conseil exécutif de l'Union sur l'état des contributions des Etats membres tenue à Khartoum le 19 janvier 2006.

Les sanctions sont par ailleurs maintenues pour d'autres pays comme la République centrafricaine, la République démocratique du Congo, l'Erythrée, la Guinée Bissau, Sao Tome et Principe, la Somalie, le Liberia, les Seychelles, le Bénin, Cap Vert, la Côte d'Ivoire, la Guinée et la Mauritanie qui accusent eux aussi des arriérés de contributions. Cette mesure est prise conformément à l'article 23 de l'Acte constitutif de l'Union Africaine concernant l'imposition des sanctions : La Conférence détermine les sanctions appropriées à imposer à l'encontre de tout Etat membre qui serait en défaut de paiement de ses contributions au budget de l'Union. Ces sanctions portent sur la privation du droit de prendre la parole aux réunions, du droit de vote, du droit pour les ressortissants de l'Etat membre concerné d'occuper un poste ou une fonction au sein des organes de l'Union, de bénéficier de toute activité ou de l'exécution de tout engagement dans le cadre de l'Union.

Le mécanisme de contribution volontaire existe également dans le cadre de l'Union Africaine. En règle générale, ce sont des contributions *« qui visent, en marge du budget de l'organisation à couvrir les fonds spéciaux destinés à financer des actions spécifiques.*[192] » Inutile de rappeler que l'Union Africaine dispose de plusieurs actions spécifiques qui requièrent des financements parfois importants. On sait que l'Union a des besoins de financement plus importants, notamment pour que le Conseil de Paix et de Sécurité, ou d'autres programmes spéciaux comme le NEPAD ou la CSSDCA. Les rapports nous font état dans ce sens des contributions volontaires au titre du budget 2005 de l'Afrique du Sud et de l'Ethiopie, qui ont payé respectivement 11.825.572 millions $ US et 99.152 $ US. Le Nigeria annonçait lui aussi un paiement de 10 millions de $US comme contribution volontaire au budget 2005.

Un autre mécanisme de financement des organisations internationales porte sur les ressources propres de l'organisation. Certaines organisations en disposent, l'un des cas les plus illustrateurs est bien celui de l'Union européenne qui dispose depuis une décision

---

[192] Diez de Velesco, op. cit, p 96.

du 21 avril 1970 d'une gamme variée de ressources propres essentiellement fiscales. Celles-ci portent entre autres sur les droits de douanes, les produits du tarif douanier commun appliqués aux échanges avec les pays non membres, ou encore le produit des amendes imposées pour violation des règles sur la concurrence (article 85 et 86 du Traité CE)... Rien n'est clair dans ce cas pour ce qui est de l'Union Africaine qui est cependant préoccupée à trouver des ressources alternatives de financement afin d'assurer la pérennité du financement des futures budgets de l'Union.

Section 2

A la recherche de ressources alternatives de financement

1. Un risque de dépendance financière

Rechercher des sources alternatives de financement montre bien que les financements classiques ou traditionnels des organisations internationales ont montré leurs limites. Or comme nous l'avons dit précédemment, les besoins en financement de l'Union Africaine sont énormes en raison mêmes de la multitude des carences de toutes natures que connaissent les Etats et les peuples africains. Mais si l'autonomie financière est importante pour le fonctionnement et l'accomplissement des missions de l'Union, elle l'est aussi pour sa propre autonomie vis-à-vis du monde extérieur, ceci pouvant réduire toute dépendance de l'Afrique vis-à-vis de certains de ses redoutables bailleurs de fonds. Or, une analyse plus ou moins fine de la situation de l'intégration africaine nous permet justement de redouter cette dépendance vis-à-vis de l'extérieur.

Les ressorts d'intelligibilité que nous pouvons mobiliser sommairement ici nous viennent de plusieurs approches de l'analyse de la politique étrangère des Etats. En y considérant à chaque fois un ou plusieurs critères d'appréciation on conclut à une possible dépendance financière de l'Union Africaine si rien n'est fait dans le sens des sources alternatives de financement. Un premier critère, l'état de l'économie, nous vient de l'école des déterminants internes dont James Rosenau[193] en est l'un des grands théoriciens les plus connus. L'auteur retient comme critère de dépendance financière d'un Etat sa

---

[193] James Rosenau : *« Théories and Pre-theories of Foreign Policy »* in Korary Bahgat : *« Dépendance financière et comportement international »,* Revue Française de science politique, volume 28, numéro 6, 1978, p 1069. Les autres éléments que retient James Rosenau et qui déterminent l'autonomie de la politique étrangère d'un Etat sont : la taille du pays, la structure du système politique, l'existence et le degré de pénétration de l'extérieur et l'output comportemental lui-même (territoire, ressources humaines ou non-humaines).

situation économique. D'où l'idée de rechercher de sources alternatives de financement.

2. Quelques pistes dont les annulations de la dette

La décision de rechercher des sources alternatives de financement du budget de l'Union Africaine remonte à la huitième session extraordinaire du Conseil exécutif tenue le 19 janvier 2006 à Khartoum. Le Conseil a ainsi demandé à la Commission, en collaboration avec le COREP, d'examiner l'étude sur les sources alternatives de financement et de faire des recommandations appropriées pour une décision finale en juillet 2006. Le but de cette démarche est comme nous l'avons dit plus haut, de chercher à assurer la pérennité du financement des futurs budgets de l'Union. A défaut de recommandations et de mesures déjà adoptées par l'Union Africaine, nous pouvons énumérer quelques pistes données par la Commission économique pour l'Afrique qui propose l'idée d'allocations spéciales calculées en fonction du produit intérieur brut, les taxes d'aéroport et l'allocation des sommes provenant des allègements de la dette africaine. Rappelons sur ce dernier point que globalement les chiffres de la dette africaine en 2003 sont à tout le moins éloquents[194]. Actuellement, chaque fois que l'Afrique touche 2 dollars US, elle rembourse près de 1 dollar US au titre de la dette.

La dette extérieure en 2002 était de 2400 milliards de dollars. 460 milliards sont dus au Institutions financières internationales, soit 19% de la dette ; 640 milliards aux Etats, 27% et 1300 milliards de dollars au privé, soit 54%. La dette extérieure publique due ou garantie par les pouvoirs publics est de 1600 milliards de dollars (67%), le reste revenant à la dette extérieure privée. Pendant la même année, l'Afrique subsaharienne s'est retrouvée avec un stock de dette de 210 milliards de dollars et un service de 13 milliards de dollars US.

L'espoir des pays africains dans son ensemble porte actuellement sur les promesses d'annulation faite par les bailleurs de fonds bilatéraux et multilatéraux. Suite à l'Accord *« historique »* signé à Londres en juin 2005 par les ministres des Finances des pays du G8, il

---

[194]Nous reprenons et commentons ici les chiffres retenus par le CADTM qui sont des chiffres publiés par la Banque mondiale, le FMI, l'OCDE, le PNUD, la FAO, le CNUCED, la BRI et FORBES.

a été convenu d'une annulation « *immédiate* » de 40 milliards de dollars US de dette multilatérale de 18 pays pauvres très endettés, parmi lesquels 14 pays africains[195]. Il s'agit des dettes envers le FMI, la Banque Mondiale et la Banque Africaine de Développement. Au total l'Accord porte sur l'annulation de 55 milliards de dette, dont 6 milliards dus au FMI, 44 milliards à la BM et 5 milliards à la Banque Africaine de Développement (BAD). Cette décision a été prise dans un contexte dans lequel la dette est présentée comme l'un des obstacles majeurs au développement des pays du Tiers-Monde. D'autant plus que les chiffres prouvent que l'Afrique subsaharienne par exemple dépense quatre fois plus d'argent pour rembourser sa dette extérieure que pour toute les dépenses sociales : éducation, santé…Pire, depuis la crise de la dette de 1982, les pays endettés ont remboursé plus de sept fois ce qu'ils devaient. Plus de vingt ans plus tard, ils sont quatre fois plus endettés.

S'il est vrai comme l'avait dit le ministre britannique des Finances, Gordon Brown, que l'accord de Londres est la plus large déclaration jamais faite par les ministres des Finances sur la question de la dette et de la lutte contre la pauvreté, force est de constater tout de même que l'Initiative des Pays pauvres très endettés et l'initiative supplémentaire de la France dite Contrat de désendettement et de développement (C2D) continuent à essuyer des critiques. C'est dire qu'il faudrait peut-être relativiser l'importance de l'annulation de la dette comme source alternative de financement de l'Union Africaine.

Traditionnellement, c'est au sein du Club de Paris que les pays du G7 consentaient au rééchelonnement de la dette des pays pauvres[196]. Confrontés au maintien d'un niveau d'endettement insupportable pour de nombreux pays parmi les plus pauvres, les pays riches ont d'abord

---

[195]Les 18 pays concernés par l'Accord de Londres sont : le Bénin, la Bolivie, le Burkina Faso, l'Ethiopie, le Ghana, le Guyana, le Honduras, Madagascar, le Mali, la Mauritanie, le Mozambique, le Nicaragua, le Niger, le Rwanda, le Sénégal, la Tanzanie, l'Ouganda et la Zambie.

[196] Le Club de Paris réunit périodiquement 19 principaux pays créanciers pour renégocier l'endettement de certains pays débiteurs. En 1988 (G7 de Toronto) il a commencé à accorder des réductions du service de la dette à certains de ces pays. Mais le pas décisif des allègements plus significatifs à été franchi au G7 de Naples en 1994 où les pays riches ont admis que pour sortir du cycle des rééchelonnements à répétition, ils devaient accorder des allègements de l'encours de la dette de 67 % selon les termes de Naples.

lancé en 1996 à Lyon, une initiative en faveur des pays pauvres très endettés : « *Initiative PPTE* ». Ce plan d'allègement engageait, pour la première fois de manière intégrée, tous les types de créances publics, y compris celles des institutions financières internationales (IFI) qui jusque-là, se refusaient d'alléger les dettes multilatérales. Mais cette première initiative de Lyon a très vite montré ses limites et son incapacité à sortir les pays pauvres de la spirale de l'endettement. C'est ainsi qu'interpellés par plusieurs mouvements associatifs favorables à la cause des pays pauvres, mais aussi par la campagne Jubilée 2000[197], les pays du G7 réunis à Cologne en juin 1999 ont décidé de renforcer l'initiative en assouplissant sa procédure et en s'engageant à annuler la quasi-totalité de leurs créances bilatérales (créances commerciales garanties et créances d'aide au développement.)

Comme le relève la « *Plate-forme Dette et Développement* », au lendemain des assemblées annuelles du FMI et de la BM à Dubaï (Qatar) en septembre 2003, le bilan de mise en œuvre de l'initiative s'est révélé « *négatif.* » Même suite à l'accord « *historique* » de Londres qui permet à 280 millions d'Africains de se réveiller sans dette envers les pays riches, les partisans de l'annulation totale de la dette du Tiers-monde exigent que soient ajoutés les 50 milliards de dollars supplémentaires pour financer la lutte contre la pauvreté car soixante-deux pays ont besoin que leur dette soit annulée. Même son de cloche du côté de la Commission For Africa, pour qui l'objectif pour les pays africains qui en ont besoin, doit se traduire par une annulation à 100 % de la dette le plus rapidement possible. Selon eux : « *cette annulation doit s'inscrire dans un processus de financement visant à aider ces pays à atteindre les OMD, comme promis à Monterrey et à Kananaskis.*[198] »

---

[197] La campagne Jubilée 2000 a collecté 24 millions de signatures dans le monde ; chiffres donnés par la Plate-forme Dette et Développement.
[198] Commission For Africa, rapport cité, p 149-150.

Encadré 4 : Les objectifs de l'Union Africaine

« - Réaliser une plus grande unité et solidarité entre les pays africains et entre les peuples d'Afrique ;

- Défendre la souveraineté, l'intégrité territoriale et l'indépendance de ses Etats membres ;

- Accélérer l'intégration politique et socio-économique du continent ;

- Promouvoir et défendre les postions africaines communes sur les questions d'intérêt pour le continent et ses peuples ;

- Favoriser la coopération internationale, en tenant dûment compte de la Charte des Nations Unies et de la Déclaration universelle des droits de l'homme ;

- Promouvoir la paix, la sécurité et la stabilité sur le continent ;

- Promouvoir les principes et les institutions démocratiques, la participation populaire et la bonne gouvernance ;

- Promouvoir et protéger les droits de l'homme et des peuples conformément à la Charte africaine des droits de l'homme et des peuples et aux autres instruments pertinents relatifs aux droits de l'homme ;

- Créer les conditions appropriées permettant au continent de jouer le rôle qui est le sien dans l'économie mondiale et dans les négociations internationales ;

- Promouvoir le développement durable aux plans économique, social et culturel, ainsi que l'intégration des économies africaines ;

- Promouvoir la coopération et le développement dans tous les domaines de l'activité humaine en vue de relever le niveau de vie des peuples africains ;

- Coordonner et harmoniser les politiques entre les Communautés économiques régionales existantes et futures en vue de la réalisation graduelle des objectifs de l'Union ;

- Accélérer le développement du continent par la promotion de la recherche dans tous les domaines, en particulier en science et en technologie ;

- Œuvrer de concert avec les partenaires internationaux compétents en vue de l'éradication des maladies évitables et de la promotion de la santé sur le continent. »

Deuxième partie

Les organes de l'union africaine

Traiter des institutions représente bien évidemment un intérêt particulier dans la mesure où leur analyse dévoile les rôles qu'elles peuvent jouer au sein d'une organisation. Pour le néo-institutionnalisme historique dans sa perspective calculatrice, les institutions procurent « *une certitude plus ou moins grande quant au comportement présent et à venir des acteurs.*[199] » Dans ce sens, elles fournissent des informations concernant le comportement des acteurs, les mécanismes d'application des accords, les pénalités en cas de manquement... Cette approche[200] nous permet aussi de voir les institutions comme des moteurs affectant « *les comportements des individus en jouant sur les attentes d'un acteur donné concernent les actions que les autres acteurs sont susceptibles d'accomplir en réaction à ses propres actions ou en même temps qu'elles.*[201] ».

Nous allons éviter la distinction organes principaux/organes complémentaires dans la mesure où ce n'est pas l'option qui établie le plus l'unanimité. Cette classification n'est pas toujours satisfaisante notamment pour les juristes qui lui préfèrent la typologie qui oppose les organes en fonction « *de la qualité et la provenance de leur membres.*[202] » En somme, il s'agit de la classification organes pléniers/organes restreints. Elle a pour rôle de concilier le maintien de l'intérétatisme et son dépassement. Maintien dans la mesure où elle institue des organes où siègent exclusivement des représentants des Etats membres, de gardien de la souveraineté et de la prépondérance de l'Etat dans les relations internationales. Mais il s'agit aussi d'une classification qui fait ressortir le dépassement de l'interétatisme par la mise en évidence d'institutions où ne siègent que des « *agents internationaux*[203] » ou des experts indépendants des gouvernements des Etats.

---

[199] Hall et Taylor, op. cit. p 472.

[200] Bien évidement les théoriciens de l'institutionnalisme historique affirment rarement que les institutions sont l'unique facteur qui influence la vie politique. Ils cherchent en général à situer les instituons dans une chaîne causale qui laisse une place à d'autres facteurs, en particulier les développements socio-économiques et la diffusion des idées. Hall et Taylor, op. cit. 476

[201] Hall et Taylor, op. cit. p 472.

[202] Nguyen, op, cit, p610.

[203] La notion d'agent international a été définie par la CIJ dans son avis consultatif du 11 avril 1949 comme « *quiconque, fonctionnaire rémunéré ou non, employé à titre permanent ou non, a été chargé, par un organe de l'organisation d'exercer ou d'aider à exercer l'une des fonctions de celles-ci. Bref toute personne par qui*

Outre cet arbitrage, le moins qu'on puisse dire c'est que la structure organisationnelle de l'Union Africaine n'est ni trop lourde- comparativement à celle de l'Union européenne- ni trop légère si nous la comparons à d'autres organisations régionales comme l'Association des Nations de l'Asie du Sud-Est. Plus ancienne et plus vaste organisation de la région d'Asie et du Pacifique, ce groupement naît en pleine guerre du Vietnam, du souci de protéger ses membres de la menace communiste et de l'intérêt de tenir la région à l'abri des affrontements entre les grandes puissances. L'ASEAN présente une structure légère qui est une sorte d'atout pour elle. Son fonctionnement se caractérise par une *« grande souplesse »* et l'absence de toute contrainte institutionnelle. Il s'agit du sommet des chefs d'Etat et de gouvernement, des conférences ministérielles des Etats membres, un Comité permanent, des commissions spécialisées (questions maritimes, transports, aviation, commerce et industrie, télécommunications...) Mais ce mode de fonctionnement, décision consensuelle et absence d'instances de règlement de conflits, constitue aujourd'hui un handicap. En sera t-il de même pour l'Union Africaine qui présente une structure qu'on pourrait qualifier de semi-lourde.

Nous avons posé plus haut la question de savoir si l'Union Africaine était une organisation de coopération ou une organisation d'intégration. Un premier élément de réponse nous vient de sa structure. Alors que dans les organisations d'intégration les organes administratifs exercent leurs fonctions conformément à l'intérêt communautaire comme c'est le cas de la Commission européenne, les structures des organisations de coopération accordent une place prépondérante aux Etats[204]. C'est pourquoi nous choisissons la distinction qui semble d'après Serge Sur être *« la plus significative »*. Il s'agit de celle qui fait la distinction entre organes interétatiques composés d'Etats membres et organes intégrés au sein desquels travaillent des agents de l'organisation[205]. C'est fort de cette distinction que nous verrons si au plan institutionnel, nous pouvons qualifier l'Union Africaine d'organisation de coopération ou d'organisation d'intégration.

---

l'organisation agit. », (CIJ, réparation des dommages subis au service des Nations unies, Rec., 1949, p1777.)

[204] Jean-Jacques Roche, op. Cit, p170 et s.

[205] Serges Sur, op. cit, p 326.

Encadré 5 : Liste des organes selon l'Acte constitutif

La Conférence de l'Union, Organe suprême de l'Union, elle est composée de Chefs d'Etat et de gouvernement ou de leurs représentants se réunissant une fois au moins par an en session extraordinaire.

Le Conseil Exécutif, composé des ministres des Affaires étrangères ou des représentants à cet effet, est chargé de coordonner et décider des politiques nécessaires à l'ensemble des Etats membres.

Le Comité des Représentants Permanents (COREP), composé de représentants permanents et autres plénipotentiaires des Etats membres, il est responsable de la préparation des travaux du Conseil exécutif et agit sur instruction du Conseil.

Le Parlement panafricain. Il sera monocaméral mais représenté par tous les parlements des pays d'Afrique où les lois seront adoptées à la majorité des deux tiers des parlementaires. Il sera composé de cinq parlementaires par Etat membre dont au moins une femme. Il évoluera plus tard vers un parlement élu au suffrage universel.

La Cour Africaine de Justice composée de onze (11) juges élus par la Conférence des Chefs d'Etat et de Gouvernement de l'U.A.a pour un mandat de 6 ans et est l'organe judiciaire principal de l'Union. Elle a compétence sur tous les différends et requêtes qui lui sont soumis conformément à l'Acte Constitutif de l'Union et au Protocole portant sa création.

La Commission de l'Union Africaine joue le rôle de secrétariat de l'Union. Elle est composée de dix commissaires dont le Président et le Vice-président. Elle représente l'Union et défend ses intérêts sous la direction de la Conférence et du Comité exécutif. Elle peut initier des propositions à soumettre aux organes et elle exécute les décisions arrêtées par les autres organes. Elle assiste les Etats membres dans l'exécution des programmes de l'Union et des politiques, notamment la CSSDCA et le NEPAD. Elle élabore les positions communes de l'Union et coordonne les actions des Etats membres dans les négociations internationales.

Le Conseil Economique, Social et culturel (ECOSOCC) est un organe consultatif composé de représentants des différentes couches socioprofessionnelles des Etats membres de l'Union, en particulier des jeunes et des femmes.

La Cour Africaine des Droits de l'Homme et des Peuples. Composée de onze (11) membres élus par la Conférence des Chefs d'Etat et de Gouvernement pour un mandat de 6 ans, elle a notamment compétence sur tous les différends et requêtes qui lui sont soumis au sujet de l'interprétation et de l'application de la Charte africaine des Droits de l'Homme et des Peuples.

Trois institutions financières : a) La Banque centrale de l'Afrique, b) Le Fonds monétaire africain, c) La Banque africaine d'Investissement.

Des Comités techniques spécialisés, composés des ministres ou des hauts fonctionnaires chargés des secteurs relevant de leurs domaines respectifs de compétence. Sept comités techniques sont prévus.

Le Conseil de Paix et de Sécurité. Composé de quinze Etats membres, il est chargé de la promotion de la paix, de la sécurité et de la stabilité en Afrique, de la diplomatie préventive et du rétablissement de la paix. Il s'occupe également de la gestion des catastrophes et des actions humanitaires. Il est appelé à remplacer l'organe central du Mécanisme pour la prévention, la gestion et le règlement des conflits en Afrique créé en 1993 par les Chefs d'Etat lors du Sommet de Tunis.

CHAPITRE 9

Les organes interétatiques

> « L'édification de l'Union est un processus continu qui se poursuivra de générations en générations. A ce stade, le plus important est de tout mettre en œuvre pour que notre génération fasse ce que l'on attend d'elle : poser une fondation solide et durable pour l'Union. »
>
> **Amara Essy**, *ancien président de la Commission de l'Union Africaine.*
> *Deuxième session extraordinaire du Conseil exécutif de l'Union Africaine,*
> *Addis-Abeba, Ethiopie.*

PLAN DU CHAPITRE

Section 1

Les organes pléniers

1. La conférence de l'Union Africaine : organe suprême

2. Le conseil exécutif : organe de coordination sans pouvoir législatif et budgétaire

3. Le COREP : un activisme inquiétant ?

Section 2

Les organes restreints

1. Généralités

2. Le Conseil de paix et de sécurité

3. Encadré sur les conflits en Afrique

Remarquons que les organes interétatiques peuvent être originaires, c'est-à-dire issus de l'Acte constitutif, ou dérivés et donc créés par les organes originaires selon les besoins et les objectifs de l'organisation. L'autre remarque que nous pouvons faire est que ces organes où siègent les autorités politiques des Etats membres (chefs d'Etat et de gouvernement, ministres des Affaires étrangères ou tous autres ministres ou autorités désignés par les gouvernements des Etats membres) permettent à ceux-ci de contrôler l'organisation et donc de révéler son caractère intergouvernemental. Nous pouvons les subdiviser en deux grandes catégories : les organes pléniers (section 1) et les organes restreints (section 2).

Section 1

Les organes pléniers

Les organes pléniers ont une représentation intergouvernementale. C'est le cas de la Conférence de l'Union et du Conseil exécutif qui sont des éléments de perpétuation de l'ancien organigramme de l'OUA où on retrouvait en ces lieux et places la Conférence des chefs d'Etat et de gouvernement et le Conseil des ministres.

1. La Conférence de l'Union : organe suprême de l'Union

La Conférence est l'organe suprême de l'Union. Elle réunit les chefs d'Etat et de gouvernement ou leurs représentants. La conférence détient en cela la plénitude des compétences dévolues à l'Union et dispose par ce fait même des pouvoirs importants. Elle est chargée de :

- Définir les politiques communes de l'Union

- Recevoir, examiner et prendre des décisions sur les rapports et les recommandations des autres organes de l'Union et prendre des décisions à ce sujet

- Examiner les demandes d'adhésion à l'Union

- Créer tout organe de l'Union

- Assurer le contrôle de la mise en œuvre des politiques et décisions de l'Union, et veiller à leur application par tous les Etats membres

- Adopter le budget de l'Union

- Donner des directives au Conseil exécutif sur la gestion des conflits, des situations de guerre et autres situations d'urgence ainsi que sur la restauration de la paix

- Nommer et mettre fin aux fonctions des juges de la Cour de justice

- Nommer le président, le ou les vice-présidents et les Commissaires de la Commission, et déterminer leurs fonctions et leurs mandats.

A ce niveau il est facile de se rendre compte, comme nous le soulignerons plus, de la suprématie et du contrôle qu'exercent les Etats membres sur les organes clés de l'Union, notamment la Cour de justice et la Commission de l'Union Africaine. Autant déjà dire que l'Union, malgré la volonté de certains de ses leaders à en faire une institution d'intégration, porte bien les stigmates d'une organisation de coopération.

Sans préjuger de son efficacité, on pourrait se demander si la Conférence de l'Union jouera le rôle qui est celui de ses consœurs des autres organisations régionales. Au sein de l'Union européenne elle correspond a priori au Conseil européen qui lui est né de la pratique, engagée en 1974, de réunir régulièrement les chefs d'État et de gouvernement de la Communauté européenne. Cette pratique a été institutionnalisée par l'Acte unique européen en 1987. Mais alors que la Conférence de l'Union Africaine se réunit au moins une fois par an en session ordinaire, désormais le Conseil européen se réunit en principe quatre fois par an, sous la présidence du chef d'État ou de gouvernement qui exerce la présidence du Conseil de l'Union, et compte comme membre de droit, le président de la Commission. Bien plus, le Conseil européen a pris rapidement une dimension publique grâce à la notoriété de ses membres et à la dramatisation de certains de ses enjeux. Il aborde également les problèmes d'actualité internationale à travers la politique étrangère et de sécurité commune (PESC). Cet activisme est certes louable dans la mesure où il permet au chef d'Etat ou de gouvernement qui a la charge du Conseil d'utiliser son aura et sa personnalité pour faire avancer des questions de grande importance, mais il présente le danger de confiner les débats dans des transactions intergouvernementales, statocentristes selon une vision réalistes des relations internationales. Or tout porte à croire que, non seulement les Etats ne sont plus seuls capables de fournir aux populations toutes les prestations dont ils ont besoin et dont ils ont droit, mais également les relations ne se réduisent plus aux interactions entre diplomates. Et comme le pensent tous les théoriciens du transnationalisme, héritiers par ailleurs des thèses de certains auteurs comme Karl Deutsch, les relations internationales *« consistent d'abord dans les transactions entre individus, citoyens, peuples*[206]*»*. Et comme le souligne Dario Battistela, « *Ce sont ces transactions, dont sont fonction les sentiments que les différentes communautés cultivent les unes envers les autres, leurs perceptions réciproques, le degré de confiance et de respect qui a pu émerger entre elles, qui sont le facteur ultime de la paix éventuelle entre Etats* ».[207]

2. Le Conseil exécutif

Le Conseil exécutif est composé de ministres des Affaires étrangères ou de tous autres ministres ou autorités désignés par les gouvernements des Etats membres. Il assure la coordination et décide des politiques dans les domaines d'intérêt commun pour les Etats membres, notamment les domaines suivants :

- Commerce extérieur

- Energie, industrie et ressources minérales

- Alimentation, agriculture, ressources animales, élevage et forêts

- Ressources en eau et irrigation

- Protection de l'environnement, action humanitaire et réaction et secours en cas de catastrophe

- Transports et communications

- Assurances

- Education, culture, santé et mise en valeur des ressources humaines

- Science et technologie

- Nationalité, résidence des ressortissants étrangers et questions d'immigration

---

[206] Dario Battistela : « *L'apport de Karl Deutsch à la théorie des relations internationales* », Revue internationale de politique comparée, vol. 10, n° 4, 2003, p 575.

[207] Dario Battistela, *ibidem*, p 575.

- Sécurité sociale et élaboration des politiques de protection de la mère et de l'enfant, ainsi que des politiques en faveur des personnes handicapées
- Institution d'un système de médailles et de prix africains.

Au cours de certaines de ses réunions, le Conseil a l'habitude de prendre des décisions d'une grande importance. Au cours de sa sixième session ordinaire tenue à Abuja en janvier 2005, le Conseil exécutif a pris des décisions relatives à nombre de ces domaines d'action : décision sur les négociations de l'Organisation mondiale du commerce en cours, décision sur l'évaluation des objectifs du Millénaire pour le développement (OMD), décision sur les négociations des accords de partenariats économiques entre l'Union européenne et les ACP (APE), décision sur la situation des réfugiés, des rapatriés et des personnes déplacées…Avec l'OMC, le Conseil a recommandé l'adoption rapide d'une approche sur le règlement de la question du coton sur la base des résultats de la réunion de concertation, tenue à Bamako les 12 et 13 janvier 2005, mais aussi l'examen rapide de la question des subventions agricoles et l'adoption d'une position commune africaine sur les produits de base d'une manière générale.

Le Conseil exécutif est responsable devant la Conférence. Il se réunit pour examiner les questions dont il est saisi et contrôle la mise en œuvre des politiques arrêtées par la Conférence. Ainsi peut- on rapprocher sa logique d'organisation et de fonctionnement à celle du Conseil de l'Union européenne où chaque pays de l'Union exerce la présidence, par rotation, pour une durée de six mois. Il réunit les ministres des pays membres de l'UE selon la matière inscrite à l'ordre du jour : Affaires étrangères, agriculture, industrie, transports, environnement…Mais contrairement à sa consœur de l'Union européenne, le Conseil de l'UA ne dispose pas de pouvoir législatif ni de pouvoir budgétaire. Le Conseil exécutif assure la coordination et décide des politiques dans les domaines d'intérêt commun pour les Etats membres. Les pouvoirs au sein de l'Union européenne semblent donc être plus étendus ; le Conseil de l'Union européenne a d'autres pouvoirs notamment en matière d'accords et de traités internationaux négociés au préalable avec la Commission.

3. Le COREP : Un activisme inquiétant ?

Il est créé, auprès de l'Union Africaine, un Comité des représentants permanents. Il est composé de *« représentants permanents et autres plénipotentiaires des Etats membres »*. Ce Comité est responsable de la préparation des travaux du Conseil exécutif et agit sur son instruction. Il peut instituer tout sous-comité ou groupe de travail qu'il juge nécessaire. L'actuel COREP est caractérisé par un activisme dont la perception dépend des ambitions des divers groupes et de la vision que les uns et les autres se font du panafricanisme. On accuse la Libye de vouloir le supprimer parce qu'il ferait obstacle à *« ses ambitions hégémoniques*[208] *»*.

---

[208] Bourgi, op, cit, p339.

Encadré 6 : Pouvoirs et attributions du COREP

ARTICLE 4

PROTOCOLE DE JUILLET 2002, DURBAN (RSA)

Le COREP entre autres :

- fait fonction d'organe consultatif du Conseil exécutif

- élabore son propre règlement intérieur et le soumet à l'approbation du Conseil exécutif

- prépare les sessions du Conseil exécutif, y compris l'ordre du jour et les projets de décisions

- fait des recommandations aux Etats membres sur les domaines d'intérêt commun, en particulier les questions inscrites à l'ordre du jour du Conseil exécutif

- facilite la communication entre la Commission et les capitales des Etats membres

- examine le programme et le budget de l'Union ainsi que les questions administratives, budgétaires et financières de la Commission et fait des recommandations au Conseil exécutif

- examine les rapports financiers de la Commission et fait des recommandations au Conseil exécutif

- examine le rapport du Conseil des vérificateurs externes et présente ses observations par écrit au Conseil exécutif

- examine les rapports sur la mise en œuvre du budget de l'Union

- propose la composition des différents bureaux des organes, comités et sous-comités *ad-hoc* de l'Union

- examine les questions ayant trait aux programmes et projets de l'Union, en particulier les questions relatives au développement socio-économique et à l'intégration du continent, et fait des recommandations à ce sujet au Conseil exécutif

- examine les rapports sur la mise en œuvre des politiques et décisions ainsi que des accords adoptés par le Conseil exécutif

- participe à la préparation du programme d'activités de l'Union

- participe à l'élaboration du calendrier des réunions de l'Union

- examine toute question que lui soumet le Conseil exécutif
- entreprend toutes autres activités que pourrait lui confier le Conseil exécutif.

Le COREP peut créer les comités *ad hoc* et les groupes de travail temporaires qu'il juge nécessaires, notamment un sous-comité sur le Siège et les accords de Siège, le NEPAD et le Plan d'action du Caire du Sommet Afrique/Europe.

Section 2

Les organes restreints

1. Généralités

Au sein de l'Union Africaine on retrouve des organes qu'on pourrait qualifier de restreints vu leur composition. En règle générale ce sont des organes fonctionnels qui en appellent pour leur fonctionnement, *« le concours des Etats les plus capables de contribuer efficacement à l'action de l'organisation*[209] *».* C'est la logique du Conseil de Sécurité des Nations Unies. Pierre angulaire des Nations Unies, cet organe occupe une place centrale dans l'architecture de l'organisation universelle ; il est même qualifié d'exceptionnel, d'unique en raison de sa composition[210], de ses missions, de la force juridique de ses décisions ou encore, dans une moindre mesure, de sa légitimité politique[211]. Le principal critère qui a présidé jusque-là au choix de ses membres est bien *« la contribution au maintien de la paix et à la sécurité internationales ».* L'autre critère est celui de la répartition géographique. C'est ainsi que sur ces bases les cinq membres permanents actuels ont été choisis, non seulement parce qu'ils sont les vainqueurs de la Seconde Guerre mondiale, mais parce que théoriquement, ils sont considérés comme les Etats les plus puissants au monde : Chine, Etats-Unis, France,

---

[209] Sur, *op. cit, p 12.*

[210] 15 membres dont 5 permanents détenant le droit de veto.

[211] Sur Serge : *« Le Conseil de sécurité : blocage, renouveau et avenir »,* revue Pouvoirs, n° 109, avril 2004, pp61-74. Tous ces éléments d'analyse sont fournis par l'auteur qui présente une photographie assez réelle des analyses qui sont faites toutes ces dernières années sur le Conseil de sécurité, bras séculier des Nations Unies. Il se demande entre autre si le Conseil de sécurité est un organe international ou alors c'est *« une simple coalition aléatoire et précaire de quelques grands Etats dont chacun n'agit qu'en fonction de ses conceptions et intérêts propres... »* (p62). En Même temps Serge Sur reconnaît à cet organe exceptionnel des Nations Unies la légitimé politique internationale et l'autorité juridique considérable qui s'attache à ses décisions.

Royaume-Uni et Russie. Ils sont *« nominativement désignés par la Charte »* et sont de ce fait presque *« intangibles »* et même *« fortement protégés contre tout changement*[212]*. »* Et malgré toutes les critiques récurrentes et même acerbes qui sont dirigées contre le Conseil de sécurité et qui soulignent entre autre que la position des quinze membres ne saurait refléter une image réelle de la société internationale, la situation reste inchangée. Pour beaucoup, elle ne changera même jamais. Nous n'en sommes pas encore là avec le Conseil de Paix et de Sécurité et pourtant à bien des égards, la philosophie de cet organe est inspirée de celle du Conseil de sécurité des Nations Unies tant au niveau des objectifs, de la composition et des critères d'éligibilité…les différences étant bien sûr par ailleurs nombreuses entre les deux organes.

2. Le Conseil de Paix et de Sécurité[213]

En vue de mettre en place une structure opérationnelle pour la mise en œuvre efficace des décisions prises dans le domaine de la prévention des conflits, du rétablissement de la paix, il a été créé par l'Acte constitutif de l'Union Africaine et le Protocole du 9 juillet 2002 signé à Durban (RSA), un Conseil de Paix et de Sécurité (CPS). C'est le Mali qui a proposé lors du Sommet de l'OUA à Lusaka en Zambie en 2001, de transformer l'Organe central de l'OUA en un Conseil de médiation et de Sécurité avec des membres permanents sans droit de veto et des membres non permanents pour dit-on, *« tenir compte des responsabilités particulières de certains pays au regard de leurs poids politique, économique ou démographique »*[214].

En remplacement du Mécanisme de l'OUA, le CPS est à l'instar du Conseil de Sécurité des Nations Unies, le cadre où se déploiera désormais le système de sécurité collective et d'alerte rapide de l'Union Africaine (art. 2 du Protocole). Nous savons que le Conseil de Sécurité, bras séculier des Nations Unies, a la responsabilité principale du maintien de la paix et de la sécurité internationales. Le CPS poursuit dans cet ordre d'idées cinq séries d'objectifs (art. 3 du

---

[212]Sur, op. cit. p 63.

[213]Article 9, Protocole sur les amendements à l'Acte constitutif de l'Union Africaine, février et juillet 2003).

[214] Amadou Toumani Touré, op. cit, p 123.

Protocole): promotion de la paix, de la sécurité et de la stabilité en Afrique ; anticipation et prévention des conflits ; promotion et mise en œuvre des activités de consolidation de la paix et de reconstruction après les conflits ; élaboration d'une politique de défense commune de l'Union ; et enfin, promotion et encouragement d'un certain nombre de valeurs comme la démocratie, la bonne gouvernance, l'Etat de droit, les droits de l'Homme.

Nous voyons sur ces derniers points quel lien l'Union Africaine fait entre la paix en Afrique et les valeurs de droits de l'homme, de bonne gouvernance et surtout de démocratie. Il est facile de penser qu'il existe un rapport entre les régimes politiques internes des Etats et leurs comportements sur la scène internationale. C'est la théorie de la « *paix démocratique* » de Bruce Russet, qui s'inspire elle-même des travaux de Karl Deutsch. Russet affirme la corrélation entre la nature du régime intérieur d'un Etat et son comportement international. L'argument à la base de son postulat est que, « *les démocraties sont caractérisées d'un côté par la séparation des pouvoirs et l'existence d'une opinion publique, de l'autre par la culture du compromis et le règlement pacifique des conflits* »[215]. C'est dire que par la promotion de la démocratie interne dans les Etats, l'Afrique pourrait réduire le nombre de conflits qui trouble la paix sur le continent tant à l'intérieur des frontières étatiques, qu'à l'extérieur des Etats. La démocratie serait donc l'un des piliers de la construction d'une sécurité collective sur le continent.

Les principes du CPS

Les principes du CPS (art. 4 du Protocole) peuvent être divisés en deux catégories : les principes classiques découlant de la Charte des Nations Unies et de la Charte de l'OUA ; et les principes que nous pourrions qualifier de « *nouveaux* ». Les premiers portent sur : le règlement pacifique des différends et des conflits (chapitre 6 de la Charte de l'ONU); le respect de l'Etat de droit, des droits fondamentaux de l'Homme et des libertés, le respect de la souveraineté et de l'intégrité territoriale des Etats membres ; la non-

---

[215] Dario Battistela, op, cit, p 578. Mais malheureusement les exemples contemporains nous prouvent le contraire, vu les actes dont sont responsables les Etats-Unis sur la scène internationale.

ingérence dans les affaires internes des Etats, l'égalité souveraine des Etats membres ; l'intangibilité des frontières héritées de la colonisation...

Il faut dire sur ce dernier point que l'Afrique a connu, depuis les indépendances des ses Etats, de nombreux conflits frontaliers et transfrontaliers dont nombreux ont été portés devant la Cour internationale de justice de la Haye tant en matière contentieuse qu'en matière consultative. Au plan contentieux nous pouvons citer les affaires Tunisie c/ Libye (affaire du plateau continental entre la Tunisie et la Jamahiriya libyenne, 24 février 1982), Burkina Faso c/ République du Mali (affaire du différend frontalier, ordonnance rendue le 9 avril 1987), Guinée Bissau c/ Sénégal (affaire relative à la sentence arbitrale du 31 juillet 1989, décision rendue le 12 novembre 1991), Tchad c/Libye (affaire du différend territorial, décision rendue le 3 février 1994), Nigeria c/ Cameroun (délimitation de la frontière terrestre et maritime entre les deux pays, décision rendue le 10 octobre 2002), Guinée Bissau c/ Sénégal (affaire de la délimitation maritime entre les deux pays, décision rendue le 8 novembre 1995), Bénin c/ Niger (affaire du différend frontalier sur les îles situées sur le fleuve Niger (décision rendue le 12 juillet 2005). Les avis consultatifs de la CIJ sur l'Afrique ont porté notamment sur l'affaire du Sahara occidental (16 octobre 1975)...

La deuxième série de principes sur lesquels est basée l'action du Conseil de Paix et de Sécurité porte sur plusieurs aspects dont l'interdépendance entre le développement socio-économique et la sécurité des peuples et des Etats ; le droit de l'Union d'intervenir dans un Etat membre sur décision de la Conférence dans certaines circonstances graves (crimes de guerre, crimes de génocide et crimes contre l'humanité[216])

Composition du CPS

Des quinze membres du Conseil de Paix et de Sécurité, dix sont élus pour un mandat de deux ans et cinq sont élus pour trois ans en vue d'assurer la continuité de l'organe. Des critères de sélection sont définis et appliqués par la Conférence qui s'appuie sur le principal

---

[216] Ces trois crimes sont retenus dans le cadre de la compétence de la Cour Pénale Internationale (CPI), avec un troisième crime qu'est le crime d'agression.

d'entre eux qu'est le principe de la répartition régionale équitable et celui de la rotation. Les autres principes portent entre autres sur :

- la contribution à la promotion et au maintien de la paix et de la sécurité en Afrique
- la capacité et l'engagement à assumer les responsabilités liées à la qualité de membre
- la participation aux efforts de règlement de conflits, de rétablissement et de consolidation de la paix au niveau régional et continental
- la disposition et la capacité à assumer des responsabilités en ce qui concerne les initiatives régionales et continentales de règlement de conflits
- la contribution au Fonds de la paix et/ou au Fonds spécial créé pour un but spécifique
- le respect de la gouvernance constitutionnelle
- l'exigence pour les Etats membres postulant d'avoir des missions permanentes de l'Union et des Nations Unies dotées du personnel adéquat et suffisamment équipées
- l'engagement d'honorer les obligations financières vis-à-vis de l'Union Africaine.

Le rôle et les pouvoirs du CPS

En ce qui concerne leur rôle, les organes intégrés sont en règle générale dotés de compétences et de pouvoirs qui leurs sont spécifiques pour assumer des tâches dites fonctionnelles. Ainsi les fonctions du CPS sont bien relatives aux objectifs qu'il poursuit en matière de prévention, de règlement et de gestion des conflits en Afrique. Il est ainsi chargé par l'article 6 du Protocole relatif à sa création de :

- la promotion de la paix, de la sécurité et de la stabilité en Afrique
- l'alerte rapide et la diplomatie préventive
- le rétablissement de la paix
- la conduite des opérations d'appui à la paix

• l'action humanitaire et toute autre fonction qui pourrait être dédiée par la Conférence.

In fine, les pouvoirs du Conseil de Paix et de Sécurité sont à l'image de ceux du Conseil de Sécurité des Nations Unies, de deux types : ceux portant sur les mesures coercitives sans emploi de la force armée, et ceux portant sur des mesures entraînant l'usage de la force. Alors que le Conseil de Sécurité des Nations Unies peut prendre des mesures sans emploi de la force armée comme l'embargo, le blocus, les restrictions aux échanges contre un Etat ou un groupe d'Etats récalcitrants, le Conseil de Paix et de Sécurité a par exemple le pouvoir de prendre toute action appropriée où la paix et la sécurité d'un Etat sont menacées. Cette menace peut porter sur son indépendance nationale ou sa souveraineté par des actes d'agression y compris par des mercenaires. Toujours dans le cadre des mesures sans emploi de la force armée, le Conseil de Paix et de Sécurité peut imposer conformément à la Déclaration de Lomé, des sanctions chaque fois qu'un changement anticonstitutionnel de gouvernement se produit dans un Etat membre. Ces mesures qui ne nécessitent pas forcément l'emploi de la force armée peuvent être des mesures d'exécution, de police, de contrainte destinées à assurer le maintien ou le retour à la paix.

Le Conseil de Paix et de Sécurité peut par ailleurs prendre des mesures qui en appellent l'usage de la force, en cela il est à l'Union Africaine ce que le Conseil de Sécurité est aux Nations Unies, le bras armé, même en l'absence d'une force armée qui lui est jusqu'ici propre. Le CPS peut ainsi autoriser l'organisation et le déploiement de missions d'appui à la paix, recommander à la conférence l'intervention au nom de l'Union dans un Etat membre dans certaines circonstances graves (crime de guerre, crime de génocide, crime contre l'humanité)...Pour mener à bien ses missions avec ou sans emploi de la force armée, le CPS est bâti et appuyé par une structure comprenant la Commission de l'Union Africaine, un Groupe de sages, un Système continental d'alerte rapide, une Force africaine pré positionnée et un Fonds spécial.

Le CPS ou la doctrine de sécurité collective onusienne ?

Sans épuiser l'étude de cet organe permanent de l'Union, nous voyons bien qu'il est bâti sur le modèle du Conseil de Sécurité des

Nations Unies avec certainement une grande différence : l'absence du droit de veto au sein du CPS. Pour qu'il y ait veto, il faut qu'un membre permanent du Conseil de sécurité vote contre. C'est un droit qui est beaucoup critiqué d'une part, parce qu'il constitue une entrave à la capacité du Conseil de Sécurité de décider dès lors que la décision ne convient pas à un membre permanent, de l'autre, le veto pose une fois de plus un problème de représentativité dans la mesure où il n'est détenu que par cinq membres sur plus de 180 membres que comptent les Nations Unies ; l'un des cinq membres pouvant bloquer l'action du Conseil même en cas d'atteinte grave à la paix et à la sécurité internationales. Dans ce cas *« le droit de veto affirme la suprématie de quelques intérêts nationaux sur l'ensemble. »*[217] Mais *in fine*, le veto est en réalité une mesure de sauvegarde du système de sécurité collective dans la mesure où son absence aboutirait plus à une aggravation des crises qu'à leur résolution. D'où la nécessité pour l'Union Africaine de réfléchir à la mise sur pied au sein du Conseil de Paix et de Sécurité d'un veto, même aménagé. Dans le cadre des réformes de l'ONU Hubert Védrine avait parlé d'un usage raisonné du droit de veto, ce qui imposait aux membres permanents du Conseil de Sécurité de renoncer solennellement à faire usage de leur droit de veto pour empêcher le Conseil de se saisir du sort d'une population en péril imminent, et de prendre toutes mesures pour lui venir en aide[218].

Le plus important ici est de dire qu'avec l'instauration d'un Conseil de Paix et de Sécurité doté d'un centre de gestion des conflits, d'une direction des opérations de maintien de la paix et d'un pouvoir de coercition, l'Union Africaine opère une rupture avec le dogme de la non-intervention qui prévalait dans le cadre de l'OUA. Elle épouse à quelques différences près, la doctrine de sécurité collective des Nations Unies qui porte d'une part, sur le règlement pacifique des différends (chapitre 6, articles 33 à 38) et de l'autre sur l'emploi de la coercition en cas de menace contre la paix, de rupture de la paix et d'acte d'agression (chapitre 7, articles 39 à 51). L'ambition finale est sans doute de faire de l'Afrique, ce que Karl Deutsch avait appelé une *« communauté de sécurité pluraliste »*, c'est-à-dire une communauté politique dont les membres, indépendants les uns des autres, ont

---

[217] Sur, op. cit. p 66.

[218] Hubert Védrine : *« Réflexions sur la réforme de l'ONU »*, Revue Pouvoirs, avril 2004, pp 125-140.

acquis la conviction que « *leurs problèmes sociaux communs peuvent et doivent être résolus par des mécanismes de changement pacifique (c'est-à-dire) par la voie de procédures institutionnalisées sans recours à la violence physique* »[219]. C'est ce que nous tenterons d'analyser dans le chapitre 12.

> **Encadré 7 : Les conflits en Afrique**
>
> Le continent est déchiré depuis 40 ans par des conflits inter Etats, intra-Etats, ethniques, religieux, économiques. Pas moins de 26 conflits armés ont éclaté en Afrique entre 1963 et 1998, affectant 474 millions de personnes, soit 61 pour cent de la population du continent, et causant plus de 7 millions de morts.
>
> En outre, ces guerres n'épargnent aucune région géographique du continent : la Corne de l'Afrique (Éthiopie, Soudan, Érythrée, Somalie), l'Afrique australe, (12 conflits) et l'Afrique de l'Ouest (une dizaine de guerres), ont toutes été le théâtre de guerres. Seule l'Afrique du Nord est restée relativement préservée (excepté l'Algérie).
>
> Certaines de ces guerres ont été extrêmement longues. A titre d'exemple, les guerres du Tchad ont duré 40 ans ; celle du Soudan, 37 ans ; celle d'Erythrée, 30 ans ; celle d'Angola, 27 ans, etc.
>
> L'un des impacts des conflits armés est l'apparition de réfugiés estimés à 3 millions aujourd'hui, et de personnes déplacées (20 millions au moins). Beaucoup d'entre eux vivent dans des conditions difficiles, sans assistance adéquate de la part des gouvernements nationaux ou de la communauté internationale.
>
> Source : *Plan stratégique de la Commission de l'UA, mai 2004.*

---

[219] Dario Battistela : « *L'apport de Karl Deutsch à la théorie des relations internationales* », Revue internationale de politique comparée, vol. 10, n°4, 2003, p 570.

CHAPITRE 10

Les organes intégrés de l'Union Africaine

PLAN DU CHAPITRE

Section 1
Le Parlement panafricain
1. Une institution d'apparat ?
2. Une institution symbolique ?
3. Une presque exception au sein des organisations régionales
4. Encadré : Aperçu du mode de décision au Parlement européen, élément de comparaison

Section 2
La Cour de Justice de l'Union Africaine
1. Une idée innovante pour l'Afrique
2. Saisine et compétences

Section 3
Les institutions financières africaines
1. Les erreurs à ne pas commettre
2. La cohérence avec les autres institutions africaines de régulation d'échanges
3. La question de la convertibilité des monnaies africaines
4. Une Banque centrale pour quels instruments de politique monétaire ?
5. Un fonds monétaire à définir

Section 4
Le Conseil économique, social et culturel
1. Généralités
2. Un catalyseur d'intégration

Selon la définition qu'en donne Serge Sur, les organes intégrés n'agissent qu'au nom de l'organisation. Ils sont en principe composés de nationaux des Etats membres, soumis aux organes inter étatiques et ne disposent pas d'un pouvoir décisionnel suprême. Ils se subdivisent en trois grandes catégories : les organes de direction et d'impulsion, les organes administratifs, et enfin les organes juridictionnels. Les premiers exercent des fonctions à caractère politique, alors que les seconds assurent des tâches d'exécution, et les troisièmes ont des fonctions juridictionnelles.

Bien que l'Acte constitutif de l'Union n'ait pas prévu dans les détails toute la trame structurelle de tous les organes complémentaires, il est à noter que les organes intégrés n'en sont pas moins des organes *« originaires »,* selon une certaine appellation des juristes, par opposition aux organes *« dérivés »* qui sont créés par les premiers, avec bien sûr le risque d'un alourdissement progressif de l'organigramme initial[220]. Les auteurs parlent déjà de l'Union Africaine comme un carcan politicien et souverainiste[221], ceci l'éloignant alors de la vision fédéraliste que voulaient lui imprimer certains de ses pères fondateurs comme le leader libyen Mouammar Kadhafi, et de l'approche de l'intégration si chère à beaucoup d'acteurs africains.

---

[220] Nguyen, op, cit, p608-601.

[221] Bourgi, op, cit, p343.

Section 1

Le Parlement panafricain

1. Fondements, objectifs et composition

Organe statutaire de l'Union Africaine, donc prévu par l'Acte constitutif, le Parlement panafricain a été réellement institué par un protocole du 2 mars 2001 signé à Syrte en Libye (article.2). C'est le protocole additionnel au traité instituant la Communauté économique africaine relatif au Parlement panafricain. L'idée qui sous-tend la création de cette institution tient évidemment au souci d'accorder une grande participation des peuples africains et des organisations communautaires à la réalisation de l'intégration du continent. Pour les fondateurs de l'Union, le Parlement panafricain *« ...s'inscrit dans le cadre de la vision tendant à offrir une plate-forme commune aux peuples africains et à leurs organisations communautaires, en vue d'assurer leur plus grande participation aux discussions et à la prise des décisions concernant les problèmes et les défis qui se posent au continent.*[222] *»* Les dirigeants africains ont ainsi grand espoir que le Parlement panafricain assurera la participation effective et totale des peuples africains au développement et à l'intégration économique du continent.

D'autres idées viennent s'ajouter à cette considération d'ordre général. C'est le souci qu'ont les dirigeants africains réunis au sein de l'Union Africaine de promouvoir les principes démocratiques, de consolider les institutions et la culture démocratique, et d'assurer la bonne gouvernance. De cette ambition découle alors la protection des droits de l'homme et des peuples conformément à la Charte des droits de l'homme et des peuples, et aux autres instruments dits *« pertinents »*.

---

[222] Texte du Protocole du 2 mars 2001 sur le traité instituant la Communauté économique africaine relatif au Parlement panafricain.

Au-delà des ambitions relatives à la promotion d'une plus grande coopération entre les Etats africains et une meilleure intégration des peuples du continent, le Parlement panafricain poursuit quatre séries d'objectifs (article 3 du protocole l'instituant). Les premiers sont relatifs aux droits de l'homme et à la démocratie : *« promouvoir les principes des droits de l'homme et de la démocratie en Afrique. »* Les seconds ont trait à la bonne gouvernance : *« encourager la bonne gouvernance, la transparence et l'obligation de rendre compte dans les Etats membres »*. Les troisièmes portent sur les questions de paix, de sécurité et de stabilité. Et la quatrième série d'objectifs a trait à la promotion économique : *« contribuer à un avenir plus prospère pour les peuples africains en favorisant l'autosuffisance collective et le redressement économique »*, et *« faciliter la coopération entre les communautés économiques régionales et leurs forums parlementaires. »*

L'article 4 relatif à la composition du Parlement panafricain prévoit, tout au moins durant la période transitoire, une représentation égalitaire de tous les Etats membres, soit cinq membres par Etats dont au moins une femme. Ces membres sont élus ou désignés par leurs parlements nationaux respectifs ou tout autre organe législatif des Etats membres.

2. Une institution d'apparat ?

Au regard de ce qui précède et compte tenu de ce que cette institution n'a pour le moment qu'un rôle consultatif, la tentation est grande de la considérer comme une institution *« d'apparat »*, en référence à la classification des institutions qu'avait faite Walter Bagehot. Ce pionnier de l'analyse institutionnelle dans le monde anglo-saxon (en dehors des USA), en étudiant les fondements constitutionnels du régime parlementaire a proposé en 1867, une distinction fondamentale entre d'une part, les institutions dites *« d'apparat »* et de l'autre les institutions dites *« d'efficience »*. Alors que celles-ci sont associées quotidiennement à la prise de décision, celles-là, bien qu'ayant des fonctions constitutionnelles, sont avant tout symboliques[223]. C'est le cas visiblement du Parlement panafricain dont l'existence est, et ne dépend que de la volonté de la Conférence

---

[223] Gazibo Mamadou et Jenson Jane, op.cit, p 190.

de l'Union Africaine, et ce à plus d'un titre. Bien qu'il soit prévu à l'article 3 du protocole de Syrte que les parlementaires panafricains votent à titre personnel et de manière indépendante, il existe une extrême dépendance entre eux et les Etats membres de l'Union.

Au niveau de leur désignation (article 5 du protocole) : Les parlementaires sont élus ou désignés par leurs parlements nationaux respectifs ou tout autre organe législatif des Etats membres, parmi leurs membres.

Au niveau de la durée et de l'existence du mandat des parlementaires : La durée du mandat de tout parlementaire panafricain est liée à celle de son mandat de membre de son Parlement ou tout autre organe législatif national. Dans le même ordre d'idées, un parlementaire panafricain peut perdre son siège s'il perd sa qualité de membre de son Parlement ou de tout autre organe législatif national ou par rappel par son Parlement ou tout autre organe législatif national. Ainsi, même si le protocole de Syrte demande que la représentation de chaque Etat membre reflète la diversité des opinions politiques de chaque parlement ou tout autre organe législatif national, il est bien évident que dans un continent où les majorités parlementaires correspondent toujours aux exécutifs des pouvoirs en place, les Parlementaires panafricains ne seront que des représentants des gouvernements en place.

Au niveau du budget : pas d'autonomie budgétaire. Certes, l'article 11 du protocole prévoit que le Parlement panafricain examine son budget et celui de la Communauté, et fait des recommandations à ce sujet avant leur approbation par la Conférence, mais le budget annuel du Parlement panafricain constitue une partie intégrante du budget ordinaire de l'OUA, (article 15) et donc de l'Union Africaine.

Au niveau de l'amendement ou de la révision du protocole instituant le Parlement panafricain. Elle dépend une fois de plus de la Conférence, donc des Chefs d'Etats membres ou leurs représentants. A cet effet, l'article 24 du protocole prévoit : *« le présent protocole peut être amendé ou révisé par décision prise à la majorité des deux tiers de la Conférence. Tout Etat membre, partie au présent protocole ou le Parlement panafricain peut proposer, par requête écrite adressée au Secrétaire général, un amendement ou une révision du protocole. »*

Et toute cette dépendance est couronnée par le fait que le Parlement panafricain ne dispose que d'un pouvoir consultatif (article 2 du protocole) ce qui nous fait dire à la suite de Walter Bagehot qu'il n'est pour le moment qu'une institution d'apparat.

Au regard de ce qui se passe dans d'autres organisations internationales, il est possible de noter que le Parlement panafricain est près du niveau le plus bas des institutions de ce type. Le Parlement européen est l'organe d'expression démocratique et de contrôle politique de l'Union européenne. Il participe également au processus législatif de l'Union. Depuis juin 1979, ses membres sont élus au suffrage universel direct tous les cinq ans. Le Parlement européen exerce conjointement avec le Conseil de l'Union une fonction législative à travers trois procédures qui s'ajoutent à la simple consultation : la procédure de coopération, la procédure d'avis conforme et la procédure de codécision. Le Parlement partage également avec le Conseil le pouvoir budgétaire : il adopte en cela le budget de l'Union. Il a également la possibilité de le rejeter, ce qui s'est déjà produit à plusieurs reprises. Dans ce cas, toute la procédure budgétaire est à recommencer. Préparé par la Commission, le budget fait la navette entre le Conseil et le Parlement.

Toujours en tant qu'organe de contrôle démocratique de l'Union, le Parlement européen dispose du pouvoir de renverser la Commission en adoptant une motion de censure à la majorité des deux tiers. Il contrôle par ailleurs la bonne marche des politiques communautaires en se fondant notamment sur les rapports de la Cour des comptes. Il contrôle également la gestion quotidienne des politiques communes en posant des questions orales et écrites à la Commission et au Conseil. Enfin, le président en exercice du Conseil européen informe le Parlement des résultats obtenus par cette instance.

3. Une « presque exception » au sein des organisations régionales

Contrairement à l'Union Africaine et à l'Union européenne, les autres organisations régionales ne disposent pas toujours de ce type d'institutions qu'elles jugent peut-être trop audacieuses. C'est le cas de l'Association des Nations d'Asie du Sud-est (ASEAN)[224] qui

---

[224] Lire utilement sur l'ASEAN : Tommy Koh et Benoît Kremer : « *L'ASEAN a-t-elle encore un rôle ?* », Politique étrangère, 1999, vol. 64, n° 1, pp127-132 ;

présente une structure légère qui est une sorte d'atout pour elle. Son fonctionnement se caractérise par une *« grande souplesse »* et l'absence de toute contrainte institutionnelle. Elle dispose d'une structure institutionnelle simple. Certes cette structure institutionnelle qui brille par l'absence d'instances de règlement de différends, constitue aujourd'hui un handicap pour l'ASEAN. On en veut pour preuve les trois principales crises qu'a connues l'ASEAN durant les trente premières années de son existence[225]. Mais elle n'en demeure pas moins une organisation d'intégration ayant une certaine efficacité pour ses Etats membres[226]. Une autre organisation régionale non moins importante ne disposant pas de Parlement est bien l'Organisation des Etats américains (OEA) qui compte une assemblée générale, une réunion de consultation des ministres des Affaires étrangères, un secrétariat général, des conseils spécialisés, le comité juridique interaméricain, la commission interaméricaine des droits de l'homme, des conférences spécialisées et des organismes spécialisés.

L'absence de Parlement au sein des organisations régionales se note aussi au sein des organisations de coopération arabe et islamique. C'est le cas de la plus ancienne d'entre elles, la Ligue arabe[227]. Créée

---

François Godement : *« La paix asiatique est-elle possible sans architecture régionale ? »*, Politique étrangère, 2001, vol. 66, n°1, pp 83-92.

[225] La première crise est survenue en décembre 1978, lorsque le Vietnam a envahi et occupé le Cambodge, la deuxième intervient à la fin de la Guerre Froide, et la troisième avait deux volets : crise monétaire et économique et tensions bilatérales sus-mentionnées. Tommy Koh et Benoît Kremer, *ibidem*, p 128-129.

[226] Pendant que certains parlent d'intégration *« pragmatique »* pour la zone Asie pacifique, d'autres jugent le bilan de l'ASEAN assez modeste et présentent un certain nombre de difficultés auxquelles est confrontée l'organisation. On a des difficultés d'ordre économique. La création d'une zone de libre échange entre pays ayant un niveau de développement très différent est très difficile. Se pose aussi le choix de sa forme institutionnelle qui handicaperait son efficacité. Cf. : Josepha Laroche : *« Politique internationale »*, LGDJ, 1998, p238 et s. et Jean-François Guilhaudis, op. cit. p 262.

[227]Elle est née de l'idée des Britanniques de créer après la Seconde Guerre Mondiale une fédération des Etats arabes dans le but était de gagner la sympathie des pays du même nom. Suite à l'opposition de l'Egypte, nation la plus importante, une réunion se tient à Alexandrie au cours de laquelle est fondée le 22 mars 1945, la Ligue Arabe par sept Etats arabes indépendants à l'époque : Arabie Saoudite, Egypte, Irak, Liban, Syrie, Transjordanie (futur Jordanie) et Yémen. Avec ses 22 membres, elle est aujourd'hui la seule institution représentative de l'ensemble de ce qu'il conviendrait d'appeler la *« Nation arabe »*. Outre les sept Etats fondateurs elle compte dans ses

le 22 mars 1945 à Alexandrie en Egypte, elle compte parmi ses organes, le Conseil de la Ligue Arabe[228], des institutions spécialisées[229], des agences spécialisées autonomes, le secrétariat général, le Conseil de défense (ministres des Affaires étrangères et de la défense) et le Conseil économique (ministres de l'Economie) et les comités permanents spécialisés (économie, culture, politique...)

Nous pouvons donc dire que le Parlement panafricain est non seulement une institution symbolique mais aussi un organe presque exceptionnel au regard de la structure des autres organisations régionales. Il se situe enfin au niveau le plus bas des organes. Il ressemble fort bien à la structure retenue par la Francophonie sous l'appellation d'Assemblée parlementaire de la Francophonie (APF). Créée en 1967, elle est certes le lieu de débats, de propositions et d'échanges d'informations sur tous les sujets d'intérêt commun à ses membres. Elle engage et met en œuvre des actions dans les domaines de la coopération interparlementaire et du développement de la démocratie. Mais l'APF n'est pas le Parlement de la Francophonie. C'est une association française (loi 1901) composée de sections qui réunissent par pays, selon des modalités variables, des parlementaires nationaux motivés par la Francophonie. Elle joue un rôle consultatif auprès de l'Organisation internationale de la Francophonie.

---

rangs : l'Algérie, Barhein, les Comores, Djibouti, les Emirats Arabes Unis, le Koweït, la Libye, le Maroc, la Mauritanie, Oman, la Palestine, le Qatar, la Somalie, le Soudan et la Tunisie.

[228] C'est l'instance suprême. Elle rassemble les représentants des Etats membres. Les décisions ici sont prises à l'unanimité (cas de l'agression contre un Etat membres) et celles-ci obligent tous les Etats membres. Les autres décisions qui sont prises à la majorité n'obligent pas les Etats membres (budget...)

[229] Organisation arabe du travail, Conseil arabe pour l'aviation civile, organisation des pays arabes exportateurs de pétrole...

Encadré 8
Aperçu de la prise de décision au Parlement européen

Le Parlement européen exerce conjointement avec le Conseil une fonction législative, en suivant trois procédures différentes qui s'ajoutent à la simple consultation :

- À travers la procédure dite « *de coopération* », introduite par l'Acte unique européen de 1986, il participe à l'élaboration des directives et des règlements communautaires en se prononçant sur les propositions de la Commission européenne que celle-ci est invitée à modifier pour tenir compte de la position du Parlement.

- Depuis 1986 également, la procédure dite « *d'avis conforme* » soumet à la ratification du Parlement la conclusion d'accords internationaux (négociés par la Commission), ainsi que tout nouvel élargissement de l'Union. Cet avis conforme a été étendu à d'autres domaines importants, y compris la loi électorale uniforme.

- Le traité de Maastricht, signé en 1992, institue la procédure dite « *de codécision* » qui renforce le rôle du Parlement aux côtés du Conseil dans des domaines importants : libre circulation des travailleurs, marché intérieur, éducation, recherche, environnement, réseaux transeuropéens, santé, culture, consommateurs... En application de ce pouvoir, le Parlement européen peut, à la majorité absolue de ses membres, rejeter la position commune arrêtée par le Conseil et mettre fin à la procédure. Une procédure de conciliation est néanmoins prévue par le traité.

> **Encadré 9 : Les objectifs du Parlement panafricain**
>
> (Article 3, protocole au Traité instituant la Communauté économique africaine relatif au Parlement panafricain)
>
> - faciliter la mise en œuvre effective des politiques et objectifs de l'OUA/Communauté et, ultérieurement, de l'Union Africaine
> - promouvoir les principes des droits de l'homme et de la démocratie en Afrique
> - encourager la bonne gouvernance, la transparence et l'obligation de rendre compte dans les Etats membres
> - familiariser les peuples africains aux objectifs et politiques visant à intégrer le continent dans le cadre de la mise en place de l'Union Africaine
> - promouvoir la paix, la sécurité et la stabilité
> - contribuer à un avenir plus prospère pour les peuples africains en favorisant l'autosuffisance collective et le redressement économique
> - faciliter la coopération et le développement en Afrique
> - renforcer la solidarité continentale et créer un sentiment de destin commun parmi les peuples africains
> - faciliter la coopération entre les communautés économiques régionales et leurs forums parlementaires.

Encadré 10 : **Attributions et pouvoirs du Parlement panafricain**

(Article 11)

Le Parlement panafricain est investi de pouvoirs législatifs, tels que définis par la Conférence. Toutefois, au cours du premier mandat de son existence, le Parlement panafricain n'exerce que des pouvoirs consultatifs. A cet égard, il peut :

- examiner, débattre ou exprimer un avis sur toutes questions, de sa propre initiative ou à la demande de la Conférence ou des autres organes de décision, et faire des recommandations qu'il juge nécessaires. Il s'agit, entre autres, de questions relatives au respect des droits de l'homme, à la consolidation des institutions démocratiques et à la culture de la démocratie, ainsi qu'à la promotion de la bonne gouvernance et de l'Etat de droit.

- examiner son budget et celui de la Communauté et faire des recommandations à ce sujet avant leur approbation par la Conférence.

- Œuvrer à l'harmonisation ou à la coordination des lois des Etats membres.

- Faire des recommandations visant à contribuer à la réalisation des objectifs de l'OUA/Communauté et attirer l'attention sur les défis que pose le processus d'intégration en Afrique, et élaborer les stratégies permettant de les relever.

- demander aux fonctionnaires de l'OUA/Communauté d'assister à ses sessions, de présenter des documents ou de lui apporter leurs concours dans l'accomplissement de ses tâches.

- assurer la promotion des programmes et objectifs de l'OUA / Communauté dans les circonscriptions des Etats membres.

- promouvoir la coordination et l'harmonisation des politiques, mesures, programmes et activités des communautés économiques régionales et des forums parlementaires africains.

- adopter son règlement intérieur, élire son président et proposer au Conseil et à la Conférence l'effectif et le profil du personnel d'appui du Parlement panafricain.

- s'acquitter de toutes autres tâches qu'il juge appropriées pour réaliser les objectifs énoncés à l'article 3 du présent Protocole.

Section 2

La Cour de Justice de l'Union Africaine

1. Une idée innovante pour l'Afrique

L'idée d'une Cour de Justice africaine est bien une innovation sur le continent dans la mesure où l'Organisation de l'Unité Africaine n'en disposait pas. Le principe était bien sûr le règlement pacifique des différends par le biais d'une Commission de médiation, de conciliation et d'arbitrage. L'Union Africaine quant à elle s'est alignée derrière la pratique d'autres organisations régionales notamment l'Union européenne qui dispose d'une Cour de Justice des communautés européennes (CJCE), qui est chargée d'assurer le respect du droit européen, l'interprétation et l'application correcte des traités. À cette fin, elle peut constater le manquement d'un État membre à l'une des obligations qui lui incombe en vertu des traités. Elle est chargée par ailleurs du contrôle de la légalité des actes des institutions moyennant le recours en annulation, et peut constater la carence à statuer du Parlement européen, du Conseil ou de la Commission.

Créée par l'Acte constitutif de l'Union Africaine, la Cour de Justice de l'Union Africaine est l'organe juridique principal de l'Union. Le Protocole déterminant son organisation et son fonctionnement a été adopté le 11 juillet 2003 à Maputo. Il entrera en vigueur après la ratification par quinze Etats membres.

La Cour sera composée de onze juges qui seront des ressortissants des Etats parties, mais la Conférence de l'Union peut le cas échéant, réviser ce nombre à la hausse ou à la baisse. Elle a pour ambition de représenter les principales traditions judiciaires des Etats africains comme sa consœur de l'Union européenne, et faire donc de l'Afrique « *une communauté de droit*[230] » comme le Conseil de Paix et de

---

[230] Cette expression a été utilisée pour la Cour de Justice des communautés européennes par l'ancien président de la Commission Européenne, Walter Hallstein.

Sécurité a pour ambition de faire de l'Afrique une « *communauté de sécurité pluraliste* »[231].

La Cour ne pourra comprendre plus d'un juge provenant d'un même Etat partie. Chaque région africaine est représentée par deux juges au moins, mais rien ne nous dit si ces juges seront nommés d'un commun accord par les gouvernements des Etats membres comme c'est le cas au sein de la CJCE. Les juges de la Cour de Justice africaine sont indépendants (article 4). Ils sont élus parmi les personnes jouissant de la plus haute considération morale et qui réunissent les conditions nécessaires requises pour l'exercice des plus hautes fonctions judiciaires, ou qui sont des jurisconsultes possédant une compétence notoire en matière de droit international dans leur pays respectif. Leur mandat est comme celui des juges de la Cour de Justice des communautés européennes, de six ans (article 8). Mais le mandat de cinq juges élus lors de la première élection prendra fin au bout de quatre ans, et les autres juges exerceront leur mandat jusqu'à terme.

2. La saisine et les compétences

La saisine

La saisine de la Cour de Justice africaine est ouverte à quatre types de sujets de droit (article 18). Les premiers sont évidemment les Etats parties au protocole de Maputo. Deuxièmement, la Conférence, le Parlement et les autres organes de l'Union autorisés par la Conférence, ont la capacité juridique de saisir la Cour. Troisièmement, un membre du personnel de la Commission de l'Union, sur recours, dans un litige et dans les limites et conditions définies dans les statuts et règlement intérieur de l'Union peut saisir la Cour. Quatrièmement la saisine de la Cour est réservée aux tierces parties dans les conditions qui seront déterminées par la Conférence et avec le consentement de l'Etat partie concernée.

Il reste à déterminer cependant, les types de recours qui seront portés devant la Cour de Justice africaine. Il existe une palette de recours que l'on peut faire devant ce type d'institutions. La Cour de Justice des communautés européennes reçoit cinq types de recours :

---

[231] Le concept est tiré des travaux de Karl Deutsch dans les relations internationales.

les recours préjudiciels (article 234 CE), les recours en annulation (article 230 CE, ex-article 173), les recours en carence, les recours en manquement, et les recours en responsabilité extracontractuelle.

Le recours *« à titre préjudiciel »* intervient lorsqu'à l'occasion d'un litige, un juge national se trouve confronté à une disposition communautaire. Il peut donc, pour pouvoir rendre son jugement, renvoyer cette question pour interprétation devant la Cour communautaire. Cette procédure est analysée d'une part comme un *« véritable dialogue entre juge national et juge communautaire »*, et de l'autre, comme une garantie de l'unité d'interprétation du droit communautaire[232].

Le recours en annulation s'inspire du recours pour excès de pouvoir existant en droit administratif, notamment français. Dans ce cas, c'est *« la voie par laquelle est demandée au juge l'annulation d'un acte administratif en raison de l'illégalité dont il serait entaché.*[233]*»* Dans l'ordre interne, ce recours n'était à l'origine ouvert qu'à l'encontre des actes unilatéraux, c'est-à-dire des décisions. Il s'est élargi et depuis 1998 en France, le Conseil d'Etat s'est prononcé dans le sens de la recevabilité du recours contre certains contrats, d'un type bien déterminé. Le recours pour excès de pouvoir et donc sa déclinaison, le recours en annulation est un *« procès fait à un acte »*, et si le juge trouve l'acte illégal, il ne fera que l'annuler. L'acte disparaîtra à l'égard de tous et rétroactivement. Il sera donc réputé n'avoir jamais existé. Selon l'expression de René Chapus, dans le cas d'un recours pour excès de pouvoir, le juge *« ...élimine de l'ordonnancement juridique les décisions [...] qui sont entachées d'illégalité*[234] *»*.

Le recours en carence. Il est formulé lorsqu'il est constaté qu'une institution de l'Union européenne s'est abstenue de statuer. La Cour

---

[232] Cette procédure est abondamment utilisée devant la Cour de justice des communautés européennes. De 1952 à 1994, plus de 8600 recours ont été intentés, et parmi ces recours, on recense 2 900 demandes préjudicielles provenant des tribunaux nationaux. Il est également à noter que les renvois préjudiciels sont à l'origine en Europe de nombreux grands arrêts communautaires. Cf. Jean-Claude Zarka, op. cit, p 94-97.

[233] René Chapus : *« Droit administratif général »*, Tome 1, 14ᵉ édition, Paris, Montchrestien, 2000, p 770.

[234] René Chapus, op. cit, p 771.

est ainsi saisie en vue de faire constater cette violation du Traité de la CE (article 232 CE).

Le recours en manquement. Il est prévu aux articles 226 à 228 du traité de la CE. Ce recours permet à la CJCE de déclarer qu'un Etat membre a manqué aux obligations qui lui incombent en vertu du Traité et du droit dérivé.

Les recours en responsabilité extra contractuelle. Selon l'article 235 du Traité de la CE, « La Cour de Justice est compétente pour connaître des litiges relatifs à la réparation des dommages visés à l'article 288 alinéa 2 » Par ailleurs, « En matière de responsabilité non contractuelle, la Communauté doit réparer, conformément aux principes généraux communs aux droits des Etats membres, les dommages causés par ses institutions ou par ses agents dans l'exercice de leurs fonctions. » (article 288, al.2, CE).

Les compétences

D'après l'article 19 du protocole de Maputo, la Cour a compétence sur tous les différends et requêtes qui lui sont soumis conformément à l'Acte et audit protocole. Ces différends et requêtes ont entre autres objets : l'interprétation et l'application de l'Acte ; l'interprétation, l'application ou la validité des traités de l'Union et de tous les instruments juridiques subsidiaires adoptés dans le cadre de l'Union ; toute question relative au droit international ; tous actes, décisions, règlements et directives des organes de l'Union...Et la Conférence de l'Union peut donner à la Cour compétence pour connaître des litiges autres que ceux visés par l'article 19 du protocole. Toutes les autres dispositions sont prévues tout au long du protocole et concernent les sources du droit qu'applique la Cour (article 20); l'introduction des instances (article 21); les mesures conservatoires (article 22); la représentation des parties (article 23); la procédure devant la Cour (article 24); la notification (article 25); la publicité de l'audience (article 26); le procès verbal de l'audience (article 27)...

Notons enfin que lors du sommet de l'Union tenu à Banjul en Gambie du 1er au 2 juillet 2006, la Conférence a pris une décision sur le projet d'instrument unique relatif à la fusion de la Cour africaine des droits de l'homme et des peuples et la Cour de Justice de l'Union Africaine. En clair, la Cour africaine des droits de l'Homme et de peuples et la Cour de Justice africaine ne forment plus qu'une et une seule institution.

Section 3

Les institutions financières africaines

Globalement les institutions financières internationales sont des organes de régulation concertée des échanges financiers et monétaires. Tout en reconnaissant que l'interdépendance est l'objectif et le point de départ de leur création, on estime qu'il est question objectivement soit de négocier et de promouvoir les intérêts extérieurs des Etats membres (cas d'une régulation favorable), soit d'éliminer des régulations aux effets défavorables. Il s'agit donc de régulations ou de dérégulations[235]. Ces régulations ou dérégulations sont soit à caractère universel, soit à caractère régional. Les premières *« tirent leur origine dans les tentatives de construction d'un ordre international institutionnalisé qui ont suivi la Seconde Guerre mondiale et dont l'ONU est le cœur.*[236] *»* Elles ont pour origine les accords de Bretton Woods du 22 juillet 1944. Les secondes ont pour missions d'assurer une intégration et une régulation des économies et des échanges dans une région donnée. Ce sont les zones de libre échange et les unions économiques et douanières. Nous pouvons citer à cet effet le cas de l'Union économique et monétaire de l'Europe (UEM) et ses deux institutions que sont la Banque centrale européenne (BCE), responsable de la stabilité de l'euro, et le Système européen de banques centrales (SEBC), chargé de la définition de la politique monétaire de l'Union européenne. C'est également le cas en Afrique avec la Communauté économique africaine (CEA) créée par le Traité d'Abuja en 1991 avec pour but final la mise sur pied d'une union monétaire et économique africaine.

---

[235] Serge Sur, op. cit. p 382.

[236] Sur, op. cit. p 382.

1. Les erreurs à ne pas commettre

Aujourd'hui qu'aucune disposition ne précise ni l'organisation, ni le fonctionnement des institutions financières africaines prévues par l'Acte constitutif de l'Union, la seule chose que nous pouvons faire est de spéculer sur les ambitions des fondateurs de l'Union. La démarche est d'imaginer la forme d'institutions financières et monétaires la moins mauvaise permettant aux pays africains de mieux réguler de façon concertée leurs échanges monétaires et financiers. Chose difficile. C'est pourquoi il est plus utile de se limiter à soulever les erreurs à ne pas commettre dans la mise en œuvre de ces futures institutions.

Que l'on se situe dans l'optique de la future Banque africaine d'investissement, la future Banque centrale africaine ou du futur Fonds monétaire africain, l'important pour les pays africains est d'éviter déjà les travers qui sont ceux de leurs consœurs déjà existantes. Les institutions financières internationales traversent selon Dominique Plihon une double crise d'efficacité et de légitimité[237]. Crise d'efficacité dans la mesure où elles n'arrivent pas à remplir leurs missions dans les domaines de la stabilité monétaire (FMI), et dans le domaine du soutien au développement et la lutte contre la pauvreté (BIRD). Crise de légitimité aussi parce que ces institutions font preuve d'une incapacité à se remettre en cause face à leurs échecs à représenter l'intérêt général en restant autonomes par rapport aux pays riches qui en sont les principaux contributeurs. Cette double crise entraîne donc la remise en cause de leur mode de fonctionnement, et la critique du caractère dogmatique et « *inadapté* » de leur doctrine économique jugée trop libérale[238]. Ce sont ces deux grands écueils que doivent éviter avant tout autre débat, les personnalités chargées de mettre en œuvre les institutions financières africaines. Il s'agit de garantir un fonctionnement démocratique de ces institutions et

---

[237] Dominique Plihon : « *Pour une réforme radicale des institutions de Bretton Woods* » in ATTAC : « *Inégalités, crises et guerres. Sortir de l'impasse* », Paris, Mille et une nuits, 2003, p35.

[238] Rappelons que les institutions financières de Bretton Woods nées le 22 juillet 1944 des Accords du même nom sont une sorte de compromis anglo-américain favorable aux positions des Etats Unis et donc aux thèses de l'économie de marché. Elles sont caractéristiques du monde capitaliste.

d'adapter leur modèle financier et monétaire aux réalités des économies africaines.

Un fonctionnement démocratique des institutions financières suppose de rester sur le principe classique du vote basé sur l'égalité des Etats membres : un Etat/une voix. Il s'agit d'éviter que le nombre de voix soit proportionnel à la contribution des Etats membres au budget et au capital de ces institutions : un dollar= une voix. C'est le cas par exemple au sein du FMI où les décisions se prennent soit par consensus, soit à l'unanimité. Mais les statuts de l'organisation prévoient aussi des votes à la majorité selon les cas. La pondération des voix est établie en fonction des quotes-parts, c'est-à-dire en proportion de la part de capital qu'a souscrite l'Etat membre. La conséquence est que le pouvoir de décision au sein de ces institutions est du monopole des plus grands contributeurs, les pays riches. Disons le clairement, ce sont les Etats-Unis et plus précisément le département du Trésor qui exerce « *la tutelle* » du FMI et de la Banque mondiale par exemple. Ces institutions deviennent pour ainsi dire des « *chevaux de Troie* » permettant de faire passer au plan multilatérale des décisions qui n'auraient pas pu passer unilatéralement ou bilatéralement[239].

Il est donc question tout en mettant sur pied des mesures rigoureuses obligeant les Etats membres d'honorer leurs cotisations, d'éviter que certains Etats africains au pouvoir économique plus important, puissent, de par l'importance de leurs quotes-parts, confisquer le pouvoir de décision et exercer une sorte d'hégémonie sur les autres Etats.

Le deuxième préalable consiste pour les futures institutions financières africaines à adapter leurs doctrines et stratégies aux normes garantissant les droits de l'homme et le développement durable. Il s'agit comme le souligne Dominique Plihon, de respecter la Déclaration universelle des droits de l'homme ainsi que les traités et

---

[239] Les critiques qui sont adressées à ces institutions ne viennent pas seulement des pays en voie de développement ou de leurs intellectuels. Elles sont aussi l'œuvre de scientifiques occidentaux de renommée internationale. C'est le cas du Prix Nobel d'économie 2001 Joseph Stiglitz, qui accuse ces institutions d'autisme idéologique et politique et parle d'un fanatisme du marché et d'une paranoïa de l'inflation qui caractérise leurs dirigeants. Il dénonce la prétention à l'objectivité des experts de Washington, leurs discours économique arrogant aux bases théoriques invalidées…Cf. Dominique Plihon, op. cit. p 237.

textes internationaux définissant les droits économiques, sociaux et culturels fondamentaux dont le respect a toujours fait défaut dans les grandes institutions financières internationales, tout au moins dans les premières versions de leurs missions[240].

S'agissant justement des droits économiques, sociaux et culturels, il est question plus que jamais de respecter à la lettre certains textes fondamentaux comme le Pacte international relatif aux droits économiques, sociaux et culturels adopté par l'Assemblée générale des Nations Unies le 16 décembre 1966, et entré très tardivement en vigueur le 3 février 1976. Ce texte d'une pertinence et d'une profondeur remarquables, est né entre autres de l'idée que la reconnaissance de la dignité inhérente à tous les membres de la famille humaine et de leurs droits égaux et inaliénables, constitue le fondement de la liberté, de la justice et de la paix dans le monde. Inspiré de la Déclaration universelle des droits de l'homme, il est en plus fondé sur la philosophie selon laquelle l'idéal de l'être humain libre, libéré de la crainte et de la misère, ne peut être réalisé que si des conditions permettant à chacun de jouir de ses droits économiques, sociaux et culturels, aussi bien que de ses droits civils et politiques, sont créées.

Mais il a été démontré que dans le cadre des relations économiques et financières internationales, les principaux organes de régulation concertée ont toujours violé cette philosophie fondamentale qui devrait pourtant guider toute action humaine. Les inégalités n'ont pas pu jusque-là être éradiquées, le développement durable est encore un idéal à atteindre, et l'instabilité des échanges reste à l'ordre du jour. La mondialisation et la finance libérales qui découlent naturellement de l'action des ces institutions financières internationales ont renforcé les inégalités à l'intérieur des pays d'une part, et entre les pays riches et les pays pauvres de l'autre. Les voies les plus autorisées de la science contemporaine attribuent à ces institutions l'origine des graves crises économiques qui ont secoué les pays et les régions ces dernières années. Traitant de la crise asiatique, le prix Nobel d'économie en 2001 pense qu'avec un peu de recul *« les mesures du FMI n'ont pas*

---

[240] Plihon, op. cit, p 236. Pour l'auteur, ces principes qui constituent la base des revendications du mouvement altermondialiste donnent un bon cadre d'analyse pour faire ressortir les insuffisances des institutions financières internationales et pour définir les réformes radicales qui s'imposent.

seulement exacerbé la crise, elles l'ont aussi en partie provoquée : sa cause principale a probablement été la libération trop rapide des marchés financiers[241] ».

Ainsi, tout en reconnaissant la nécessité d'une globalisation mesurée des échanges et du respect par les Etats des règles minimales de gestion publique, les futures institutions financières africaines doivent ainsi respecter au moins les premiers termes de ce Pacte international relatif aux droits économiques, sociaux et culturel. Son article premier dispose :

« 1. Tous les peuples ont le droit de disposer d'eux-mêmes. En vertu de ce droit, ils déterminent librement leur statut politique et assurent librement leur développement économique, social et culturel.

2. Pour atteindre leurs fins, tous les peuples peuvent disposer librement de leurs richesses et de leurs ressources naturelles, sans préjudice des obligations qui découlent de la coopération économique internationale, fondée sur le principe de l'intérêt mutuel, et du droit international. En aucun cas, un peuple ne pourra être privé de ses propres moyens de subsistance.

3. Les Etats parties au présent Pacte, y compris ceux qui ont la responsabilité d'administrer des territoires non autonomes et des territoires sous tutelle, sont tenus de faciliter la réalisation du droit des peuples à disposer d'eux-mêmes, et de respecter ce droit, conformément aux dispositions de la Charte des Nations Unies.»

2. La cohérence avec les autres institutions africaines de régulation des échanges

La future Banque centrale africaine devra s'arrimer aux missions des organismes sous-régionaux dont les plus connus en Afrique sont incontestablement la BEAC pour la sous région Afrique centrale, et la BCEAO pour l'Afrique de l'Ouest. L'une et l'autre ont entre autres pour mission de définir et de conduire la politique monétaire applicable dans les pays qui en sont membres. La BEAC, conformément à l'article 1er de ses statuts, a pour objectif final de garantir la stabilité monétaire. En cela elle apporte son soutien aux

---

[241]Joseph Stiglitz : « *La grande désillusion* », Fayard (2002) cité par Dominique Plihon, op. cit. p 238.

politiques économiques générales élaborées par les Etats membres. Pour cette institution, dont la monnaie est arrimée à l'euro par une parité fixe, l'objectif de stabilité monétaire signifie un taux d'inflation faible et un taux de couverture de la monnaie suffisant (le seuil minimal est de 20 %). Elle évalue alors les risques pesant sur la stabilité monétaire et décide d'une action qui suit étroitement l'évolution des agrégats monétaires. Elle affine son analyse en examinant la dynamique d'une large gamme d'indicateurs économiques et financiers.

Comme sa consœur de l'Afrique centrale, la BCEAO en Afrique de l'Ouest a entre autres pour mission de gérer la politique monétaire des Etats membres de cette union. Cette politique vise deux aspects : ajuster la liquidité globale de l'économie en fonction de l'évolution de la conjoncture économique pour assurer une stabilité des prix, et promouvoir la croissance économique. L'intervention de la Banque repose sur trois principes fondamentaux : la réduction du rôle de la monnaie centrale au profit d'une mobilisation accrue de l'épargne intérieure, la mise en harmonie des règles de gestion monétaire avec l'organisation de l'activité économique et l'environnement international, et enfin la mise en place de mécanismes flexibles de régulation monétaire dans le cadre d'une libéralisation progressive du marché du crédit, associée à un renforcement de l'efficacité de la surveillance bancaire.

Comment seront donc coordonnées l'action de la Banque centrale africaine et les actions des Banques centrales régionales ? Au regard de l'expérience européenne, on peut imaginer que la Banque Centrale Africaine (BCA) aura vocation à mettre en oeuvre la politique monétaire de l'Union Africaine. Elle pourrait être la seule à effectuer l'émission de la monnaie africaine en cas de monnaie unique africaine comme le prévoit le Traité d'Abuja dans sa sixième étape de réalisation. La BCA pourrait également s'occuper du maintien de la stabilité des prix, du soutien des politiques économiques générales en Afrique, de la fixation des taux d'intérêt au plan continental, la mise en oeuvre de la politique de change et sa gestion quotidienne...

3. La question de la convertibilité des monnaies africaines

Une autre inconnue demeure. Qui sera finalement en charge des questions de parité et de convertibilité de certaines monnaies comme le franc CFA qui est intimement lié à la coopération entre l'Afrique francophone et la France ? Pour la BEAC le régime de change des Etats membres de l'Union monétaire d'Afrique centrale repose sur deux principes de base : une parité fixe entre le franc CFA et l'euro, et une convertibilité du franc CFA garantie par la France, assortie d'une liberté des opérations de change entre les Etats appartenant à la zone Franc. Ces deux principes de base ont pour corollaire : une réglementation commune des changes vis-à-vis des pays extérieurs à la zone Franc, la centralisation des réserves de change dans les livres du Trésor français dans un compte dénommé *« Compte d'opérations »*, lequel peut devenir débiteur sans limite fixée a priori et une politique monétaire assujettie à la défense de ces deux principes de base. Comment pourrait-t-on élaborer une politique monétaire commune avec d'autres pays africains qui n'ont pas de relations de ce même type avec la France.

4. Une Banque centrale pour quels instruments de politique monétaire ?

La BEAC utilise des instruments indirects pour ses interventions. Son mode d'action repose sur un contrôle de la liquidité bancaire et s'exerce à travers la politique de refinancement (action sur l'offre de monnaie centrale) et par l'imposition des réserves obligatoires (action sur la demande de monnaie centrale). La politique de refinancement est mise en œuvre sous forme d'avance sur titre et revêt deux formes : une action par les quantités (objectif de refinancement) et une action par les taux d'intérêt.

La politique de réserves obligatoires, complément de la politique monétaire, quant à elle découle de l'article 20 des statuts de la Banque qui prévoient que le Conseil d'administration peut prendre toutes les dispositions pour imposer aux établissements de crédit la constitution de réserves obligatoires. Le recours aux réserves obligatoires vise à *« mettre en banque »* le système bancaire, c'est-à-dire le contraindre au refinancement lorsque les facteurs autonomes de la liquidité bancaire engendrent un excédent de monnaie centrale. Qu'en sera-t-il pour la Banque centrale africaine ?

5. Un Fonds monétaire africain à définir

Comme nous l'avons dit dans le cadre du Parlement panafricain, l'idée d'un fonds monétaire au sein d'une organisation sous-régionale est exceptionnelle. C'est dans le cadre d'organisations universelles de régulation d'échanges monétaires que l'on retrouve cette dynamique. C'est le cas du Fonds monétaire international au sein des institutions de Bretton Woods. Crée en 1945 à Brettons Woods, le FMI avait pour mission de maîtriser les problèmes monétaires pour éviter que se reproduise la conduite des politiques unilatérales hostiles dont on pense qu'elles avaient entraîné non seulement une crise financière et économique internationale, mais aussi la Seconde Guerre mondiale. Constitué à l'image d'une société par actions où chaque Etat dispose d'un droit de vote proportionnel à sa *« quote-part »,* le FMI est le garant d'un code de bonne conduite monétaire international et même plus. C'est une organisation chargée aussi d'aider les Etats membres confrontés à des difficultés, notamment au niveau de leur balance des paiements.

Si le futur Fonds monétaire africain s'inspirera de son aînée, il est donc possible que ses missions tournent au tour du développement des échanges entre les pays africains, l'incitation à la croissance et l'élévation du niveau de revenus, la promotion de la stabilité des échanges et la convertibilité des monnaies africaines, la lutte contre les dépréciations monétaires à des fins de concurrence, ou encore la résolution ordonnée des difficultés de balance des paiements. Ce sont là les principales missions qu'accomplit le FMI dans ses trois activités de « *surveillance* », d' « *assistance* » ou aide financière, et d' « *assistance technique* ».

Si l'intention est de calquer l'action du futur Fonds monétaire africain sur le modèle du FMI, il pourrait exercer, sous réserve de dispositions contraires, au moins, des actions de surveillance et d'assistance technique. Le FMI surveille les économies de ses pays membres par plusieurs moyens : les consultations (art. IV de ses statuts), l'établissement de rapports sur les perspectives économiques mondiales que le Fonds rend public tous les six mois et qui examinent les principaux problèmes qui se posent notamment dans les pays industrialisés (chômage, commerce, change, fiances publiques…) et l'établissement d'un rapport annuel sur l'évolution des marchés des capitaux. L'observation de l'action du Fonds prouve que les objectifs de surveillance n'ont pas changé depuis 1977. Cependant, le cadre dans lequel cette surveillance s'exerce a considérablement évolué afin dit-on, « *de promouvoir les avantages d'une économie mondiale de plus en plus ouverte et de répondre aux défis de la mondialisation, et notamment à l'essor spectaculaire des flux internationaux de capitaux* ».

La surveillance couvre aujourd'hui une vaste gamme de politiques économiques, en accordant à chacune d'elles une importance qui varie selon la situation des pays concernés. Mais le problème est que le FMI exerce aussi une surveillance régionale. Tout en suivant en permanence l'évolution de l'économie mondiale, Il analyse régulièrement l'évolution économique et les politiques conduites dans le cadre d'accords régionaux avec la zone euro ou l'Union économique et monétaire ouest-africaine (UEMOA). La surveillance que le FMI exerce sur ses membres apporte des informations pour le processus de surveillance mondiale et régionale, et vice versa. Il se posera alors un problème de coordination entre l'action du FMI dans les sous régions africaines et les missions du futur Fonds monétaire africain.

L'assistance technique quant à elle au sens du FMI consiste, selon ses statuts, à « mettre en valeur les ressources productives des pays membres en augmentant l'efficacité de leur politique économique et de leur gestion financière ». Dans la pratique, le FMI atteint cet objectif en aidant les pays à renforcer leurs capacités humaines et institutionnelles de formuler et mettre en œuvre des politiques macroéconomiques et structurelles efficaces, et réduire leur vulnérabilité face aux crises. Cette assistance technique s'exerce dans les domaines de compétences du FMI : politique macroéconomique, politique fiscale et administration des recettes, gestion des dépenses, politique monétaire, système de change, viabilité du secteur financier et statistiques macroéconomiques et financières.

S'il est dit que le futur Fonds monétaire africain pourra exercer ces deux missions d'assistance et de surveillance, il n'en demeure pas moins vrai que se posera pour l'Afrique un problème de moyens. Certes les opérations d'assistance technique sont dispensées à titre gratuit, mais n'oublions pas qu'elles le sont par un personnel rémunéré par le FMI lui-même.

Section 4

Le Conseil économique, social et culturel

1. Généralités

Le Conseil économique, social et culturel est un organe consultatif composé de représentants des différentes couches socioprofessionnelles des Etats membres de l'Union. Ses attributions, pouvoirs, sa composition et son organisation sont déterminés par la Conférence. Pour l'instant aucun protocole ne détermine l'organisation, le rôle et le fonctionnement de cet organe, à moins que l'Union Africaine ne compte à la longue, vu le manque de moyens dont elle fait preuve, de la substituer à la Commission économique et sociale de la Communauté économique africaine (CEA) comme le faisait l'Organisation de l'Unité Africaine. La Commission économique et sociale était donc un organe commun à l'OUA et à la CEA comme l'était le Conseil des ministres. Elle réunissait dans le cadre de cette coopération, d'une part, des ministres responsables du développement, de la planification et de l'intégration économique, et de l'autre, les organisations régionales africaines qui avaient le rôle d'observateurs. Il est actuellement question d'associer à ses activités les ONG actives dans les domaines économique et social.

A vrai dire la pratique des conseils économiques et sociaux n'est pas courante. Le plus connu est bien le Conseil économique et social des Nations Unies dont le rôle est assez étendu puisqu'il est l'organe en charge de la coopération économique et sociale. On rencontre également cette forme d'organe dans une moindre mesure dans des organisations internationales comme l'Organisation des Etats d'Amérique centrale qui dispose d'un conseil économique centraméricain. Formé de ministres de l'Economie et des Finances des pays membres, il est chargé de la planification, de la coordination et de la mise en œuvre de l'intégration économique centraméricaine[242].

---

[242] Diez de Valasco Vallejo, op. cit. p 735.

Dans le même ordre d'idées le Marché commun d'Amérique centrale (MCCA) dispose d'un Conseil des ministres d'intégration économique.

2. Un catalyseur d'intégration

Alors qu'il n'est pas encore mis en place par un protocole le régissant, il n'est donc pas futile de s'interroger sur l'utilité de cet organe, et le comparatisme ne suffit toujours pas à comprendre et à expliquer la raison d'être d'un phénomène social ou d'une institution, bien qu'il permette de produire des notions plus fermes et des analyses mieux informées des systèmes et des institutions que nous étudions[243]. Madeleine Grawitz reconnaît au comparatisme le quasi manque de rigueur tant au niveau de la définition que de la méthode[244]. Comme tout phénomène politique, la raison d'être d'une institution peut s'expliquer par deux grandes approches : l'approche fonctionnelle et l'approche des conflits. C'est dire qu'une institution ou un phénomène social peuvent naître des besoins de la société, pendant que d'autres pensent que ces phénomènes trouvent leur source dans les antagonismes sociaux[245].

Pour la première approche qui nous intéresse ici, le phénomène social ou l'institution naît ou alors se créé pour remplir des fonctions sociales qui sont, selon la distinction de R.K. Merton (1910-2003)[246], manifestes ou latentes. Les premières sont celles en vue desquelles l'organe a été créé ; elles sont voulues par les participants du système. Dans ce cas un Conseil économique, social et culturel dans le cadre de l'Union Africaine remplirait un certain nombre de fonctions relatives à la coopération et à l'intégration économique, sociale et culturelle en Afrique. Les secondes- les fonctions latentes- ne sont ni voulues, ni conscientes, ni comprises mais elles existent et elles sont remplies

---

[243] Ibib, p 65.

[244] Grawitz, op.cit. p 421.

[245] Jean-Marie Denquin : « *Introduction à la science politique* », 2ᵉ édition, Paris, Hachette Supérieur, 2001, p 31.

[246] Merton R. K. Social structure and anomie, *American Sociological Review*, III, (1938), pp 672-682 ; Merton R. K. Epilogue : social problems and sociological theory, *in* R. K. Merton, R. Nisbet (éd.), *Contemporary social problems*, New York, Harcourt Brace Jovanovich, (1971), pp 793-845.

inconsciemment par le phénomène social. Dans ce cas, il est difficile de savoir quelle fonction latente remplira le Conseil économique et sociale au sein de l'Union Africaine et parmi les peuples. Mais s'il a pour but de mener une activité intense sur les questions africaines dans les domaines économique, social, culturel, et d'autres domaines connexes en fédérant les efforts d'autres acteurs en dehors des seuls gouvernements des Etats comme c'est le cas de l'ECOSOC au sein de l'ONU, on peut parier qu'il pourra être un catalyseur ou un accélérateur d'intégration incontestable. On sait combien les rôles et les pouvoirs du Conseil économique et social des Nations Unies sont étendus. Il sert entre autres d'instance principale pour l'examen des questions économiques et sociales internationales qui revêtent un caractère mondial ou interdisciplinaire, et pour l'élaboration de recommandations pratiques sur ces questions à l'intention des Etats membres et du système des Nations Unies dans son ensemble.

Loin de se limiter à la coordination des politiques des Etats membres, le Conseil économique et social des Nations Unies a aux termes de la Charte, le droit de consulter les organisations non-gouvernementales qui s'occupent des questions relevant de sa compétence. Plus de 1500 organisations non gouvernementales sont dotées du statut consultatif auprès du Conseil. Mais loin de nous l'idée de dire que l'ECOSOC convie à ses travaux toutes les ONG traitant des questions les plus diverses, surtout celles dont la sensibilité est reconnue au sein des Etats membres. C'est le cas de la question de la défense des droits des homosexuels. En mai 2006, le Comité des ONG a rejeté la candidature d'une association de défense des droits des homosexuels. En sera-t-il de même pour le futur Conseil économique, social et culturel de l'Union Africaine ?

CHAPITRE 11

La commission de l'Union Africaine

PLAN DU CHAPITRE

Section 1
Considérations générales
1. Fondements et composition
2. Les missions de la Commission
3. Les attributions de la Commission

Section 2
Autonomie et dépendance de la Commission de l'Union Africaine
1. Les ressources d'intelligibilité
2. Les ressources d'autonomie
3. De la dépendance vis-à-vis des Etats membres de l'Union Africaine

Section 1

Considérations générales

1. Fondements et composition

Fondements de la Commission de l'Union Africaine

La Commission de l'Union Africaine a été officiellement mise en place le 16 septembre 2003. C'est le secrétariat de l'Union, à l'image de ce qu'était le secrétariat général de l'OUA mais avec une ambition d'autonomie plus importante. Elle s'acquitte du mandat qui lui a été confié en s'appuyant sur quatre documents au moins visant à structurer son programme entre 2004 et 2007 :

- La vision de l'Union et les missions de l'Union Africaine

- Le Cadre stratégique 2004-2007 de la Commission de l'Union Africaine

- Les plans d'action des départements de l'Union Africaine

- Les statuts de la Commission de l'Union Africaine

A travers ces quatre documents, la Commission entend, par la voie de son actuel président Alpha Oumar Konaré, « jouer le rôle attendu d'elle, en faisant la promotion, en son sein, des valeurs d'intégrité, de transparence et de bonne gouvernance, de respect mutuel, de promotion des femmes, ainsi que de solidarité et d'engagement ferme pour la cause de l'unité africaine.[247] »

La composition de la Commission de l'Union Africaine

La Commission est composée d'un président et d'un vice-président[248] et de huit commissaires tous nommés par la Conférence, donc par les chefs d'Etat et de gouvernement ou leurs représentants.

---

[247] Rapport de la Commission de l'Union Africaine op. cit. p 7.

[248] L'actuel président de la Commission est M. Alpha Oumar Konaré (Mali) et le vice-président en est Patrick Mazimhaka (Rwanda).

Le président est le chef exécutif de la Commission, représentant légal de l'Union et ordonnateur de la Commission (article 7, statuts de la Commission).

Le vice-président est responsable devant le président, l'assiste dans l'exercice de ses fonctions, exerce tous les pouvoirs d'attributions que lui délègue le président, et surtout assume la responsabilité de l'administration et des finances de la Commission.

Les commissaires quant à eux, élus par le Conseil exécutif sur proposition de deux candidats par région, dont une femme pour chaque portefeuille, sont chargés de la mise en oeuvre de tous les programmes, politiques et décisions concernant leur portefeuille respectif. Ils sont responsables devant le président et ont à leur charge huit portefeuilles : paix et sécurité ; affaires politiques ; infrastructures et énergie ; affaires sociales ; ressources humaines, sciences et technologie ; commerce et industrie ; économie rurale et agriculture ; affaires économiques.

Les membres de la Commission sont enfin assistés dans l'exercice de leurs fonctions par un personnel composé d'un corps de cadres administratifs, professionnels et techniques et par un personnel de services généraux d'appui. Ici est également prévu le principe de la représentation géographique équitable et de l'égalité hommes/femmes. Par ailleurs la Commission applique pour ce qui est du recrutement de ce personnel, le système des quotas recommandé par le Conseil exécutif et approuvé par la Conférence sur la base d'un nombre minimum de postes alloués à chaque Etat membre, et de postes supplémentaires alloués sur la base des critères convenus, dont le barème des contributions. Seule restriction : les ressortissants des Etats membres soumis aux sanctions pour défaut de paiement de leurs contributions au budget ordinaire pour deux exercices ou plus, ou pour non application des décisions et politiques de l'Union ne peuvent être recrutés au sein de la Commission.

2. Les missions de la Commission

Sept missions ont été définies pour la Commission de l'Union Africaine :

- renforcer les capacités des acteurs de l'intégration

- assurer une cohérence d'ensemble des programmes visant à accélérer les processus d'intégration

- animer une réflexion et une veille stratégique sur les questions clés pour l'avenir du continent

- assumer un rôle dynamique d'information et de plaidoyer pour l'Afrique

- jouer un rôle de leadership pour la promotion de la paix, de la sécurité humaine et de la bonne gouvernance sur le continent

- impulser le développement économique, social et culturel du continent

- mettre en place un mécanisme permanent de suivi/évaluation.

Notons au moins que, la première mission sur le renforcement des capacités des acteurs de l'intégration prévoit que la Commission devra dégager les voies et moyens d'une coopération interrégionale permettant les échanges d'expériences et l'harmonisation des politiques et programmes d'intégration au niveau de chacune des communautés économiques régionales (CER) et au niveau continental. La Commission entend renforcer les capacités des CER dans le cadre d'une nouvelle logique d'intégration qui aura des points d'encrage opérationnels à différents niveaux. Dans le même ordre d'idées, la Commission veillera à partager avec ces CER sa vision et ses valeurs tout en s'assurant que leurs compétences distinctives s'exprimeront *« convenablement et de manière visible »*. Un travail de rationalisation de ces institutions spécialisées et de ces bureaux techniques sera également conduit pour les adapter aux nouvelles missions de la Commission. Dans le même ordre d'idées un renforcement des liens avec les organisations intergouvernementales et la société civile en général est prévu.

3. Les attributions de la Commission

La Commission de l'Union Africaine remplit en général à la fois des fonctions d'administration quotidienne, comme c'était le cas du secrétariat de l'OUA, et des fonctions qu'on pourrait qualifier de politico diplomatiques.

Les fonctions administratives

Au plan administratif la Commission met en oeuvre les décisions prises par les autres organes ; organise et gère les réunions de l'Union ; coordonne et contrôle la mise en oeuvre des décisions des autres organes de l'Union ; gère les ressources budgétaires et financières, perçoit les recettes approuvées de différentes sources...Afin d'assurer la bonne marche des activités de l'Union, la Commission gère l'actif et le passif de l'Union ; apporte un appui opérationnel au Conseil de Paix et de Sécurité ; prépare et présente un rapport annuel sur les activités de l'Union à la Conférence, au Conseil exécutif et au Parlement. Dans le même ordre d'idées la Commission applique les décisions de la Conférence relatives à l'ouverture et à la fermeture de sections et des bureaux administratifs ou techniques ; suit et veille à l'application des règlements intérieurs et des statuts des organes de l'Union Africaine. Les attributions administratives de la Commission portent également sur la collecte et la diffusion des informations sur l'Union avec la gestion d'une base de données qui se veut fiable. Enfin la Commission prépare et soumet au Conseil exécutif pour approbation, les règlements administratifs, les règlements intérieurs et les règles de gestion des biens de l'Union, et tient les livres et documents comptables appropriés.

Les fonctions politico- diplomatiques

Au plan politique et diplomatique, la Commission remplit plusieurs fonctions. Elle représente l'Union et défend ses intérêts ; élabore les propositions à soumettre à l'examen des autres organes ; agit comme le dépositaire de l'Acte constitutif, de ses protocoles, des traités, des autres instruments juridiques et décisions adoptées par l'Union, et ceux hérités de l'OUA. Auprès des Etats membres, la Commission aide à la mise en œuvre des programmes et politiques de l'Union y compris ceux de la CSSDCA et du NEPAD. D'autres attributions politiques portent sur l'élaboration des projets de propositions communes de l'Union et la coordination des positions des Etats membres dans les négociations internationales ; la création de fonds d'affectation spéciale, de fonds de réserve et de fonds spéciaux...La Commission élabore des plans stratégiques et des études ; prend certaines mesures dans certains domaines de responsabilité comme la lutte contre les pandémies, la gestion des catastrophes, la lutte contre la criminalité internationale ou encore l'intégration économique...D'autres fonctions politiques diplomatiques de la Commission portent sur la promotion de l'intégration et le développement socio-économique ou encore le renforcement de la coopération entre les Etats membres et la coordination de leurs activités dans les domaines d'intérêt commun...En bref la Commission oeuvre à la promotion et à la vulgarisation des objectifs de l'Union et toutes ses attributions sont prévues par l'article 3 de ses statuts.

Tout comme la Commission dans son ensemble, le président de la Commission détient à la fois des attributions administratives et des attributions politico diplomatiques Les principales fonctions administratives du président porte sur le fait qu'il préside toutes les réunions et dirige tous les travaux de la Commission ; prépare en collaboration avec le COREP, et transmet aux Etats membres, le budget, les comptes vérifiés et le programme de travail avant l'ouverture des sessions de la Conférence et du Conseil exécutif. Comme tout secrétaire général d'une organisation internationale, et à l'instar du secrétaire général de l'OUA, le président de la Commission remplit également des fonctions politico diplomatiques Les textes prévoient en cela qu'il participe aux délibérations de la Conférence, du Conseil exécutif, du COREP, des Comités et de tout autre organe de l'Union ; effectue les démarches diplomatiques de l'Union et surtout assure la liaison avec les organes de l'Union pour orienter, soutenir et suivre de près la performance de l'Union dans les différents domaines, afin d'assurer la conformité et l'harmonie avec les politiques, stratégies, programmes et projets convenus.

Section 2

Autonomie et dépendance de la Commission de l'Union Africaine

La Commission jouit-elle d'une autonomie qui l'affranchie de la tutelle des Etats membres de l'Union Africaine ? Le moins qu'on puisse dire c'est qu'elle est dans une situation intermédiaire et se trouve donc à mi-chemin entre l'absence totale de pouvoir de décision, et une réelle autonomie vis-à-vis des Etats membres de l'Union. Beaucoup d'organes administratifs des organisations internationales, appelés généralement secrétariats généraux, sont souvent dépourvues de tout pouvoir décisionnel. C'est le cas classique du secrétariat général des Nations Unies dont les fonctions se limitent à des tâches administratives et techniques d'une part, et à des missions d'ordre politiques et diplomatiques de l'autre. De par sa fonction politico- diplomatique, le Secrétaire général peut faire œuvre de médiateur, assurer les bons offices ou des négociations entres les membres de l'ONU sans réel pouvoir d'imposer des sanctions à un Etat ou à un groupe d'Etats qui contrevient aux principes et règles des Nations Unies. Il n'a donc pas un pouvoir lui permettant de prendre des décisions ayant force obligatoire vis-à-vis des membres de l'Organisation.

L'importance de la prise de position dépend le plus souvent de l'influence même de la personne qui assure les fonctions de Secrétaire général. Si monsieur Koffi Annan disposait d'un pouvoir décisionnel contraignant il aurait sans doute intimé l'ordre aux Etats- Unis de passer une deuxième fois devant le Conseil de Sécurité avant une occupation de l'Irak en 2004. En revanche, nous pouvons signaler l'influence que d'autres Secrétaires généraux ont exercée dans certains conflits contemporains. Boutros Boutros Ghali avait attiré l'attention du Conseil de Sécurité sur la situation au Burundi au printemps 1996. Javier Perez de Cuellar a joué un rôle déterminant dans le conflit qui opposa la Nouvelle Zélande à la France après le sabotage par les services secrets français, du navire Raimbow Warrior dans le port d'Auckland en Nouvelle Zélande.

Côté européen, nombre d'analystes ont démontré que la Commission européenne bénéficie plutôt d'une certaine autonomie qui lui donne un rôle politique majeur. Christian Lequesne parle « *d'une institution indépendante des Etats qui encourage la convergence des élites nationales en favorisant la visibilité de leurs intérêts communs.*[249] » Globalement, la Commission européenne jouit d'une large indépendance dans l'exercice de ses attributions. Elle incarne l'intérêt communautaire et ne doit se soumettre à aucune injonction de l'un ou l'autre État membre. Gardienne des traités, elle veille à la mise en œuvre des règlements et des directives adoptés par le Conseil et peut recourir à la voie contentieuse devant la Cour de justice pour faire appliquer le droit communautaire.

À la différence des secrétariats des organisations internationales classiques, la Commission européenne dispose de l'autonomie financière et peut exercer ses prérogatives en toute indépendance. De là découle les traits de son pouvoir décisionnel. Elle dispose du monopole de l'initiative législative et peut intervenir à tout moment pour faciliter un accord au sein du Conseil et entre celui-ci et le Parlement. Par ailleurs, la Commission dispose d'un large pouvoir dans la conduite des politiques communes dont le budget lui est confié : recherche et technologie, aide au développement, cohésion régionale, etc. Qu'en est-il de la Commission de l'Union Africaine ?

1. Les ressources d'intelligibilité

Une chose est sûre, les Chefs d'Etat et de gouvernement africains ont décidé de conférer à la Commission de l'Union un leadership sur toutes les questions politiques, économiques, sociales et culturelles qui se posent à l'Afrique dans son ensemble. Il est prévu que soit mis sur pied un compromis avec les Etats membres et tous les partenaires du développement pour que les réunions ministérielles et d'experts des pays africains se tiennent sous le leadership politique de la Commission. De l'avis de la Commission elle-même, cela permettra d'éviter « *...les doubles emplois et les chevauchements sources de gaspillage* » et de « *créer plus d'harmonie dans les programmes et, enfin de renforcer les capacités de l'Union Africaine*[250]». Si cela se

---

[249]Lequesne, op. cit. p 392.

[250]Rapport de la Commission, op.cit. p 30.

fait, il sera possible d'en savoir un peu plus sur l'intégration politique de l'Afrique sous un aspect néo-fonctionnaliste.

Le néo-fonctionnalisme peut nous permettre d'observer les interactions entre la Commission, les gouvernements, les élites et ce qu'il est convenu d'appeler les acteurs du développement. C'est une approche qui aura permise, selon Lequesne, de mieux analyser l'intégration politique européenne dans la mesure où elle « *contraste avec l'impératif de parcimonie que s'imposent les théoriciens néo-réalistes dans la sélection de leurs variables explicatives*[251] ». D'autres approches peuvent permettre également de déconstruire empiriquement la Commission de l'Union Africaine à partir des travaux réalisés sur la Commission de l'Union européenne ; ceci nous permettant d'en savoir plus sur sa capacité d'être un moteur de l'intégration africaine. C'est le cas de l'anthropologie.

Lequesne relève les résultats intéressants que les observations de terrain des cabinets et des directions générales de la Commission européenne ont pu apporter dans la compréhension de l'institution phare de l'Union, permettant ainsi d'en savoir plus sur la question de l'intégration politique au sein de l'Union. Il en ressort ainsi qu'il existe chez les agents de la Commission une tension sur une double appartenance. D'une part, ils s'identifient à cet organe supranational mais encore en construction qu'est la Commission, et de l'autre ils n'arrivent pas à s'affranchir de leur socialisation nationale dans laquelle ils ne se reconnaissent pas totalement non plus. C'est là une voie qui permet d'aller au-delà des rivalités bureaucratiques et des enjeux de pouvoir. La Commission serait donc caractérisée par une dualité projet autonome/dépendance du national.

Au sein de la Commission de l'Union Africaine, il est possible de prévoir cet état d'esprit, cette dualité projet autonome/dépendance nationale ou dépendance régionale, dans la mesure où la présélection des commissaires se fait au niveau régional. Chaque région propose deux candidats dont une femme pour chaque portefeuille sur la base des modalités prévues par la région (article 13 des statuts de la Commission). En plus de cela, les candidatures aux postes de commissaire sont communiquées aux Etats membres avant l'élection, pour avis sans doute. Même s'il n'existe pas de disposition claire- un Etat/ un commissaire- comme c'est le cas au sein de la Commission

---

[251] Lequesne, op. cit, p 393.

européenne, il est à redouter qu'il puisse exister avec le temps, au sein de la Commission de l'Union Africaine, une dualité projet autonome/dépendance régionale et même nationale dans la mesure où les Etats sont informés sur la présélection des candidats et peuvent donc donner, en cas de désapprobation, des avis contraires, ou mettre sur pied un lobbying pour ou contre un candidat qui n'est pas susceptible de représenter au mieux leurs intérêts. Même le corps des cadres administratifs, professionnels et techniques est recruté sur le principe de la représentation géographique équitable. On comprend simplement que l'Union Africaine a pu éviter cette dualité projet autonomie/dépendance nationale de justesse dans la mesure où il n'existe pas de principe un Etat/un commissaire ; le nombre de commissaires aurait été trop nombreux- 53- et engloutirait la Commission dans un florilège de portefeuilles redondants et difficilement gérables.

2. Les ressources d'autonomie

En analysant le fonctionnement de la Commission européenne, Lequesne est arrivé à déceler quatre types de ressources permettant à cet organe de participer à la fabrication des politiques publiques communautaires en disposant d'une autonomie par rapport aux Etats membres. Ceci lui permet alors d'affirmer sa supranationalité, son rôle d'institution d'intégration, car représentant les intérêts communautaires. Il s'agit du pouvoir *« constitutionnel »* d'initier l'action publique, l'évocation de l'intérêt communautaire, l'aptitude à mobiliser des idées, et enfin le recours à la régulation comme mode d'action publique[252]. Ce dernier point ne sera pas développé dans la mesure où la Commission de l'Union Africaine n'est pas comme la Commission Européenne, un organe d'impulsion du droit communautaire sous ses différentes formes : règlements, directives, décisions, recommandations et avis.

En se basant sur cette analyse consacrée à l'Union européenne, on peut savoir ce dont dispose les textes et qui font que la Commission de l'Union Africaine puisse s'affirmer comme moteur d'intégration africaine et comme organe supranational de l'Union.

---

[252] Lequesne, op.cit. p 397.

Le pouvoir constitutionnel d'initier l'action publique

En l'absence de la moindre disposition en la matière prévue par l'Acte constitutif de l'Union Africaine, la seule source dite constitutionnelle ici est bien le protocole de juillet 2002 relatif aux statuts de la Commission de l'Union Africaine. L'article 3 relatif aux attributions ne mentionne guère de façon explicite l'existence au bénéfice de la Commission d'un pouvoir d'initier de façon autonome l'action publique. Il est prévu entre autres que la Commission *« élabore les propositions à soumettre à l'examen des autres organes »*. Elle *« coordonne et contrôle la mise en œuvre des décisions des autres organes de l'Union, en étroite collaboration avec le Comité des représentants permanents et fait régulièrement rapport au Conseil exécutif »*. En matière budgétaire, il revient à la Commission le rôle de préparation, tout comme elle prépare aussi le programme de l'Union pour approbation par les organes délibérants. Elle prend des mesures dans certains domaines de responsabilité sur *« délégation de pouvoir par la Conférence et le Conseil exécutif »* sur des questions qui ne relèvent évidemment pas de la souveraineté des Etats. Il s'agit des domaines du *welfare* et non ceux de la *hight politics* : lutte contre les pandémies, gestion des catastrophes, gestion de l'environnement, sécurité alimentaire, négociation relative à la dette extérieure ou encore lutte contre la criminalité internationale et le terrorisme…

Les statuts de la Commission prévoient tout de même qu'elle assure l'élaboration, la promotion, la coordination et l'harmonisation des programmes et politiques de l'Union avec ceux des CER. Elle entreprend par ailleurs des activités de recherche sur la construction de l'Union et sur le processus d'intégration… C'est dire comme nous l'avons analysé plus haut, que, la Commission a des attributions politiques qui lui confèrent un certain pouvoir d'initier l'action publique communautaire. Elle élabore par exemple les propositions à soumettre à l'examen des autres organes ; élabore les projets de positions communes de l'Union…La Commission élabore par ailleurs les plans stratégiques et les études pour examen par le Conseil exécutif.

Mais sommes-nous pour autant face à une Commission détenant le pouvoir constitutionnel d'initier l'action publique ? La situation au sein de l'Union européenne est moins difficile à cerner dans la mesure où les différents traités constitutifs de l'Union ont défini la capacité qu'ont les acteurs à agir. Ces traités attribuent à la Commission le monopole de l'initiative de la majeure partie de l'action publique. Ils lui donnent ainsi selon les termes de Lequesne, une « *influence sur la posture qu'adoptent ses agents dans le système européen*[253] ». Les traités donnent en cela la possibilité aux agents de la Commission d'aller au-delà de leur rôle original qui est celui de gérer. Ils leur donnent la capacité de proposer des politiques publiques communautaires. Bien plus, en cas de silence des traités vis-à-vis d'une question ou d'une politique, la Commission peut faire des propositions. On a coutume de citer le cas des politiques de l'environnement avant l'entrée en vigueur, en 1987, de l'Acte unique européen. Par ses attributions politiques qui sont par ailleurs statutaires, il est possible d'affirmer que théoriquement, la Commission de l'Union Africaine dispose d'attributions statutaires et non d'un pouvoir constitutionnel d'initier l'action publique communautaire.

Bien plus, une observation empirique ou une interprétation large des textes peut nous permettre d'approfondir l'idée d'un pouvoir d'initier l'action publique par la Commission de l'Union Africaine. Si les dispositions des protocoles ne suffisent pas à l'affirmer ou si elles ne sont pas assez claires, nous pouvons observer l'action de la Commission de l'Union Africaine depuis son installation officielle en 2002. Mais malheureusement vu les obstacles que rencontre le président Alpha Oumar Konaré dans l'exercice quotidienne de ses fonctions et qui proviennent notamment du COREP, du Conseil ou de la Conférence, il est possible de tempérer l'idée de l'existence d'un pouvoir d'initier l'action publique communautaire, tout en retenant que la Commission détient des attributions statutaires et donc théoriques d'initier cette action publique communautaire.

L'évocation de l'intérêt communautaire

C'est la deuxième source retenue par Lequesne et qui permet à la Commission européenne de s'affirmer comme une institution autonome par rapport aux Etats membres ; cela permettant à ses agents d'être des acteurs d'intégration et non des agents de la coopération interétatique. Il existe donc au sein de la Commission

---

[253] Lequesne, op.cit. p 398.

européenne une sorte d'« *idéologie communautaire* » qui se traduit par « *l'invocation défense* » d'un intérêt communautaire ou d'un « *intérêt européen* ». Cette idéologie constitue donc une « *source stratégique* » qui selon Lequesne, rend assez difficilement contestable par les autres acteurs du système européen, la définition que les agents donnent de l'intérêt communautaire[254].

Nous savons dans cet ordre d'idées que la Commission de l'Union Africaine a entre autres pour mission d'assurer le plaidoyer pour l'Afrique ; ce qui ressemble dans une certaine mesure à l'invocation de l'intérêt communautaire. On sait par ailleurs que la Commission a pour attribution de représenter l'Union et de défendre ses intérêts. En élaborant les projets de positions communes de l'Union et en coordonnant les positions des Etats membres dans les négociations internationales, la Commission est bien dans une logique de défense d'intérêt continental comme la Commission européenne le fait, et qui permet à ses agents d'être autre chose que de simples agents de coopération interétatique. Même en assurant l'harmonisation des programmes et politiques de l'Union avec ceux des CER, on reste bien dans la même logique.

Une aptitude à mobiliser les idées

Deux explications majeures ont permis de démontrer dans le cadre de l'Union européenne pourquoi les agents de la Commission ont cette aptitude à mobiliser les idées. Lequesne parle « *d'inventivité* » ou « *d'invention* » qui contribuent à forger le « *policy entrepreneurship* » de la Commission. Il s'agit d'une part du facteur temps et de l'autre de la diversité des origines nationales et professionnelles des agents ainsi que leur relative facilité à s'entourer de sources extérieures d'expertise.

Lequesne démontre que le facteur temps joue en faveur des commissaires européens dans la mesure où ils ne sont pas soumis à la

---

[254] Lequesne, op. cit. p 399. L'auteur souligne cependant que l'espace d'autonomie que confère aux agents de la Commission l'invocation de l'intérêt communautaire dans la promotion des politiques publiques ne doit pas être surestimé. Les commissaires et les fonctionnaires de la Commission resteraient toujours tributaires des rapports de force qui s'établissent dans les négociations inter institutionnelles avec les gouvernements nationaux, les groupes d'intérêt ou encore les parlements et les juges européens.

même instabilité que les membres d'un gouvernement national. C'est le cas pour les commissaires de l'Union Africaine qui sont élus pour un mandat de quatre ans renouvelable une seule fois. Une durée d'exercice qui est bien plus longue que celle des membres de gouvernements de nombre d'Etats africains. Certes la Conférence peut mettre fin au mandat des membres de la Commission pour garantir le bon fonctionnement de l'Union. Mais cela ne s'est pas produit depuis la mise sur pied officielle de la première Commission de l'Union.

Par ailleurs, l'exercice du mandat des commissaires européens n'est pas subordonné à la confiance du président, ce qui est malheureusement le cas au sein de l'Union Africaine. Toujours dans ce rapport temps/imagination, il est aussi à noter que bien que prévue théoriquement, la censure du Parlement européen peut difficilement conduire à une démission collective de la Commission. Peut aussi être pris en compte, le fait que les portefeuilles demeurent toujours entre les mains des mêmes titulaires pendant toute la durée du mandat[255]. Cet argument rejoint celui d'Andy Smith cité par Lequesne selon lequel, la faible mobilité entre les services qui caractérise les directions générales de la Commission « *...permet aux fonctionnaires de devenir des spécialistes de leurs dossiers et d'inventer les formes d'intervention qui privilégient la place de la Commission*[256] ».

3. De la dépendance vis-à-vis des Etats membres de l'Union Africaine

Partant des travaux de théoriciens néo-réalistes des relations internationales, Lequesne a démontré que la Commission européenne est soumise à des formes diverses de dépendance vis-à-vis des Etats membres de l'Union. Ces dépendances portent notamment sur la nomination des membres de la Commission, l'attribution des portefeuilles, la conduite de l'action publique...Bref comme le

---

[255] Lequesne souligne tout de même que le rapport entre la stabilité et l'inventivité de la Commission est à relativiser. Cette inventivité selon lui dépend aussi de la position hiérarchique qu'occupe la politique dont le commissaire a la charge dans l'agenda politique européen. Elle est liée en outre à l'efficacité du cabinet qui l'entoure et aux relations de coopération qu'il a su établir avec les directeurs généraux et les directeurs des services placés sous sa responsabilité. Cf. Lequesne, *ibidem,* p 400.

[256] Lequesne, *ibidem,* p 400.

souligne l'auteur « *...on ne saurait affirmer que les politiques préparés par les commissaires et les fonctionnaires de la Commission échappent à toute forme de contrôle politique*[257] ». Par le biais d'une série de mécanismes de surveillance complémentaires, les commissaires et les fonctionnaires de l'institution voient leurs actions soumises à la vigilance des Etats. Lequesne cite en cela « *la soumission des propositions à l'examen des ministres et des fonctionnaires nationaux, les avis et les amendements des parlementaires européens, les rapports de la Cour des comptes européenne, les pressions « lobbyistes » des groupes d'intérêt constituent autant de modes conjugués de contrôle des actions de la Commission européenne.*[258] »

Au sein de l'Union Africaine, il est facile de déceler l'existence du contrôle et de la vigilance des Etats dans l'action de la Commission ; une action presque co-dirigée et soumise au bon vouloir de la Conférence, du Conseil et du COREP. Au niveau de ses attributions nous savons que la Commission représente l'Union et défend ses intérêts « *sous l'autorité et le mandat de la Conférence et du Conseil exécutif* ». Elle coordonne et contrôle la mise en oeuvre des décisions des autres organes de l'Union « *en étroite collaboration avec le COREP et fait régulièrement rapport au Conseil* ». Les mesures que prend la Commission dans certains domaines de responsabilité le sont sur « *délégation de pouvoirs de la Conférence* ». S'il lui arrive d'élaborer les statuts et le règlement de son personnel, la Conférence doit les approuver. Par ailleurs en cas de négociation d'accords de siège ainsi que des bureaux administratifs et techniques avec les pays hôtes, les actions sont menées en consultation avec le COREP[259].

L'action de la Commission serait par ailleurs empiétée par le COREP qui voudrait empêcher selon les termes d'Albert Bourgi, « *tout débordement supranational de la Commission*[260] ». Une autre entrave à son fonctionnement porte sur les querelles avec la

---

[257] Lequesne, *ibidem*, p 407.

[258] Lequesne, *ibidem*, p 407.

[259] Chaque organisation internationale conclut un ou plusieurs accords de siège destinés à définir son statut dans le pays concerné. C'est le cas de l'ONU en avril 1956 avec la Suisse ou en juin 1947 avec les Etats-Unis. Pierre-Marie Dupuy, « *Droit international public* », 5ᵉ édition, Dalloz, 2000, p 186.

[260] Albert Bourgi, op. cit, p339.

Conférence de l'Union. Ce fut le cas en juin 2005 quand le président en exercice de l'Union Africaine, M.Olusegun Obasanjo, a désavoué publiquement le président de la Commission, Alpha Oumar Konaré, suite à la nomination de l'ancien président zambien Kenneth Kaunda comme envoyé spécial de l'Union Africaine au Togo. Ce désaveu était surprenant dans la mesure où les prérogatives de la Commission prévoient bien qu'elle peut prendre des décisions dans ce sens. Cette situation d'équilibre entre les organes d'une même organisation n'est pas nouvelle. On a même souvent parlé de compétition entre l'Assemblée générale de l'ONU et le Conseil de Sécurité en matière de maintien de la paix et de la sécurité internationale[261].

---

[261] Sur, op. cit, p332.

Encadré 11
Rôle de la Commission européenne
Dans le processus législatif européen

(Eléments de comparaison)

La Commission européenne a été créée pour représenter l'intérêt européen commun à tous les États membres de l'Union. Afin qu'elle puisse jouer son rôle de gardienne des traités et de défenseur de l'intérêt général, la Commission s'est vue accorder un droit d'initiative dans le processus législatif qui consiste à proposer des actes législatifs qui sont soumis au Parlement européen et au Conseil pour adoption.

La Commission est également chargée de la mise en œuvre des politiques communes (telles que la politique agricole commune) et de la gestion du budget et des programmes de l'Union. Bien que la Commission soit habilitée à prendre toute initiative qu'elle estime utile pour atteindre les objectifs des traités, la plupart de ses propositions répondent à des obligations légales, à des exigences techniques ou à une demande d'intervention émanant d'une autre institution, d'un État membre ou des parties concernées.

Une proposition de la Commission doit être centrée sur l'intérêt européen et respecter les principes de subsidiarité (chaque fois qu'il n'existe pas de compétence communautaire exclusive) et de proportionnalité. Qu'est-ce que cela veut dire concrètement ? Cela signifie que la Commission travaille pour le bien de l'UE dans son ensemble et non au bénéfice d'un État membre ou d'un groupe d'intérêt en particulier. Elle procède à de larges consultations afin que les parties concernées par un acte législatif donné aient leur mot à dire dans sa préparation. Une évaluation de l'impact économique, environnemental et social de l'initiative législative envisagée est généralement élaborée et rendue publique en même temps que la proposition.

Enfin, les principes de subsidiarité et de proportionnalité doivent être respectés, ce qui signifie que la Commission ne doit proposer de légiférer que s'il est plus efficace de le faire au niveau communautaire et uniquement dans la mesure nécessaire pour atteindre les objectifs visés. S'il est plus efficace de le faire au niveau national, régional ou local, la Commission doit s'abstenir de légiférer.

CHAPITRE 12

Le conseil de paix et de sécurité

PLAN DU CHAPITRE

Section 1
Le CPS et l'évolution de la défense commune en Afrique
1. L'Afrique : un continent sans pacte de défense et de sécurité collectives
2. L'espoir des organisations sous-régionales

Section 2
Le CPS : une innovation dans la construction de la paix en Afrique ?
1. Au-delà de l'angélisme de l'OUA
2. Une vision réaliste des relations internationales africaines
3. Pour une approche appropriation/multilatéralisation de défense et de sécurité collectives en Afrique

Section 3
Galop d'essai dans le conflit du Darfour
1. Rappel des faits
2. Un problème de moyens et de volonté politique

Section 1

Le CPS et l'évolution de la défense commune en Afrique

1. L'Afrique : un continent sans pacte de défense et de sécurité collectives

Vu les missions qui sont assignées au CPS, revient alors en surface l'éternel problème d'une sécurité commune en Afrique, problème qui ne cesse de se poser au sein des organisations régionales, y compris celles les plus avancées comme l'Union européenne. L'essentiel de l'analyse de l'évolution d'une sécurité et d'une défense communes en Afrique se trouve déjà dans une réflexion qu'a faite Charles Zorgbibe dans Géopolitique africaine intitulée : « *De l'OUA à l'Union Africaine ?* ». Pour monsieur Zorgbibe « *les ambitions panafricaines en matière de défense et de sécurité ont toutes tourné court*[262] ». L'Afrique est donc un continent qui n'est couvert par aucun pacte de défense collective, et toutes les initiatives prises dans le cadre de l'OUA se sont presque toutes soldées par des échecs. Celles qui interviennent au cours de sa dernière décennie d'existence n'ont non plus guère brillé. C'est le cas du Mécanisme pour la prévention et le règlement des conflits en Afrique créé au Caire le 30 juin 1993. De cette initiative découlait un organe central, le Bureau de la conférence des Chefs d'Etat, ainsi qu'un organe d'exécution, le secrétariat général, doté d'un fonds spécial. Après quelques interventions notamment au Burundi en octobre 1993, au Cameroun en 1994, au Liberia, au Congo Brazzaville ou en République démocratique du Congo, le constat est que son action s'est limitée à des missions de bons offices et d'observation[263].

Un centre de gestion des conflits, doté d'un bureau d'alerte rapide et d'un centre de suivi des opérations sera ensuite créé et installé au

---

[262] Charles Zorgbibe : « *De l'OUA à l'Union Africaine ?* », Géopolitique Africaine, hiver 2000-2001, pp 91-108.

[263] Zorgbibe Charles, *ibidem,* p 3.

siège de l'Organisation sans pourtant pourvoir venir à bout des différentes menaces de rupture de paix qu'a toujours connu le continent.

2. L'effort des organisations sous-régionales

L'espoir est donc resté du côté des organisations sous-régionales, notamment celles des pays d'Afrique occidentale. Ceux-ci ont mis sur pied deux grandes initiatives pour une paix collective dans la sous-région. En juin 1997, ils créent le premier dispositif de sécurité sous-régionale sur le continent : l'Accord de non-agression et d'assistance en matière de défense (ANAD)[264]. Une fois de plus, malgré la volonté de certains Etats membres de parfaire cet accord et le soutien de la France, le bilan de l'ANAD restera aussi *« modeste »*. Certains pays comme la Mauritanie, le Mali ou l'Algérie sont réticents à l'idée de la création d'une force mise à la disposition de l'Etat agressé. D'autres pays pourtant en pleine crise comme le Togo, le Sénégal, ne jugeront pas nécessaires de faire appel à l'ANAD.

La deuxième initiative née en Afrique de l'ouest est bien celle de la Communauté économique des Etats de l'Afrique de l'Ouest (CEDEAO) créée à Lagos au Nigeria le 28 mai 1975. Regroupant quinze Etats francophones et anglophones avec un ensemble de 215 millions d'habitants, elle avait au départ pour objectifs l'intégration économique, la création d'une union douanière et la mise sur pied d'un marché commun. De cette idée d'une assistance mutuelle naissent des Forces Armées Alliées de la Communauté (FAAC) chargées d'intervenir en cas d'agression extérieure, d'un conflit entre les Etats membres, ou d'un affrontement interne attisé par des puissances extérieures au continent. La CEDEAO a donc mis au point des accords dans les domaines de la sécurité et de la défense : protocole de non-agression en 1978 et protocole d'assistance en matière de défense en 1981. Ce dernier protocole s'applique également aux conflits internes lorsqu'ils sont organisés et soutenus depuis l'extérieur et susceptibles de mettre en péril la paix et la sécurité

---

[264] Dans le cadre de cet Accord, les sept Etats fondateurs se fondent sur trois principes : le non-recours à la force entre les Etats parties au traité, un engagement d'assistance réciproque en cas d'agression et la mise en commun des moyens militaires des alliés.

dans d'autres Etats membres. De ce protocole est né l'ECOMOG. Force militaire non-permanente, elle est composée de soldats des armées nationales et a été engagée dans de nombreux conflits en Afrique de l'Ouest : Sierra Leone en 1997, Guinée Bissau en 1998-1999, Côte d'Ivoire en 2002 ou encore Liberia en 2003.

Mais ce système de défense commune rencontre aussi des difficultés comme c'est le cas au sein des autres regroupements sous-régionaux.

L'Afrique centrale verra la création au sein de la Communauté Economique des Etats de l'Afrique Centrale (CEEAC) des initiatives similaires à celles de l'Afrique de l'ouest et soutenues notamment par l'ONU. Des unités d'interventions sous-régionales ont été créées, des séminaires de formation au maintien de la paix se tiennent par ailleurs. C'est aussi le cas en Afrique de l'est et au sud de l'Afrique. En Afrique orientale, l'Autorité pour le développement (IGAD) propose un règlement pacifique de la guerre civile au Soudan et du conflit Ethiopie-Erythrée. Dans le même ordre d'idées, la Communauté de Développement de l'Afrique Australe (SADC) issue de la Conférence de coordination du développement de l'Afrique constituée en 1980, en réaction à l'Afrique du Sud, a également quant à elle crée un volet relatif à la coopération dans les domaines de la paix et de la sécurité. En 1996 elle a créé un organe chargé de la politique, de la défense et de la sécurité qui comprend un Comité de politique et de diplomatie, et un Comité de défense et de sécurité.

L'idée à la base de toutes ces initiatives régionales est qu'il faut dépasser cette vision, aujourd'hui datée, qui fait de l'Etat, l'expression exclusive de l'unité politique souveraine et le gardien de la sécurité, même si la coordination politique est importante à la réalisation des regroupements à caractère technique (néo-fonctionnalisme). Nous avons pu démontrer que s'il y a démultiplication des centres de violence dans les pays africains, c'est en grande partie parce que les gouvernements des Etats n'ont pas pu, et ne peuvent toujours pas fournir en temps opportun aux individus et groupes organisées, la sécurité et le bien-être pour lequel ceux-ci consentirent à la déposition de leur liberté au profit du Léviathan[265]. Les conflits internes entraînant presque inévitablement l'instabilité à l'échelon sous-

---

[265] Guy Mvelle : « *Les grands Lacs et la diplomatie à voie multiple. Une lente prise en compte* ». Article à paraître.

régional, pour être efficaces, les stratégies d'intervention doivent être coordonnées à l'échelon sous-régional et se fonder sur des principes décidées et acceptées d'un commun accord. Par ailleurs, ces principes doivent consacrer la volonté des Etats membres de respecter les normes existantes telles qu'elles sont définies au plan international[266]. C'est l'objectif du CPS.

Mais comme nous pouvons le constater, malgré la volonté de mettre sur pied des mécanismes régionaux de prévention, de gestion et de règlement des conflits et de crises, les regroupements et les forces régionales africaines souffrent encore d'énormes lacunes. Celles-ci sont constituées d'un déficit capacitaire et d'un manque de dispositif de coordination dont la principale source est la volonté des Etats. Il semble donc admis que ces forces ont encore besoin de temps et de soutien avant de pouvoir mener des opérations autonomes. Mais cette coordination et ce soutien peuvent déjà venir du Conseil de Paix et de Sécurité.

---

[266] OCDE : *« Prévenir les conflits violents : quels moyens d'action ? »*, 2001, p 161.

Section 2

Le CPS : une innovation dans la construction de la paix collective en Afrique ?

1. Au-delà de l'idéalisme et de l'angélisme de l'OUA

Le Conseil de Paix et de Sécurité de par sa philosophie et son approche de la sécurité collective qui reposent sur le recours à la force, est considéré par les analystes comme une innovation dans la construction de la paix et de la sécurité sur le continent. Une approche qui diffère de celle beaucoup plus idéaliste et angélique qu'avait adoptée depuis 1963 l'Organisation de l'Unité africaine qui préconisait, avant la création du Mécanisme de prévention et de gestion des conflits, le règlement des différends par des moyens pacifiques et le principe de non-ingérence dans les affaires internes des Etats. Yves Alexandre Chouala salue en quelque sorte cette institutionnalisation et la légitimation de la force dans la résolution des conflits et l'édification de la paix dans le nouveau contexte de l'Union Africain[267]. Ainsi en instaurant l'intervention et la puissance comme nouvelle approche de la sécurité collective en Afrique, le Conseil de Paix et de Sécurité opèrerait d'une part, un changement profond dans le mode de règlement des crises et des conflits en Afrique, et d'autre part il inaugure selon les termes de Chouala *« une nouvelle dimension du maintien de la paix et de la sécurité régionale qui place l'intervention en son centre*[268]*».*

Tout en étant en parfait accord avec l'actuelle approche africaine de l'intervention et la puissance au plan théorique, M. Chouala préconise une véritable mise en œuvre pratique de cette approche par une vision très militariste du règlement des conflits en Afrique qui repose sur *« une politique de puissance sous sa forme dure ».* Celle-ci pourrait s'exprimer par des frappes militaires, le recours à des

---

[267] Yves Alexandre Chouala, op. cit p 288 et s.

[268] Chouala, *ibidem*, p 291.

sanctions coercitives contre les belligérants récalcitrants. En d'autres termes il s'agit de recourir à chaque fois que cela est nécessaire et presque systématiquement à l'intervention militaire. Celle-ci pourrait dans cette optique se décliner en un certain nombre de mesures qui portent sur la *« partialité positive »*, l'imposition coercitive de la mise en œuvre des accords de paix, la démobilisation et le désarmement par la force et la lutte contre les menaces émergeant dans des régions transfrontalières conflictuelles[269]. Vu sous cet angle, nous ferons face à une Union Africaine qui va recourir presque systématiquement à une sortie simmelienne des conflits[270], celle qui privilégie le règlement des conflits par voie militaire. Cela permet *« de terminer d'abord les guerres avant de construire et de consolider la paix*[271] *»* en prenant fait et cause pour une partie au conflit *« lorsque la conciliation s'avère impossible du fait de l'intransigeance de certains acteurs.*[272] *»* C'est une manière d'inscrire la médiation longtemps préconisée en Afrique et dans toutes les organisations internationales universelles ou régionales *« dans une logique de puissance »*; celle qui se traduit par l'idée de bombarder pour mieux négocier et convaincre[273].

2. Une vision réaliste des relations internationales africaines

Il ne fait donc l'ombre d'aucun doute qu'avec ce mode de règlement des conflits en Afrique qui légalise et légitime l'intervention et la force, on est en face d'une vision très réaliste des relations internationales africaines. Cette vision découle de la philosophie politique des auteurs Anciens comme Thomas Hobbes, Rousseau, Thucydide, Machiavel, Clausewitz et des contemporains comme l'historien britannique Edward H. Carr ou le théologien

---

[269] Chouala, *ibidem*, p. 294.

[270] Pour Simmel, *« la facilité incroyable avec laquelle le climat d'hostilité peut être suggéré à autrui, nous conduit à l'idée d'un besoin tout à fait primaire d'hostilité. »* Simmel in Frédéric Ramel : *« Les fondateurs oubliés. Durkheim, Simmel, Weber, Mauss et les relations internationales ».* Paris, Presse universitaires de France, 2006, p 39.

[271] Chouala, *ibidem*, p 296.

[272] Chouala, op. cit. p 297.

[273] L'expression reprise par Yves Alexandre Chouala est de Pascal Venesson dans : *« Bombarder pour convaincre ? Puissances aérienne, rationalité limitée et diplomatie coercitive au Kosovo »,* Cultures &Conflits, n°37, 2000.

américain Reinhold Niebuhr et autres Hans Mongenthau[274]. Encore faut-il démontrer que les concepteurs du Conseil de Paix et de Sécurité avaient bien l'intention de privilégier l'intervention et la force au détriment de la négociation. Or, il apparaît qu'on est plus en face d'un souci de mettre sur pied un cadre prêt à recourir à l'intervention et à la force en cas de besoin. D'où les fonctions d'alerte rapide et de diplomatie préventive qui sont assignées au CPS.

En tout cas vue de cette manière, la scène africaine des relations est une scène anarchique, chaotique, synonyme de guerre et qu'en l'absence d'une autorité susceptible d'empêcher le recours à la violence, il a été mis sur pied un Conseil de Paix et de Sécurité dont la raison d'être est d'accomplir militairement, par le biais des quinze entités étatiques membres, cette mission. Ce sont donc des relations qui s'expriment en termes de puissance eu égard aux contraintes que présente cette scène anarchiquement organisée. Le recours à la puissance qui est en fait un recours à de nouvelles guerres qui vont s'ajouter aux guerres existantes, est dans ce schéma de réflexion le moyen que légitime la sécurité collective dans le cadre de l'Union Africaine[275].

Pourtant, il existe des éléments pouvant battre en brèche cette idée selon laquelle la mise sur pied du Conseil de Paix et de Sécurité est une légalisation et une légitimation systématique du recours à l'intervention et à la puissance par les quinze pays qui en sont membres. Tous les textes fondateurs de l'Union Africaine font ressortir un réel sentiment de coopération entre les Etats et les peuples. Et en relativisant ce recours systématique à la puissance, les acteurs africains s'inscrivent dans une approche constructiviste, libéral et même aussi réaliste qui n'exclut pas les relations de coopération entre les Etats et donc le règlement de leurs différends par d'autres moyens que le recours à la violence, à la guerre pour mettre un terme à la guerre[276]. Ce souci de coopération et de règlement pacifique des différends au sein de l'Union Africaine se traduit d'ailleurs par un certain nombre de dispositions régissant l'activité du Conseil de Paix et de Sécurité.

---

[274] Battistela, op. cit, p 113.

[275] Dario Battistela, *ibidem,* p 112.

[276] Battistela, *ibidem,* p 367.

Dans le protocole relatif à sa création, il est bien fait mention dans l'article 6 des fonctions de diplomatie préventive et de rétablissement de la paix y compris par les bons offices, la médiation, la conciliation et l'enquête. C'est dire que dans ses missions de prévention, de règlement et de gestion des crises et des conflits, il peut prendre des mesures sans emploi de la force armée. En ce sens, le recours à la puissance ne saurait être le seul moyen de réalisation de la sécurité collective en Afrique.

3. Pour une approche « appropriation/multilatéralisation » de la sécurité collective en Afrique

Le moins qu'on puisse dire c'est que l'Afrique n'a pas encore pu trouver la meilleure voie lui permettant de prévenir et de gérer de façon efficace les conflits internes et inter étatiques qui l'ensanglantent. Deux grandes solutions se présentent alors pour soutenir l'action du CPS : d'une part le renforcement du CPS en s'appuyant sur les grands Etats africains, les nouvelles initiatives de coopération militaire et par une meilleure coordination des organisations sous-régionales ; et de l'autre la multilatéralisation au sein de l'Union européenne et de l'ONU. C'est l'approche appropriation/multilatéralisation.

En attendant la mise sur pied de toutes les structures prévues par le Protocole relatif à la création du Conseil de Paix et de Sécurité on peut déjà avancer l'importance pour l'Union de s'appuyer sur les grands Etats africains capables de mener des opérations de maintien de la paix de façon efficace.

L'Egypte possède une armée puissante et disponible, et on dit sa politique étrangère toujours attentive à l'Afrique sud-saharienne. Le Nigeria dispose d'atouts objectivement considérables. L'Afrique du Sud quant à elle dispose d'énormes moyens. Ce pays représente 40 % du PIB de toute l'Afrique subsaharienne et joue également un rôle central dans le développement économique et la stabilité politique du continent. Depuis la fin de l'apartheid, le pays se trouve très engagé dans les questions africaines, convaincue de sa communauté de destin avec le reste du continent[277]. Son implication repose ainsi sur la double conviction que d'une part, le pays ne peut constituer un îlot de prospérité dans un océan de misère et de conflits et, de l'autre, la transition pacifique sud-africaine peut avoir valeur d'exemplarité. Dans cet ordre d'idées, on peut citer ses médiations dans les conflits du Burundi, de la République démocratique du Congo et en Côte d'Ivoire. Aux Comores elle parraine avec la France le processus de sortie de crise. Au plan international, l'Afrique du Sud est le dixième contributeur aux opérations de maintien de la paix de l'ONU et le premier contributeur africain avec 3 300 hommes sous casques bleus au Darfour, au Burundi, en RDC, au Liberia et en Erythrée.

Au plan de la logistique, il n'est pas superflu de signaler que l'Afrique du Sud réoriente progressivement ses achats d'équipement militaires. Elle a engagé après l'apartheid un programme dit de *« souveraineté »* qui prévoit le renouvellement des capacités existantes de frégates, de sous-marins et d'avions de combat. Alors que cette initiative est en voie d'achèvement, le pays se tourne désormais vers l'acquisition de capacité de projection. Il a par ailleurs signé une déclaration d'intention pour la commande de huit avions de transport A400M qui devraient renforcer l'autonomie de ses déploiements et contribuer à relancer son industrie aéronautique nationale.

Le plus grand risque de cette approche de sécurité collective reposant sur les grands Etats africains est qu'elle peut réduire les petits Etats en de sortes d'entités aux souverainetés purement nominales, selon l'expression de Treitschke. Pour l'historien allemand, « *quand un Etat n'est plus en situation de tirer l'épée comme il veut, il ne mérite plus le nom d'Etat* »[278].

Outre une meilleure coordination de l'action du CPS avec celle des grands Etats, l'autre solution consiste à recourir à la coopération avec les puissances occidentales comme c'est le cas en ce moment avec le concept « *RECAMP* » (Renforcement des capacités africaines de maintien de la paix). C'est une initiative lancée en 1997 et proposée à l'ensemble des partenaires africains de la France lors du

---

[277] Sénat : « *La gestion des crises en Afrique subsaharienne* », rapport d'information au nom de la commission des Affaires étrangères, de la défense et des forces armées, 3 juillet 2006.

[278] Frédéric Ramel, op. cit, p 16.

sommet franco-africain de 1998. Il s'agit d'un appui à la formation et à l'entraînement et, le cas échéant, à des engagements opérationnels. Le concept prévoit tous les deux ans un exercice majeur simulant des opérations de maintien de la paix permettant d'entraîner la totalité des chaînes de décision et de commandement engagées dans ce programme. RECAMP a ainsi connu deux applications concrètes : l'envoi en Guinée Bissau d'une force ECOMOG de la CEDEAO composée de contingents originaires du Togo, du Bénin et du Niger ; et l'appui en 2002 en Côte d'Ivoire du déploiement des forces africaines de l'ONUCI pour constituer la force, compléter ses équipements et assurer sa mise en condition. Le concept RECAMP a tendance à évoluer aujourd'hui vers deux directions. Premièrement au niveau africain, il est question que la France l'articule avec l'action des Forces africaines pré positionnées. Deuxièmement, à l'échelon européen, il est question d'associer d'autres partenaires et d'impliquer davantage l'Union européenne.

Enfin la prévention, la gestion et le règlement des crises en Afrique passe par un partage des tâches, une multilatéralisation au sein de l'Union européenne comme nous venions de le dire, mais également au sein de l'ONU. L'Union européenne outre son soutien au développement du continent africain, est une sorte de relais pour l'ONU. Deux de ses membres ont un statut de membre permanent du Conseil de Sécurité et ont à ce titre une responsabilité particulière pour les opérations de maintien de la paix. Il est aussi à signaler dans cet ordre d'idées que l'UE peut apporter un soutien opérationnel à la mise en œuvre des décisions du Conseil de Sécurité. Ses interventions en Afrique remontent à l'opération Artémis (août-septembre 2003) qui visait à apporter un soutien à la MONUC. Elle est par ailleurs intervenue plus récemment par l'opération EUFOR-RD Congo. Au Darfour elle intervient en soutien des troupes de l'Union Africaine en vue de l'application des accords de cessez-le-feu.

Section 3

Galop d'essai dans le conflit du Darfour

1. Rappel des faits

Depuis février 2003, une guerre civile sévit dans la région du Darfour, à l'ouest du Soudan, provoquant une persistance de la violence et l'insécurité dont les niveaux sont restés élevés. Face à cette situation, l'Union Africaine a constitué une mission dénommée « *Mission de l'Union Africaine au Soudan* » (MUAS) qui a réussi à stabiliser la situation dans plusieurs zones où ses soldats ont été déployés. L'action de la MUAS a par ailleurs permis de réduire les déplacements forcées, les arrestations arbitraires, les détentions prolongées ou encore les actes de torture commis par des responsables de la sécurité nationale ou l'usage excessif de la force lors des opérations militaires.

Au cours de la mission d'évaluation de la Commission de l'UA de décembre 2005, il ressort que la MUAS a eu une incidence positive aussi bien sur la situation en matière de sécurité que sur la situation humanitaire au Darfour. Il est même dit que si certaines mesures spécifiques sont prises, elle pourrait accroître encore son efficacité. Pour autant, il ne semble pas que l'Union Africaine soit pour le moment parvenue à instaurer une paix durable au Darfour. Si plusieurs éléments tels que l'absence de volonté politique de la part des autorités soudanaises ou encore les attaques subies par les soldats de l'Union Africaine[279] n'ont évidemment pas facilité la tâche de la MUAS, il semble également qu'un manque de moyens logistiques et matériels soit à l'origine de la persistance de l'insécurité et de l'instabilité dans la région, comme l'a rappelé le Secrétaire général de

---

[279] Voir le rapport du Secrétaire général (S/2006/764) du 26 septembre 2006 §7.

l'ONU dans son rapport du 26 septembre 2006 sur la situation au Darfour[280].

En dépit de l'aide apportée notamment par l'Union européenne, qui a déjà versé 243 millions d'euros pour les opérations de maintien de la paix de l'Union Africaine, dont celle du Darfour, ou encore par l'OTAN, qui depuis juillet 2005 offre son aide à l'Union en lui assurant le transport aérien d'un grand nombre de soldats de la paix dans cette région[281], la situation nécessite une opération conséquente, capable de faire respecter le cessez le feu et de répondre aux besoins humanitaires d'une ampleur considérable. Or l'Union Africaine n'en a pas les moyens, la MUAS comptant pour le moment un effectif de 6933 soldats mal équipés.

Au regard du non respect du cessez le feu imposé par l'accord d'Abuja du 5 mai 2006 et de ces difficultés rencontrées par la MUAS, le Conseil de Sécurité a adopté le 31 août 2006 la résolution 1706[282]. Celle-ci organise le passage de la MUAS à une opération de maintien de la paix organisée sous l'égide des Nations Unies, laquelle sera un élargissement de la MINUS[283] à hauteur de 17300 soldats soutenus par 3300 policiers. Son mandat consisterait en la mise en œuvre de l'accord d'Abuja, ainsi que la protection des populations civiles. La nécessité d'une telle transition avait été admise dans son principe par

---

[280]S/2006/764 du 26 septembre 2006 précité. Dans ce rapport, le Secrétaire général déclare : « *L'insécurité n'a jamais été aussi grande dans cette région (...)* » § 58.

[281]La décision d'apporter un soutien à l'Union Africaine sur le plan du déploiement stratégique et du développement des capacités des états-majors a été annoncée officiellement, le 9 juin 2005, lors de la réunion des ministres de la Défense des pays de l'OTAN, à Bruxelles. Les premiers transports aériens furent assurés le 1er juillet 2005.

[282]S/RES/1706(2006), adoptée par 12 voix et 3 abstentions, à savoir la Russie, la Chine et le Qatar.

[283]Le 24 mars 2005, la résolution 1590 du Conseil de sécurité met en place la Mission des Nations Unies au Soudan[283]. Cette mission avait pour objectif la mise en œuvre de l'accord de paix global signé le 9 janvier 2005 entre le gouvernement soudanais et l'Armée Populaire de libération du Soudan. Cette résolution sera suivie de deux autres résolutions des Nations Unies : la résolution 1591 du 29 mars 2005 qui renforce l'embargo sur les armes à destination du Soudan et impose des sanctions à l'encontre de certains soudanais, et la résolution 1593 du 31 mars 2006 qui défère des responsables de crimes de guerre et contre l'humanité devant le procureur de la république de la Cour Pénale International (CPI).

le Conseil de paix et de sécurité de l'Union Africaine dès le 12 janvier 2006, et cette position fut depuis lors réaffirmée par celui-ci[284].

Le problème est que le gouvernement soudanais- le Président Béchir principalement- a rejeté en bloc la résolution du Conseil de Sécurité, allant jusqu'à menacer les casques bleus qui seraient envoyés sans son consentement, au motif que leur présence serait une ingérence dans le affaires intérieures du Soudan. Si ce défaut de consentement de l'homme fort du Soudan à la présence de la mission des Nations Unies n'est pas un obstacle juridique (chapitre VII de la Charte de l'ONU)[285], se pose évidemment un problème politique qui, pour le moment, empêche toute intervention, au risque de voir les casques bleus pris pour cible. Le risque majeur est que le Président soudanais transforme la présence des casques bleus de l'ONU au Soudan en une sorte de force d'occupation militaire. Cette manipulation pourrait entraîner un sentiment de nationalisme et une résistance- certes limitée- de la part des populations encore acquises à sa cause. Monsieur Béchir pourrait entre autres jouer sur la polarisation entre pays riches (dont le Conseil de Sécurité en est l'incarnation) et les pays pauvres dont son pays est issu.

Dans ce contexte, c'est l'Union Africaine qui semble être un interlocuteur privilégié, puisque les autorités soudanaises ont accepté la décision du CPS lors de sa 63ᵉ réunion du 20 septembre 2006, de prolonger la MUAS jusqu'au 31 décembre.

L'efficacité de la mission pendant cette période dépendra alors en grande partie des moyens qui seront mis à sa disposition, et la décision du 20 septembre rappelle d'ailleurs que l'Union Africaine compte sur l'aide des pays africains, de l'Union européenne et des pays arabes. Elle rappelle par ailleurs les résultats de la conférence d'appel de fonds du 18 juillet 2006. D'autre part, les Nations Unies vont également apporter leur aide matérielle et logistique, puisque la proposition du Secrétaire général du 3 octobre 2006 d'un « *plan de*

---

[284] Voir sur ce point les différentes décisions du Conseil de paix et de sécurité de l'Union du 10 mars 2006 (PSC/MIN/Comm./XLVI), du 15 mai 2006 (PSC/MIN/Comm./1-LI), ou encore du 27 juin 2006 (PSC/MIN/Comm./LVIII).

[285] En fait la contestation du président Béchir n'est fondée sur aucune base juridique, et le Conseil de Sécurité des Nations Unis peut bien élargir le mandat de la MINUS après le 31 décembre et utiliser la coercition sans le consentement des parties, et prétexter qu'il le fait en dehors d'une OMP, mais en vertu du chapitre VII.

soutien logistique aux forces africaines, des équipements et de l'expertise », a été acceptée par Khartoum le 5 octobre 2006.

La MINUS quant a elle a été prorogée par le Conseil de Sécurité jusqu'au 30 avril 2007 par la résolution 1714 du 6 octobre 2006. Mais quoi qu'il en soit, elle gardera pour le moment son mandat et son effectif initial, se contentant d'apporter une aide logistique à l'Union Africaine. C'est donc pendant cette période de transition, jusqu'au 31 décembre 2006, fin du mandat de la MUAS, que l'Union Africaine devra montrer qu'elle est capable de rétablir un climat stable au Darfour, en participant et encourageant la mise en œuvre du cessez le feu, en protégeant les populations civiles et de ce fait en permettant aux Nations Unies de prendre sa succession dans un climat apaisé permettant une mission efficace. Mais d'ici là, et en espérant que les autorités soudanaises admettent l'hypothèse d'une mission des Nations Unies, seule l'Union Africaine est susceptible d'apaiser les tensions, à la condition comme nous l'avons précisé, qu'elle dispose de moyens indispensables pour le faire.[286] ?

2. Trois grandes leçons à tirer

Après plus de trois ans de guerre civile, rien n'a donc jamais pu mettre un terme à la violence et à l'insécurité qui sévissent à l'ouest du Soudan. Ni l'accord de cessez le feu signé à Abuja le 5 mai 2006, ni la résolution 1706 du Conseil de Sécurité du 31 août de la même année n'ont pu ramener la paix à l'intérieur des frontières soudaines. Or la question du Darfour, quelqu'en soit les causes[287], présente un risque majeur de déstabilisation du Soudan et du Tchad, et dans une certaine mesure des troubles dans certains pays de la sous-région comme la République centrafricaine et le Cameroun. Ce risque est bien imminent à cause de la crise qui est désormais ouverte entre le

---

[286] Ma profonde gratitude à Frédérique Lozanorios, Allocataire et doctorante en droit international à Lyon 3, pour son apport dans nos discussions sur le Soudan, elle est d'ailleurs pratiquement l'auteur de cette analyse dont j'en assume évidemment l'entière responsabilité.

[287] Pour Marc Lavergne, spécialiste du Soudan au CNRS, le confit du Darfour est un conflit entre tribus arabisées que le mode de vie a toujours tantôt rapproché, tantôt opposé, et dont certains sont aujourd'hui instrumentalisées par Khartoum. Voir Marc Lavergne, *« Le conflit du Darfour n'est pas racial »*, 16 juillet 2004, http://www.afrik.com/article7464.html.

gouvernement de Khartoum et l'ONU, principal soutien matériel des efforts de paix pilotés par l'Union Africaine. La situation est d'autant plus préoccupante qu'on évoque désormais les risques de génocide (ONU), de nettoyage ethnique (Congrès américain) ou de massacres des populations civiles.

Comme à l'accoutumé, la communauté internationale est très vite mise en cause et on l'accuse déjà d'un laxisme qui se justifierait par le manque d'intérêt stratégique que représente le Soudan. Soit. Peut-on également s'interroger sur le rôle de l'Afrique dans le règlement de ce conflit maintenant que les chefs d'Etat et de gouvernement africains ont décidé de modifier, au sein de l'Union Africaine, leur doctrine de sécurité et de défense collectives, dépassant ainsi l'angélisme de l'Organisation de l'Unité Africaine qui ne prévoyait qu'un règlement pacifique des différends, pour adopter une approche interventionniste et coercitive en cas de besoin, sur le modèle onusien ?

Outre le fait que la guerre au Darfour nous révèle une fois de plus l'existence en Afrique d'Etats aux souverainetés purement « *nominales* », nous constatons également que la contribution au rétablissement de la paix en Afrique fait ressortir un phénomène de « *passager clandestin* », comme si ces interventions n'entraînaient que « *inanité* », « *perversité* » et « *mise en péril* » selon la trilogie hirschmanéenne.

Premièrement, le fait pour le Soudan de ne pas pouvoir contenir les excès de violence et d'insécurité causés par les mouvements rebelles nous autorise à revisiter sommairement le contenu du concept de souveraineté pour certains Etats africains. Bien que considérée comme « *négative* », la conception de la souveraineté telle que nous l'avait présenté Heinrich von Treitschke (1834-1896)[288] permet de relativiser l'indépendance de certains Etats comme le Soudan incapable de fournir à ses citoyens la sécurité et le bien-être pour lesquels ils ont déposé leur liberté au pied du Léviathan. Pour Treitschke, l'Etat est la source de tous les pouvoirs auxquels sont soumis les citoyens. Lui-même ne doit reconnaître aucun pouvoir qui lui soit supérieur et dont il ne dépende.

---

[288] Heinrich von Treitschke in Emile Durkheim : « *L'Allemagne au-dessus de tout* », collection les auteurs classiques,
http://classiques.uqac.ca/classiques/Durkheim_emile/allemagne_par_dessus_tout/allemagne.html.

Tout en reconnaissant avec Durkheim que cette souveraineté n'est que relative au plan international, compte tenu des interdépendances sans cesse croissantes qui obligent les Etats à respecter les traités qu'ils ont signé et à honorer les engagements qu'ils ont solennellement pris, face à une situation d'insécurité émanant de forces rebelles, l'Etat doit faire jouer sa puissance. Et c'est cette puissance qui est l'expression de sa souveraineté. Il doit ainsi être dans l'essence de l'Etat de n'admettre, en cas de désintégration de sa communauté nationale, aucune force qui lui résiste. Pour Treitschke cité par Durkheim, « *Quand un État n'est plus en situation de tirer l'épée comme il veut, il ne mérite plus son nom. On peut encore, par convenance, par politesse et amabilité, l'appeler un royaume. Mais la science, qui a pour premier devoir de dire la vérité, doit déclarer sans ambages qu'un tel pays n'est plus un État... Si l'État se définit par la puissance, les États ne méritent d'être appelés ainsi que dans la mesure où ils sont réellement puissants. Les petits pays, ceux qui ne peuvent se défendre et se maintenir par leurs seules forces, ne sont pas de véritables États, puisqu'ils n'existent que par la tolérance des grandes puissances. Ils n'ont et ne peuvent avoir qu'une souveraineté nominale* »[289].

Le deuxième constat que nous inspire la situation au Soudan relève du phénomène de « *passager clandestin* » de Mancur Olson (1932-1998). En effet c'est la tendance pour les membres d'un groupe à profiter du bénéfice d'une action collective en cherchant à payer le coût minimum, voire en échappant au coût de cette action. Nous le voyons très bien avec le peu d'efforts que fournissent les Etats de l'Union Africaine qui sont tous d'accord que le bien-être de l'Afrique passe par une éradication des conflits et des crises qui minent le continent, mais, sont très peu enclins à envoyer des contingents et à fournir des moyens logistiques pour les opérations de maintien et de rétablissement de la paix en Afrique. Sur les 53 pays que compte l'Union Africaine, seul sept ont envoyé leurs forces au Darfour. L'Union Africaine présente dans ce sens là-même le propre des « *groupes latents* », ceux où il est aisé pour un grand nombre d'acteurs de se soustraire à l'effort collectif.

Cette deuxième leçon que nous tirons de la situation au Darfour entraîne un troisième constat qui nous fait dire que les interventions en

---

[289] Durkheim, *ibidem*, p 7 et s.

Afrique n'ont pas bonne presse. Tout se passe comme si les acteurs africains les considéraient comme étant futiles et qu'elles n'entraînaient que des effets pervers et mettaient en péril les efforts fournis. En clair les interventions en Afrique subiraient-elles les mêmes critiques que les penseurs et les hommes politiques ont adressées aux idées de la Révolution française, à la Déclaration des droits de l'homme et du citoyen, à la démocratisation, au suffrage universel et à la création de l'Etat-providence. Nous décelons pour l'Afrique aujourd'hui ce que Albert O. Hirschman a décelé hier pour l'occident dans son ouvrage intitulé « *Deux siècles de rhétorique révolutionnaire* ». La thèse de l'effet pervers : l'action envisagée va produire l'effet contraire de l'effet recherché. La thèse de l'inanité : quoi qu'on entreprenne, cela ne change rien. La thèse de la mise en péril : l'action envisagée va occasionner des coûts inacceptables et mettre en péril des avantages précédemment acquis[290]. Nous pouvons donc conclure que l'Afrique est encore loin d'établir une communauté de sécurité pluraliste au regard du conflit du Darfour et d'autres conflits.

---

[290] Pascal Venesson : « *Les réalistes contre les interventions : arguments, délibérations et politique étrangère* », Annuaire français des relations internationales, 2003, pp 234-252.

Troisième partie

Les limites de l'Union Africaine et les obstacles à l'intégration

CHAPITRE 13

L'Union Africaine et la coopération non-gouvernementale

> « *Le rôle des organisations de la société civile, en tant qu'agents locaux de mobilisation en faveur du processus de développement économique est largement reconnu, mais leur rôle dans les domaines de la paix, la sécurité et la stabilité reste fort contesté...* »
>
> **Amara Essy**
> *Deuxième conférence OUA/UA/société civile, Addis-Abeba, 11 juin 2002.*

PLAN DU CHAPITRE

Section 1
Eléments de définition de la coopération non-gouvernementale
1. Une coopération de la société civile
2. Une coopération de revendication

Section 2
Les rapports entre l'Union Africaine et les ONG
1. Des rapports existants mais embryonnaires
2. Dans l'attente du Conseil économique, social et culturel

Section 1

Eléments de définition de la coopération non-gouvernementale

1. Une coopération de la société civile

La coopération non-gouvernementale est faite de l'ensemble des actions menées par les membres de la société civile, particulièrement les associations et les organisations non-gouvernementales (ONG). L'expression *« organisation non gouvernementale »* est apparue dans le vocabulaire international au lendemain de la Seconde Guerre mondiale avec son inclusion dans la Charte de l'ONU à l'article 71. Ce sont des institutions créées par une initiative privée ou mixte à l'exclusion de tout accord intergouvernementale regroupant des personnes privées ou publiques, physiques ou morales, de nationalités diverses. Elles poursuivent des buts humanitaires, religieux, politiques, scientifiques, sportifs, écologiques... Les Etats ou les organisations internationales les consultent fréquemment pour leurs compétences. Leur travail en matière de développement porte soit sur des actions de terrain, des appuis à la réalisation ou encore de l'aide aux financements, montages ou gestion des projets de développement.

Une certaine classification consiste à distinguer cinq types d'ONG : les ONG d'urgence, les ONG d'appui, les ONG du commerce équitable, les ONG de plaidoyer et les ONG d'éducation au développement et à la solidarité internationale. Les ONG d'urgence mènent des interventions directes, visant à venir en aide à des populations qui sont généralement dans des situations d'extrême précarité, suite à des crises provoquées par l'homme (famines, déplacements de populations, guerres, génocides...) ou à des catastrophes d'origine naturelle (sécheresses, inondations, cyclones...) On qualifie ces actions d'humanitaires. Les ONG d'appui au développement quant elles s'activent dans l'envoi des volontaires ou dans la mise en œuvre des projets par des salariés locaux. Elles œuvrent aussi dans la formation de personnels locaux, l'enseignement de techniques agricoles, administratives, de développement rural, servant de base à un développement autonome des populations concernées.

La pratique conseille tout de même de relativiser cette typologie que nous venons d'énoncer. La plupart des associations interviennent dans plusieurs domaines à la fois. C'est le cas des ONG dites d'urgence qui sont en réalité très impliquées dans les actions de développement et sont de plus en plus actives dans les plaidoyers[291]. Le plus important est de reconnaître que les ONG jouent un rôle très important dans la vie internationale ; elles sont désormais des acteurs incontournables du multilatéralisme. C'est inlassablement qu'on rappelle le rôle que jouent certaines ONG, notamment françaises, pour imposer dans la vie internationale un certain nombre de pratiques qui aboutiront sans doute un jour à des normes. C'est le cas particulier de l'ingérence humanitaire au profit des populations en danger du fait soit des catastrophes naturelles, soit des massacres, y compris de la part de leur propre gouvernement[292]. L'activisme des ONG, bien que remontant au début du XIXe siècle s'est beaucoup fait ressentir ces derniers années par des actions telles que le contre sommet de Durban qui a gravement perturbé la conférence des Nations Unies sur le racisme ou encore la réunion de Porto Allègre de 2001 qui ont fait dire que les ONG constituent désormais « *un contre-pouvoir international* ».

2. Une coopération de revendication

Quoi qu'il en soit, les acteurs sociaux, principalement les ONG sont de plus en plus présents sur la scène internationale et sont dotés de ressources fortes et capables de porter, face aux acteurs classiques des relations internationales, les revendications qui sont les leurs[293], et pourquoi pas de changer le cours de la vie internationale en favorisant intégration et coopération. C'est de par leur activisme et parfois leur efficacité que Bertrand Badie pense que l'international est soustrait au monopole des gouvernants pour devenir un espace public

---

[291] On peut citer le cas d'Action contre la faim, Médecins du monde ou encore Handicap international.

[292] Hubert Védrine, op, cit, p 129.

[293] Bertrand Badie : « *La diplomatie des droits de l'homme, entre éthique et volonté de puissance* », Fayard, 2002, p237.

international. La vie internationale a donc quitté « *le seul tapis vert qui réunissait les Princes pour un marchandage metternichien, bismarckien ou kissingérien* »[294]. C'est pourquoi il est de bon ton de s'interroger sur la place accordée aux ONG dans le jeu du multilatéralisme africain à l'ère de l'Union Africaine, même s'il convient de ne pas idéaliser toutes leurs actions et de reconnaître que leur étoile pâlit aussi, ceci faisant dire que la société civile internationale court aussi le risque du déclin que connaissent les Etats et la crise que vivent certaines organisations intergouvernementales.

Bien plus, nous ne nous faisons pas bien sûr d'illusion sur l'efficacité et l'objectif de l'action de tous les acteurs non-étatiques ou non-gouvernementaux. Le cas des ONG a souvent été cité. Bertrand Badie tout en reconnaissant le succès des ONG à travers le monde, souligne qu'il convient de distinguer, dans leur action, entre pratiques affichées et jeu social rée[295]l. Pour Copans il faut distinguer dans tous ces acteurs qui concurrencent les Etats au plan interne et international, ceux qui sont attendus car prolongeant ou modifiant des fonctions sociologiques reconnues, et les autres qui subvertissent les sociétés car ne répondant à aucun impératif de reproduction élargie de l'ensemble social, et surtout pas à celui de la stabilité institutionnelle, fut-elle locale[296]. Pour Samy Cohen, cela ne fait aucun doute, il faut se débarrasser de ce cliché qui voudrait que les ONG soient altruistes et viseraient le bien de l'humanité face à des Etats égoïstes[297].

---

[294] Bertrand Badie, *ibidem*, p237.

[295] Badie Bertrand, *ibidem*, p 237.

[296] Jean Copans : « *La fin de la société « d'Etat »: entre mobilité sociale et violence invisible* » in Lebeau Yan et *al* : « *Etats et acteurs émergents en Afrique* », Karthala, 2003.

[297] Samy Cohen : « La résistance des Etats. Les démocraties face aux défis de la mondialisation », Seuil, 2003 ; Samy Cohen : « Les ONG sont-elles altermondialistes » in « ONG, alter mondialistes et société civile internationales » communication présentée au colloque « Les mobilisations altermondialistes », GERMM-AFSP, Paris, 3-5 décembre 2003.

Section 2

Les rapports entre l'Union Africaine et les ONG

1. Des rapports existants mais à l'état embryonnaire

Si en règle générale les organisations internationales et les ONG font bon ménage dans la mesure où l'action de celles-ci est reconnue et légitimée par celle de celles-là, force est de reconnaître que les rapports entre l'Union Africaine et tous les membres de la société civile sont encore à l'état embryonnaire. L'Organisation de l'Unité Africaine attachait beaucoup d'importance au rôle que devait jouer la société civile africaine dans les efforts déployés pour promouvoir le développement et encourager le renouveau démocratique sur le continent. C'est ainsi qu'elle avait tenu deux conférences sur l'établissement du partenariat avec les organisations de la société civile africaine. La deuxième, tenue en juin 2002 à Addis-Abeba, s'inscrivait dans le cadre du suivi de la première tenue en juin 2001. Son principal objectif était de mettre en place un mécanisme pour faciliter l'interaction entre la société civile africaine et l'Union Africaine, et d'explorer les modalités d'une participation active de ces organisations dans le cadre de la CSSDCA.

La conférence de juin 2002 était également appelée à examiner les voies et moyens d'obtenir le soutien et la contribution de la société civile africaine à la mise en place du Conseil Economique, Social et Culturel de l'Union Africaine. La collaboration entre les ONG et les organisations internationales africaines est donc ancienne. On sait que ces ONG ont joué un rôle important dans la recherche de la paix dans des zones de conflits, telles que l'Angola, le Soudan et l'Union du Fleuve Mano. C'est dire qu'elles restent attendues, comme l'espèrent certains dirigeants africains, dans les processus de reconstruction après les conflits et la réhabilitation des sociétés africaines qui ont connu les traumatismes de la guerre. Leur contribution au débat sur la transformation de l'organisation continentale est donc espérée.

Mais reconnaissons tout de même que de nombreux défis demeurent pour que le rôle de la société civile africaine soit réellement visible. Les dirigeants de l'Union Africaine reconnaissent d'ailleurs que *« leur rôle dans les domaines de la paix, la sécurité et la stabilité reste fort contesté[298] »*. Certains acteurs de l'Union Africaine restent tout de même déterminés à adapter l'organisation continentale aux mutations de l'environnement mondial en donnant à la société civile un rôle sans cesse croissant dans ce contexte.

L'Acte constitutif prévoit dans son article 3 entre autres la création des conditions appropriées permettant au continent de jouer le rôle qui est le sien dans l'économie mondiale et les négociations internationales. Il est également prévu la promotion du développement durable aux plans économique, social et culturel, ainsi que l'intégration des économies africaines. Mais il n'est pas fait mention dans l'Acte des acteurs qui contribueront à l'aboutissement de ces actions aux côtés des organes de l'Union Africaine. L'expérience a pourtant montré que les ONG jouent un rôle fondamental dans ce type de démarches : négociations internationales, notamment dans le cadre du commerce mondial ou du développement durable.

Mais cette absence de visibilité de l'action des ONG est rattrapée dans les objectifs du Conseil de Paix et de Sécurité qui a entre autre pour but, de mener des actions humanitaires en vue du retour à une vie normale en cas de conflit ou de catastrophe naturelle. Dans cet ordre d'idées, la Force africaine pré positionnée facilitera les activités des agences humanitaires dans ses zones de mission. Et l'article 20 du protocole relatif à sa création précise : *« Le Conseil de Paix et de Sécurité encourage les organisations non-gouvernementales, les organisations communautaires et les autres organisations de la société civile, notamment les organisations de femmes, à participer activement aux efforts visant à promouvoir la paix, la sécurité et la stabilité en Afrique. A chaque fois que c'est nécessaire, ces organisations seront invitées à s'adresser au Conseil de Paix et de Sécurité »*.

Plusieurs questions restent donc en suspens :
- L'Union Africaine devrait-elle par exemple adopter des méthodes calquées sur la pratiques aux Nations Unies, c'est-à-

---

[298] Amara Essy, Secrétaire général de l'OUA : « *Allocution à l'ouverture de la deuxième conférence OUA/UA-société civile* », Addis-Abeba, 11 juin 2002.

dire une accréditation des ONG africaines par le Conseil Economique, Social et Culturel ?

- Comment structurer la contribution de la société civile au mécanisme de contrôle et d'évaluation de la CSSDCA ?
- Quels sont les besoins fondamentaux de la société civile africaines ?
- Comment l'Union Africaine et ses Etats membres peuvent-ils aider à répondre aux besoins de la société civile, à améliorer les conditions de vie de tous les Africains, à renforcer et promouvoir le développement économique ?

2. Dans l'attente du Conseil économique, social et culturel

Les faibles rapports entre l'Union et les organisations de la société civile trouvent une explication dans la non-mise sur pied du Conseil Economique, Social et Culturel. Comme c'est le cas au sein de l'ONU ou de l'Union européenne avec le Comité économique et social européen, ce sont ces organes qui sont chargés d'associer les ONG à l'action de ces organisations internationales. La Charte de l'ONU prévoit bien que le Conseil économique et social « *peut prendre toute disposition utile pour consulter les organisations non-gouvernementales qui s'occupent des questions relevant de sa compétence* ». (Article 71). Si c'est dans cet esprit qu'a été créé le Conseil Economique, Social et Culturel de l'Union Africaine, il est à prévoir que les ONG pourraient bien avoir auprès de l'Union Africaine, comme cela se fait avec d'autres organisations internationales, « *une complémentarité fonctionnelle* »[299] par la participation aux délibérations ou encore l'accomplissement des sous-traitances de toutes natures.

Les ONG peuvent également avoir auprès des instances de l'Union Africaine un positionnement de veille et un positionnement participatif. Le positionnement de veille permet aux ONG de mettre à la disposition de l'Union, l'information la plus exhaustive et la plus objective possible. Cette information peut alimenter les campagnes de l'Union et servir de base au travail des structures de concertation multipartites dans l'optique d'une promotion des pratiques de

---

[299] Josepha Laroche : « *Politique internationale* », Dalloz, 2000, p141.

développement durable. Le positionnement participatif quant à lui permet aux ONG une collaboration avec les organes de l'Union sur des thèmes d'intérêt commun : investissements directs étrangers, commerce équitable, économie sociale...En tout état de cause, que l'on soit dans un cas comme dans un autre, l'action des ONG viendrait certainement pallier les carences d'ingouvernabilité actuellement présentent en Afrique, soit par un dévouement auprès des organes de l'Union, soit par un activisme auprès des Etats eux-mêmes dont la crise peine à trouver des solutions.

CHAPITRE 14

L'union africaine et la coopération décentralisée

PLAN DU CHAPITRE

Section 1

Considérations générales sur la coopération décentralisée

1. Plusieurs conceptions de la coopération décentralisée
2. Des actions diverses et variées

Section 2

De la reconnaissance de la coopération décentralisée par l'Union Africaine

1. Windhoek, Cotonou et Maputo : l'idée d'une conférence de l'UA sur la décentralisation
2. Yaoundé I et II ou la deuxième étape vers des rapports entre l'UA et la coopération décentralisée
3. L'idée d'un comité des régions

Section 1

Considérations générales sur la coopération décentralisée

1. Plusieurs conceptions de la coopération décentralisée

La coopération décentralisée est entendue- conception française- comme étant l'ensemble des actions de coopération internationale menées par convention dans un but d'intérêt commun par une ou plusieurs collectivités nationales d'une part, et une ou plusieurs collectivités étrangères d'autre part, dans le cadre de leurs compétences mutuelles[300]. Certains auteurs comme Michel Rousset préfèrent parler de « *L'action internationale des collectivités locales* » pour exprimer la même réalité, et sans doute pour éviter tout risque d'illisibilité dans les relations extérieures des collectivités territoriales. A cette expression nous préférons celle de « *coopération décentralisée* ». Cette forme de relations internationales- particulièrement les jumelages- est née en Europe, et c'est là qu'elle s'est le plus développée ces soixante dernières années à l'initiative notamment de deux grandes organisations, le Conseil des Communes et Régions d'Europe (CCRE) et la Fédération Mondiale des Cités Unies et Villes Jumelées (FMCU). Par « *coopération décentralisée* » l'Union européenne entend tout programme conçu et mis en œuvre dans les pays du Sud ou de l'Est par un acteur de la société civile : ONG, pouvoirs publics locaux, coopératives agricoles, groupements féminins, syndicats… » *De façon plus générale, toute forme organisée de la société civile* ». A la différence de la conception française, un programme de coopération décentralisée au sens européen n'implique pas forcément la participation d'un partenaire européen et *a fortiori* une collectivité locale. C'est donc à notre avis ce sens que donnent les

---

[300] Circulaire du 20 avril 2001 du ministère de l'Intérieur et du ministère des Affaires étrangères relative à la coopération décentralisée des collectivités territoriales françaises et de leurs groupements avec des collectivités territoriales étrangères et leurs groupements.

acteurs africains à la coopération décentralisée en l'absence d'une référence juridique ou doctrinale qui préciserait nos connaissances.

En France c'est en 1980 sous l'instigation de Gaston Deferre qu'un premier accord est signé entre la ville de Marseille et Alger ; accord pouvant être considéré comme l'acte de naissance de la coopération décentralisée dans hexagone. Par la suite, Pierre Mauroy signera le 30 mai 1981 pour la région Nord-Pas-de-Calais un accord de même nature avec l'Etat du Maryland (Etats-Unis). L'Afrique quant à elle a connu bien avant ce type de relations- bien qu'embryonnaires- pour la première fois en 1967 dans un accord qui liait la ville de Laudin (Vienne, France) à Ouagadougou, capitale de la Haute Volta aujourd'hui Burkina Faso.

Mais reconnaissons *in fine* que la différence entre l'approche française et les conceptions africaine et européenne de la coopération décentralisée se situe plus dans la rigueur et l'orthodoxie des textes et règlements d'une part, et dans le mutisme quasi général des législateurs africains de l'autre. Si en France on s'appuie sur les collectivités locales alors qu'en Europe et en Afrique on est plus proche de la philosophie anglo-saxonne de l'action publique qui traite sur un pied d'égalité collectivités locales et associations ou organismes privés, il est facile de lever cette controverse doctrinale entre les deux conceptions. Et pour cause : « *Dans la mesure où les collectivités savent mobiliser la pluralité des acteurs de la solidarité et où l'Etat sait intégrer cette dimension à son action et à ses institutions par des procédures réellement paritaires, cette contradiction européo française sera aisément surmontée*[301] ».

2. Des actions et modalités diverses et variées

Les actions de coopération décentralisée peuvent ainsi prendre des formes diverses telles que des jumelages, des « *jumelages-coopération* », programmes ou projets de développement, échanges techniques...

---

[301] DGCID, op cit. La Documentation française, p442.

Les champs d'action

Nous pouvons ainsi retenir au moins sept domaines d'intervention des collectivités territoriales dans leurs actions avec leurs homologues étrangers : l'aménagement urbain, la gestion locale, le développement économique, les échanges culturels et éducatifs, l'agriculture, l'eau et le développement rural, l'action sanitaire et sociale, l'enseignement, la formation et la recherche. A ces actions nous pouvons ajouter des domaines de plus en plus à la mode comme celui de l'environnement, l'épargne crédit, les nouvelles technologies de l'information et de la communication, etc.

Les modalités d'interventions

Parler de modalités d'interventions des collectivités territoriales dans leurs actions de coopération décentralisée revient à évoquer les différentes formes d'interventions recensées dans les actions outre frontières. On en dénombre plusieurs. Les aides à des situations d'urgence sont le plus souvent retenues. Les autres actions s'inscrivent dans la durée et permettent de structurer un partenariat au contenu de plus en plus large. Cinq modalités d'intervention sont répertoriées et touchent des domaines variés, appelés cependant à se conjuguer au fil des temps. Mais cette liste est purement indicative. Iris de Boinvilliers (1996) retient cinq modalités d'intervention des collectivités territoriales dans le cadre de la coopération décentralisée française : la coopération par projet, les actions d'urgence, les échanges, les transferts, la formation et l'expertise, les échanges et chantiers de jeunes et les actions de sensibilisation.

Il est à noter que toute action de coopération décentralisée repose sur la mise en œuvre d'un ou de plusieurs projets pouvant éventuellement être organisés en programmes. Une collectivité territoriale peut privilégier une approche par projet, voire par micro-projet (construction de petits équipements, travaux d'infrastructures, chantiers...), mais elle peut également inscrire son action dans le cadre d'un ou de plusieurs programmes. Un programme ne recouvre pas nécessairement un objectif matériel précis ; il correspond plutôt à une orientation générale touchant tel ou tel domaine d'intervention. Il est défini pour une période annuelle ou pluriannuelle et se décline en projets. La question des projets quant à elle connaît un regain d'intérêt ces dernières années. D'abord portés par les organes déconcentrés de l'Etat, même dans les pays en voie de développement, elle semble désormais prendre une place reconnue dans les politiques de développement local. Un projet correspond à une action homogène, courte, évaluable, dans les différents domaines d'interventions du développement local.

Section 2

De la reconnaissance de la coopération décentralisée par l'Union Africaine

Nous avons donc compris qu'il existe une grande difficulté à définir la coopération décentralisée au sens où l'entendent les acteurs africains, qu'ils soient étatiques, sub ou non-étatiques. Cela tient entre autres au fait que presque tous les textes relatifs à l'organisation et au fonctionnement des collectivités territoriales en Afrique font rarement allusion aux relations avec leurs homologues étrangers. L'une des exceptions à cette règle est l'exemple de la Tunisie où une loi organique de février 1989 relatives aux Conseils régionaux donne la possibilité à ces structures d'établir des relations de coopération avec des organismes étrangers similaires, après approbation du ministère de l'Intérieur. Dans le même ordre d'idées, il est prévu la constitution au sein des conseils municipaux et régionaux d'une commission « *coopération et relations extérieures* »[302].

Il sévit donc une sorte d'imprécision terminologique qui mêle à l'action internationale des collectivités et autorités locales, celle des acteurs de la société civile dont les associations et les organisations non gouvernementales. Mais qu'en est-il de la reconnaissance de la coopération et celle de la promotion de décentralisation par l'Union Africaine ?

1. Windhoek, Cotonou et Maputo : l'idée d'une conférence de l'UA sur la décentralisation

Au cours du deuxième sommet des Africités tenu en mai 2000 à Windhoek en Namibie, les responsables des gouvernements africains en charge de la décentralisation ont lancé l'idée de la création d'une

---

[302] Cette législation a donc permis à une vingtaine de villes tunisiennes d'entretenir des relations de coopération avec 24 villes françaises. Cf. Cités Unies France, dossier pays sur la Tunisie, septembre 2005, p 28.

instance continentale sur les questions de la décentralisation et du développement local. Avec pour but principal de faire progresser la décentralisation en Afrique, cette instance a pris la dénomination de « *Conférence Africaine de la Décentralisation et du Développement Local* » *(CADDEL)*. La CADEL poursuit ainsi cinq séries d'objectifs :

- amener les gouvernements à inscrire la décentralisation dans leurs priorités et de faire comprendre, aux membres des gouvernements ainsi qu'aux citoyens, l'importance du rôle de la décentralisation dans le processus de développement économique en Afrique

- être un intermédiaire entre le collectif des associations africaines de collectivités locales et leurs gouvernements pour toutes les questions touchant à la décentralisation

- trouver et mobiliser des ressources auprès des gouvernements, des institutions d'aide au développement et des agences multilatérales afin de mettre en œuvre des programmes de décentralisation

- s'assurer de la permanence de la décentralisation dans les grands agendas politiques des Etats membres de l'Union Africaine

- enfin, s'assurer que les Etats membres de l'Union Africaine maintiennent leurs engagements en faveur du processus de décentralisation sur le continent africain.

A la suite de la conférence de Windhoek, un atelier technique réunissant les directeurs chargés de la décentralisation d'une quarantaine de pays africains s'est tenue à Cotonou au Bénin les 23 et 24 avril 2003. Et c'est ainsi qu'au sommet des chefs d'Etat de l'Union Africaine tenu à Maputo en juillet 2003, le président Joachim Chissano, chef de l'Etat du Mozambique et président en exercice de l'Union, a recommandé la reconnaissance de la CADDEL comme conférence spécialisée de l'organisation continentale.

L'initiative de Windhoek est bien évidemment louable dans la mesure où la décentralisation et son corollaire, la démocratie locale, constituent les stratégies les plus sûres pour atteindre le développement au niveau national, et assurer une intégration régionale par les peuples, laquelle pourrait consacrer l'Union Africaine comme organisation d'intégration. En tout état de cause, la décentralisation, de par ses règles et ses pratiques, libère les capacités d'initiative et d'innovation des collectivités locales[303]. Telle qu'elle a évolué dans certains pays comme la France, elle s'est définie à travers plusieurs missions, notamment la rationalisation de la répartition des compétences entre les différents niveaux administratifs et territoriaux (principes élaborés par Odilon Barrot en 1852 et les vagues successives de déconcentration sous les quatrième et cinquième Républiques). La décentralisation vise également à *« rééquilibrer les pouvoirs et les forces politiques et éviter que les individus comme les institutions soient absorbés par l'Etat.*[304]*»*.

Bien plus, la décentralisation est un outil d'amélioration du fonctionnement démocratique de l'Etat. En ce sens, elle assure un meilleur équilibre des pouvoirs entre *« différentes autorités et sensibilités politiques divergentes sur l'ensemble du territoire national*[305]*»*. Mais la plus grande ambition de la décentralisation que retiennent Blanc et Rémond est qu'elle fait *« surgir un nouveau mode de définition de l'intérêt général, non plus seulement conçu par les acteurs nationaux, mais aussi, dans certains domaines, imaginé et porté par les acteurs locaux*[306] *»*. Dans le domaine des politiques publiques, on parlerait des deux types de rationalités : le monisme et le pluralisme. Pour l'approche moniste, la production des politiques est le résultat d'une régulation globale de la société par les autorités publiques centrales à partir d'un objectif prédéfini. L'approche pluraliste quant à elle postule que l'action publique est le résultat d'interactions entre des acteurs multiples qui élaborent des dispositifs concrets selon des *« finalités vécues »*.

Dans le cadre du monisme, nous sommes en présence d'un *« régulateur central »* qui produit des politiques publiques a priori ; et dans le système pluraliste nous sommes face à un processus d'ajustements mutuels par de multiples acteurs. D'une part c'est le

---

[303] Jacques Blanc et Bruno Rémond : « *Les collectivités locales* », Paris, Presses de Science Po et Dalloz, 1995, p 17.

[304] Blanc et Rémond, *ibidem*, p18.

[305] Blanc et Rémond, *ibidem*, p18.

[306]Dans ce sens les auteurs pensent que « *l'intérêt général n'est plus seulement mise en œuvre au niveau territorial en fonction des finalités et des modalités retenues par la souveraineté nationale, mais aussi partiellement construit par les citoyens et leurs responsables politiques à différents niveaux territoriaux* ». Blanc et Rémond, *ibidem*, p18.

« *modèle synoptique* », et de l'autre, c'est le modèle des « *ajustements mutuels*[307] ». Résumons avec Gilles Massardier que dans le cadre du modèle synoptique, les autorités publiques et les gouvernants, imposent par le haut, une définition de l'intérêt général et les dispositifs qui doivent régir les secteurs de la société. Le modèle des ajustements mutuels quant à lui présente la société comme un ordre politique où les autorités publiques ne seraient plus que des acteurs parmi d'autres appelés à négocier «*par le bas* », avec d'autres intervenants concernés par ladite politique pour mettre en place des intérêts généraux et des dispositifs concrets adaptés[308]. D'après ce modèle, nous sommes face à une transformation de fond en comble des attitudes face à cette prétention traditionnelle des bureaucraties et professions incarnant l'Etat à dire l'intérêt général.

Mais si les rencontres de Windhoek, de Maputo et de Cotonou ont ce mérite d'avoir inscrit la décentralisation dans les préoccupations de l'Union Africaine, alors même que l'Acte constitutif n'est pas prolixe à ce sujet, force est de constater qu'elles omettent, volontairement ou non la question de la coopération décentralisation, pourtant stratégie fondamentale à sa promotion. La décentralisation pose entre problèmes récurrents la répartition des compétences et des ressources entre l'Etat et les collectivités locales, le financement du développement municipal…Quand on sait avec quelle acuité se posent ces questions dans les Etats africains, il est très vite impossible de passer outre la solidarité et la coopération entre collectivités et administrations locales, que nous soyons dans un cadre Nord-Sud ou dans des dynamiques Sud-Sud

La solidarité et la coopération constituent donc de véritables bouffées d'oxygène pour nombre de collectivités locales pour leurs stratégies de développement locale, et donc d'avancement de la décentralisation. C'est donc le rôle de l'Union Africaine de créer des cadres, de soutenir et de promouvoir les relations entre élus locaux, source de développement et d'intégration. C'est ce que fait l'Union européenne comme on le verra plus loin avec son Comité de régions.

---

[307] Massardier, op, cit, p 8.

[308] Massardier, *ibidem*, p 10.

2. Yaoundé I et II ou la deuxième étape vers des rapports entre l'Union Africaine et la coopération décentralisée

Dans le processus de création de la CADDEL, il convient de distinguer deux rencontres de Yaoundé. La première, celle de décembre 2003, au cours de laquelle le Président Chissano a déclaré la CADDEL partie intégrante de l'Union Africaine, consacrant ainsi selon les termes des fondateurs de cette institution, « *la vision panafricaine du mouvement de décentralisation engagée par chaque pays* ». Au cours de cette réunion qui était en fait les troisièmes rencontres d' « *Africités* », les ministres africains de la décentralisation on adopté deux résolutions dont l'une consacre les recommandation de l'Atelier de Cotonou (avril 2003), et l'autre consacrant les règles de fonctionnement de la CADDEL. Certes, la rencontre de Cotonou a examiné entre autres points, la situation de décentralisation en Afrique, les questions déterminantes pour la mise en œuvre des politiques de décentralisation, les méthodes et instruments développés par le PDM, mais les aspects de la coopération entre les collectivités locales restent noyées.

La deuxième rencontre de Yaoundé est celle qui s'est tenue le 29 octobre 2005. C'était la deuxième réunion ministérielle préparatoire de la CADDEL. Celle-ci a examiné entre autres sujets, la marge de manœuvre laissée aux collectivités locales dans le domaine de la coopération décentralisée, et chargée de préparer à l'attention du sommet de l'Union Africaine de 2006 un projet de création de la CADDEL comme Comité technique spécialisé de l'Union en matière de décentralisation et de développement local.

Les deux rencontres de Yaoundé (2003 et 2005) et principalement la seconde encourage donc la « *coopération transfrontalière au profit du développement économique et de la prévention des conflits en lui donnant une base juridique adéquate et de la faire reconnaître par les acteurs bilatéraux et multilatéraux*[309] ».Mais comme nous pouvons le constater, non seulement il existe une certaine parcimonie dans les aspects qui sont réservés à la coopération décentralisée (deux paragraphes sur les trente quatre que compte le texte des recommandations), mais aussi les appels de Yaoundé ont été suivies

---

[309] Recommandation générales de la IIe Réunion ministérielle préparatoire de la CADDEL, p 29.

de très peu d'effets alors même que la coopération décentralisée est pour les pays en voie de développement, le levier du développement local dont la décentralisation en constitue un des aspects fondamentaux.

3. L'idée d'un comité de régions

Ailleurs, notamment en Europe où la construction se fait par une grande association des citoyens et de leurs élus locaux, le rôle des acteurs sub-étatiques est fondamental, et l'action de la Communauté dans leur développement est bien visible. Un exemple peut-être à suivre par l'Union Africaine car l'Union européenne dispose d'un organe, le Comité des régions qui est composé de représentants des collectivités régionales et locales, nommés par le Conseil sur proposition des Etats pour quatre ans. Il est consulté par le Conseil ou la Commission et peut aussi émettre des avis de sa propre initiative. Bien mieux, les relations entre l'Union européenne et les collectivités locales sont bien conventionnellement définies. Le préambule du traité de Rome (1957) souligne que les Etats membres de la Communauté sont *« déterminés à établir les fondements d'une union sans cesse plus étroite entre les peuples européens.»* Dans cet ordre d'idées, des actions sont depuis entreprises au niveau communautaire. A partir de deux rapports, *« Adonnino »* et *« Nicole Fontaine »,* prendront corps véritablement les relations entre l'Union européenne et les collectivités locales. Le premier est le fait du président d'un comité *ad hoc* mis sur pied après une réunion du Conseil européen tenue à Fontainebleau en France en 1984. Au cours de celle-ci, il a été décidé d'identifier les actions permettant à la Communauté de répondre à l'attente des peuples et de proposer l'adoption de mesures de nature à renforcer et à promouvoir son identité et son image auprès des citoyens et dans le monde.

Le deuxième rapport quant à lui est de Nicole Fontaine, qui a signé en février 1988 pour le Parlement Européen, un texte consacré aux jumelages dans lequel elle met en évidence la contribution des jumelages à la création d'une conscience européenne. Des exemples à suivre par les organes de l'Union Africaine qui tenteront de donner une définition de la coopération décentralisée et de déterminer le concours que peuvent apporter les élus et autorités locales dans l'émergence, la formulation, la mise en oeuvre et l'évaluation des programmes de développement africains.

Au sens européen donc, la coopération décentralisée constitue une approche nouvelle de la politique de coopération mise en œuvre jusqu'à présent par la Commission des Communautés européennes. Auparavant, et même si les ONG sont de plus en plus impliquées, le seul interlocuteur reconnu était l'Etat partenaire. Désormais l'Union européenne sollicite la participation active de la société civile dans la définition et la mise en œuvre des programmes de coopération. A travers cette approche elle vise au moins cinq objectifs :

- associer les sociétés locales à la définition et au choix des priorités du développement dans leur pays
- permettre l'appropriation par les populations locales des programmes de développement en favorisant leur participation à la définition et à leur mise en œuvre
- être à l'écoute des sociétés locales et en position d'encourager des initiatives des acteurs décentralisés
- favoriser les processus de décentralisation et de démocratisation engagés dans certains pays en Europe et enfin
- sensibiliser les citoyens aux questions de développement.

CHAPITRE 15

Les autres obstacles à l'intégration en Afrique

PLAN DU CHAPITRE

Section 1
Les causes internes à l'Union Africaine
1. Une adhésion sans conditionnalité
2. Une absence de période d'adaptation

Section 2
Les causes externes à l'Union Africaine
1. La question de l'Union du Maghreb Arabe
2. La question de la Communauté des Etats sahélo sahariens
3. Une concurrence éventuelle avec la Francophonie ?
4. Le cas du Commonwealth

Au moins trois types d'obstacles peuvent être retenus et considérés comme des freins à la construction de l'unité et de l'intégration du continent. Il s'agit premièrement du nombre d'Etats membres de l'Union Africaine, d'une adhésion sans conditionnalité et d'une inégalité de niveau de développement entre les Etats. Deuxièmement, l'unité et l'intégration de l'Afrique peuvent aussi être freinées par l'existence d'organisations intergouvernementales presque concurrentes aux organisations continentales.

Section 1

Les cause internes à l'Union Africaine

1. Une adhésion sans conditionnalité

L'une des particularités des deux organisations continentales que l'Afrique a connu jusque-là, est que, elles ont réuni et réunissent toujours en leur sein la presque totalité des 53 Etats africains avec d'une part ceux qui ont signé les actes constitutifs au moment de leur adoption (OUA) et de l'autre ceux qui y ont adhérés ultérieurement. Les adhésions ne sont donc jamais assorties de conditionnalités qui permettent dans les autres organisations comme l'Union européenne d'admettre des membres ayant suffisamment de points communs- politiques, économiques et social- susceptibles de soutenir une véritable intégration. Ces éléments posent à n'en point douter un problème de coordination au niveau de la prise de décision, et une cohérence au niveau de l'élaboration des politiques communautaires. Ces obstacles se rencontrent dans d'autres organisations régionales. C'est le cas au sein de l'Organisation des Etats américains (OEA) où le poids des Etats-Unis entrave l'intégration au sein de cette organisation qui poursuit dans région des Amériques, les objectifs de paix et de justice, de solidarité, de développement économique, social et culturel et de lutte contre la pauvreté...

Pour parer à ces obstacles qui sont de véritables freins à l'intégration, certaines organisations ont ainsi posé des conditions aux membres voulant adhérer à leurs statuts et donc y faire partie. C'est le cas du Conseil de l'Europe. Fondé le 5 mai 1949 par le traité de Londres, c'est l'organisation de la Grande Europe. Elle compte 47 Etats membres divisés entre membres originaires ordinaires, membres ordinaires invités et membres associés. Les premiers sont constitués des Etats signataires du statut de Londres au moment de sa rédaction et qui l'ont ratifié ultérieurement. Les membres invités quant eux sont ceux qui remplissent les trois conditions d'adhésion retenues par l'organisation, dont la plus importante est l'acceptation du principe de prééminence du droit, et le principe en vertu duquel toute personne placée sous la juridiction d'un Etat doit jouir des droits de l'homme et des libertés fondamentales. Les membres associés, qui n'existent plus au sein du Conseil de l'Europe, étaient admis sur les mêmes critères d'adhésion soumis aux membres ordinaires invités. Les conditions au sein l'Union européenne sont encore plus strictes. Avec les modifications de l'article 49 du traité d'Amsterdam, il faut non seulement que les candidats à l'Union soit des Etats européens, mais aussi qu'ils respectent les principes énoncés à l'article 6, paragraphe (1) de l'UE. Il s'agit des principes de liberté, de la démocratie, du respect des droits de l'homme et des libertés fondamentales, ainsi que de l'Etat de droit. Outre ces conditions, les candidats à l'adhésion au sein de l'Union doivent accepter l'ensemble du droit communautaire en vigueur et les orientations politiques déjà définies[310].

2. Une absence de période d'adaptation

En matière d'adhésion, l'Acte constitutif de l'Union Africaine ne prévoit aucune conditionnalité pour les Etats voulant faire partie de l'Union. L'article 27 (3) dispose que tout Etat membre de l'OUA peut adhérer à l'Acte constitutif après son entrée en vigueur en déposant ses instruments d'adhésion auprès du président de la Commission. Et l'article 29 (1) de poursuivre que tout Etat africain peut, à tout moment, après l'entrée en vigueur de l'Acte, notifier au président de la Commission son intention d'adhérer et d'être admis comme membre de l'Union. Cette situation d'absence de conditionnalités au niveau de l'adhésion n'est alors que la perpétuation des dispositions de la Charte de l'OUA de mai 1963, qui, disposait en son article 4, que chaque Etat africain indépendant et souverain peut devenir membre de l'Organisation. Encore que dans le cas de l'OUA il fallait être « *indépendant* » et « *souverain* », conditions qui ne sont pas posées dans l'Acte constitutif de l'Union Africaine pour des raisons que nous connaissons et qui tiennent à l'inexistence aujourd'hui en Afrique de territoire sous occupation étrangère.

---

[310]Diez De Valasco, p 563-564. Notons avec l'auteur que dans la pratique suivie jusqu'à présent, les accords d'adhésion s'articulent autour de plusieurs textes de même valeur juridique : un traité d'adhésion court accompagné d'un acte d'adhésion long et complexe comportant les conditions de l'adhésion, complété de divers protocoles et annexes.

On voit bien que contrairement à l'Union européen, l'Acte constitutif de l'Union Africaine n'a aucune disposition visant à imposer au nouvel Etat le respect d'un certain nombre d'actes ou de règles qui peuvent être considérées comme fondamentales pour la cohérence de l'organisation et pour l'avancée de l'intégration. Au sein de l'Union européenne on exige de respecter l'acquis communautaire. C'est le socle commun des droits et obligations qui lie l'ensemble des Etats membres au titre de l'Union européenne. Il est en évolution constante et comprend non seulement l'ensemble du droit communautaire, mais aussi tous les actes adoptés au sein des 2 et 3e piliers de l'Union, ainsi que les objectifs communs fixés par les traités. Pour intégrer l'Union, les pays candidats se trouvent dans l'obligation de transposer l'acquis communautaire dans leurs législations nationales et de l'appliquer dès leur adhésion effective.

Par ailleurs rien ne prévoit au sein de l'Union Africaine une sorte de période d'adaptation du nouvel Etat africain adhérant ou alors une période de transition conçue en vue de l'intégration complète du nouvel Etat au sein de l'Organisation.

Section 2

Les causes extérieures à l'Union Africaine

L'histoire des organisations internationales en Afrique est marquée par une prolifération d'associations d'Etats multiples et variés[311]. Le premier constat est que le grand nombre d'Etats africains ouvre la possibilité pour ceux-ci de créer à chaque fois que cela paraît « *nécessaire* », des organisations qui auront parfois une vie éphémère comme ce fut le cas de l'OCAM créée en 1966 et disparue en 1985. C'est aussi le cas de la Communauté de l'Afrique orientale créée en 1966 disparue en 1977. Le second constat est que ces organisations présentent souvent des buts très variés et divers. Elles sont parfois généralistes, mais aussi spécialisées dans des domaines de coopération précise. C'est le cas pour l'Afrique du Nord de l'Union du Maghreb Arabe et de la Communauté des Etats sahélo sahariens. En Afrique de l'ouest nous avons la Communauté Economique des Etats de l'Afrique de l'Ouest (CEDEAO) et l'Union Economique et monétaire Ouest Africaine (UEMOA). En Afrique centrale les Etats se sont réunis sous la bannière de la Communauté Economique des Etats de l'Afrique Centrale (CEEAC) et de la communauté Economique et Monétaire d'Afrique Centrale (CEMAC).

L'Afrique de l'Est quant à elle compte comme organisations sous-régionales l'Autorité Intergouvernementale pour le Développement (IGAD), la Communauté d'Afrique de l'Est (CAE) et la Commission de l'Océan indien. L'Afrique australe enfin a deux principales organisations sous-régionales : la Communauté de Développement d'Afrique Australe (SADC/CDDA) et le Marché Commun d'Afrique Orientale et Centrale (COMESA). Mais bien que ces organisations paraissent à première vue trop nombreuses avec des objectifs variés, il est à remarquer qu'elles constituent pour les fonctionnalistes la pierre angulaire de toute intégration. Partant des analyses fonctionnalistes de

---

[311]Claude-Albert Colliard et Louis Dubouis : « *Institutions internationales* », 10ᵉ édition, Paris, Dalloz, 1995, p 337-342.

David Mitrany et d'autres auteurs comme John Burton, on en est arrivé à une vision pessimiste de la puissance publique et à la sacralisation de la coopération. Ce que l'Etat n'a pas pu donner aux citoyens qui ont déposé leur liberté au pied du Léviathan doit être laissé entre les mains de réseaux d'élites, par définition plus efficaces. C'est dans ce sens qu'Alice Landau écrit : « *L'Etat a failli dans ses tâches. Il n'a ni préservé la paix, ni amélioré le bien-être de ses citoyens. Ce que l'Etat ne peut achever doit être confié à d'autres acteurs, moins impliqués politiquement, plus disposés à coopérer* »[312].

Mais même si les organisations citées plus haut contribuent énormément à l'intégration et au développement de l'Afrique, l'idée ici est de dire qu'il en existe d'autres, qui ne sont pas forcément africaines, mais qui sont composées d'un grand nombre d'Etats africains, dont l'existence freine plutôt l'unité et l'intégration du continent. C'est le cas de la Francophonie, du Commonwealth et d'autres organisations sous-régionales dont les rôles peuvent se chevaucher au sein même des Etats, en même temps qu'elles peuvent concurrencer les organisations africaines et dont l'utilité reste parfois à démontrer. C'est notamment le cas de l'Union du Maghreb arabe ou encore celui de la Communauté des Etats sahelo-sahariens, pour ne citer que ceux-là.

1. La question de l'Union du Maghreb Arabe

Créée à Marrakech le 19 avril 1989, l'Union du Maghreb arabe est composée de cinq Etats africains appartenant tous au Maghreb : Algérie, Libye, Mauritanie, Maroc et Tunisie. On pense que l'une des raisons ayant entraîné sa création porte sur l'inquiétude de ces pays au sujet de leurs relations avec l'Europe communautaire[313]. C'est sans doute dans ce sens que le Traité de Marrakech a été signé ; traité auquel est annexé une Déclaration comportant, comme, c'est le cas de l'Union Africaine, un programme d'actions communes. Mais là où l'action de l'UMA pourrait rejoindre et même concurrencer celle de

---

[312] Alice Landau : « *Conceptualiser l'Union européenne : apport et limites des théories des relations internationales* », Swiss Political Science Review, 1(2-3), pp 253-281.

[313] De Valasco, op. cit. p 830.

l'Union Africaine en l'affaiblissant, c'est bien au niveau de ses objectifs. Organisation à caractère généraliste comme c'est le cas de l'Union Africaine, l'UMA entend étendre ses objectifs à une coopération étroite dans tous les domaines sociopolitiques et en particulier dans le domaine économique. L'idée est d'intensifier les échanges commerciaux entre les Etats membres et de créer à terme un espace économique maghrébin sous forme d'un marché commun nord africain. Nous voyons par là même, la création de micro regroupements dont l'existence ne peut à long terme que disperser les énergies des Etats africains et donc affaiblir la mystique de l'intégration et du développement du continent. Cette logique donne par là même raison à ceux qui voient en Afrique un continent pluriel dans tous les sens, laquelle pluralité permettrait d'opposer les Africains entre eux, le Maghreb à l'Afrique subsaharienne, au grand dam d'un développement intégré bénéficiant à tous les peuples du continent.

D'autres objectifs de l'UMA visent à constituer avec les membres du Conseil de Coopération du Golfe, un *« Marché commun arabe »*, mais aussi à réaliser une politique commune dans plusieurs domaines au plan international, économique, culturel et en matière de défense. C'est dire combien les objectifs de cette organisation sous-régionale rejoignent bien ceux de l'Union Africaine et partagent ses membres entre l'intégration continentale et un intégration sous-régionale à vocation arabisante, jugée souvent plus efficace, même si ce n'est pas le cas de l'UMA dont l'efficacité est mise en mal par ses règles de fonctionnement (unanimité) et les intérêts divergents entre les Etats membres : tension entre le Maroc et l'Algérie, notamment sur la question de la reconnaissance[314] du Sahara occidental[315].

---

[314] On voit bien ici que la reconnaissance d'Etat est un acte personnel et n'engage en rien les autres Etats avec qui il partage la même organisation. C'est le cas de l'Algérie qui a reconnu le Sahara occidentale comme étant une entité autonome alors que le Maroc qui est dans la même organisation (UMA) considère que c'est une partie intégrante de son territoire. Et même si la RASD devenait demain membre de l'UMA, son admission ne signifierait en aucun cas une reconnaissance de la part du Maroc. Certes la participation à une conférence ou à un traité multilatéral peut être considérée comme valant reconnaissance des interlocuteurs les uns par les autres, comme l'écrit Alain Plantey, mais nous sommes quasiment sûr que le Maroc qui continue à revendiquer cette portion de l'Afrique comme étant une partie de son territoire, émettra à ce sujet une *« déclaration contraire explicite »*. Alain Plantey : *« Principes de diplomatie »*, nouvelle édition, 2000, p 206.

2. La question de la Communauté des Etats sahélo-sahariens

Le cas de la Communauté des Etats sahélo-sahariens (CESS) se pose également dans la mesure où il est difficile de mesurer son efficacité, voire son utilité au regard des objectifs d'intégration et d'unité de l'Afrique. Créée en février 1998 à Tripoli sous la houlette une fois de plus du Colonel Kadhafi, la CESS comprend 21 Etats déjà engagés à la fois au sein de l'Union Africaine, mais aussi au sein des organisations sous-régionales poursuivant entre autre même objectif : établir une union économique globale.

D'autres cas d'organisations internationales africaines dont l'utilité est à prouver peuvent être évoqués. C'est le cas de la Commission de l'Océan Indien, de celui du Conseil de l'Entente ou encore de celle de la East African Community.

On pourrait donc imaginer et définir un système de subsidiarité inversée qui donne le privilège aux organes de l'Union Africaine face à certaines organisations considérées comme concurrentes, à chaque fois qu'une question peut être mieux traitées par l'organisation continentale.

3. Une concurrence éventuelle avec la Francophonie ?

L'idée d'un blocage ou du moins d'un frein de l'intégration et de l'unité de l'Afrique par la présence de plusieurs organisations internationales régionales et généralistes touche aussi l'existence et l'action de la Francophonie en tant qu'institution. On sait que l'Organisation internationale de la Francophonie, crée en 1997 à son VIIe sommet de Hanoi[316] se veut un rassemblement large et plus ouvert, fondé sur le partage d'anciennes colonies françaises mais également des pays n'ayant jamais connu la tutelle de la France comme la Roumanie ou la Bulgarie. Mais le plus important est que la Francophonie qui compte 53 Etats et gouvernements membres et 10 pays observateurs ; sans toutefois intervenir sur les plates bandes des

---

[315] Guilhaudis, op. cit. p 255. L'auteur doute de ce que ces divergences seront un jour surmontées pour donner à l'UMA la capacité nécessaire à réaliser ses objectifs.

[316] Le sommet de Hanoi a utilisé le Traité de Niamey fondateur de l'ACCT pour donner les bases juridiques à la Francophonie institutionnelle. C'est la Charte de Hanoi qui institue donc une organisation internationale de la Francophonie (OIF).

organisations continentales a toujours réunis les pays considérés comme moteurs de l'intégration et de l'union du continent. C'est environ 30 pays d'Afrique et de l'Océan indien, soit 48 % des Etats membres de la Francophonie aujourd'hui partagés entre leurs relations multilatérales au sein de l'OIF et leurs objectifs au sein, hier de l'OUA, et aujourd'hui de l'Union Africaine. Mieux, les domaines dans lesquels intervient la Francophonie, qui est devenue une sorte d'organisation généraliste, rejoignent point par point les aspects sur lesquels les organisations continentales appuient leurs politiques, stratégies et actions de coopération et d'intégration.

Au premier sommet de Versailles de 1986 on sait bien sûr que les chefs d'Etat et de gouvernement ayant le français en partage ont déterminé quatre idées fortes ; offrir un forum original de dialogue Nord-Sud ; construire une solidarité puissante et utile entre riches et pauvres ; dégager une volonté commune, relever les défis contemporains et imaginer les voies de l'avenir pour les institutions francophones.

Mais les volets dans lesquels la Francophonie est intervenue couvrent bien ceux considérés comme les plus importants de l'intégration : la politique et l'économie. En cela cinq domaines stratégiques d'intervention avaient été définies au départ : l'agriculture, l'énergie, la culture, l'industrie de la langue, l'information scientifique et le développement technologique. Au fur et à mesure de ses sommets les objectifs et les plans d'action de l'OIF ont évolué comme ce fut le cas au sommet de Moncton où cinq axes d'interventions prioritaires ont été définis : la consolidation de la paix, de la démocratie et de l'Etat de droit, la promotion de la diversité linguistique et culturelle, l'éducation et la formation, la coopération économique et le développement des nouvelles technologies de l'information et de la communication. C'est dire qu'autant l'action de la Francophonie est brouillée par l'existence à ses côté des fameuses conférences franco-africaines créées en 1973 pour préserver à la France l'exclusivité des relations avec les pays africains, autant elle-même peut perturber des organisations continentales dans la mesure où nombre de pays pensent que leurs intérêts peuvent mieux être garanties dans un espace intégrant pays riches et pays pauvres.

4. La question du Commonwealth

Le Commonwealth peut également être considéré comme une organisation pouvant concurrencer l'action des organisations continentales dans la mesure où elle occasionne la dispersion d'énergie des Etats africains qui en sont aussi membres. Fondé en 1930 par le Statut de Westminster, cette association se veut une association politique regroupant uniquement les anciennes colonies britanniques, sauf les Etats-Unis et le Nigeria exclu en 1995. Bien qu'apparaissant plus homogène en ce qui concerne le niveau de pratique de la langue, la répartition géographique et le niveau de développement économique, elle n'en demeure pas moins un espace dans lequel nombre d'Etats africains entendent résoudre bon nombre de leurs problèmes de développement, et se trouvent alors partagés entre leur abnégation vis-à-vis de cette organisation et leur dévouement pour la cause africaine.

Quatrième partie

Les programmes spéciaux

CHAPITRE 16

Le NEPAD ou l'intégration par le haut

> « Cette exigence d'un nouveau partenariat est fondée sur une politique qui consiste pour l'Afrique, à compter d'abord sur elle-même, à déterminer elle-même sa place dans le monde, à élaborer elle-même son propre Agenda, bien sûr, en écoutant tous les acteurs sous le leadership de l'Union Africaine »
>
> **Alpha Oumar Konaré**
>
> Assemblée de l'Union Africaine, Addis-Abeba, 06 juillet 2004.

PLAN DU CHAPITRE

Section 1
Essai sur un modèle d'intégration
1. L'intergouvernementalisme dans le concept du NEPAD
2. Le risque de marchandages intergouvernementaux

Section 2
Les limites de l'intergouvernementalisme et réponses éventuelles
1. Le principe de subsidiarité
2. La partenariat et l'additionnalité

Section 3
Vers une approche multi niveau
1. Vers un enchevêtrement à l'européenne ?
2. Vers un modèle original de politiques publiques

> **Section 4**
> La réforme des politiques au sein du NEPAD
> 1. Les grands aspects du programme
> 2. La question d'un modèle dominant en Afrique
> 3. Une transposition difficile
> 4. A la recherche d'un modèle conformément aux modèles existants

C'est en juillet 2001 que le trente-septième sommet de l'OUA a officiellement adopté le NEPAD comme document stratégique cadre de lutte contre la pauvreté et de soutien au développement en Afrique. En 2002, l'Assemblée Générale des Nations Unies emboîtera le pas à l'organisation panafricaine en demandant à la communauté internationale et au système des Nations Unies d'organiser leur appui aux pays africains conformément aux principes, objectifs et priorités du Nouveau Partenariat. C'est là un nième plan africain de développement par le biais de l'intégration dans le sens d'un processus de création et de maintien d'interactions intenses et diversifiées entre unités préalablement autonomes[317], en vue de favoriser le développement sous tous ses aspects.

Le NEPAD est un programme de développement global intégré, basé sur le partenariat en vue d'assurer une croissance durable de l'Afrique et son intégration dans l'économie mondiale. Il poursuit une série de trois buts principaux : promouvoir la croissance et le

---

[317] Pour Dario Battistela, c'est ce sens de l'intégration qui intéresse la plupart des théoriciens des relations internationales et qui semble correspondre à l'idée qu'on peut se faire de l'intégration dans le cadre du NEPAD. Mais les autres théoriciens de l'intégration, fonctionnalistes ou néo-fonctionnalistes en ont donné un sens qui n'est pas aussi éloigné du contexte africain. Pour Karl Deutsch l'intégration est l'obtention au sein d'un territoire, d'un sens de la communauté et de pratiques suffisamment fortes et diffusées pour assurer, pendant un long moment, des attentes de changement pacifique au sein de la population concernée (Deutsch et al. « *Political community and the North Atlantic Area* ». Ernst Haas considère en revanche l'intégration comme « *la tendance vers la création volontaire d'unités politiques plus larges, chacune évitant consciemment le recours à la force dans ses relations avec les autres unités participantes* » (Haas : « *The study of Regional Integration. Reflections on the Joy and Anguish of Pretheorizing* »).Toutes ces définitions sont fournies par Dario Battistela, *ibidem*, p339.

développement durable ; éradiquer la pauvreté générale et aiguë et arrêter la marginalisation de l'Afrique dans le processus de la mondialisation.

En observant le cadre politico institutionnel de mise en œuvre des programmes du NEPAD, on se rend compte qu'il représente un champ heuristique assez fécond capable de nous dévoiler de façon anticipée les logiques qui gouvernent le nouveau processus d'intégration, et partant la fabrication des programmes africains de développement. Par là même, on peut avoir une idée sur la future réussite ou l'échec dans ce nième plan de sauvetage de l'Afrique. Et l'aspect le plus marquant de ce cadre où se déploiera l'action collective pour notre intégration est alors l'impasse qui est fait du rôle que peuvent jouer aux côtés des gouvernements des Etats, d'autres acteurs du développement tels que les collectivités territoriales, ONG, associations, syndicats, firmes privées…

L'intérêt de notre travail tient au fait qu'il pourrait permettre de mieux comprendre les débats scientifiques sur les forces fondamentales qui freinent l'intégration africaine, sur l'originalité et la complexité de cet objet politique qu'est le NEPAD et sur ses chances de succès par rapport aux projets antérieurs d'intégration en Afrique.

La structure tripartite du NEPAD confie donc d'une part, l'initiative de l'émergence et de la formulation des programmes, ainsi que leur mise en œuvre à des structures politiques, notamment, le comité des chefs d'Etat et de gouvernement et le comité directeur avec un exécutif qui est un secrétariat qui n'intervient pas directement dans la mise en œuvre des programmes. Pour ajouter à la confusion, la responsabilité de leur mise en œuvre incombe aux pays pris individuellement, au secteur privé et à la société civile, sans plus de précision.

En cela on peut s'interroger si le NEPAD, de par l'option que ses auteurs ont faite pour l'émergence et la formulation des programmes, ne développe pas une approche inter gouvernementaliste de l'intégration et du développement ? Par ailleurs, vu le choix qu'ils ont fait en confiant la coordination à une unité politique, ne sont-ils pas dans une logique interétatique ? L'une et l'autre de ces deux approches de l'intégration ont connu des fortunes diverses avec à la clé des limites pour ce qui est de l'Europe et l'Afrique. C'est pourquoi il serait intéressant de voir si le NEPAD les a adoptées comme cadre théorique et s'ils peuvent enfin servir de levier à l'intégration du continent.

En empruntant à l'analyse des politiques publiques ses approches et aux théories des relations internationales leurs cadres conceptuels, on peut bien aborder sous l'aspect institutionnelle le modèle de développement sur lequel repose le NEPAD. Mais toute la difficulté de ce type de travail est que les plans de développement appartiennent d'un côté à l'univers des discours savants, et de l'autre à celui des pratiques politiques. Les deux approches se gênent mutuellement comme le pense Dario Battistela[318], d'autant plus que le débat sur la scientificité des politiques publiques est toujours à l'ordre du jour[319]. C'est dans ce sens qu'il est impossible d'énoncer après analyse des lois applicables de façon irréfutable dans l'émergence, la formulation, la mise en œuvre et l'évaluation des plans de développement en Afrique.

L'objet que nous traitons, appartenant aux sciences sociales en général, et aux relations internationales en particulier, est non reproductible en laboratoire[320]. Certes, qui dit relations internationales dit théories si on veut fournir aux lecteurs des structures rigoureuses d'intelligibilité susceptibles de l'aider à trouver des repères dans les

---

[318] Battistela, op. cit. p17.

[319] Pour Jean-Clause Thoenig, l'analyse des politiques publiques ne constitue pas une discipline en tant que telle. Elle ne se définit pas par un agenda thématique et empirique clos. En tant que méthodologie, elle relève par nécessité du provisoire. L'auteur poursuit en précisant que les outils de la boîte qu'elle forge ne servent qu'en fonction des problèmes que l'on entend expliquer. Cf. Thoenig, J.C : « *La quête du deuxième souffle* », Revue française de science politique, 1996, vol.46, n°1, p107.

[320]Parlant de la non reproductibilité en laboratoire, Dario Battistela fait allusion à Yale Ferguson et Richard Mansbach et à leur titre révélateur, « *The elusive quest, theory and international relations* », qui affirment que les relations internationales dont l'objet d'étude n'est pas reproductible en laboratoire, ne sauraient prétendre énoncer des lois et répondre à l'impératif de réfutabilité qui caractérise une théorie scientifique. Ceci les amène à qualifier d'illusoire toute théorie des Relations internationales. Battistela s'insurge contre cette attitude en pensant, contre la synonymie que font les deux auteurs entre activité théorique et conception que se font de la démarche théorique les sciences naturelles, qu'il existe « *non pas une, mais – au moins- deux conceptions de ce qu'est une théorie en sciences sociales* ». Mais lui-même ne nous donne pas ces différentes conceptions. Battistela, *ibidem*. p18.

phénomènes que nous examinons[321]. Notre prétention dans l'analyse de l'intégration de l'Afrique par le biais du NEPAD sera donc *« modeste »* et *« modérée »* dans ses objectifs comme le recommande Jean-François Guilhaudis pour qui, dans l'analyse des relations internationales, il faut être prudent dans ses conclusions bien qu'étant aussi rigoureux que possible dans la méthode[322].

Une esquisse de réponse à notre bloc de préoccupations pourrait passer par l'examen d'une part, du rapport entre inter gouvernementalisme et le Nouveau partenariat (section I) et les limites que représente ce modèle d'intégration (section II). Nous esquisserons par ailleurs la perspective d'une approche multi niveau (section III) et les réformes des politiques dans le cadre du Nouveau Partenariat (Section 4).

---

[321] Théorie non pas au sens où l'entendent les sciences de la nature qui elles veulent décrire, expliquer, prévoir et prescrire. Mais théorie au sens où l'entend Raymond Aron, c'est-à-dire une boîte à outils à la disposition de l'analyste grâce à laquelle celui-ci peut proposer une compréhension des relations internationales…(Raymond Aron : « *Qu'est-ce qu'une théorie des relations internationales?* », Revue française de science politique, 1967, pp. 837-861) Pour Jean-Baptiste Duroselle *«…rien ne permet d'affirmer que lorsqu'on aura mieux débrouillé l'écheveau des phénomènes internationaux, on aboutira à la connaissance des lois sures permettant de prévoir et d'agir avec exactitude.»* (Jean-Baptiste Duroselle : « *L'étude des relations internationales : objet, méthode, perspectives* », Revue française de science politique, 1952, vol. 2.)

[322] Guilhaudis, op. cit, p19. L'auteur demande de ne pas se faire d'illusions sur la possibilité de bâtir une vraie théorie, autonome des relations internationales. Pour lui il ne s'agit plus d'établir une science des relations internationales mais plutôt de leur appliquer une approche construite, qui vise à accumuler et à organiser un savoir sans cesse plus grand, à construire et à enrichir sans cesse une grille de lecture et de réflexion, permettant de mieux comprendre la vie internationale.

Encadré 12 : Aperçu général du NEPAD

Les principaux jalons de la création du NEPAD ont été les suivants :

- la fusion du MAP et du plan OMEGA, le 3 juillet 2001, pour donner naissance à la NIA

- l'approbation de la NIA par la Conférence des chefs d'Etat et de gouvernement de l'OUA, le 11 juillet 2001 à Lusaka (Zambie)

- la création du Comité des chefs d'Etat et de gouvernement, chargé de la mise en œuvre du NEPAD, le 24octobre 2001 à Abuja (Nigeria).

La structure du NEPAD comprend les trois niveaux suivants :

- le Comité des chefs d'Etat et de gouvernement, chargé de la mise en œuvre (Comité de mise en œuvre)

- il est présidé par le Président Obasanjo

- il est composé de Chefs d'Etat et de gouvernement de 20 pays, dont les cinq initiateurs du NEPAD (Algérie, Egypte, Nigeria, Sénégal et Afrique du Sud), plus 15 autres pays représentant toutes les régions de l'UA.

Les représentations régionales sont les suivantes :

Afrique centrale : Cameroun, Gabon et Sao Tomé et Principe ; Afrique de l'Est : Ethiopie, Maurice et Rwanda ; Afrique du Nord : Algérie, Egypte et Tunisie ; Afrique de l'Ouest : Mali, Nigeria et Sénégal ; Afrique australe : Afrique du Sud, Botswana et Mozambique.

Le Comité directeur du NEPAD

Il est composé des représentants personnels des Chefs d'Etat et de gouvernement membres du Comité de mise en œuvre.

Le secrétariat du NEPAD

Il a été créé pour assurer la coordination de tous les programmes du NEPAD, une tâche qui incombait auparavant principalement aux cinq pays initiateurs.

Le siège du Secrétariat du NEPAD est établi à Midrand (Afrique du Sud).

Depuis la création du secrétariat du NEPAD, les pays initiateurs y ont détaché des fonctionnaires pour assurer la coordination des programmes dans les domaines dont le mandat leur avait été confié avant la création du secrétariat.

Le secrétariat du NEPAD n'intervient pas directement dans la mise en œuvre des programmes. Son rôle est d'élaborer des programmes, la responsabilité de leur mise en œuvre incombant aux CER, aux pays pris individuellement, au secteur privé et à la société civile, en collaboration avec les partenaires. Le rôle majeur du secrétariat du NEPAD est, entre autres, de faciliter la mise en œuvre des programmes à tous les niveaux, de mobiliser l'appui politique et d'autres formes d'appui, d'entreprendre des campagnes de plaidoyer et de promotion, de mobiliser les ressources et de promouvoir la coordination institutionnelle dans la mise en œuvre des programmes à tous les niveaux.

Dans un souci d'opérationnalité, la supervision des domaines prioritaires a été répartie ainsi qu'il suit :

Développement humain (éducation et santé) : Algérie

Bonne gouvernance politique, paix, sécurité, démocratie : Afrique du Sud

Accès aux marchés, diversification des produits, agriculture : Egypte

Bonne gouvernance de l'économie privée : Nigeria

Infrastructures, environnement, NTIC, énergie : Sénégal.

Encadré 13 : Domaines prioritaires du NEPAD

Le NEPAD a lancé huit initiatives prioritaires comportant des programmes qui se trouvent actuellement à divers stades d'élaboration et/ou de mise en œuvre dans les domaines suivants :

- Initiative sur la paix, la sécurité, la démocratie et la gouvernance politique

Cette initiative couvre le Mécanisme Africain d'Evaluation par les Pairs (MAEP) qui constitue un instrument mutuellement convenu pour l'autocontrôle, par les gouvernements participants, du respect des valeurs, codes et normes en matière de gouvernance politique et économique et de gouvernance des entreprises, conformément à la Déclaration sur la démocratie, la gouvernance politique et économique et la gouvernance des entreprises. Les structures du MAEP sont les suivantes : le Forum du Mécanisme africain d'évaluation par les pairs, le Panel qui est composé de sept personnalités africaines et qui a à sa tête une présidente, et le secrétariat basé en Afrique du Sud.

- Initiative sur la gouvernance économique et la gouvernance des entreprises

- Priorités sectorielles

Réduction du fossé dans le domaine des infrastructures y compris :

- la réduction du fossé numérique par l'investissement dans les technologies de l'information et de la communication (TIC) ; l'énergie ; les transports ; l'eau et l'assainissement

- Initiative sur la mise en valeur des ressources humaines, y compris l'inversion de la tendance à la fuite des cerveaux

- réduction du fossé dans le domaine de l'éducation ; inversion de la tendance à la fuite des cerveaux ; Santé ; *Agriculture*

- Initiative sur l'environnement

- Culture ; science et technologie ; mobilisation des ressources

- Initiative sur la circulation des capitaux

- Initiative sur l'accès aux marchés :

- Diversification de la production ; agriculture ; industrie de fabrication ; tourisme ; promotion du secteur privé ; promotion des exportations africaines ; élimination des barrières non tarifaires

En plus d'accélérer la mise en œuvre des projets dans les domaines prioritaires ci-dessous, le Secrétariat du NEPAD travaille sur des questions multisectorielles dans les domaines suivants, jugés cruciaux dans la réalisation des objectifs du NEPAD :

- communication et vulgarisation ; établissement de partenariats.

Section 1

Essai sur un modèle d'intégration

1. L'inter gouvernementalisme dans le concept du NEPAD

Outre les objectifs principaux qui ont été clairement définis dans les documents de référence, le Nouveau Partenariat présente aussi des principes, un programme d'action, des priorités (trois séries), et une structure en charge de mettre en œuvre les différents programmes. A première vue, le Nouveau Partenariat a bien l'air ambitieux tant ses priorités, sortes de piliers, touchent aux aspects qui pourraient être considérés aujourd'hui comme des fondamentaux du développement. Il s'agit de l'établissement des conditions favorables au développement durable, la réforme des politiques, l'augmentation des investissements dans les secteurs prioritaires, et une plus grande mobilisation des ressources.

Mais l'une des principales observations qui résulte de la lecture de la structure du NEPAD est que les auteurs du Nouveau Partenariat continuent d'avoir une vision inter gouvernementaliste du développement. Que les arguments que leur adressent leurs détracteurs soient largement infondés comme ils le pensent, c'est parfois vrai, mais une chose est sûre : on peut constater que le NEPAD est *« un mystère pour la société civile »*, c'est-à-dire l'ensemble des intermédiaires qui existent entre les populations et les gouvernements ; partenaires qui auraient due être incontournables dans ce processus de développement. Nous soulignions dans notre chapitre 13 le rôle que jouait la société civile dans la mise en œuvre de certaines valeurs universelles et surtout de certains programmes de développement. Il est certes prévu que la responsabilité de la mise en œuvre des programmes du NEPAD incombe entre autres à cette société civile, mais sans grande précision face à l'impérialisme étatique qui domine la structure de l'Union Africaine en général.

inter gouvernementalisme sous sa double facette (originelle et libérale) constitue l'un des schémas théoriques sur lequel on peut se baser pour expliquer au plan théorique un modèle. Dans sa forme la plus pure -inter gouvernementalisme originel- cette théorie postule, par la voix de son principal représentant, Stanley Hoffmann, la primauté du politique sur l'économie. Contrairement aux fonctionnalistes, l'intergouvernementaux originel pense que *« la décision de traiter certaines questions comme des questions techniques est elle-même une décision politique*[323] *»* L'intégration passe en cela par l'intégration des unités politiques. Par là même cette approche de l'intégration reconnaît le rôle que peuvent jouer les acteurs de la société civile et autres mouvements transnationaux. Mais tout en reconnaissant la marge de manœuvre de ceux-ci dans l'élaboration de la décision publique, il les considère comme des phénomènes secondaires. Les actions et les contacts que mènent ces acteurs non gouvernementaux, ou non politiques sont alors des *« épiphénomènes en comparaison avec la densité des interactions intergouvernementales.*[324] *»*

D'après donc inter gouvernementalisme originel ou classique de Stanley Hoffmann, les autorités étatiques restent les maîtres du processus d'intégration, contrairement à ce que pensent les fonctionnalistes qui postulent la primauté de l'économie sur le politique, ou les néo-fonctionnalistes qui espèrent voir les autorités fonctionnelles et les autorités politiques fusionner en une autorité acquérant une assise territoriale, sans laquelle il ne saurait y avoir d'intégration légitime. Dans le cadre du NEPAD, les autorités étatiques restent donc maîtres non seulement du processus de fabrication des programmes, mais également de leur coordination. Dans les coordinations nationales, plusieurs pays ont pris des mesures institutionnelles en vue de la mise en place du Partenariat et on peut distinguer quatre modèles : celui où l'organe de coordination fait partie du Cabinet du président de la République ou relève directement du président ; celui où ses fonctions sont assurées par un comité interministériel ou interdépartemental relevant du ministère des Affaires étrangères ; celui où il fait partie du ministère de l'Economie et des Finances et du Plan ; et enfin celui où il relève du ministère de l'intégration régionale/NEPAD.

Nulle part on a un organe mixte ou indépendant favorisant la participation d'autres acteurs du développement que les structures

---

[323]Battistela, op, cit, p353.

[324]Battistela, *ibidem*, p354.

centrales de l'Etat. Or aucun des arrangements institutionnels ci-dessus ne présente de grande garantie quant à ce qui est de son efficacité, tant il continue à être prouvé que la nature de l'Etat en Afrique n'augure pas toujours d'espoir dans l'émergence, la formulation, la mise en œuvre et l'évaluation des politiques publiques. Les configurations des administrations et leurs modes et logiques d'intervention ont des incidences négatives sur les exigences d'efficacité maximale pour l'appareil d'Etat au niveau de la gestion, des résultas, du rendement et du contrôle effectif des actions engagées. Bien plus, l'Etat en Afrique, malgré les évolutions et la modernisation qu'il a connu depuis le processus de démocratisation enclenché dans les années 90, reste en grande partie patrimonial. Là-bas, le chef organise sa gestion du bien public comme l'exercice de sa propriété domestique[325].

Cette attitude de inter gouvernementalisme pur dont le NEPAD peut être coupable, est fort semblable à celle qu'adoptent les réalistes, classiques et contemporains, pour qui, le seul acteur possible des relations internationales est l'Etat dont les gouvernements sont les agents spécialement chargés d'entretenir les rapports avec les homologues étrangers. Par là même, quelque soit l'importance des phénomènes non étatiques, la politique internationale ou vie internationale, implique un rôle dominant des détenteurs du pouvoir politique dans un pays face à d'autres pays. Les initiatives non politiques sont alors traitées comme des éléments secondaires. C'est dans ce sens que Marcel Merle dira que c'est l'Etat, «...*flanqué de ses agents qui demeure l'acteur central, et c'est autour de la stratégie qu'il déploie que s'ordonne les fils conducteurs de la politique internationale*[326] ».

Pour les réalistes soucieux donc de la prépondérance de l'Etat dans les relations internationales en général, «...*tout est politique et l'intervention de l'Etat permet d'objectiver les multiples demandes du corps social*[327] ». Jean-Jacques Roche a parlé récemment de « *retour*

---

[325] Relire avec profit à cet effet Zaki Ergas (ed): « *The african state in transition* », MacMillan Press, 1987 in Jean François Médard : « *Etats d'Afrique noire : formation, mécanismes et crise* », Khartala, 1991 ; Jean-François Bayard : « *L'Etat en Afrique* », Paris, Fayard, 1989…

[326] Merle, op, cit, p321.

[327] Jean-Jacques Roche : « *Théorie des relations internationales* », Paris, Montchrestien, coll. clefs, 1999, p26.

de l'Etat dans les relations internationales ». Il refuse par là même de croire que la puissance publique aurait pu, à un moment donné, cesser d'être l'acteur principal sur la scène internationale, et ne conçoit pas qu'on ait pu succomber *« aux sirènes d'un monde post-moderne où la puissance publique était contestée par le haut d'une société civile devenue mondiale, et par le bas, par des individus émancipés de leur allégeance citoyenne exclusive*[328]*».* Cette attitude de la position et de la place de l'Etat dans les relations internationales rejoint celle de Samy Cohen qui s'inscrit en faux contre le paradigme qui postule l'impuissance des Etats à contrôler les acteurs transnationaux, et souhaite rappeler clairement à l'attention des transnationalistes la prépondérance des Etats dans la vie internationale[329].

Mais cette similitude entre l'intergouvernemtalisme de Hoffmann et le réalisme n'est qu'apparente, et Dario Battistela refuse de considérer le premier comme une nième variante du second. La cause selon lui en est que Hoffmann, par opposition à Waltz ou Mearscheimer, est sceptique face à l'avènement d'une nouvelle entité politique supranationale, garante certes du processus d'intégration, mais susceptible de porter atteinte aux souverainetés étatiques et aux composantes essentielles des identités nationales[330].

---

[328] Roche : « *Le retour de l'Etat dans les relations internationales* » in Chaigneau Pascal (sous la direction) « *Enjeux diplomatiques et stratégiques 2005* », Economica, 2005, p21.

[329] Cohen : « *La résistance des Etats : les démocraties face aux défis de la mondialisation* » *(2003),* Paris, Seuil, 2003. Dans le même ordre d'idées on peut lire du même auteur : « *Les États face aux nouveaux acteurs* », *Politique internationale*, N°107, printemps 2005, pp.409-424 ; « *ONG, altermondialistes et société civile internationale* », Revue française de science politique, 54 (3), juin 2004 ; « *Les ONG sont-elles altermondialistes?* », *Humanitaire*, 9, hiver 2004 ; « *Le pouvoir des ONG en question* », *Le Débat*, 128, janvier-février 2004 ; « *Les ONG ont déminé la moitié du terrain* », in *Alternatives Internationales*, 6, janvier-février 2003…

[330] Pour Dario Battistela, il n'est pas facile de coller une étiquette paradigmatique sur S.Hoffmann. Mais sachant qu'il a été un élève d'Aron, la moins mauvaise façon de le définir consiste peut-être de voir en lui un aronien qui a évolué vers le libéralisme stato-centré, en accordant au fur et à mesure de ses réflexions davantage de poids aux facteurs internes par rapports aux facteurs externes. Battistela, op, cit, p356.

2. Le risque de marchandages intergouvernementaux

A côté de inter gouvernementalisme originel, on a une autre forme, révisée peut-être et qui porte la marque de fabrique du libéral Andrew Moravcsik. Cette approche reconnaît avec inter gouvernementalisme pur que le politique reste la clé de l'intégration. Mais Moravcsik refuse de considérer les Etats comme *« des boules de billard ou des boîtes noires »* dont les positions seraient rigides, alors que les intérêts qu'ils défendent sur la scène internationale proviennent bien des *« marchandages intergouvernementaux »* qui ont lieu entre les autorités étatiques et les acteurs sociétaux internes. Comme le dit Battistela, l'auteur postule la rationalité de l'acteur étatique en considérant l'hypothèse inter gouvernementaliste de l'exercice du pouvoir comme *« résultant d'un marchandage stratégique entre Etats et l'hypothèse libérale de la formation des préférences nationales au niveau sociétal.*[331] *»*. En somme, l'intégration chez Moravcsik dépend de deux aspects : d'une part la pression que les acteurs sociétaux peuvent exercer sur leurs gouvernements qui peuvent mieux satisfaire leurs intérêts que le niveau régional, et de l'autre côté, l'intérêt qu'ont les gouvernants de favoriser la création d'institutions régionales, vu la marge de manœuvre que celles-ci leur permettent de récupérer dans leurs rapports avec leurs propres acteurs sociétaux internes[332]. Moravcsik nous présente donc une approche de inter gouvernementalisme dite libérale qui est une sorte de synthèse entre l'approche néo fonctionnaliste (fusion entre les unités fonctionnelles et les unités politiques), et inter gouvernementalisme originel (les décisions techniques impliquent, pour être légitimes, les décisions politiques). Moravcsik *« repolitise »* donc l'intégration régionale, comme il l'a fait pour le cas de la construction européenne.

Les déclarations officielles du NEPAD reconnaissent bien que l'Afrique regorge de ressources et de compétences humaines pour lancer *« une guerre mondiale contre la pauvreté et le sous-développement »*. Elles affirment même que le nouveau partenariat réussira, à la seule condition d'être pris en charge par les peuples africains unis dans leurs diversités. Mais que constate-t-on ? Tous les

---

[331] Battistela, *ibidem*, p358.
[332] Battistela, op. cit, p360.

comités prévus pour mettre en œuvre les programmes sont composés de représentants de chefs d'Etats et des gouvernements. Une omission assez régulière dans la quasi totalité des Plans africains. Le Plan du Caire (2000) parle de façon lapidaire de « *reconnaître le rôle des ONG dans la création et le maintien d'une société civile dynamique* », et non en tant que partenaires à part entière dans la fabrication des projets de développement. Les programmes deviennent par là même, une question de volonté exclusive des pouvoirs publics, alors qu'il n'est plus un secret pour personne, qu'au cours de la conduite des politiques publiques et à tous les moments de l'action publique, comme le souligne Bruno Jobert, « *l'autorité publique doit négocier, trouver des moyens d'accommodement avec des organisations et des groupes qui disposent en fait de larges marges d'autonomie d'action*[333] »

C'est dire que l'action publique est désormais non seulement polycentrique, mais aussi négociée. Le polycentrisme de l'action publique découle de l'approche pluraliste qui reste largement indexée aux travaux américains centrés sur l'analyse des processus décisionnels (Dahl, 1961). Contrairement à l'approche étatique, elle tend à s'organiser autour de l'idée selon laquelle, l'Etat est le résultat de processus sociaux irréductibles. Loin de façonner la société, la puissance publique est dès lors le produit de l'interaction entre des groupes librement formés et constitue une sorte de « *voile* » complètement perméable aux intérêts et à la compétition des groupes qui caractérisent les logiques sociales[334]. Pourtant dans le cadre du NEPAD, l'Etat reste là, et la centralisation des initiatives persiste quand bien même il est partout prouvé que l'une des principales causes de l'échec des politiques de développement tient à la concentration des initiatives de développement entre les mains de la puissance publique. Sous d'autres cieux ce monopole ne s'impose plus. L'Etat n'est plus «... *le centre d'impulsion unique* » des

---

[333] Jobert Bruno : *« Représentations sociales, controverses et débats dans la conduite des politiques publiques »*, Revue française de science politique, 1992, p226

[334] Pierre Muller et Yves Surel : « *L'analyse des politiques publiques* », Montchrestien, 1998, p38.

décisions. Il est désormais un des acteurs de l'action collective publique aujourd'hui « *hautement concurrencée*[335] ».

L'action publique est par ailleurs négociée dans ce sens où elle est désormais la résultante d'une *« contractualisation »* ou d'une gouvernance où des acteurs divers, publics et privés, nationaux, subnationaux et transnationaux, « *tentent de trouver des accords pour établir des projets de dispositifs concrets de politique publique qui garantissent leurs intérêts, parfois divergents...*[336] » L'obsolescence qui frappe plus que jamais les méthodes de l'action publique de la majorité des Etats africains est certain ; des Etats dont nombre ont hérité, selon les universalistes, des pratiques politico institutionnelles de l'occident en général et de la France en particulier[337].

Le NEPAD semble donc nous présenter une vision inter gouvernementaliste du développement, qui, dans sa version « *libérale* », selon A. Moravcsik, repose au moins sur deux éléments : la rationalité des acteurs étatiques[338], et la large place accordée au

---

[335]Gilles Massardier « *Politiques et action publiques* », Paris, Armand Colin, 2003, p83.

[336]Massardier, *ibidem*, p 83.

[337] La tentation de faire de l'Etat en Afrique et en France une seule et même réalité est assez grande dans la mesure où l'on considère que c'est l'Etat occidental qui a été exporté dans la presque totalité des pays francophones (voir entre autres la note critique que fait Marcel Merle sur l'ouvrage de Bertrand Badie : *« L'Etat importé »*, Revue Esprit, n°197, décembre 1993) On parle même dans le cadre de certain pays d' *« Etat inventé »* de *« greffe »* ou de *« pales copies »* de systèmes politiques et sociaux européens les plus opposés (Basil Davidson : *« The black man's burden : Africa and the curse of the nation-state"*, New York, Times Book, Random House, 1992. Lire aussi Luc Sindjoun d' *« Etat ailleurs » (2002)*, Badie (1987, 1992)... Jean-François Bayart est par extension contre les présupposés culturalistes, contre lesquels il s'élèvera encore davantage dans *« L'illusion identitaire »* (1996) qui le conduira à tenter de saisir l'historicité de l'Etat à travers les pratiques de l'imaginaire social et de la culture matériel du politique.

[338] La rationalité des acteurs étatiques ou rationalité des choix est l'un des piliers sur lequel repose le modèle de la décision rationnelle. Elle postule que les choix des décideurs politiques résulteraient d'une analyse utilitariste en termes de coûts bénéfices. Or selon l'Analyse décisionnelle qui rompt avec cette approche- avec bien d'autres théories classiques récentes des relations internationales- la décision, notamment en politique étrangère est confrontée aux conditions dans lesquelles elle est prise, aux difficultés auxquelles les décideurs sont confrontées, le poids des valeurs, de l'idéologie, le mode de perception des contraintes externes et internes, l'élasticité de la notion d'intérêt national. (Samy Cohen : 1998 ; 76-77).

bargaining entre Etats pour échanger des services dans les systèmes d'alliance dans le cadre de la règle du non vote ou du vote à la majorité qualifiée selon le système de pondération. C'est en partie cette approche qui continue à dominer l'analyse des politiques publiques au sein l'Union européenne comme le remarque Gilles Massardier, à côté des visions néo-fonctionnalistes et de *« l'intégration par la coopération »* des Etats[339].

On peut donc poser que le NEPAD en voulant africaniser les programmes de développement reste tout de même enfermée dans une sorte de statocentrisme, modèle classique des relations internationales qui repose sur les accords entre les Etats et qui fait dépendre les politiques de développement de leur seule volonté ou de celle de leurs représentants. C'est dire à quel point notre vision du développement est restée insensible aux évolutions contemporaines. C'est donc une approche de l'intégration et du développement qui reste statocentrée, attitude dans l'ensemble qui selon Dario Battistela «*...n'est plus considéré que comme perspective parmi d'autres au sein des relations internationales contemporaines, du moins par les acteurs qui ne se réclament pas du réalisme*[340] ».

Alors que les politiques publiques et les programmes et projets qui en découlent sont désormais inscrits, comme c'est le cas au sein de l'Union européenne, dans le cadre d'un enchevêtrement des trois niveaux d'action publique (international, régional et territorial), le NEPAD continue à faire fi du déclin de l'interventionnisme étatique en niant systématiquement le rôle que peuvent jouer d'autres acteurs du développement.

---

[339] Massardier, op, cit, p190.
[340] Battistela, op. cit. p26.

Section 2

Les limites de l'inter gouvernementalisme et les réponses éventuelles

Si on laisse de côté le Rapport Philips qui avait été rejeté à Accra par l'OUA lors de sa session de décembre 1958, le continent noir, de sa propre initiative est avec le NEPAD, au moins à son septième Plan de développement. On a connu le Plan de Lagos et son Acte final de 1980, le Programme prioritaire de redressement économique pour l'Afrique, PPREA, 1986-1990, le Programme d'Action des Nations Unies pour le redressement économique et le développement de l'Afrique, PANUREDA, 1986-1990. Citons évidemment aussi le traité d'Abuja instituant la Communauté économique africaine de 1991 entré en vigueur en mai 1994 ; le Cadre africain de référence pour les programmes d'ajustement structurels en vue du redressement et de la transformation socio-économique, CARPAS, et le Plan d'action du Caire adopté lors du premier sommet Afrique-Europe sous l'égide de l'OUA et de l'UE en 2000.

Reconnaître et mettre en lumière les erreurs commises par nos dirigeants dans ces différents plans, ce n'est pas flétrir leur mémoire ni désavouer les modèles que les penseurs du développement et de l'intégration de l'Afrique ont professés d'âge en âge. Mais l'intérêt de l'efficacité doit désormais l'emporter dans une Afrique qui a jusqu'ici beaucoup attendu son développement. Au regard donc de son modèle d'intégration qui est basé en grande partie sur inter gouvernementalisme, le NEPAD aura donc le défaut de n'avoir pas su tirer les leçons des échecs des plans antérieurs. Par là on constatera que la configuration structurelle dans le cadre du NEPAD met en mal au moins trois principes fondamentaux qui sont source de réussite des politiques publiques : la subsidiarité, la partenariat et l'additionnalité[341].

---

[341]Pour Massardier, handicapée par l'inexistence des moyens d'action traditionnels sur le territoire, l'Union européenne s'est dotée de ces trois principes qui lui

1. Le principe de subsidiarité

La subsidiarité est « une procédure de répartition des compétences en politiques publiques qui consiste à laisser agir les instances politico administratives les plus proches des problèmes tout en permettant, en cas d'inaction de ces dernières, aux instances les plus éloignées des problèmes à agir en dernier ressort pour remplir les objectifs qu'elles ont fixés[342] ». Au sens de l'Union européenne, le véritable intérêt de la subsidiarité est d'introduire un double souci d'efficacité et de démocratie[343]. Efficacité dans la mesure où d'une manière générale, plus l'échelon de décision et de gestion est éloigné du « terrain », plus l'action a de chances d'être inadaptée et mal appliquée. C'est la diversité des situations et des traditions locales d'une formule bien adaptée aux réalités de certains territoires qui en appelle à l'application de la subsidiarité. La perspective des solutions uniformes n'est pas toujours la plus efficace.

La subsidiarité présente également un intérêt au plan de la démocratie dans la mesure où elle permet de prendre les décisions les plus proches des citoyens. C'est là un élément de viabilité démocratique car plus l'échelon de décision est proche des citoyens, mieux la responsabilité des dirigeants est facile à établir.

Dans ce sens, autant pour nous l'échelon national est réputée a priori inefficace, notamment dans la mise en œuvre des programmes, autant c'est l'échelon communautaire qui est reconnu moins efficace que l'échelon national. Et c'est seulement lorsque l'échelon communautaire est seul à même de réaliser un objectif qu'il doit en recevoir la pleine responsabilité.

Au sens large, la subsidiarité en appelle à une pluralité d'acteurs travaillant sur les questions relevant du domaine de l'intégration des Etats. En cela, les institutions régionales, les Etats, les organismes de

---

attachent malgré tous, les bénéficiaires et de ses programmes et les budgets. En plus, la dynamique non prévue par les textes européens qui émerge des échanges internes au continuum d'acteurs ainsi lié par la mise en œuvre des programmes européens forge un système d'action public européen « *multi-niveau* ». op. cit. p252.

[342] Cette définition est donnée par Gilles Massardier qui se réfère à l'article 5 de la CE inséré dans la traité de l'Union européenne. Massardier, op. cit. p212.

[343] Voir à cet effet le rapport de la Délégation du Sénat pour l'Union européenne sur « *L'application du principe de subsidiarité* », rapport 46- 1996/1997.

recherche, les organisations de solidarité internationale, les ONG et les collectivités locales, et plus généralement l'ensemble des acteurs scientifiques, universitaires, sociaux économiques et territoriaux sont tous des pourvoyeurs d'idées et de pratiques novatrices à exploiter[344]. A la fois nécessité et norme juridique, au moins pour ce qui est d'espaces dont l'intégration est suffisamment avancée comme c'est le cas pour l'Union européenne, la subsidiarité institue le principe selon lequel des instances aussi éloignées des préoccupations de base des populations, ne doivent intervenir qu'en cas d'extrême nécessité pour cause de déficit de financement par exemple ou d'arbitrage entre intérêts divergents. Mais cette subsidiarité fait allusion aux relations entre les organisations régionales et les Etats, soit dans le sens du fonctionnalisme (Mitrany) soit dans le sens du néo-fonctionnalisme (Haas). La subsidiarité qui nous préoccupe concerne à la fois les organisations régionales (Union africaine et le comité de mise en ouvre du NEPAD), les Etats (pour l'émergence et la formulation alors que leur faillite est avérée) les acteurs infra, sub et transétatiques et non étatiques. C'est donc une subsidiarité à trois niveaux. Dans ce cas l'intervention des acteurs non gouvernementaux devient le principe et celle de l'Etat et des instances régionales l'exception. On dépasse ainsi le fonctionnalisme, le néo-fonctionnalisme pour atteindre une approche multi niveaux des programmes de développement.

Le NEPAD en établissant un large partenariat avec tous ces acteurs- c'est déjà le cas avec les Etats- pourrait repenser et renforcer ses stratégies et conduire les priorités avec beaucoup de chances de réussite. La subsidiarité réaffirme le rôle éminent que jouent les acteurs divers, publics et privés, infra étatiques et transétatiques dans le rapprochement entre les décisions et les priorités des populations. Que l'on soit dans le cadre d'une subsidiarité de convergence, une subsidiarité stratégique et beaucoup moins dans une subsidiarité de

---

[344] L'intérêt pour le pays africain de s'ouvrir de plus en plus au secteur privé tient au moins à deux raisons : d'abord le bilan largement négatif des politiques post-indépendances axées sur le rôle central de l'Etat en matière de planification et de gestion du développement économique ; ensuite l'exigence des prévisions statistiques qui prévoient le passage de la population africaine à 1.200 millions en 2020, or pour faire face à cette explosion démographique, les pays de l'Afrique subsahariens doivent faire passer la part des investissements de leur PIB de 15% à 25%. Pour y parvenir il faut une forte contribution du secteur privé. Cf.: José Antonio Sequera Carvalho : « *Enjeux géopolitiques et nouvelles approches pour la coopération au développement* », L'Harmattan, 2003, pp135-138.

protection nationale pour ce qui est des politiques publiques au sein de l'Union européenne[345], l'intérêt de la démarche est qu'elle permet de répondre de la manière la plus adaptée et la plus directe aux besoins des populations. Elle favorise ainsi une plus grande implication de tous acteurs à la fabrication des politiques de développement.

2. Partenariat et additionnalité

Le partenariat et l'additionnalité dans le cadre d'une intégration régionale -tout comme pour ce qui est des politiques publiques internes- supposent avant tout la reconnaissance mutuelle de tous les acteurs pouvant intervenir dans le cadre de l'émergence, la formulation et la mise en œuvre des plans de développement. Cela suppose par ailleurs que le polycentrisme soit structurellement un principe reconnus et appliqués dans le processus de l'action publique. Les instances centrales -le sommet des chefs d'Etats et de gouvernement pour ce qui est du NEPAD- doivent associer leurs choix à ceux d'autres acteurs que sont les collectivités locales, les entreprises, les associations. Massardier examinant le cas de l'Union européenne parle de *« faire agir les autres… en faisant agir ensemble »*. C'est ce que font les fonds structurels de l'Union européenne qui d'après les termes de l'auteur, représentent une arme essentielle du processus d'européanisation des politiques publiques en mobilisant tous les partenaires de l'Union dans les projets qu'elle finance[346]. Ceci ne veut pour autant pas dire que le système européen est aussi simple que veut le présenter Massardier. Bien au contraire avec Jacques Delors on sait depuis que l'Europe est un *« objet politique non-identifié »*.

Au projet d'Etat fédéral conçus par Jean Monnet et les autres pères fondateurs, on est arrivé aujourd'hui selon l'expression de Jean-

---

[345] Dans le cadre de la subsidiarité de convergence les institutions régionales laissent aux Etats les moyens de mettre en œuvre leurs décisions. La convergence est celle des objectifs et non des dispositifs concrets des politiques publiques qui restent l'apanage des gouvernements nationaux. La subsidiarité stratégique permet aux Etats d'échapper aux contraintes imposées par la réglementation communautaire. Et la subsidiarité de protection nationale est un moyen pratique d'imposition d'un statu quo dans la non harmonisation des législations nationales. Massardier, op. cit. p212 et 213.

[346] Massardier, op, cit, p252.

Louis Quermone à « *un ensemble complexe à dominante technobureaucratique*[347] ». L'auteur décrit le système politico administratif établi par la Communauté européenne comme un « *corps étranger* » fait d'un ensemble institutionnel compliqué, grevé des exigences des souverainetés nationales. Pareille architecture ne saurait alors toujours rendre effective la collaboration entre les différents acteurs devant tous concourir à la fabrication des politiques publiques.

Au nombre de contraintes que soulevait l'Assemblée générale de l'ONU dans son premier rapport complet sur le NEPAD[348], se trouve en bonne place la faiblesse du lien entre le Comité des Chefs d'Etat et de gouvernement et les communautés économiques régionales. Bien plus l'AGNU en encourageant les efforts qui étaient faits pour associer le secteur privé et la société civile dans la mise en œuvre du NEPAD, n'était pas consciente de l'impasse que celui-ci fait aux autres acteurs du développement. On reste donc ancré dans une approche interétatique ou intergouvernementaliste qui fait ressortir la prééminence de la Conférence des Chefs d'Etat et de gouvernement, celle des autorités politico administratives nationales avec le Conseil des ministres et les commissions techniques intergouvernementales…Cet interétatisme que veut perpétuer le NEPAD postule donc une intégration par les unités politiques, donc par le haut, faisant fi des acteurs non étatiques et subétatiques proches des réalités des populations pour les uns et détenteur de capacité de résorption des besoins sociaux pour les autres. Les autres acteurs sont considérés comme des phénomènes secondaires, des épiphénomènes. Quand leur rôle est reconnu leur action est légitimée dans le cadre d'institutions régionales.

Le partenariat et l'additionnalité signifient donc une bonne collaboration de tous les acteurs tout au long du processus de fabrication des plans de développement. C'est l'association étroite entre les institutions régionales et locales, les acteurs non étatiques et sub-étatiques avec l'instance communautaire, démarche qui n'est jusque-là pas clairement définie pas le NEPAD. Mais le Nouveau Partenariat s'en trouve t-il pour autant condamné à l'inefficacité ?

---

[347] Quermone Jean-Louis : « *Existe-t-il un modèle politique européen?* » Revue française de science politique, vol 40, numéro 2, 1990, p192.

[348] Rapport cité, op. cit.

Section 3

Vers une approche multi niveaux

Force est de constater que comme toute œuvre humaine, le NEPAD ne semble pas parfait, pas plus que ne l'ont d'ailleurs été les plans antérieurs de développement de l'Afrique qui s'élèvent à une dizaine aujourd'hui[349]. Au nombre de critiques[350] et de réserves peut-être un peu hâtives- l'histoire inachevée n'impose pourtant pas de vérité- se situent en bonne place les questionnements sur le nouveau processus bureaucratique qu'il créé et qui sera chargé de la mise en œuvre de ses programmes[351]. Il s'agit d'une structure verticale de trois niveaux ayant à sa tête, le comité des chefs d'Etat et de Gouvernement (en charge de la mise en œuvre des programmes), le Comité pilote

---

[349] Plusieurs critiques sont adressées au NEPAD dont celles selon laquelle le Partenariat s'inscrit trop dans un schéma néo-libéral incapable de sortir l'Afrique de la crise du développement, qu'il dépend trop de l'extérieur pour son financement, qu'il repose sur le G 8 et ses conditions unilatérales rappellent étrangement tant dans la forme que dans le fond, la façon de procéder de la Banque Mondiale et du FMI.

[350] L'une des grandes inquiétudes porte sur le financement du NEPAD qui est estimé à 100 milliards de dollars devant provenir essentiellement de l'Aide extérieure et des investissements extérieurs. Le débat reste donc ouvert sur la question de savoir s'il y a des pays qui se sont développés par l'Aide extérieure. Dans les rapports entre la France et les pays receveurs de son Aide un seul cas peut être cité, celui de l'Ile Maurice qui est la seule nation ayant tiré de l'Aide reçue les moyens de déclencher son propre développement. Mais les conditions là-bas sont tellement particulières qu'elles sont non reproductibles, et en tout cas non exportables (Michel Rocard : « *Pour une autre Afrique* », Flammarion, 2001.)

[351] Cette inquiétude constitue l'une des critiques que formule Mme Short, secrétaire d'Etat du Royaume Uni pour le développement international, qui pense que plutôt que de créer de nouvelles rencontres et de nouveaux processus bureaucratiques, le NEPAD, pour réussir, doit transformer la relation entre l'Afrique et le reste du monde. Il doit en cela apporter une nouvelle pulsion, une nouvelle énergie politique et une convergence des efforts internationaux pour pousser le développement en Afrique en avant. Cf. discours de l'intéressée lors d'une visite en Afrique du Sud et où l'initiative du Réseau régional de l'Afrique australe de lutte contre la pauvreté (SARPIN) elle était invitée à s'exprimer sur le NEPAD.

comprenant les représentants personnels des Chefs d'Etat et de Gouvernement (en charge de la surveillance des projets et des programmes de développement), enfin le Secrétariat qui coordonne l'exécution des projets et des programmes approuvés par le Comité des Chefs d'Etat et de Gouvernement.

Sans préjuger de la réussite que peuvent avoir dans l'intégration régionale africaine les pratiques européennes en matière de politiques publiques, on est tenté d'esquisser une approche similaire dans le cadre du NEPAD. Notre démarche dans ce cas consiste juste à faire œuvre de comparatisme. A défaut de recourir à l'expérimentation exigée dans les sciences de la nature, la méthode comparative dans les sciences sociales constitue un substitut nécessaire. Pour Durkheim quand la production des faits n'est pas à notre disposition et que nous ne pouvons les rapprocher tels qu'ils se sont spontanément produits, la méthode est donc celle de l'expérimentation indirecte ou méthode comparative[352].

1. Un enchevêtrement à l'européenne

L'analyse des politiques publiques européennes fait ressortir un enchevêtrement de plusieurs niveaux d'action publique. C'est un ordre politique qui met en relation l'Europe, les Etats, les niveaux infra étatiques et les groupes d'intérêts dits européanisés. Cette architecture multi niveaux est perçue comme rendant complexe la fabrication des politiques publiques européennes. C'est le point de vue de Gilles Massardier et dans une certaine mesure celui de C. Lequesne. Celui-ci voit dans les politiques publiques européennes « *un jeu de configurations multiples et propose une nécessaire analyse multifactorielle* » pour la compréhension de ces phénomènes qu'il juge complexes entre les niveaux d'action et les multiples acteurs européens[353]. Mais Kohler-Koch (2000) trouve ici que les formes

---

[352] Durkheim Emile : « *Les règles de la méthode sociologique* », Paris, Flammarion, 1998 in Mény Yves et Surel Yves, op. cit, p8. Sur la méthode comparative on peut aussi lire de façon bénéfique Montesquieu : « *De l'esprit des lois* », Paris, Gallimard, 1995 ; Tocqueville (De) Alexis : « *L'Ancien régime et la révolution* », Paris, Gallimard, 1967 ; Weber Max : « *Economie et société. 1. Les catégories de la sociologie* », Paris, Pocket, 1995 ; Almond G. et Powell G : « *Comparative Politics* », Boston, Little Brown, 1966….

[353] Lequesne, 1999 in Massardier, op, cit, p192.

décisionnelles y sont tout de même fluides et peu hiérarchisées, ce qui laisse une place importante à la coordination des réseaux faits d'acteurs de natures diverses (publics, privés, nationaux, transnationaux…).

Les appréciations sont donc divergentes. Soit on peut voir dans le système européen des politiques publiques, une architecture bureaucratique qui impose aux Etats sa volonté, soit c'est un système qui permet la négociation entre les différents acteurs : les institutions européennes, les Etats et les acteurs divers. C'est encore tout le débat entre inter gouvernementalisme et néo-fonctionnalisme. Le néo-fonctionnalisme de Haas s'intéresse à l'intégration économique dans laquelle il voit le préliminaire d'une marche devant aboutir à « *une nouvelle communauté politique se surimposant aux communautés préexistantes*[354] »

2. Vers un modèle original de politiques publiques

Vu la réussite quasi incontestable de certains politiques de la Commission Européenne (PAC) il est possible de voir dans le système européen une architecture complexe et hautement concurrentielle qui permet néanmoins de définir un modèle original de politique publique. Massardier parle d'un « *processus hybride et complexe de fabrication des politiques publiques européennes où les différents niveaux d'action et d'acteurs rivalisent et s'accordent à la fois pour définir les standards européens des politiques publiques.*[355] » Cette démarche, tout en maintenant la souveraineté des Etats dans les domaines relevant des compétences régaliennes (sorte de subsidiarité de protection nationale exagérée), fait participer d'autres acteurs dans le paysage des politiques publiques. Sans toutefois désouverainiser les Etats (contre les inter gouvernementalistes), ou déposséder les institutions régionales (fonctionnalisme et néo fonctionnalisme), l'approche multi niveaux fait déménager l'analyse des politiques publiques. Convenons donc avec Gilles Massardier que certes les institutions européennes s'imposent comme des acteurs incontournables dans la fabrication des politiques publiques européennes, mais elles dessinent en même temps ce qu'il appelle un

---

[354] Battistela, op, cit, p345.
[355] Massardier, op, cit, p193.

« *style* » inédit des politiques publiques fait de niveaux d'actions et d'espaces enchevêtrés propices à un polycentrisme et à la négociation[356]. Ici c'est la Commission qui est identifié comme un espace de compromis entre tous les acteurs européens.

L'examen du NEPAD laisse voir que sont ainsi ignorées plusieurs approches de l'intégration et du développement : le fonctionnalisme (D.Mitrany), le néo-fonctionnalisme (E. Haas), la gouvernance multi niveaux…. Les textes ne dévoilent pas la manière dont se fera la collaboration entre les structures de mise en œuvre des programmes du NEPAD et les organisations fonctionnelles africaines existantes. Il garde également secrète la relation entre le NEPAD et d'autres acteurs comme les collectivités locales, les ONG, les opérateurs privés. Etait ainsi relevés entre autres, la faiblesse du lien existant entre le comité des chefs d'Etats et de gouvernement chargé de la mise en œuvre et les communautés économiques régionales. Peut également une préoccupation la faible capacité institutionnelle nécessaire pour planifier et exécuter des programmes de développement au niveau des pays et des régions. Toutes choses qui font alors planer une ombre sur les efforts que peuvent consentir les pays africains en faveur de la mise en œuvre du Nouveau Partenariat[357].

Bien plus, l'intégration par la coopération est aussi ignorée. Pourtant c'est une sorte de compromis entre l'intergouvernemetalisme et d'autres approches comme le néo-fonctionnalisme. Gilles Massardier parle pour ce qui est de l'Union européenne de « *syncrétisme institutionnel innovant* » ou de « *nouveau modèle* » qui partagerait donc les compétences entre les niveaux régionaux et nationaux. Ici l'autonomie des institutions régionales côtoie la volonté des gouvernements nationaux qui maîtriseraient le processus d'intégration des politiques[358].

Le souci doit être de voir les autres acteurs du développement faire partie prenante du processus de fabrication des politiques, programmes et projets. Dans l'établissement des critères de référence

---

[356] Massardier, *ibidem,* p194.

[357] AGNU, Le Nouveau Partenariat pour le Développement de l'Afrique, premier rapport complet sur les progrès de la mise en œuvre et de l'appui international, août 2003.

[358] Massardier, op. cit. p190.

(benchmarking[359]) on gagnerait à impliquer ces acteurs dans le choix et l'évaluation des objectifs. Cette approche qui entraîne incontestablement une négociation verticale et non pas seulement horizontale entre les différents acteurs, suppose que la détermination des priorités et la sélection des indicateurs de performance se fera par un processus de dialogue ouvert. Celui-ci permettra d'assurer que les indicateurs ne sont pas le fait des gouvernements centraux, et donc éloignés des priorités locales des populations. Par là même il sera possible d'approcher la légitimité nécessaire à tout plan de développement et l'efficacité si utile pour une intégration régionale. Dans le cadre de la coopération entre la Commission européenne et les pays en développement, le processus de dialogue se fait dans le cadre des Documents de Stratégie pour le Réduction de la Pauvreté (DSRP). En théorie, les indicateurs élaborés se réfèrent à des priorités nationales et sont agréés par les gouvernements bénéficiaires des aides communautaires. Mais la pratique a souvent montré que les DRSP sont influencés par les priorités économiques des institutions de Bretton Woods et sont souvent rédigés sans vraie participation des représentants directs de la population[360].

Une approche multi niveaux suppose le contraire. Elle signifie l'élargissement du cadre de la coopération en incluant les acteurs sub-étatiques (ASE) et non étatiques (ANE) dans le processus d'intégration. La légitimé de ces derniers tient à leurs expériences diverses et leur proximité par rapport aux populations. Ce sont donc des interlocuteurs privilégiés dans la fabrication des plans de développement. On sait bien que dans plusieurs pays d'Afrique où la faillite de l'Etat persiste et où l'administration n'est pas toujours fonctionnelle, ce sont les églises et les ONG qui assurent les services

---

[359] Le Benchmarking est un outil ancré dans la pratique qui sert à évaluer la coopération pour le développement. Les Benchmark sont des objectifs qui offrent un cadre pour le dialogue politique entre le pays donateur et le pays bénéficiaire autour des objectifs agréés par les deux partenaires. Lire à ce sujet de façon utile le rapport d'EurAc *« Pour une coopération européenne au service de la paix. Eléments de contenu et indicateurs de suivi pour un dialogue politique avec l'Afrique centrale.»*, in www.Eurac-network.org, décembre 2005.

[360] Pourtant l'Accord de Cotonou prévoit bien que le dialogue soit ouvert aux organisations régionales et sous-régionales, ainsi qu'aux représentants de la société civile. Cela présente sans doute des contraintes qui rendent l'approche complexe, mais le rapport d'EurAc cité pense qu'il est important que les termes de référence et les résultats du dialogue soient au moins transparents et ouverts.

de base en réponse aux droits fondamentaux de la personne : santé, éducation- formation, accès à l'eau potable…

Section 4

La réforme des politiques au sein du NEPAD

Tous les discours officiels présentent le NEPAD comme un enjeu de grande importance. L'idée est qu'il repose sur la conscience qu'ont les responsables africains d'inverser les tendances actuelles à l'œuvre en Afrique. La dizaine de plans élaborés et adoptés jusque-là n'a nullement permis d'éviter cette situation, même si des progrès notables ont pu être relevé de part et d'autres. C'est pour quoi nous sommes nombreux à vouloir croire que le NEPAD est la voix de salut pour corriger les loupés et les ratés que les dirigeants africains et leurs partenaires du Nord ont commis de génération en génération. C'est pourquoi nous continuerons à passer en revue les grands aspects du Programme afin de voir ceux qui sont opérationnels et ceux qui nécessitent une véritable correction.

1. Les grands aspects du Programme

Des quatre axes prioritaires sur lesquels le Nouveau partenariat oriente son action se trouve en bonne place la question de la réforme des politiques. Autrement dit le NEPAD s'engage à orienter son action sur l'amélioration de la manière dont les Etats africains fabriquent leurs politiques publiques nationales. C'est s'intéresser aux processus par lequel sont élaborés et mis en place des programmes d'action publique, c'est-à-dire des dispositifs politico administratifs coordonnés en principe autour d'objectif explicites. Il s'agit de reformer la *policy making*[361].

---

[361] Remarquons que dans la littérature spécialisée, les définitions des politiques publiques vont de la qualification minimale, « *tout ce que le gouvernement décide de faire ou de ne pas faire* » (Howlett, Ramesh, 1995, p4), à des définitions plus complètes, où la politique publique « *se présente comme un programme d'action gouvernementale dans un secteur de la société ou dans un espace géographique : la santé, la sécurité, les travailleurs immigrés, la ville de Paris, la communauté européenne...* » (Mény, Thoenig, 1989, p130). Faire ressortir la dimension

Cela revêt un intérêt de premier ordre dans la mesure où l'état des lieux du développement du continent prouve bien que l'Etat, principal intervenant dans l'action publique n'a pas été capable d'assurer l'allocation des biens et services nécessaires au bonheur des populations. Son action est aujourd'hui à revoir. Il est sans cesse prouvé que l'échec des économies dirigées de la guerre froide, l'influence croissante des institutions financières internationales, les conditionnalités assorties aux programmes de réformes économiques imposés aux pays africains de l'extérieur, ainsi que l'incidence de la mondialisation sur le contrôle que les Etats nations exercent sur leurs politiques intérieures ont changé le rôle de l'Etat dans le développement. (Morales- Gomez Daniel A et al. 1999, 6). Par là même, reformer les politiques revient à revoir l'action publique. Cela ne revient plus seulement comme le pensent Pierre Muller et Yves Surel, à réfléchir sur la place et la légitimité de l'Etat en tant que forme politique abstraite, mais à comprendre les logiques à l'œuvre dans ses différentes formes d'intervention sur la société. Il est par ailleurs question d'identifier les modes de relations existants entre acteurs publics et privés, et à comprendre comment l'action publique recouvre des dynamiques floues et évolutives de la frontière entre Etat et société[362]. Si le NEPAD, seul document stratégique cadre de lutte contre la pauvreté et de soutien au développement en Afrique admis par l'ensemble de la communauté international, reconnaît qu'il faut reformer les politiques en Afrique, c'est qu'il admet par ailleurs que l'Etat doit désormais être modeste. Il n'est plus *«...cette forme sociale absolue de l'histoire*[363] *»*

Mais réformer les politiques publiques de plusieurs Etats dans un cadre régional revient au moins à élaborer un modèle dominant de politiques publiques qui permettra d'identifier les dysfonctionnements fondamentaux susceptibles de faire l'objet d'amélioration. Il est certain que dans un domaine comme celui des prestations sociales comme nous allons le voir plus loin, les politiques sont par définition

---

pragmatique de l'analyse des politiques publiques Muller et Surel on identifier plusieurs éléments : toute action publique, à quelque niveau que ce soit, quel que soit le domaine concerné, entre dans le champ de l'analyse des politiques publiques.

[362] Muller Pierre et Surel Yves : *« l'analyse des politiques publiques »*, Montchrestien, 1998, p10.

[363] Murel et Surel, *ibidem*, p10.

particulières à leur contexte culturel et social d'origine. Pire on verra que chaque pays élabore des politiques sociales en tenant compte de sa conjoncture économique, de son milieu socioculturel et de son régime politique. Enfin les caractéristiques et la performance des politiques sociales se sont toujours démarquées les unes des autres au point où les réformes des politiques sociales dans un pays sont difficilement applicables dans un autre.

2. La question d'un modèle dominant en Afrique

En Afrique peu de travaux nous permettent de savoir quel est le modèle dominant des politiques publiques africaines. Il est encore difficile de connaître les styles nationaux des politiques publiques au point où nous arriverions à dégager d'éventuelles régularités dans les comportements étatiques et qui déboucheraient à un modèle dominant susceptible de réforme. Nous sommes donc obligés de nous retourner vers les travaux de politique comparée existants en occident. Tous ces travaux ont été critiqués par rapport à leurs champs d'étude au point où leur portée et leur valeur analytique ont été relativisées. C'est dire combien il est difficile d'élaborer des types pus, des typologies incontestables dans le domaine des sciences sociales. Mais nous allons momentanément rester sourd à ces débats et voir si en utilisant ces grilles d'analyse on peut arriver à déterminer un modèle dominant ou des modèles dominants de politiques publiques africaines, car ce n'est qu'à cette condition qu'une réforme globale et intégrée dans un cadre communautaire peut être possible.

Plusieurs pays nous servirons d'exemple, mais le secteur que nous allons privilégier est bien celui des politiques sociales. Le Centre de recherches pour le développement international dont nous allons emprunter plusieurs conclusions les a définies comme *« les stratégies publiques délibérées visant à orienter la croissance économique pour atteindre des objectifs et combler des besoins d'ordre social.*[364] *»* Face aux pressions internes et externes, et dans le but de réaliser leurs objectifs de développement, plusieurs pays africains ont fini par

---

[364] Daniel A Morales- Gomez, Tschirgi Necla et Moher L. Jennifer (Sous la direction): *« La réforme des politiques sociales. Evolution des perspectives du développement humain durable. »*, Éditions du Centre de recherches pour le développement international, Ottawa, Canada, 1999, p6.

mettre à l'essai diverses méthodes en vue de modifier leurs politiques en générale, et leurs politiques sociales en particulier. Des mesures ont en cela été prises par les Etats pour s'adapter à l'évolution de la conjoncture en matière de développement humain et social.

L'ouvrage le plus récent qui fait une excellente synthèse de la comparaison en matière de politiques publiques est incontestablement celui d'Yves Mény et Yves Surel, « *Politique comparée. Les démocraties. Allemagne, Etats-Unis, France, Grande-Bretagne, Italie* » (2004)[365]. En considérant les pays occidentaux comme une référence, sinon un idéal type bien que de nombreuses analyses les décrivent comme en crise, imparfaits ou menacés les deux auteurs ont parcouru six grandes approches de l'analyse des politiques : le monisme, le pluralisme, le néo corporatisme, l'institutionnalisme, le régime d'Etat providence et le modèle reposant sur la variété de capitalisme. Tous ces modèles présentent incontestablement des pertinences remarquables mais aussi des critiques. Le but de notre démarche est de voir si dans les travaux existants, ont peut loger les modèles africains de politiques et déterminer un modèle dominant susceptible de réforme comme veut le faire le NEPAD qui parle de « *réforme des politiques* ».

La première approche de l'analyse des politiques publiques qu'abordent Mény et Surel est celle dite du « *monisme* ». Inspirée pour l'essentiel de l'ouvrage de Mills « *The Power elite* », (1959) où il est analysé le processus de décision au sein des institutions américaines, elle repose sur l'idée d'une concentration d'un petit nombre d'individus à la tête des institutions politiques. Ce petit groupe est composé de personnes issues pour l'essentiel de l'industrie, de l'armée et de la politique. Leur position dominante selon l'auteur nourrit une séparation avec les simples citoyens. Pour Mills l'essentiel du pouvoir de décision au sein des institutions américaines est entre les mains de ce petit groupe de personnes qui détiennent pour ainsi dire des positions à partir desquelles «*...ils peuvent regarder vers le bas, et grâce auxquelles ils peuvent prendre des décisions qui influenceront largement les environnements quotidiens des hommes et des femmes ordinaires*[366] ». Transposé en Afrique, la réalité dans la

---

[365] Mény et Surel, « *Politique comparée. Les démocraties. Allemagne, Etats-Unis, France, Grande-Bretagne, Italie.* », Montchrestien, 7ᵉ édition, 2004.

[366] C Wright Mills : « *The power elite* » (1959) in Mény et Surel, op, cit, p395.

prise de décision est-elle la même ? Peut-on dire que les pays africains sont gouvernés par un petit groupe de personnes, fussent-ils issus de l'industrie, de l'armée, de la politique ou non ?

A l'évidence la question entraîne une réponse positive, au moins au plan théorique si l'on s'en tient aux auteurs qui postulent que l'Etat africain est un Etat patrimonial. Cette notion est issue de la littérature weberienne comme sous idéal type de la domination traditionnelle et apparaît lorsque l'autorité politique se confond avec l'autorité domestique, en s'exerçant au-delà de la parenté. Ici le pouvoir s'appuie à la fois sur les parents, les fidèles, les clients et les serviteurs qui constituent ce que Jean-François Médard appelle *«...un véritable état-major administratif*[367] *»*. Max Weber lui-même définissait l'Etat patrimonial comme étant *«...l'espace dans lequel le chef organise son pouvoir politique comme l'exercice de sa gestion domestique.*[368] *»* Tout se passe donc comme si le patrimonialisme, principe de base de fonctionnement des sociétés traditionnelles africaines, permettait d'aller au-delà de la parenté. Mais Jean-François Médard préfère parler de néo-patrimonialisme car les Etats africains selon lui sont en général néo-patrimoniaux que patrimoniaux *« dans la mesure où ils sont de type mixte, mélangeant une combinaison complexe et instable des traits traditionnels et des traits modernes [...] des répertoires étrangers et autochtones.*[369] *»*

A ce stade de l'analyse on ne saurait dire de quelles origines proviennent les membres constituant le cercle restreint de décision en politique publique dans les pays africains. Mais nous savons par le biais de ces analyses qui sont certes datés, que le pouvoir est entre les mains d'un échantillon restreint- et non représentatif- de la population. Mais parler de façon pertinente de monisme nous oblige d'aller bien au-delà pour pouvoir en conclure de son existence ou non dans les pays africains. En cela nous pouvons recourir à des politiques et voir si oui ou non elles sont l'œuvre d'une minorité placée à la tête de l'Etat. Au regard de l'étude que le CRDI a faite sur la réforme des politiques sociales au Ghana, il ressort qu'il existe une sorte de décentralisation des rôles dans l'allocation des imputs en matière

---

[367] Médard Jean-François : *« Etats d'Afrique noire : formation, mécanisme et crises »*, Khartala, 1991, p326.

[368] Weber Max : *« Economie et société »*, in J.F. Bayart, op. cit, p326.

[369] Médard, *ibidem*, p332.

sociale. Les services sociaux- santé, éducation, sécurité sociale, travail social et logement[370]- présentent *« un large éventail de possibilités »* et de nouveaux acteurs y interviennent. On note en cela le changement du rôle du gouvernement ghanéen, celui des administrations locales, du secteur privé, des organisations non gouvernementales et des organismes subventionnaires.

En fait depuis l'instauration en 1998 du Programme de relance économique (PRE), le pays cherche à adopter un système axé sur les administrations locales afin que les collectivités reçoivent de meilleurs services sociaux. Les lois concernant les administrations locales et la planification adoptée après 1989 placent le district administratif au cœur de la planification. Les assemblées des districts sont chargées de préparer des plans de développement et des budgets et de les présenter au gouvernement central. Vis-à-vis du secteur privé la collaboration avec le gouvernement en matière de politique sociale est moins ouverte. Dans le domaine de la santé et de l'éducation le secteur privé participe à la prestation des services sociaux destinés surtout aux groupes qui ne sont pas considérés comme pauvres. La situation des ONG est différente dans la mesure où l'étude du CRDI montre que dans les années 1990-2000 le nombre d'ONG locales et internationales qui participent activement à la prestation des services sociaux a considérablement augmenté au Ghana, surtout en milieu rural. Ces ONG dont plusieurs sont confessionnelles tendent à soutenir les programmes d'aide social, d'aide de secours, de formation professionnelle, d'aide au crédit et de création d'institutions.

Enfin les organismes subventionnaires ont également beaucoup contribué aux mesures de développement social prises au Ghana. C'est le cas de l'Union européenne qui a accepté d'aider le Ghana dans le secteur de la santé, de l'éducation, du développement du

---

[370] Selon l'étude du CRDI, il est à remarquer utilement que la notion de services sociaux dans les pays en voie de développement peut être plus large et peut englober une foule d'autres services comme l'assainissement, l'emploi, les services correctionnels et les services juridiques (Spiker, 1995). Dans les pays développés, les services sociaux comprennent généralement des programmes publics destinés à combler des besoins sociaux de types et de degrés variés. Dans les pays en développement, ces : politiques ont souvent pour objectif premier la lutte contre la pauvreté. Au Ghana on se concentre essentiellement sur l'allégement de la pauvreté par des services qui aident les pauvres à mieux exploiter leur capital humain et à accroître leur revenu.

secteur privé, de la gestion, des droits de la personne et de l'allègement de la pauvreté. Outre ce type d'interventions dites directes, les organismes subventionnaires ont également joué le rôle de catalyseurs ou de lobbyistes pour la coordination de leurs activités avec les institutions d'Etat et des plans nationaux. C'est dans ce sens que le gouvernement ghanéen a adopté le National Action Plan for Poverty Reduction (NPPR) pour définir sa propre position sur la réduction de la pauvreté et un cadre institutionnel précis en ce sens.

3. Une transposition difficile

Ces quelques exemples pris sur la Ghana en matière de politiques sociales et qui ne sauraient en rien être systématiquement transposables dans tous les pays africains, nous montre bien que toutes les politiques publiques ne sont pas le fait de quelques individus ou d'un petit groupe de personnes placés à la tête de l'Etat. Les thèses sur le patrimonialisme africain s'en trouvent par là relativisées car le Ghana nous présente l'image d'une approche plus ouverte. C'est l'approche pluraliste inspirée des travaux de Robert Dahl. Pierre Muller et Yves Surel ont retenu qu'elle tend à s'organiser autour de l'idée selon laquelle l'Etat est le résultat de processus sociaux irréductibles. Loin de façonner la société, *« l'Etat est dès lors le produit de l'interaction entre des groupes librement formé et constitue une sorte de « voile » complètement perméable aux intérêts et à la compétition des groupes qui caractérisent les logiques sociales.*[371] *»* Ici *« la démocratie se caractérise par une répartition fluide et plurielle du pouvoir de décision*[372]*»* En se basant comme l'a fait Mills sur les pratiques américaines des politiques publiques, Dahl présente pour ainsi dire un visage moins pessimiste de la démocratie (Mény et Surel, 2001). Au lieu d'être le monopole d'un groupuscule de privilégiés, la décision est plutôt l'apanage d'un ensemble d'acteurs qui fait d'elle un processus hautement concurrencé. Elle est le fait d'une pluralité d'individus et de groupes. De là même intervient la notion de polyarchie au sein des démocraties occidentales contemporaines. Globalement pour les tenants du paradigme

---

[371] Muller et Surel, op. cit, p38.
[372] Mény et Surel, op. cit, p395.

pluraliste, le contenu d'une politique publique sera le résultat de différentes pressions exercées par les groupes d'intérêts concernés.

Le sens de cette politique sera donc à chercher dans la capacité des groupes concernés à mobiliser des ressources, à exercer des pressions ou à imposer leur vision du monde, convertissant finalement leurs actions en décisions publiques. Muller et Surel de préciser que dans une telle perspective, la notion d'intérêt général n'a pas grand sens « *dans le mesure où l'action de l'Etat n'est plus que le résultat aléatoire du libre affrontement des intérêts particuliers*[373] ». Une telle approche nourrit par là même pour partie des analyses inspirées de la sociologie de l'intérêt et de l'école du choix rationnel et du *Public choice*[374]. En Afrique l'action publique est-elle le résultat d'une négociation entre une pluralité d'individus et de groupes ? La fabrication des politiques publiques est-elle un processus hautement concurrencé comme c'est le cas dans les démocraties occidentales ?

La réponse est quelque peu positive si l'on s'en tient à quelques conclusions de l'étude sur le Ghana. Mais d'emblée il est à remarquer que s'il y a pluralisme dans l'action publique en Afrique, c'est beaucoup moins l'expression de la volonté des Etats à s'ouvrir aux dynamiques sociales, que son incapacité à fournir les outputs nécessaires à la sécurité et au bien-être des populations. En observant le rôle des associations urbaines en Afrique subsaharienne comme l'a fait en mars 1999 l'Agence générale de coopération et de développement, on en arrive à un début de réponse, au moins pour les trois villes des Cotonou (Bénin), Lubumbashi (République démocratique du Congo) et Yaoundé au Cameroun. Cette étude ne saurait avoir pour ambition de traiter du phénomène associatif et son rôle dans l'action publique, tant les associations africaines sont diversifiées avec des modes de fonctionnement, des origines et des objectifs différents. Elle n'a pas la prétention de permettre des généralisations systématiques à l'ensemble du continent africain. Mais outre les résultats enregistrés et valables pour les trois villes, les

---

[373] Muller et Surel, op. cit, p39.

[374] Down, (1957), Buchanan, Tullok, (1962), Riker, Ordershook, (1973) in Muller et Surel, 1998.

enseignements mettent en lumière des comparaisons intéressantes et laissent entrevoir des éléments d'analyse féconds[375].

Nous avons donc pu remarquer que les associations de type ONG dans les trois villes viennent pallier les carences des pouvoirs publics en matière de gestion du cadre de vie urbain. Elles œuvrent directement dans l'espace public et y assument une part d'action publique collective qui va au-delà des intérêts et ressources de leurs membres. Par ailleurs, selon les pays et les villes, ces associations entretiennent des rapports complexes et variés avec les pouvoirs publics. Elles se constituent pour ainsi dire en réseau qui tend à occuper une fonction locale importante dans les partenariats des bailleurs de fonds et forment un véritable nouveau *« milieu institutionnel »* pour les élites locales actives en voie de constitution. L'étude dit de ces associations qu'elles assument un rôle d'interface qui constitue une véritable innovation sociologique et institutionnelle.

Mais on ne saurait se faire d'illusion même si on a l'impression d'avoir une fluidité dans l'organisation du pouvoir en matière de politique social comme c'est le cas au Ghana. Les travaux du CRDI révèlent les obstacles auxquelles sont confrontés les acteurs subétatiques et non gouvernementaux, cela ayant pour conséquence leur faible capacité d'intervention au cours du processus décisionnel. Bien que participant à la fabrication des prestations sociales, les administrations locales par exemple sont confrontées à d'énormes difficultés tenant au moins à l'insuffisance de leurs ressources financières. On sait que la seule contribution du gouvernement central à cette époque procédait de son obligation constitutionnelle de distribuer 5% du budget de développement parmi les 110 assemblées de district. Ces montants sont relativement modestes et ne peuvent permettre une intervention substantielle des acteurs locaux. Même son de cloche au niveau du secteur privé dont le principal obstacle à la participation accrue à la prestation des services sociaux semble résider dans son incapacité à effectuer des investissements nécessaires. L'intervention des ONG pose quant à elle des problèmes relevant de leur nature et de l'organisation de leurs activités. Elles aident les gouvernements à assurer des mesures de protection sociale en milieu

---

[375] CIUF-AGDC : *« Les associations urbaines en Afrique subsaharienne. Types, fonctionnement et initiatives en matière de développement. Etudes de cas à Cotonou (Bénin), Lubumbashi (RDC) et Yaoundé (Cameroun) »*, mars 1999.

rural urbain, mais il y a lieu de s'interroger sur la durabilité de leurs interventions ; la même inquiétude se pose en ce qui concerne les organismes subventionnaires

Une autre difficulté des ONG réside dans la coordination et la cohérence des activités des ONG au sein du grand réseau d'institutions intéressées au développement. C'est dire qu'il est difficile d'avancer sur la seule base des études sur le Ghana et sur les trois villes de Cotonou, Lubumbashi et Yaoundé que la fabrication des politiques publiques en Afrique fait appel à une pluralité d'acteurs. Par là même, notre difficulté à identifier un modèle-type de politiques publiques en Afrique, reste entier, tout comme les réformes auxquelles voudraient s'engager le NEPAD demeurent mystérieuses.

4. A la recherche d'un modèle conformément aux modèles existants

La troisième approche qu'abordent Mény et Surel est celle du néo-corporatisme. Elle est en grande partie inspirée des travaux de Jeremy Richardson, *« Policy Styles in Western Europe »* (1982). On est ici dans une approche qui s'intéresse à l'intermédiation contemporaine entre Etat et groupes d'intérêt dans la production de l'action publique. Prenant acte de la centralité de l'Etat et de sa nature monopolistique quant à l'exercice de la domination, les tenants de l'approche néo-corporatiste dépassent cependant le cadre institutionnel de l'appareil politico administratif pour décrire l'action de l'Etat comme le produit d'une relation institutionnalisée entre un nombre limité d'acteurs publics et privés[376]. En ayant pour objectif de classifier les différents modes de décision et de mise en œuvre des politiques publiques caractéristiques des principaux pays européens, Richardson et d'autres auteurs[377] ont identifié deux dimensions principales qui rendent possible une telle comparaison et une telle étude. Il s'agit d'une part du style de politique publique qui dépend de la façon dont l'Etat appréhende les problèmes sociaux, et de l'autre

---

[376] Schmitter, (1974); Lehmbruch, Schmitter, (1979) in Muller et Surel.

[377] Jeremy Richardson : *« Policy style in Western Europe »*, London, Allen and Unwyn, 1982, Jeremy Richardson, Gunnel Gustasson et Grant Jordan : *« The concept of policy style »* in Mény et Surel, op, cit, p397.

part l'analyse portant sur les types d'interactions caractéristiques des échanges entre acteurs publics et privés.

Dans la première approche Richardson et al. décèlent deux attitudes principales : l'anticipation qui suppose pour l'Etat de se doter d'instruments de contrôle et de mesure (planification, indicateurs statistiques...) ou la réaction (attitude réactive) qui voit l'Etat répondre après coup aux attentes ou aux revendications formulées par les acteurs concernés. L'analyse portant sur les types d'interactions caractéristiques des échanges entre les acteurs publics et privés postule que les échanges peuvent se faire soit sur une base consensuelle soit sur un mode asymétrique dominé par l'Etat. Le croisement des deux dimensions a permis aux deux auteurs d'identifier quatre « *styles* » possibles de politique publique.

Le style du « *consensus rationnel* » dont le prototype est l'Allemagne, repose sur les échanges consensuels avec anticipation des problèmes ; le style de « *concertation* », France, où l'Etat s'impose avec une démarche d'anticipation sur les problèmes ; le style « *négociateur* », Grande-Bretagne, avec échanges consensuels et un Etat plutôt réactif et non anticipateur ; enfin le style « *négociateur et conflit* », Pays-Bas, ici l'Etat s'impose et domine tout en étant réactif. La principale ombre ici est qu'on ne sait pas si un Etat anticipateur, c'est-à-dire celui qui se dote d'instruments de contrôle et de mesure prévisionnels, fabrique tout de même ses politiques publiques en suivant les étapes classiques préliminaire de l'action publique, notamment la mise en agenda (agenda setting). Ici les acteurs publics identifient et/ou construisent le problème à traiter. Cette phase marque les conditions de genèse de l'action publique et suit une multitude de cheminements possibles, selon l'input initial[378].

---

[378] Les autres phases sont selon l'approche séquentielle, strategist approoach, : La production de solutions ou alternatives (recherche des objectifs désirables et/ou adaptés au problème perçu policy formulation), la décision au sens propre, la mise en œuvre, implimentation, (c'est l'exécution (ou la non-exécution) pratique des décisions élaborées et formellement adoptées lors des séquences antérieures), et enfin l'évaluation, policy evaluation, (elle consiste, par différentes modalités à s'interroger sur l'impact du programme. « *Quels ont été les effets de la politique décidée et mise en œuvre?* », « *Ces effets correspondent-ils aux effets attendus?* », « *Faut-il modifier la politique dans sa conception ou dans sa mise en œuvre?* »...). Muller et Surel, op. cit. p29.

Outre le monisme, le pluralisme et le néo-corporatisme, Mény et Surel ont aussi identifié l'approche institutionnel ou *« institutionnalisme national »*. Ici les recherches s'inspirent des hypothèses néo-institutionnalistes pour fournir une *« alternative »* aux approches classiques de l'analyse des politiques publiques. Initié par un article de James March et Johan Olsen (1984, puis 1989), le néo institutionnalisme a été formulé avec l'intention explicite de rompre avec les approches behavioristes[379] en considérant les institutions comme un facteur *« d'ordre essentiel »*, qui définissent les cadres où se déploient les comportements individuels, l'action collective ou les politiques publiques[380].

Ainsi l'approche institutionnel s'interroge entre autres sur la manière dont les configurations institutionnelles mises en place peuvent perdurer voire se conforter en raison de la pesanteur et de la complexité des institutions politique et administratives[381]. Ici les auteurs font intervenir les notions telles que le sentier institutionnel, ou la dépendance au sentier institutionnel *(path dependance)* qui montre comment les *« facteurs d'ordre »* mis en place sont difficiles à transformer et dans quelle mesure ils continuent à déterminer durablement les politiques publiques et les décisions des acteurs politico administratifs[382].

---

[379]Le behaviorisme est une doctrine psychologique élaborée à partir de 1913 aux USA par JB Watson qui propose de substituer une psychologie du comportement à une psychologie introspective qui cherchait à décrire et à expliquer les états de conscience.

[380]Soucieuse également de ne pas retomber dans les travers descriptifs de l'institutionnalisme traditionnel ; centré sur l'étude des organes politico administratifs, la perspective néo-institutionnaliste est posée comme une tentative de relativiser la dépendance du système politique par rapport à la société au profit d'une interdépendance entre les institutions sociales et politiques relativement autonomes. March, Olsen, 1984.

[381]Mény et Surel, op. cit, p400.

[382] Les deux auteurs trouvent cette notion de *path dependance* précieuse et rappelle comment Paul Pierson en étudiant les réformes des politiques sociales entreprises pendant les mandats de Ronald Reagan et de Margaret Thatcher au cours des années 1980 on pu montrer par exemple que les libéraux avaient buté sur la pesanteur des institutions existantes aux Etats-Unis et en Grande-Bretagne et sur la mobilisation des ayants droits (retraité en particulier). Cf Pierson Paul : *« Path dependance. Increasing Returns, and the study of Politics »*, American political science review, vol 94, n°2, 2000, pp251-267 in Mény et Surel, *ibidem*, p400.

La cinquième approche qu'identifient Mény et Surel est celle des régimes d'Etat providence. Ici l'Etat providence est considéré comme un mécanisme d'allocation de ressources fondé sur trois institutions sociales fondamentales : la famille, le marché et l'Etat. Pour Esping-Andersen qui est à l'origine de ce modèle d'analyse de politiques publiques, les caractéristiques propres à l'Etat providence seront dès lors déterminées par la part relative accordée à l'une ou l'autre de ces institutions sociales dans chaque pays considéré. Tout comme les autres auteurs cités plus haut, Esping-Andersen est arrivé à formuler une typologie autour de ce qu'il appelle les *« trois mondes »* de l'Etat providence. Il distingue ainsi trois modalités d'organisation de la solidarité et des politiques sociales : la première est centrée sur le marché (régime libéral), la seconde sur la famille (régime conservateur) et la troisième sur l'Etat (régime social démocrate). Dans le régime libéral, le rôle du marché est central, le mode de solidarité est individuel, la lieu dominant de la solidarité est le marché, la degré de démarchandisation[383] est minimal et l'exemple type est le système américain. Le régime social-démocrate est celui où le rôle de l'Etat est central, le mode de solidarité est universel[384], le lieu dominant de la solidarité est l'Etat, le degré de démarchandisation est maximal et l'exemple modal est la Suède. Le régime conservateur enfin est celui où la famille joue un rôle central, le mode de solidarité est le corporatisme, le lieu dominant de la solidarité est la famille, le degré de démarchandisation est élevé et l'exemple type est l'Allemagne.

Le dernier modèle auquel recourt Mény et Surel est celui des variétés du capitalisme. Ici on s'intéresse aux modes d'interaction dominants entre les Etats et les acteurs marchands. Peter Hall et David Soskice dans *« Varieties of capitalism »* (2001) s'appesantissent sur les rapports entre l'Etat et le marché et cherchent à savoir comment des compromis passés entre les acteurs concernés dans différents pays peuvent déboucher sur des configurations institutionnelles particulières qui déterminent en retour les échanges sociaux et les politiques publiques. En cela ils s'inspirent du néo-institutionnalisme

---

[383] La démarchandisation est le processus par lequel chaque Etat-nation a vu la mise en place de mécanismes correcteur des dynamiques économiques.

[384] Un mode de solidarité universelle est celui où la couverture sociale est large et généreuse, assurant la solidarité de tous.

du choix rationnel et viennent à identifier deux variétés principales de capitalisme : les économies de marché libérales et les économies de marché coordonnées. Dans le premier modèle les stratégies sont relativement libres et elles laissent une large place au marché dans sa forme classique, libre concurrence et loi de l'offre et de la demande. Le modèle type en est les Etats-Unis. La seconde variété se base à l'inverse sur la formalisation des règles précises et durables qui placent l'entreprise au cœur d'un mécanisme d'échanges complexe et non nécessairement marchand. Ici l'exemple modal est l'Allemagne.

CHAPITRE 17

La conférence sur la sécurité, la stabilité, le développement et la coopération en Afrique (CSSDCA)

> **PLAN DU CHAPITRE**
>
> **Section 1**
> Les objectifs de la CSSDCA
> 1. Des préalables à préciser
> 2. Le sens à donner à la prévention des conflits
>
> **Section 2**
> Le rôle de la CSSDCA à côté du Conseil de Paix et de Sécurité
> 1. Un regrettable doublon ?
> 2. Pour une CSSDCA plus utile

Créée en juillet 2000 à Lomé au Togo, la CSSDCA est un processus de développement politique. Les préoccupations sécuritaires constituent les axes principaux de son action. Aussi appelé « *Document de Kampala* », Il s'agit de renforcer les capacités de l'Afrique dans les domaines de la prévention, de la gestion et du règlement des conflits par la consolidation du mécanisme existant de l'OUA. Il est alors question de renforcer ce mécanisme dans le domaine de la négociation et de la conciliation entre autres, grâce au recours aux hommes d'Etat et à d'autres imminentes personnalités du continent. Il est aussi prévu l'adoption de mesures propres à rétablir un climat de confiance basé sur la transparence, le bon voisinage, le respect de l'intégrité territoriale et des préoccupations sécuritaires des Etats…Avant son entrée en vigueur, l'organe central accompagné du Mécanisme de prévention, de gestion et de règlement des conflits de 1993 tiennent lieu de cadre organique.

Section 1

Les objectifs de la CSSDCA

De prime à bord, créer une conférence sur la sécurité ne saurait être pour l'Afrique d'une quelconque futilité, tant le continent demeure un théâtre suffisamment belligène avec des zones de conflits toujours actives comme au Darfour, au Comores, en République Démocratique du Congo, en Mauritanie ou encore en Côte d'Ivoire. Nous avons tous constaté et ce depuis longtemps la faiblesse des moyens mis en œuvre par l'OUA et l'ONU. Alors que les espoirs sont tournés aujourd'hui sur les forces onusiennes qui viendront remplacer les forces africaines intervenant au Soudan, il faut garder à l'esprit les échecs que l'ONU a connu en Afrique notamment quand en 2002 les soldats de la MONUCIL ont été remplacés de fait par les Marines britanniques en Sierra Leone[385].

1. Des préalables à préciser

Il est nécessaire de renforcer les pratiques de prévention, de négociation et de conciliation, mais surtout assurer comme le veut l'esprit même de la politique commune de défense et de sécurité en Africaine dont la CSSDCA en est un instrument, la transparence, le bon voisinage, le respect de l'intégrité territoriale et la sécurité des Etats en Afrique. S'agissant effectivement de cette sécurité, en traitant du Conseil de Paix et de Sécurité qui est l'organe permanent de l'Union en la matière, nous avons rappelé que notre continent n'est couvert par aucun pacte de défense collective. L'Union Africaine a adopté en janvier 2005 le principe d'un pacte de défense commune et de non-agression en Afrique. Mais toutes les initiatives prises dans le cadre de l'OUA se sont soldées par des échecs et les efforts de

---

[385] Pascal Chaigneau : « *Pour une typologie des conflits en Afrique* » in Michel Bacot-Décriaud, Jean-Paul Joubert et Marie- Claude Plantin (sous la direction): « *La sécurité internationale d'un siècle à l'autre* », Paris, l'Harmattan, mars 2002, pp 358-364.

l'Union Africaine piétinent. L'organe centrale crée au Caire en 1993 avait mené quelques actions, mais son bilan ne saurait être élogieux. D'où la nécessité d'imaginer un autre cadre de prévention et de règlement des conflits en Afrique. L'initiative présente d'autant plus d'intérêt que l'on a constaté que vue l'état des armées nationales dans un continent qui ne dispose pas d'une Force continentale malgré la multitude des situations de rupture paix, n'importe quel mouvement armé est capable de mettre en déroute une défense nationale. Inutile de citer le cas de la Côte d'Ivoire, mais aussi celui du Soudan où des rebellions actives tiennent en échec les forces nationales et multinationales.

Mais soutenir le projet de la CSSDCA exige au préalable que soit répondu quelques questions qui portent premièrement sur le sens qu'il faudrait donner à la prévention des conflits. Deuxièmement, il serait intéressant de préciser le rôle de la CSSDCA à côté du Conseil de Paix et de Sécurité qui est l'organe permanent en matière de prévention et de règlement des conflits. Troisièmement il est nécessaire de se préoccuper de la méthode et des moyens d'action de ce mécanisme qui, de premier prime abord, se présente comme un regrettable doublon dont on pourrait s'en passer si l'on n'est pas capable de le rendre aussi efficace que l'est sa consœur européenne, l'Organisation pour la Sécurité et la Coopération en Europe (OSCE), jadis Conférence sur la Sécurité et la Coopération en Europe (CSCE), dont elle s'inspire manifestement.

2. Le sens à donner à la prévention des conflits

Sur la base des travaux de l'Organisation pour la Coopération et le Développement Economique (OCDE) on peut retenir que la prévention des conflits repose au moins sur deux aspects fondamentaux : d'une part la compréhension des conflits et l'évaluation, et de l'autre, l'analyse des conflits et des risques. Ces deux aspects entraînent la mise sur pied et la prise en compte d'indicateurs d'alerte rapide et d'indicateurs de risques.

Comprendre un conflit afin de mieux le prévenir suppose une analyse permettant de concevoir des activités de prévention et la construction de la paix. Cela aboutira sans doute à la promotion de la stabilité structurelle des sociétés concernées. Des solutions universellement admises ne sont pas possibles, tant il existe autant de sociétés différentes qu'il existe de conflits différents. On sait également que les causes et les griefs des guerres changent et se transforment au fur et à mesure que les conflits évoluent. Et même si certaines zones de tension se sont calmées, n'oublions pas que jamais l'échiquier africain n'a été aussi crisogène depuis la fin du conflit Est-ouest[386]. Une série de trois démarches pourraient être adoptées dans ce souci d'analyse et de prévention. Il s'agit selon l'OCDE de :

Encourager les cultures institutionnelles qui font une large place à l'analyse approfondie de la dynamique spécifique des conflits particuliers et de l'impact de toute action ;

Favoriser le dialogue permanent, la réflexion et la prise de conscience au niveau local, avec les partenaires du gouvernement et la société civile afin que des solutions viables puissent être trouvées et intégrées ;

Promouvoir la pluralité culturelle et le pluralisme en privilégiant les activités permettant d'associer divers groupes ethniques et en soutenant l'action des partenaires qui œuvrent dans ce sens. L'idée est de contribuer à construire ou à renforcer l'interdépendance entre les communautés et éviter la polarisation entre groupes perçus comme « *gagnants* » et les « *perdants* ».

Pour mieux mettre en œuvre cette triple démarche portant à la fois sur les cultures institutionnelles, le dialogue permanent, la pluralité culturelle et le pluralisme, le plus simple serait de mettre en œuvre des indicateurs d'alerte rapide et des indicateurs de risques. On sait qu'un centre de gestion de conflits doté d'un bureau d'alerte rapide et d'un centre de suivi des opérations avait été mis sur pied et installé au sein de l'Organisation de l'Unité Africaine sans pour autant pouvoir empêcher les ruptures de paix et de sécurité sur le continent. D'où la nécessité de parfaire le système existant soit dans le cadre du Conseil de Paix et de Sécurité, soit au sein de la CSSDCA. L'OCDE retient huit indicateurs d'alerte rapide et indicateurs de risque qui contribuent à attirer l'attention en temps réel sur les facteurs de risque. Ces indicateurs favorisent par ailleurs la mise en place d'une culture de prévention et fournissent les informations permettant de juger de la dangerosité d'une situation :

---

[386] Pascal Chaigneau, op. cit. p 359.

Présence d'espace politique interdisant à l'opposition, à la société civile et aux médias de participer au débat public

Exclusion sociale, économique et politique

Forte proportion des jeunes au chômage, paupérisation et déclin rapide des possibilités de trouver des moyens de subsistance

Distorsion des effets distributifs du développement et augmentation des inégalités horizontales

Sentiment grandissant d'être traité de façon outrageante, violation des droits de l'homme

Insécurité accrue et menaces perçues

Flux migratoires, internes et externes, pour raisons économiques et politiques.

Mais la prévention des confits telle que veut la pratiquer la CSSDCA ne suppose pas seulement la compréhension, elle implique également l'évaluation et l'analyse des conflits et des risques. Et évaluer permet dans ce sens d'identifier les dommages potentiels et les actions constructives. Il s'agit aussi d'améliorer la cohérence des politiques et fournir aux différents secteurs de l'ensemble des gouvernants concernés, un éclairage et un point de vue nouveaux pour envisager d'autres actions.

Au nombre d'instruments et outils opérationnels destinés à évaluer les probabilités pour qu'éclate un conflit on a : l'étude d'impact sur les conflits et la paix, l'analyse stratégique des conflits, l'analyse des facteurs de vulnérabilité face à un conflit ou encore l'analyse des indicateurs d'alerte rapide et des mesures d'aide préventives. Il est enfin à noter que ces outils doivent tenir compte de la dynamique sociale et politique des conflits et mettre l'accent sur l'impact spécifique sur les femmes, les hommes, les jeunes et les enfants ainsi que sur leur contribution potentielle à la paix.

Section 2

Le rôle de la CSSDCA à côté du Conseil de Paix et de Sécurité

1. Un regrettable doublon ?

S'il existe une différence fondamentale -et peut-être la seule- entre la Conférence sur la sécurité, la stabilité, le développement et la coopération en Afrique et le Conseil de Paix et de Sécurité de l'Union Africaine, c'est bien au niveau de leur permanence. Alors que comme toute conférence internationale, la CSSDCA se veut une réunion périodique regroupant les pays membres concernés principalement par les questions de paix et de sécurité, le Conseil de Paix et de Sécurité est un organe qui siège de façon permanente au sein de l'Union Africaine. Il est appuyé dans son action par la Commission de l'Union, un Groupe de sages, ainsi que par un système d'alerte rapide, une Force africaine pré positionnée et un Fonds spécial. C'est dire que le CPS devrait disposer de moyens matériels, financiers et humains autonomes adéquats pour la réalisation des missions qui lui sont assignées. Au delà de cette différence, il est quasiment simple de constater que les deux processus institutionnels poursuivent les mêmes objectifs. Ceux-ci ont trait évidemment à la prévention, la gestion et le règlement des conflits.

La CSSDCA poursuit en plus de cette mission sur les conflits, des objectifs de stabilité, de développement et de coopération en Afrique. Il ne peut en être autrement dans la mesure où la sécurité est une condition essentielle du développement. En ce sens elle est comme la définit l'OCDE : *« une situation globale dans laquelle les personnes et les communautés vivent libres, en paix et à l'abri du danger »*. Elle suppose la participation à la gestion des affaires publiques, la jouissance des droits fondamentaux, l'accès aux ressources et produits de première nécessité, et la vie dans un environnement qui ne nuit pas à leur santé et à leur bien-être.

Les aspects sécuritaires constituent bien la philosophie qui sous-tend la création de la CSSDCA. D'où la tentation de parler d'un doublon avec le CPS qui a pour ambition de remplacer le Mécanisme pour la prévention et le règlement des conflits en Afrique mis en place depuis juin 1993 au Caire en Egypte. Et l'Union Africaine se félicite d'ailleurs du rôle que joue le CPS dans la prévention et le règlement des conflits, et de la crédibilité que cet organe acquiert dans l'accomplissement du mandat qui lui est confié. Plusieurs résultats - bien que relatifs- peuvent être retenus depuis le sommet tenu à Khartoum en janvier 2006 : approfondissement du processus de réconciliation aux Comores ; progrès significatifs accomplis en République Démocratique du Congo ; avancées enregistrées en Mauritanie avec la tenue du referendum constitutionnel du 25 juin 2006. Autre avancée enregistrée au Burundi avec la signature le 18 juin 2006 de l'accord de principes de Dar Es-Salam en vue de la réalisation de la paix, de la sécurité et de la stabilité durable au Burundi…On peut par ailleurs citer à l'actif du Conseil de Paix et de Sécurité, des avancées au Soudan avec la signature le 5 mai 2006 à Abuja de l'Accord de paix sur le Darfour (DPA), et des avancées notées dans la mise en œuvre de l'accord de paix global au Sud Soudan.

Tous ces résultats nous font dire que le Conseil de Paix et de Sécurité lui seul suffit en tant qu'instrument de l'Union Africaine pour la prévention, la gestion et le règlement des conflits, et que la CSSDCA n'est qu'un processus institutionnel supplémentaire, voire superflu dont l'utilité doit être prouvée. Le plus important n'est-il pas pour le CPS de poursuivre ses efforts sur cette approche de prévention par les recommandations que ne cessent de donner les représentants des Etats africains, c'est-à-dire : *« l'examen des situations potentielles de crise avant qu'elles ne dégénèrent en conflit, et la mise en œuvre de programmes de consolidation de la paix dans les pays où émergent des conflits, sur la base du document cadre sur la reconstruction et le développement post-conflit entériné par le Conseil exécutif »*.

2. Pour une CSSDCA plus utile

Au regard de ce qui précède, si les acteurs africains veulent enlever à la CSSDCA son caractère futile il faudrait bien qu'ils lui fassent jouer le rôle de sa consœur européenne, l'OSCE, dont elle semble s'inspirer. En Europe la CSCE, instance multilatérale de dialogue et de négociation entre l'Est et l'Ouest avait vu le jour suite à l'adoption le 1er août 1975 de l'Acte final d'Helsinki. L'un des plus grands mérites qu'on lui reconnaît c'est d'avoir favorisé la fin de la

Guerre Froide malgré les obstacles qu'elle a rencontré du fait de l'existence des organisations telles que l'OTAN, le Conseil de l'Europe ou même l'Union européenne. La CSSDCA deviendra utile si elle est comme l'OCSE un instrument l'alerte rapide de prévention des conflits et de gestion des crises. Ce sont jusque-là les objectifs que veulent poursuivre les acteurs africains même si les mêmes missions sont assignées au Conseil de Paix et de Sécurité qui est l'organe permanent de l'Union Africaine.

Cette approche d'alerte rapide, de prévention et de gestion des crises suppose donc une démarche globale et surtout coopérative. Elle est globale parce qu'elle traite la question de la sécurité sous l'angle de la prévention. Ceci suppose la maîtrise des armements, la diplomatie préventive, les mesures de confiance et de sécurité…La coopération quant à elle suppose que l'alerte rapide, la prévention et la gestion des crises, associent d'autres acteurs dans les processus de maintien et de rétablissement de la paix. La CSSDCA qui continue à manquer de visibilité six ans après sa création en juillet 2000 à Lomé au Togo, a donc besoin de précision. Son rôle doit être précisé à côté de celui du Conseil de la Paix et de la Sécurité pour éviter qu'elle entrave son action et que vice-versa, comme ce fût le cas pour la CSCE en Europe. Enfin les rôles et l'activité de la CSSDCA doivent être précisés afin qu'on sache si elle aura un rôle normatif et des tâches opérationnelles comme sa consœur européenne qui, il faut le souligner, a été présente dans presque tous les théâtres de conflit en Europe : Bosnie, Macédoine, Kosovo, Tadjikistan, Georgie, Tchétchénie…[387]

---

[387] Jean-François Guilhaudis, op. cit. p 268.

Conclusion générale

C'est à contre cœur nous faisons cette conclusion, tant la recherche qui a été la nôtre dans ce travail avait principalement un but exploratoire. Bien plus, l'histoire inachevée n'imposant pas de vérité, beaucoup trouverons inopportun une conclusion qui serait une sorte de sentence subjective et hâtive apportée à cette jeune institution qui a encore toute son avenir devant elle. Ceci dit, c'est à bon droit que nous nous poserions au moins une question essentielle : l'Union Africaine est-elle donc différente de l'Organisation de l'Unité Africaine, au point où elle mériterait la place qui est supposée être la sienne dans l'intégration et le développement des peuples africains ?

En scindant notre réponse en deux, nous pouvons affirmer, avec bien de réserves, que l'Union Africaine est différente de l'OUA tant au niveau de son architecture - ses organes -qu'au plan de sa doctrine globale.

Au plan institutionnel, l'Union Africaine présente une innovation incontestable par rapport l'OUA. L'option fédéraliste proposée par Mouammar Kadhafi n'a pas été retenue lors de sa création. En lieu et place d'un gouvernement continental, les pairs africains ont préféré le renforcement et la consolidation des Communautés économiques régionales qui constituent d'après eux, les piliers d'une part, de la réalisation des objectifs de la Communauté économique africaine, et de l'autre, ceux de la mise sur pied de l'Union Africaine.

Avec une Commission en lieu et place d'un secrétariat général de l'OUA qui était un simple organe administratif, une Cour de Justice, un Parlement panafricain, des institutions financières en construction, un Conseil économique, social et culturel... l'innovation architecturale au sein de l'Union est incontestable. Bien plus la mise sur pied d'une véritable structure de prévention, de gestion et de règlement des conflits- le Conseil de Paix et de Sécurité- qui nous rappelle à bien des égards un Conseil de sécurité des Nations Unies sans droit de veto, révèle bien l'avènement d'une nouvelle organisation panafricaine.

Il est bien évidemment naïf de penser que le seul réaménagement organique suffit à dire qu'une organisation est différente d'une autre, c'est pourquoi avions-nous soulevé tout au long de notre travail les limites et les carences de cette nouvelle architecture. Il en est ainsi de l'extrême dépendance qui existe entre les parlementaires panafricains et les Etats membres de l'Union, tant au niveau de leur désignation, la durée et l'existence de leur mandat, l'élaboration du budget et même l'amendement ou la révision du protocole instituant le Parlement panafricain. Des limites de cette nature se rencontrent également dans le fonctionnement de la Commission, tout comme il existe un réel problème de volonté politique et de moyens pour la bonne marche d'autres organes comme le CPS au point où il est impossible aujourd'hui d'affirmer que l'Afrique est une communauté de sécurité pluraliste… Il n'en demeure pas moins qu'au niveau des organes, la page de l'OUA est résolument tournée.

L'autre argument qui nous fait dire que l'Union Africaine est différente de l'OUA provient bien de la doctrine globale ou des différentes doctrines qu'ont adopté les acteurs au sein de l'Union sur divers plans : politique, sécurité collective… Au plan politique, l'Union Africaine est une organisation qui veut tendre de plus en plus vers une intégration plutôt que de rester un simple organe de coopération entre les Etats comme l'était l'OUA. Il y a donc en ce sens une volonté de dépassement de l'interétatisme, malgré la persistance de inter gouvernementalisme dans nombre de ses interventions.

Au plan de la prévention, de la gestion et du règlement des conflits, l'Union Africaine a presque adopté la doctrine onusienne de sécurité collective faite d'une part de règlement pacifique des différends, et de l'autre de l'usage de la contrainte physique en cas de besoin. C'est dans ce sens que nous avons dit qu'elle est allée au-delà de l'angélisme de l'OUA, mettant ainsi un peu de réalisme dans sa politique de sécurité et de défense communes. C'est dire qu'il n'est pas injustifié de voir en cette organisation un espoir pour les questions de développement, mais aussi les aspects de paix, de sécurité et de défense en Afrique pour autant que la volonté des Etats n'en fasse pas défaut.

In fine, en adoptant une posture constructiviste, nous pouvons constater donc que l'Union Africaine, bien que différente de l'OUA, a encore une longue carrière devant elle. Le constructivisme est d'abord considéré comme « *une façon d'étudier les relations sociales, n'importe quelles relations sociales, à partir de l'hypothèse des êtres humains comme être sociaux*[388] ». Dans sa version « *soft* » ce courant de pensée refuse d'étudier le monde « *tel qu'il est* », car le monde « *n'est pas* » mais se construit socialement. C'est « *un processus en devenir, qui change et se transforme en permanence, au gré des pratiques sociales les plus diverses...*[389] » Et c'est de par cette approche qu'il est intéressant d'observer cette nouvelle organisation.

---

[388] Dario Battistela, « *Théorie des relations internationales* », Presse de Sciences Po, 2004, p 270.

[389] Dario Battistela : « *L'apport de Karl Deutsch à la théorie des relations internationales* », Revue internationale de Politique comparée, volo.10, n°4, 2003, p 580.

ANNEXES

Dette et aide publique au développement[390]

L'endettement international est un phénomène relativement ancien. Les pays en développement du XIXe siècle- la Russie, les USA, le Canada, l'Australie- ont tous contracté une dette extérieure importante vis-à-vis des puissances qui, étant plus développées, disposaient d'une épargne importante. Citant le cas de certains pays comme la Corée du Sud qui ont pu mettre leur politique d'endettement au service d'un « *progrès remarquable* », Pascal Chaigneau nous rappelle dans son dictionnaire des relations internationales que l'endettement extérieure « *ne va pas toujours à l'encontre des intérêts nationaux* ». Or nous constatons malheureusement avec lui que les pays africains « *n'ont pas réussi à maîtriser leur endettement extérieur, ni à l'utiliser dans le cadre d'une stratégie économique efficace*[391] ». Ce qui a entraîné le surendettement que nous vivons aujourd'hui dans le monde en développement en général et en Afrique en particulier.

Le fardeau de la dette des pays africains remonte à l'effondrement des empires coloniaux, soit au lendemain de la grande vague des indépendances des années 60. Bien que possédant désormais la liberté politique de s'autodéterminer, les dirigeants ne disposaient pas de moyens financiers à même de leur permettre d'assurer le fonctionnement de l'Etat et le financement du développement. Les pays se sont alors trouvés avec une production nationale incapable de financer leurs dépenses de consommation et d'investissements. Cette disette financière correspondait pourtant à une période de croissance soutenue au sein des pays industrialisés jadis anciennes puissances colonisatrices. Les banques du Nord ont commencé alors à prêter à

---

[390] Extrait revu de la thèse de doctorat de science politique de l'auteur, Université Jean Moulin Lyon 3.

[391] Pascal Chaigneau : « *Dictionnaire des relations internationales* », op. cit, p 149.

des taux très avantageux des sommes colossales aux gouvernements du Sud. Puis est arrivé le tour des institutions financières de Bretton Woods et en particulier la Banque mondiale, qui se mirent à financer des projets dont les montants de remboursements sont devenus de plus en plus faramineux ; entraînant un endettement extérieur considérable des pays pauvres. Cet endettement extérieur est essentiellement constitué de la dette publique, c'est-à-dire la dette de l'Etat qui s'élève dans les pays pauvres à environ 70% des budgets nationaux[392].Cette dette provient non seulement des prêts d'origine privée, mais aussi des prêts d'origine publique ou prêts dits « *officiels* ». Ce sont ceux qui nous intéressent ici. Ils proviennent des sommes versées par les organismes publics des pays industrialisés ou par des organismes internationaux dont le capital est souscrit par les Etats des pays industrialisés, Banque mondiale, FMI...Ils se décomposent eux-mêmes en aide publique au développement et autres flux. Ces organismes proposent dans le cadre de l'aide publique au développement des prêts à faibles taux et longs délais de remboursement par rapport à un prêt au taux du marché. Tout compte fait, la charge de la dette des pays pauvres en général et des pays de l'Afrique en particulier est importante, laquelle dette devrait faire l'objet d'une attention particulière de la part des acteurs de l'Union Africaine. Or il se trouve que les différents mécanismes de traitement de la dette font l'objet de critiques. D'où l'intérêt d'analyser le mécanisme français en commençant par celui dont il est issu l'IPPTE avant d'analyser les C2D et leurs critiques.

---

[392] Cela ne signifie pas que les entreprises privées ne peuvent pas faire d'emprunts personnels, mais les bailleurs de fonds demandent en général l'aval des gouvernements. En cas de faillite de l'entreprise aidée, ce sont les Etats qui sont tenus au remboursement. Ils se portent en somme garants des dettes privées.

Section 1

A l'origine du mécanisme français : l'IPPTE

Globalement les chiffres de la dette en 2003 sont à tout le moins éloquents[393]. La dette extérieure en 2002 était de 2400 milliards de dollars. 460 milliards sont dus aux institutions financières internationales, soit 19% de la dette ; 640 milliards aux Etats, 27%, et 1300 milliards de dollars au privé, soit 54%. La dette extérieure publique due ou garantie par les pouvoirs publics est de 1600 milliards de dollars (67%), le reste revenant à la dette extérieure privée. Pendant la même année, l'Afrique subsaharienne s'est retrouvée avec un stock de dette de 210 milliards de dollars et un service de 13 milliards de dollars US. Force est de constater que cet endettement par le biais de l'aide publique au développement reste considérable. Et quand on fait une comparaison de plusieurs montants entrants ou sortants des pays en voie de développement en 2002, l'aide publique au développement représente plus de 57 milliards de dollars US de prêts. Mais l'espoir des pays receveurs de l'aide porte sur les promesses d'annulation faites par les bailleurs de fonds multilatéraux et bilatéraux, dont la France. Pour mieux comprendre les mécanismes de traitement de cette dette, il convient de faire un aperçu général de l'Initiative des Pays Pauvres très Endettés (IPPTE) avant de parler des critiques qui lui sont adressées.

1. Aperçu général de l'IPPTE

Suite à l'Accord « *historique* » signé à Londres en juin 2005 par les ministres des Finances des pays du G8, il a été convenu d'une annulation « *immédiate* » de 40 milliards de dollars US de dette multilatérale de 18 pays pauvres très endettés, parmi lesquels 14 pays

---

[393] Nous reprenons et commentons ici les chiffres retenus par le CADTM, qui sont des chiffres publiés par la Banque mondiale, le FMI, l'OCDE, le PNUD, la FAO, le CNUCED, la BRI et FORBES.

africains[394]. Il s'agit des dettes envers le FMI, la Banque mondiale et la Banque africaine de développement. Au total l'accord porte sur l'annulation de 55 milliards de dette, dont 6 milliards dus au FMI, 44 milliards à la Banque mondiale et 5 milliards à la Banque africaine de développement. Cette décision est prise dans un contexte où la dette est présentée comme l'un des obstacles majeurs au développement des pays du monde en développement. D'autant plus que les chiffres prouvent que l'Afrique subsaharienne par exemple dépense quatre fois plus d'argent pour rembourser sa dette extérieure que pour toute les dépenses sociales : éducation, santé…Pire depuis la crise de la dette de 1982, les pays endettés ont remboursé plus de sept fois ce qu'ils devaient. Plus de vingt ans plus tard, ils sont quatre fois plus endettés. S'il est vrai comme l'a dit le ministre britannique des Finances, Gordon Brown, que l'accord de Londres est la plus large déclaration jamais faite par les ministres des Finances sur la question de la dette et de la lutte contre la pauvreté, force est de constater tout de même que l'IPPTE qui demeure l'espoir des pays endettés continue à essuyer des critiques dont il convient d'examiner la pertinence.

2. Les objectifs de l'IPPTE

L'IPPTE a été lancée à Lyon (France) en 1996 par la Banque mondiale et le FMI, puis renforcée à Cologne (Allemagne) en 1999. Fondée sur une approche de l'allégement de la dette incluant pour la première fois les créances multilatérales, elle est destinée à alléger le fardeau excessif de la dette extérieure de certains pays les plus pauvres de la planète. Pour la Banque mondiale, « *(...) elle représente une innovation majeure en termes de financement du développement* ».[395]

L'IPPTE fait un lien entre l'efficacité de l'aide et le contexte global de l'action des pouvoirs publics ainsi que la coordination de l'aide entre la conditionnalité et la prise en charge des politiques

---

[394] Les 18 pays concernés par l'accord de Londres sont : le Bénin, la Bolivie, le Burkina Faso, l'Ethiopie, le Ghana, la Guyana, le Honduras, Madagascar, le Mali, la Mauritanie, le Mozambique, le Nicaragua, le Niger, le Rwanda, le Sénégal, la Tanzanie, l'Ouganda et la Zambie.

[395] Banque mondiale, Initiative PPTE : « *Accomplissement et perspectives* », Précis, hivers 2003, n°230.

macroéconomiques, et les ordres de priorités établis pour les dépenses publiques. Dans son cadre initial, l'objectif de l'IPPTE était de réduire la dette extérieure des pays remplissant « *les conditions voulues* » au moyen d'une stratégie visant à établir un « *niveau d'endettement tolérable* » et à éliminer ainsi l'excédent de la dette et le frein que ce facteur exerçait sur la croissance et la réduction de la pauvreté[396].

Mais après 1996 des pressions ont continué à s'exercer sur les pays riches pour un allégement qui soit à la fois « *plus large, plus rapide et plus important* ».C'est ainsi qu'a été conçue l'IPPTE renforcée, qui a été approuvée en 1999. Un ensemble plus ambitieux d'objectifs a de ce fait été assigné à l'initiative renforcée :

- assurer une sortie définitive du cycle de rééchelonnement de la dette
- promouvoir la croissance
- libérer les ressources pour un surcroît de dépenses sociales.

En 2001, 23 pays avaient atteint le « *point de décision* » qui permet de bénéficier d'allégements intérimaires du service de la dette parmi lesquels, quinze pays africains. En Afrique le Cameroun, la République du Congo et le Gabon ont signé le mémorandum pour adhérer à ce mécanisme depuis le 31 mai 2003. Pour l'Angola, des négociations quant à une possible réduction du montant de la dette extérieure sont en cours avec le Club de Paris. L'Angola fait partie du groupe des 42 pays pauvres très endettés désignés par le FMI et la Banque mondiale. Ces institutions ont estimé que les revenus d'exportations étaient assez élevés pour que Luanda puisse « *soutenir* » le remboursement régulier de sa dette. L'Angola n'aura donc pas droit à un allégement de sa dette dans le cadre de l'IPPTE

Le Cameroun a atteint le point de décision de l'initiative PPTE en octobre 2000. Les critères d'éligibilité à l'IPPTE, qui portent à la fois sur le volume de la dette par rapport aux exportations, sur la réussite d'un programme économique soutenu par le FMI et la Banque

---

[396] Le niveau d'endettement tolérable revoie à peu près à ce qu'on appelle « *l'insoutenabilité de l'endettement* ». Celle-ci dépend du rapport entre les revenus d'exportation et le montant du service de la dette.

mondiale, sur le niveau de revenu par habitant (qui doit être inférieur à 785 US$ par habitant) ainsi que sur la rédaction d'un Document de Stratégie de Réduction de la Pauvreté Intérimaire, (DSRP[397]-I) ont en effet été remplis. Le DSRP-I, construit à partir des résultats des consultations participatives menées en Avril 2000, constitue un cadre pour l'affectation des premiers financements issus de la remise de dette.

En 2004, le compte spécial du trésor camerounais ouvert à la Banque des États d'Afrique Centrale (BEAC), destiné à recevoir les fonds résultant des premières annulations (dit Compte BEAC/PPTE), était créditeur de 71 milliards de francs CFA. Ce sera en fait près de 214 milliards de francs CFA d'annulation d'échéances qui seront affectés à des programmes dans des secteurs considérés comme prioritaires durant la période intérimaire (entre le point de décision et le point d'achèvement, et qui durera environ trois ans). A compter du point d'achèvement (prévu pour début 2004), le traitement du stock de la dette permettra l'essentiel des décaissements qui s'étaleront sur une vingtaine d'années. Ceci portera l'annulation dans le cadre de l'IPPTE multilatérale à 741 milliards de francs CFA et devrait faire passer le service de la dette de près de 21% des ressources de l'Etat en 2000 à 12% en 2001, et moins de 10% d'ici 2008. En mars 2002, 29 milliards de FCFA avaient déjà été affectés à des projets concernant quatre secteurs particuliers :

- santé : extension des programmes de lutte contre les grandes endémies VIH-SIDA, paludisme, soutien aux services de santé essentiels
- éducation primaire : construction de salles de classe, embauche d'instituteurs vacataires

---

[397] Les Documents de stratégie de réduction de la pauvreté (DSRP) sont une stratégie globale basée sur une vision intégrée du développement destinée à améliorer la croissance, à réduire la pauvreté et à mieux intégrer le concept d'équité ; des mesures susceptibles de réorienter les politiques publiques en faveur de la réduction de la pauvreté ; l'appropriation des politiques de développement par les pays ; un partenariat et une démarche participative incluant la société civile, le secteur privé, les communautés de base ; une stratégie axée sur les résultats.

- développement rural : actions phytosanitaires, relance d'activités de riziculture
- gouvernance : contribution à la mise en œuvre de système d'information et de gestion intégrée des personnes et de la solde (SIGIPES).

Selon les officiels français au Cameroun, le « choix de ces projets s'est effectué lors des réunions du Comité consultatif et de suivi de la gestion de ressources PPTE, CCS/PPTE présidé par le ministre de l'Economie et des Finances, le 26 octobre et le 6 novembre 2001 ».

Pour le Gabon un cadre institutionnel (CNLP) étant installé et un premier *draft* préparé, des consultants nationaux et internationaux ont été recrutés pour la mise en forme finale du DSRP. Mais le Gabon a été déclaré non éligible à l'initiative PPTE. Avec un PIB *per capita* de 4000 US $, ce pays occupe le 53ème rang sur 174 pays et est classé parmi les pays à revenu intermédiaire de la tranche supérieure. Malgré ce potentiel énorme, le pays a un niveau de développement humain durable faible. D'après le classement du rapport mondial du PNUD, le pays, avec un indice de développement de 0.653, se situe au 118e rang mondial.

Mais malgré sa situation relativement enviable, le Gabon est un pays riche où il existe une pauvreté visible et ses indicateurs sociaux ne le différencient pas de la moyenne des autres pays de la sous région[398]. Pour la République démocratique du Congo, les conseils d'administration du Fonds monétaire international et de la Banque mondiale ont conclu en juillet 2003 que le pays avait réalisé des progrès suffisants sur les plans politique et économique pour être éligible à un allégement de dette au titre de l'initiative PPTE. Ainsi un allégement d'un montant de 6,3 milliards de US $ en valeur actualisée nette (VAN) a été approuvé à la fin 2002.

Au Tchad, le point de décision de l'initiative PPTE a été atteint en mai 2001, avec un allégement prévisionnel de 170 millions US $ en

---

[398] Près de 20 % de la population des plus grandes villes, Libreville et Port-Gentil, (environ 70 % de la population totale du Gabon est concentrée dans ces deux villes) vivent en dessous du seuil de pauvreté absolue (estimé à environ 29 000 FCFA ou $45 par mois et par personne). Au sein des populations rurales, l'incidence de la pauvreté absolue est plus grave.

valeur actuelle nette. Le bénéfice de cet allègement sera acquis lorsque le Tchad atteindra le point d'achèvement de l'initiative, ce qui implique la mise en œuvre réussie d'un nouveau programme de type FRPC[399]. Présenté comme innovation majeure de financement du développement, l'IPPTE est tout de même critiquée.

3. L'IPPTE : un bilan négatif ?

Traditionnellement, c'est au sein du Club de Paris que les pays du G7 consentaient au rééchelonnement de la dette des pays pauvres[400]. Confrontés au maintien d'un niveau d'endettement insupportable pour de nombreux pays parmi les plus pauvres, les pays riches on d'abord lancé en 1996 à Lyon, une initiative en faveur des pays pauvres très endettés : « *Initiative PPTE* ». Ce plan d'allègement engageait, pour la première fois de manière intégrée, tous les types de créances publics, y compris celles des institutions financières internationales (IFI) qui jusque-là se refusaient d'alléger les dettes multilatérales. Mais cette première initiative de Lyon a très vite montré ses limites et son incapacité à sortir les pays pauvres de la spirale de l'endettement. C'est ainsi qu'interpellés par plusieurs mouvements associatifs favorables à la cause des pays pauvres, mais aussi par la campagne Jubilée 2000[401], les pays du G7 réunis à Cologne en juin 1999 ont décidé de renforcer l'initiative en assouplissant sa procédure et en s'engageant à annuler la quasi-totalité de leurs créances bilatérales (créances commerciales garanties et créances d'aide au développement.)

Mais comme le relève la Plate-Forme Dette et Développement, au lendemain des Assemblées annuelles du FMI et de la BM à Dubaï

---

[399] La dette extérieure du Tchad s'élevait à USD 1 281 millions à fin 2002, ce qui représentait une augmentation de 16 % par rapport à fin 2001, source : site IZF.net

[400] Le Club de Paris réunit périodiquement 19 principaux pays créanciers pour renégocier l'endettement de certains pays débiteurs. En 1988 (G7 de Toronto) il a commencé à accorder des réductions du service de la dette à certains de ces pays. Mais le pas décisif des allègements plus significatif à été franchi au G7 de Naples en 1994 où les pays riches ont admis que pour sortir du cycle des rééchelonnements à répétition, ils devaient accorder des allègements de l'encours de la dette de 67 % selon les termes de Naples.

[401] La campagne Jubilée 2000 a collecté 24 millions de signatures dans le monde ; chiffres donnés par la Plate-forme Dette et Développement.

(Qatar) en septembre 2003, le bilan de mise en œuvre de l'initiative s'est révélé *« négatif. »* Même suite à l'Accord *« historique »* de Londres qui permet à 280 millions d'Africains de se réveiller sans devoir envers les pays riches, les partisans de l'annulation totale de la dette du Tiers-Monde exigent que soient ajoutés les 50 milliards de dollars supplémentaires pour financer la lutte contre la pauvreté car soixante-deux pays ont besoin que leur dette soit annulée. D'où la nécessité pour nous d'examiner tour à tour les critiques des institutions internationales d'une part et celles des ONG spécialisées sur la question de la dette.

Les critiques des institutions internationales

Le point de vue de la Banque mondiale

Au sein de la Banque mondiale, on en était de plus en plus venu à reconnaître que l'accumulation continue du stock de la dette chez certains des emprunteurs les plus pauvres de l'Institution reflétait des problèmes d'insolvabilité plutôt que d'illiquidité, ce qui exigeait une réponse différente de celles essayées dans le passé[402].

Un groupe de travail a ainsi été constitué afin d'élaborer de nouveaux moyens de traiter globalement le surendettement des pays. Donnant corps aux renseignements de l'expérience, elle faisait un lien entre l'efficacité de l'aide et le contexte global de l'action des pouvoirs publics, ainsi qui la coordination de l'aide, entre la conditionnalité et la prise en charge du processus par les pays, et entre les incidences sociales des politiques macroéconomiques et les ordres de priorités établis pour les dépenses publiques.

Pour la Banque mondiale, l'initiative PPTE « a joué un rôle catalyseur pour permettre à de profondes mutations de s'exercer au niveau des processus touchant à l'aide au développement, reflétant la maturation d'un nouvel environnement habilitant donnant lieu à une participation active de la société civile. »[403] Bien plus ce mécanisme a

---

[402] Un pays est insolvable quand ses revenus sont insuffisants pour rembourser la dette et les charges d'intérêts. L'illiquidité quant à elle est la situation d'un pays qui ne peut plus payer les charges d'intérêts. Ce fut le premier problème de la crise de la dette des années 1980. Ensuite les banques ont commencé à refuser à accorder de nouveaux crédits et les pays endetté sont passés de l'illiquidité à l'insolvabilité.

[403] Précis OED, Banque mondiale, hivers 2003, n°230, p2.

introduit selon la BM, « une plus grande transparence et une plus grande responsabilisation dans le régime de dette souveraine, et renforcé la coopération pour le développement, notamment entre La Banque mondiale et le FMI ». Il a aussi été à l'origine du processus des stratégies pour la réduction de la pauvreté, ayant pour but « d'aider les pays à améliorer la gouvernance, la transparence et la responsabilité, tout en les encourageant à assumer la paternité des stratégies en question. »

Selon L'OED, l'IPPTE en tant qu'instrument de l'architecture de l'aide au développement « est d'une très grande utilité pour ce qui est de faire face à un obstacle essentiel à la croissance et à la réduction de la pauvreté que connaissent beaucoup de pays pauvres. Et l'une des principales conclusions de son examen est qu'elle atteindra probablement l'objectif fondamental qui lui avait été assigné à l'origine : fournir à certains des pays les plus pauvres du globe le répit dont ils ont tant besoin sous forme de réduction du stock de leur dette et des charges afférentes à son service. »[404] Si les pays bénéficient des allègements escomptés, espère la BM à ce sujet, « l'initiative parviendra à réduire de moitié (en moyenne) le stock de la dette extérieure des PPTE ainsi que le service de leur dette, ramènent ainsi leur endettement à des niveaux comparables, voire inférieurs, à ceux des autres pays pauvres »[405].

Mais au niveau des attentes des pays pauvres, la BM pense que si les objectifs ont été élargies et sont devenus plus ambitieux, l'Initiative reste un instrument de portée limitée. Pour qu'elle puisse atteindre pleinement ses objectifs dans leur formulation actuelle, il faut que les partenaires de développement prennent des mesures qui dépassent son champ d'application. Le risque est selon l'OED est qu'ils promettent des résultats que l'IPPTE ne soit pas en mesure d'atteindre par elle-même. Dans sa conception il aurait fallu pense-t-elle, *« prêter davantage attention à la participation de l'ensemble des créanciers, pour faire en sorte que les allègements escomptés soient réalisées dans leur intégralité, et au renforcement des capacités des PPTE pour la gestion de leur dette. »*

---

[404] Précis, op. cit, p2.

[405] Précis, op. cit, p2

Toujours dans le cadre de la critique portée sur le concept initiale, la Banque mondiale s'inquiète notamment sur le principe de l'additionnalité[406] que prévoit l'IPPTE et celui du niveau d'endettement. Parlant du niveau d'endettement, la Banque Mondiale se demande si l'Initiative génère un niveau d'endettement tolérable. Et comme réponse à cela elle pense que le principal outil utilisé pour en juger est l'analyse de viabilité de la dette (DSA) dont la robustesse reste encore à démontrer de façon convaincante[407]. Selon l'OED, « *les modèles économiques et la base méthodologique sous-tendant ces projections doivent être rendus plus transparents, et les hypothèses de croissance plus réalistes.* »[408] Et pour établir l'Initiative sur des bases solides, la Banque mondiale propose que les DSA prennent mieux en compte les effets potentiels de la volatilité des recettes d'exportation Cela permettrait d'éclairer le débat sur les réformes à engager tant du côté des bailleurs de fonds qu'au niveau des pays bénéficiaires, et de définir de façon plus réaliste les objectifs et les dispositifs de financement.

Enfin au niveau de la croissance et de la performance des politiques, la Banque mondiale nous rappelle que la réduction de la dette ne suffit pas à garantir qu'un pays ne connaîtra pas à l'avenir des problèmes d'endettement.

Le plus important et le plus difficile est alors de veiller à ce que les fonds issus de l'allègement de la dette soient investis de façon productive et rationnelle pour promouvoir la capacité de

---

[406] L'objectif consistant à libérer les ressources pour accroître les dépenses sociales repose sur une hypothèse fondamentale : que les niveaux d'aide antérieurs soient maintenus, de sorte que les allègements au titre de l'Initiative PPTE se traduisent par un apport de ressources supplémentaires en valeur réelle. Pour parvenir à cela il sans détourner des flux d'aides les pays pauvres qui ne sont pas très endettés, la Banque mondiale pense qu'il faut une augmentation globale des ressources affectées à l'aide. Mais dansas conception pense la Banque, l'IPPTE ne prévoit aucun dispositif pour garantir cela. Tant le volume global des transferts nets en faveur des PPTE ont accusé une forte baisse ces dernières années, tendance qui s'est amorcée à peu près à l'époque où l'initiative a vu le jour.

[407] L'analyse par la DSA comprend deux éléments. L'un consiste à évaluer les niveaux de la dette actuels au moyen d'une nouvelle méthodologie qui permet de calculer sur des bases justes le montant de l'allègement pour chaque pays. L'autre consiste à faire une projection des indicateurs d'endettement futurs afin d'évaluer la probabilité pour chaque pays de parvenir à un niveau d'endettement tolérable.

[408] Précis, op. cit, p3.

remboursement de l'Etat. Or comme le rappelle la BM, les PPTE ont le plus souvent une assise budgétaire étroite, et des exploitations qui s'articulent autour de quelques produits de base soumis à des marchés très fluctuants. Il leur faut alors éliminer ces contraintes budgétaires et autres facteurs de politique économique faisant obstacle à une croissance plus soutenue et diversifié. Ils doivent aussi élargir leur base d'exploitation, ce qui suppose une facilitation des échanges et un meilleur accès aux marchés des pays développés.

C'est pour quoi comme le propose l'OED, pour que l'initiative rime avec croissance et développement, pour que l'endettement soit maintenu dans les limites tolérables et la pauvreté réduite, il faut adopter *« une stratégie crédible pour promouvoir la croissance. »* A cet égard pense l'OED, les liens avec les documents stratégiques de réduction de la pauvreté (DSRP) donnent des raisons d'espérer, *« mais il ressort des éléments d'appréciation initiaux, à commencer par l'examen que la Banque mondiale a elle-même fait des premières DSRP, que l'accent n'y est guère mis sur des activités en rapport avec la croissance, au-delà de l'adoption d'un cadre macro économique rationnel et de l'investissement dans le capital humain. »* L'absence de la prise en compte des facteurs tels que le climat des investissements, l'accès aux marchés et le développement des infrastructures pourrait une fois de plus empêcher à l'IPPTE de réaliser ses objectifs.

Selon l'OED une condition nécessaire à une croissance soutenue est l'adoption de cadre de politiques rationnelles qui permettent de promouvoir une situation économique stable, une gestion effective des dépenses publiques et une production de recettes efficaces et non génératrices de distorsions. C'est pourquoi il énonce un certain nombre de recommandations susceptibles d'améliorer l'IPPTE afin qu'elle fournisse *« un répit on ne peut plus nécessaire aux pays confrontés à un service de la dette excessif »*

Le PNUD et l'IPPTE

Pour l'organisme spécialisé des Nations Unies, « nombre de pays endettés doutent (...) que l'allégement de la dette puisse suffire »

Ainsi dans certains pays, le montant estimatif des réductions du service de la dette pourrait être suffisant pour avoir des incidences sensibles. Mais pour la plupart des pays, l'allégement de la dette pour être efficace, note le PNUD, *« doit se faire le plutôt possible, pour la majeure partie dès que le pays répond aux conditions requises. De plus l'allégement dépend aussi de la fourniture du financement par les donateurs, engagement que certains ne veulent pas prendre »*[409]

Bien plus, pour le PNUD, les pays très endettés craignent vivement que l'allégement de la dette ne serve de justification à des réductions correspondantes de l'aide au développement. En effet, six créditeurs bilatéraux- dont sans doute la France- ont déjà alloués plus de 10% de leur budget de développement au financement de la réduction de la dette- l'un d'eux plus de 30%. Les pays craignent aussi l'apparition de nouvelles conditionnalités. L'obligation de maintenir des équilibres macro-économiques internes et externes a déjà limité leur capacité de cibler les ressources sur la réduction de la pauvreté.

Au regard donc de tout ce qui précède, le PNUD propose au moins deux pistes pour améliorer l'efficacité de l'aide et des différentes mesures prises dans le cadre de l'IPPTE. Il s'agit de tirer partie du commerce pour réduire la pauvreté et de renforcer la position des pays pauvres au sein des grandes négociations internationales.

Bien qu'elle soit de plus en plus orientés vers l'exportation, ce que prône entre autres l'IPPTE dans son objectif de croissance, nombre de pays en développement pauvres demeurent incapables de pénétrer les grands marchés à l'exportation, tel que celui de l'Europe ou de la France. En conséquence, ils manquent de devises pour acheter nombre d'importations essentielles ; ce qui implique une partie importante de leur dette et contribue à leur pauvreté généralisée.

Les critiques de la plate-forme Dette et Développement

Au nombre des préoccupations exprimées par la Plate-forme, nous retiendrons trois ici qui nous semble très fondées : trop peu de pays bénéficient au mécanisme PPTE, les allègements sont beaucoup trop faibles et enfin le processus est beaucoup trop lent.

La Plate-forme reconnaît que dans la mesure où elles auraient lieu, les annulations de dette ont un effet réel sur les capacités des pays bénéficiaires de financer le développement humain. Mais le nombre de pays bénéficiaires lui paraît limité. En 2003 parmi les 42 Etats (sur

---

[409] PNUD, rapport sur l *« Etablissement des liens entre les politiques internationales des pays et la pauvreté »*, 2003, p50.

les 165 PED) initialement concernés par l'IPPTE, seuls 37 ont vocation à bénéficier d'allégement de la dette. Quatre pays ont été reconnus comme ayant des dettes soutenables parmi lesquels l'Angola.

La plate-forme fait donc remarquer que les pays bénéficiaires de l'initiative PPTE ne représentent même pas le quart des PED. De plus l'encours de la dette des 42 PPTE initiaux représente à peine 10 % du stock total de la dette des PED. En additionnant annulations du Club de Paris, allégements au titre de l'initiative PPTE et bilatéraux supplémentaires, les créances ne se sont engagées qu'à hauteur de 100 milliards de dollars, ce qui représente moins du tiers de la dette publique extérieure de l'ensemble des pays à faible revenu (335 milliards de dollars) à peine 5 % de celle de tous les PED (2100 milliards de dollars).

Cette situation qui nous fait constater que les pays bénéficiaires de l'IPPTE sont très limités, trouvent à l'analyse de la Plate-forme au moins deux explications :

D'une part les critères élaborés par la Banque mondiale et le FMI pour déterminer les pays *« potentiellement éligibles »* à l'IPPTE sont très restrictifs. Le pays concerné doit d'abord être éligibles aux prêts concessionnels de l'AID et disposer d'un PIB annuel inférieur à 875 dollars/habitant. D'autre part fait remarquer la Plate-forme, le pays doit avoir atteint un niveau d'endettement qualifié de *« non-soutenable »* après application des mesures *« traditionnelles »* d'allégement de la dette au Club de Paris. Or pour Dette et Développement, la définition de ces critères n'est pas neutre, tout comme l'ensemble de la politique de la coopération d'ailleurs. Par ailleurs conclut la Plate-forme à ce sujet, ces critères de la BM et du FMI *« excluent du mécanisme un certain nombre de pays qui, bien que n'étant pas éligibles aux prêts de l'AID, sont pourtant confrontés à des problèmes de pauvreté et de surendettement très proches de ceux des PPTE. »* C'est le cas pour la sous-région de la Guinée Equatorial que nous avons déjà cité plus haut.

La deuxième remarque que fait Dette et Développement porte sur le mécanisme de l'IPPTE est que celui-ci prévoit *« des allégements de dette beaucoup trop faibles. »*

En septembre 2003, 127 avaient franchi le point de décision, dont 8 seulement ont atteint le point d'achèvement. Parmi les 27 se trouvaient 5 pays de la sous-région : Cameroun, RDC, Rwanda, Sao Tome et Principe et Tchad.

Au total, pour l'ensemble des PPTE, 26,1 milliards de dollars de dette ont été annulé, *« ce qui ne représente même pas un cinquième du stock de leur dette avant l'Initiative. »* Et la Plate-forme de poursuivre, si l'on s'en tient aux dernières estimations de la Banque mondiale et du FMI, les 27 pays ayant atteint le point de décision devraient bénéficier d'une réduction d'environ 60 % de leur dette extérieure publique, l'encours total devant passer de 77 milliards de dollars à 26 milliards de dollars en valeur actuelle nette. Et selon les chiffres avancés par Jubilée 2000 et repris par Dette et Développement *« à peine plus d'un tiers du stock de la dette de l'ensemble des PPTE aura été effacé (48,8 sur 139,2 milliard de dollars) à l'issue de l'initiative, sans compter les nouveaux emprunts que risquent de contracter entre temps lesdits pays.*[410] *»*

Soutenant toujours que les allégements de dette de l'IPPTE sont beaucoup trop faibles, la Plate-forme pense alors que la portée de l'Initiative *« est considérablement exagérée par les IFI et les gouvernements du G8. »* Les allégements de dette annoncés par les créanciers ne sont pour beaucoup que des jeux d'écriture comptable portant sur des créances impayables. La plupart des PPTE ont atteint un tel niveau d'endettement qu'il leur est impossible de rembourser effectivement les échéances dues. *« Les allégements de dette n'ont donc qu'un impact limité sur le niveau de revenu annuel de remboursement. ».* En 2005, la France doit réduire le service de la dette de ses 27 Etats débiteurs et bénéficiaires de l'IPPTE de 30%. D'où le constat selon lequel *« l'Initiative PPTE favorise surtout les créanciers en permettant un assainissement comptable des créances. »*

Enfin la Plate-forme juge le mécanisme de l'IPPTE *« beaucoup trop lent. »* Il accuse un retard *« important »* par rapport au calendrier initial, qui prévoit que 21 Etats auraient aujourd'hui atteint le point d'achèvement et bénéficié d'annulations de dettes d'un montant approximatif de 34,7 milliards de dollars en valeur actuelle nette. Prenant à témoin le Gouvernement français, Dette et Développement pense que le rythme de mise en œuvre de l'Initiative s'est *« considérablement ralenti. ».*

---

[410] Rapport 2003 Plate-forme op. cit, p15.

En 2003, la situation semblait de plus en plus bloquée pour les pays qui ont pu atteindre la période intérimaire entre le point de décision et le point d'achèvement. Les 17 pays en question peinaient à atteindre le point d'achèvement et obtenir ainsi les annulations de dettes promises au point de décision. Seize d'entre eux dont 4 de la sous-région (Cameroun, Rwanda, STP et Tchad) ont franchi ce point depuis maintenant plus de trois ans. Les prévisions du FMI et de la Banque mondiale soulignaient que 8 dont le Rwanda pourrait franchir le point d'achèvement avant la fin de l'année 2003. A la date d'aujourd'hui les informations disponibles font état de prévisions non réalisées.

Section 2

La politique française de traitement de la dette : le C2D

Rappelons qu'un pays fait appel au crédit extérieur lorsque sa production nationale n'est pas en mesure de satisfaire ses dépenses de consommation et d'investissement. Pour les pays en voie de développement dont les besoins en matière d'investissement et même de fonctionnement sont considérables, le déficit causé par la faiblesse des exportations par rapport aux importations est parfaitement normal. Ce déficit provisoire peut être comblé par les réserves du pays en liquidités internationales. Mais la situation devient préoccupante si le déficit est répété sur plusieurs années.

La seule solution sera alors l'endettement extérieur, c'est-à-dire le recours à l'épargne étranger. Mais si les Etats endettés n'assurent pas comme il se doit leur service de la dette, situation qui peut avoir pour origine la concordance de plusieurs facteurs[411], ils plongent très vite dans un *« surendettement »*. Situation qui entraîne une crise de la dette comme ce fut le cas dans le système financier international dans les années 80 suite à la tempête déclenchée par le *« jeudi noir »* mexicain. Et si cette crise semble être *« structurellement terminée »* comme le pense Pascal Chaigneau, le volume sans cesse croissant de la dette des pays pauvres très endettés ne peut que les obliger à solliciter non pas la remise d'une partie importante de la dette, mais l'annulation totale de celle-ci pour certains pays en situation de réelles difficultés. Dans ces pays on pourrait même dire que les pays développés comme la France y possèdent désormais une sorte de créances aveugles,

---

[411] Le surendettement du tiers-monde a eu entre autres pour facteurs : la *« tempête mexicaine »* de 1982 ou la cessation de paiement du Mexique qui avait à l'époque un service de la dette de 21 milliards de dollars avec une dette qui s'élevait à 86 milliards de dollars ; les deux chocs pétroliers de 1974 et de 1980-1981 ; les politiques économiques mises en œuvre dans les pays industriels dès la fin des années 1970 qui ont entraîné le renchérissement de la dette des PED ; la crise économique mondiale et le renforcement du protectionnisme sur les principaux marchés industriels ayant durement frappés les produits manufacturés dont l'exportation avait une importance primordiale pour les PED. (Cf. : Pascal Chaigneau, dictionnaire des relations internationales, op. cit, p150 et s.)

lesquelles ne pourraient jamais être recouvrées D'où l'importance des initiatives PPTE mais aussi du mécanisme additionnel français de C2D.

Le rapport 2002 d'Henri Emmanuelli nous rappelle que les contrats désendettement développement ont pour but de rendre l'effort financier français à la fois légitime vis-à-vis des populations locales en consacrant les sommes ainsi dégagées à des programmes de réduction de pauvreté conformes au DSRP du pays, et plus transparent grâce à une étroite association des acteurs des sociétés civiles du pays bénéficiaire et de la France.

Ainsi 27 pays ont une dette APD à l'égard de la France sur les 42 éligibles à l'Initiative PPTE et sont donc concernés par le C2D, le Cameroun étant parmi les pays bénéficiant d'un des allègements les plus importants avec 1,1 milliard d'euro.

Tableau

Calendrier des points d'achèvement et montants estimatifs des échéances de la sous région Afrique centrale, 2002-2005

Pays	Points d'achèvement (hypothèse)	2002	2003	2004	2005	Total
CAM.	2003/2004	-	43	99	98	240
Congo	2004	-	-	12	24	36
RDC	2005	-	-	-	11	11
Rwanda	2003	-	2	2	2	6

Source : Assemblée nationale, rapport Henri Emmanuelli : « Coopération et développement », 10 octobre 2002.

1. Les buts et les objectifs du C2D

Les buts du C2D

Le schéma Contrat désendettement et développement (C2D) est inspiré des engagements pris à Cologne en 1999 en vue de l'annulation de la dette des pays très pauvres. Il s'inscrit dans le cadre de la Stratégie pour la Croissance et la Réduction de la Pauvreté mise au point avec l'appui des institutions de Bretton Woods et validée par la communauté internationale.

La France, sur la base de ce concept s'engage d'apporter des marges de manœuvres aux pays bénéficiaires de l'Initiative pour leurs actions contre la pauvreté et le développement durable. Le schéma proposé a pour but de rendre à la fois plus légitime l'effort financier français, vis-à-vis des populations locales en consacrant les sommes ainsi dégagées à des programmes de réduction de pauvreté, et plus transparent dans le cadre d'une *« large concertation avec l'ensemble des partenaires du développement »*.

Les orientations générales et mécanismes de mise en œuvre de l'initiative bilatérale ont été définies dans une note d'information conjointe de la Direction du Trésor et de la DGCID de janvier 2001, puis dans un document intitulé *« principes, modalités de préparation et de mise en œuvre des contrats désendettement et de développement »*, du 23 avril 2003. Ce deuxième document décrit les modalités de préparation et de mise en œuvre d'un C2D *« normal »*. Des précisions ont été apportées par la suite, notamment début 2002. Ce qui semble marquer une évolution vers la généralisation de l'octroi d'aides budgétaires, au titre de programmes sectoriels.

Les objectifs de l'initiative C2D

L'initiative C2D poursuit trois objectifs :

Sécuriser l'affectation des marges de manœuvre budgétaire dégagées au profit des programmes de lutte contre la pauvreté et pour le développement durable ;

Associer les populations et notamment les associations de la société civile et les ONG à la conception et à la mise en œuvre des programmes et projets ;

S'inscrire enfin dans un schéma partenarial avec le pays bénéficiaire.

Quatre domaines principaux d'affection seront privilégiés par la France dans le cadre de C2D :

- L'éducation de base et la formation professionnelle
- les soins de santé primaire et la lutte contre les grandes endémies
- les équipements et infrastructures des collectivités locales
- enfin l'aménagement du territoire et la gestion des ressources naturelles.

Ainsi cet effort additionnel de la France en direction des pays d'Afrique en voie de développement pourrait prendre la forme d'un *« refinancement par dons des échéances dues par le pays bénéficiaire. »* Aux termes du contrat de désendettement, le pays remboursera le service de sa dette aux créanciers français (AFD pour les pays de ZSP). Et les créanciers français abonderont alors d'un montant équivalent une ligne de ressources au compte du trésor national du pays bénéficiaire dans les écritures de la Banque centrale. Cette ligne sera ensuite débitée au profit du budget du pays bénéficiaire pour le financement de programmes et de projets de développement durable et solidaire sur décision conjointe de l'Etat bénéficiaire et de la France. Par ailleurs, les programmes et projets susceptibles d'être fiancés sur les lignes de ressources seront agrées sur une base trisannuelle, entre les représentants du pays bénéficiaire, de la France après consultation des représentants de la société civile et pourront concerner trois types de dépenses :

Les dépenses liées aux fonctions assurées directement par les administrations (santé, éducation…), qu'il s'agisse de dépenses de fonctionnement ou des dépenses d'investissement

Les dépenses de transfert du budget de l'Etat au budget des collectivités locales, notamment pour le financement de leurs programmes d'investissement. Et enfin les subventions accordées par l'Etat à des associations ou à des organisations professionnelles.

Les programmes et projets de l'initiative C2D seront alors réalisés sous la responsabilité de l'Etat ou des collectivités bénéficiaires et verraient leur maîtrise d'œuvre confiée, chaque fois que possible, à des entreprises, ONG ou opérateurs locaux. Des mécanismes d'audit, de suivi et d'évaluation, mise en œuvre sur une base partenariale, devraient permettre d'apprécier la conformité des emplois à l'objet et la qualité des programmes et projets, de s'assurer du respect des termes du contrat. Afin de rendre l'effort français en la matière cohérent, la plus grande convergence possible serait recherchée entre les pays créanciers, dans le cadre stratégique de lutte contre la pauvreté élaborée par le pays bénéficiaire.

A cette fin, la France compte se rapprocher de ses partenaires de l'Union européenne ainsi que des autres créanciers bilatéraux et multilatéraux en leur proposant d'adopter des procédures similaires, et en tout état de cause, de se coordonner étroitement. La mise en œuvre des programmes et projets financés par ces fonds devra obéir aux principes généraux qui guident l'aide publique :

Transparence des budgets et des comptes

Indépendance des organes de contrôle

Participation des Parlements à la définition et au suivi des priorités de la dépense publique.

Les programmes et projets seront mis en œuvre dans le cadre des dispositions budgétaires, administratives et financières nationales. Ce qui constituera d'après les officiels français *« un facteur d'appropriation et de responsabilisation pour les pays bénéficiaires. »* Mais le mécanisme ici décrit n'est pas sans limite.

2. Le C2D : un mécanisme laborieux, aléatoire et insuffisant ?

Le caractère laborieux, aléatoire et insuffisant du mécanisme C2D a été évoqué par la Plate-forme Dette et Développement dans son rapport 2003 : *« La dette et la démocratie »,* mars 2004. Mais pour mieux comprendre les inquiétudes de cette fédération d'une trentaine d'associations coordonnées par le Comité catholique contre la faim et le développement (CCFD), il convient d'analyser d'une part, la question de l'*additionnalité* entre le traitement de la dette et les volumes de l'aide et de l'autre, la méthode de calcul adoptée par la France.

L'additionnalité : un engagement bafoué par la France ?

On appelle *« additionnalité »* ce principe qui consiste à ne pas empiéter sur l'aide pour financer les allégements de la dette. En clair les allégements de la dette accordés par la France doivent s'ajouter à son aide traditionnelle.

Après les engagements pris par les donateurs de procéder à l'annulation de la dette des pays initialement éligibles à l'initiative PPTE (en 2003 42 pays dont 9 de nos 11 pays[412]), le Secrétaire Général de l'ONU, Kofi Annan, a dès 2001, avertit les pays sur la fait que *« les mesures d'allégement de la dette doivent s'ajouter au montant global des transferts tels qu'il s'établissait avant que ces mesures n'interviennent (...) L'aide publique au développement doit être augmentée compte tenu des besoins des pays bénéficiaires.*[413] *»* Selon le SG de l'Organisation mondiale, tout se passe comme si *l'additionnalité* est la condition sine qua non pour que l'IPPTE atteigne l'objectif de lutte contre la pauvreté que les bailleurs de fonds se sont fixés. Ainsi, dans cet ordre d'idées, la France s'est engagée lors de la Conférence de Monterrey de 2002 de respecter *l'additionnalité*. Elle a promis, en commun avec les autres Etats, de *« prendre des mesures pour garantir que les ressources dégagées pour alléger la dette ne portent pas atteinte aux ressources d'APD. »* Bien plus lors du CICID du 14 février 2002, la France a réaffirmé le principe *d'additionnalité* des mesures d'annulations de dettes au titre de PPTE. Mais quand on analyse l'évolution des chiffres de l'aide, il ressort que le principe d'*additionnalité* n'a pas vraiment été respecté par la France. Entre 2002 et 2003, l'on constate que le gouvernement a empiété sur l'aide traditionnelle pour financer les allégements de la dette.

Le projet de loi 2004 faisait ressortir que l'aide a augmenté de 675 millions d'euros en un an. Or comme le constate la Plate-forme Dette et Développement dans son rapport 2003, *« les annulations et consolidation de dette bilatérale se sont accrues de 763 millions d'euros. »*, c'est dire que l'aide hors allégement de dette a donc

---

[412] C'est l'Angola, le Burundi, Cameroun, Congo, RDC, République Centrafricaine, Rwanda, Sao Tome et Tchad.

[413] Secrétaire Général de l'ONU in rapport 2003 Dette et Développement, mars 2004, p 40.

diminué de 88 millions d'euros entre 2002 et 2003.D'où le constat d'une *« rupture »* du principe *d'additionnalité*. Rupture qui entraîne une inefficacité de l'annulation de la dette sur la croissance et partant sur le développement des pays receveurs de l'aide et bénéficiaire des contrats[414] C2D. C'est du moins l'avis de certains économistes comme Eric Hansen qui montre dans *The Impat of aid* and *external debt on growt and investment* que *« des annulations de dette combinées à une diminution de l'APD n'ont pas d'impact positif sur la croissance : cette combinaison peut même se révéler négative pour l'investissement.*[415] *»*

Au regard de ce qui précède et si le principe *d'additionnalité* continue à être bafoué, les experts pensent que jamais les objectifs de développement du millénaire (ODM) que la communauté internationale s'est engagée à atteindre d'ici 2015 ne seront atteints

De la pertinence de la méthode de la *« valeur contractuelle »*

La question à laquelle cette sous-partie veut apporter une réponse est simple : comment sont comptabilisées les dettes dans le système français de C2D ? Comment sont estimées les dettes que les contrats C2D tendent à annuler ? La méthode de calcul est-elle efficace et bénéfique pour les pays endettés ?

Il existe trois façons de comptabiliser les créances d'un pays, selon la valeur à laquelle on choisit de se rapporter :

---

[414] Bien que nous évoquons ici le rapport étroit qui existe entre la croissance et le développement, tous les économistes ne sont pas d'accord là-dessus. Pour les tenants d'une autre mondialisation, donc opposant du libéralisme et du néo-libéralisme, en confondant la croissance à la richesse d'un pays, on omet que celle-là ignore l'ensemble considérable des richesses non monétaires et qu'elle comptabilise positivement nombre de destructions dès lors que celles-ci génèrent des flux monétaires. Pour Patrick Viveret : *« il est donc important de vérifier que les fondamentaux économiques n'entrent pas en contradiction avec ce qui conditionne la possibilité même de l'existence de l'économie : la présence d'êtres humains dans une biosphère et sur une planète vivables. »* Il s'agit pour l'auteur de fondamentaux écologiques et anthropologiques *« dont la préservation devrait l'emporter sur les fondamentaux économiques. »* (« Inégalités, crises, guerres : sortir de l'impasse », éditions Mille et une nuits, 2003, p266.

[415] Eric Hansen in rapport 2003 Plate-forme Dette et Développement, op. cit, p40.

La valeur faciale ou valeur nominale ou contractuelle : c'est la valeur de la dette au moment où elle a été contractée ;

La valeur actualisée nette (VAN) : c'est la valeur actuelle des flux de remboursements futurs espérés, actualisées au taux d'intérêt auquel la dette a été contractée. Elle correspond au montant qu'il faudrait investir aujourd'hui, en tenant compte des intérêts accumulés au taux d'intérêt actuel, pour honorer les échéances de l'emprunt.

La valeur du marché : C'est la valeur d'échange sur le marché de la dette. Elle est fonction du contexte économique, politique et financier dans lequel évolue le pays.

Actuellement pour estimer le montant de la dette des pays bénéficiaires de l'initiative PPTE, le FMI et la Banque mondiale se basent sur la valeur actuelle nette (VAN) de la dette. La France quant à elle comptabilise, en effet, dans le coût de ses allègements, la valeur contractuelle (valeur nominale) des créances effacées plus les intérêts que les pays endettés auraient dû verser à Paris, soit la première méthode évoquée plus haut. Mais force est de constater que plusieurs spécialistes de la question présentent les limites de la méthode appliquée par la France et la *« VAN »*, appliquée par le FMI et la Banque mondiale, et surtout leur capacité à générer des ressources additionnelles dont les pays pauvres pourraient avoir besoin dans leurs programmes de réduction de pauvreté et de combat pour le développement. C'est du moins l'avis de Daniel Cohen[416] et de Robert Powell.

Par ailleurs le rapport Charasse sur l'APD dans le projet de loi de finances de 2004 dénonçait déjà la complexité du mécanisme de comptabilisation des sommes annulées et le fait que celles-ci sont soustraites au contrôle Parlementaire, dans la mesure où la majeure partie des créances annulées est portée sur les découverts du Trésor ou de la COFACE.

Pour Daniel Cohen dans ses *« 7 idées pour que le monde tourne mieux »* la VAN ne considère pas la probabilité qu'une fraction de la dette ne soit pas remboursée ou soit refinancée. A travers l'IPPTE

---

[416] En s'appuyant sur une étude économétrique, Daniel Cohen estime le prix de marché moyen de la dette de l'ensemble des PPTE à 28 cents pour un dollar de dette (nette). Pour la Plate-forme Dette et Développement, les chiffres avancés par les initiatives PPTE sont donc à relativiser : seul un quart de ces montants se traduit en apport réel de ressources pour un financement des pays du Sud.

l'auteur pense que les pays riches laissent en réalité la charge de remboursement quasi inchangée. « *Ils refusent, pense-t-il, d'en faire plus, car ils sont victimes de l'illusion comptable et ils conservent ainsi une grande part des créances effectives dont il disposent sur les pays pauvres.*[417] »

Robert Powell confirme l'appréciation de Daniel Powell dans une étude réalisée pour le FMI en 2003, *« Debt relief, Additionnality, and Aid allocation in low-income countries »*.Pour lui, il serait trompeur de considérer les montants d'annulations de dette dégagés en VAN par l'IPPTE comme des ressources additionnelles que les pauvres pourraient dépenser. « Obtenir un allègement sur les mauvaises créances ne permet pas au débiteur de recevoir réellement les mêmes ressources à nouveau.[418] » Avant de conclure qu'il n'y a *« pas d'évidence statistiques que l'initiative PPTE (initiale) ait engendré une augmentation des ressources reçues par les pays pauvres très endettés »*.

Robert Powell énonce que pour estimer l'impact des annulations de dette sur les ressources *« il faut porter l'attention sur le service de la dette actuellement payé par le débiteur »*. Soit la troisième méthode de calcul qui porte sur la *« Valeur de marché »* qui est fonction du contexte économique, politique et financier dans lequel évolue le pays.

On peut enfin noter que selon les hypothèses présentées en 2000, tous les pays concernés par un C2D auraient dû atteindre leur point d'achèvement en 2003. Si les retards dans l'avancement de l'IPPTE sont manifestes comme le note la Plate-forme Dette et Développement, *« les lenteurs dans le mise en œuvre des C2D ne font que les aggraver.*[419]*»* Au total, les annulations au titre de l'initiative

---

[417] Daniel Cohen in rapport 2003 Plate-forme Dette et Développement, p44.

[418] Powell in rapport 2003, Dette et Développement, p 44.

[419] La procédure de préparation d'un C2D *« normal »* prévoit en premier lieu la création de groupe de travail, devant associer pour les pays du premier groupe, des ONG et collectivités locales françaises, puis une annonce officielle par l'Ambassadeur, une mission conjointe du Trésor et de la DGCID, avec l'appui de l'AFD, sur la base des travaux du groupe, complété si nécessaire par d'autres missions, et enfin la signature du C2D. Dans le C2D, le pays bénéficiaire de l'initiative confirme les engagements pris de régler les échéances à bonne date. Une annexe au C2D…

globale sont certes modestes, mais celles qui ont été concrétisées au titre de l'initiative bilatérale sont même dérisoires.

3. La mise en œuvre des C2D : esquisse d'une territorialisation des fonds de la dette

En analysant les deux mécanismes de traitement de la dette des pays en voie de développement que sont les l'IPPTE et les C2D, nous avons décelé à la suite de nombre d'auteurs et d'institutions des limites à l'action des pays donateurs de l'Aide.

Concernant globalement l'IPPTE, la Banque mondiale par exemple pensait que dans sa conception, il aurait fallu que le mécanisme prête davantage d'attention à la participation de l'ensemble des créanciers. Cela aurait permit que les allègements escomptés aboutissement dans leur intégrité et qu'il y ait renforcement des capacités des PPTE pour la gestion de leurs dettes. Bien plus selon la Banque, si les pays bénéficient des allègements escomptés l'initiative parviendra à réduire de moitié en moyenne le stock de la dette extérieur de ces pays ainsi que le service de leur dette. Cela ramènera leur endettement à des niveaux comparables, voire inférieurs à ceux des autres pays pauvres.

Pour le PNUD, le montant estimé des réductions du service de la dette pourrait être suffisant pour avoir des incidences sensibles. L'inquiétude de l'organisme onusien a porté plus sur le fait que ces allègements doivent se faire le plus tôt possible, et pour la plupart des pays dès que le pays répond aux conditions requises. *La Plate forme Dette et Développement* pour sa part retient comme critiques principales le fait que trop peu de pays bénéficient au mécanisme PPTE, que les allègements sont beaucoup trop faibles et enfin que le processus est beaucoup trop lent.

Du côté des C2D, de vives critiques ont aussi été adressées et les plus récurrentes portent sur la fait que la France est coupable de violation du principe d'additionnalité mais aussi que la méthode de valeur contractuelle pratiquée dans les mécanismes français d'annulation présente une pertinence relative.

Mais au regard de toutes ces critiques que nous avons jugées pertinentes force est de constater que très peu d'inquiétudes ont porté sur le rôle de l'Etat dans la gestion du mécanisme de l'IPPTE en général et celui des C2D en particulier. Or il est probable que l'Etat dans ses formes actuelles, ses méthodes et ses modalités d'intervention ne saurait garantir une utilisation efficace et efficiente des revenus provenant des allègements et annulations de la dette. Continue à caractériser la puissance publique, une bureaucratie labyrinthique, surdimensionnée, omniprésente, aux coûts excessifs, source de corruption et à l'origine de la paupérisation et de la clochardisation des populations. C'est pourquoi nous proposons une plus grande territorialisation des C2D. Mais pourquoi les territorialiser au moins dans leur gestion ?

L'Etat reste l'acteur central dans l'émergence, la formulation mais surtout la mise en œuvre du mécanisme, que l'on se situe du côté des pays donateurs à du côté des pays receveurs de l'Aide. C'est pourquoi, en vue de rendre plus utile le traitement de la dette nous envisageons la territorialisation des C2D en raison du caractère polycentrique que revêt désormais les politiques publiques et du fait de la nature des domaines dans lesquels doivent être transférés ces fonds.

Il convient pour nous de rappeler le partage actuel des rôles dans le cadre des C2D avant de justifier la réforme en raison du pluralisme de l'action publique et la reterritorialisation des politiques publiques.

La répartition des rôles dans les C2D

En France, en application des directives du CICID, la préparation des C2D est assurée conjointement par la Direction du Trésor et par la DGCID. Pour les pays de la Zone de Solidarité Prioritaire l'AFD est responsable de la mise en œuvre des C2D (instruction et exécution des points d'affectation). Il est prévu des réunions en comité de pilotage entre ces trois institutions pour traiter des questions transversales touchant à la mise en œuvre des contrats et faire un point sur l'avancement des pays. Pour les officiels français, les C2D ont entraîné une nouvelle manière de travailler qui apporte malheureusement comme ils le reconnaissent « *une complexité par rapport aux interventions classiques de l'Aide française.* » Et on constate, comme cela l'a toujours été d'ailleurs, la persistance du rôle des structures du pouvoir central dans la mise en œuvre des contrats de désendettement développement. Même si d'autres acteurs, tels que la société civile sont associé dans la formulation ou « *instruction* », force est de constater que l'exécution et le suivi des C2D appellent au rôle de trois acteurs étatiques de l'Aide : le MAE, le MINEFI et l'AFD.

La répartition des rôles semble ainsi claire entre les différents intervenants français : les procédures de l'AFD s'appliqueront à l'instruction et à l'exécution des points d'affectation des C2D. Un comité de pilotage C2D, réunissant le MAE, le MINEFI et l'AFD assurera la cohérence générale de la préparation et de la mise en œuvre des C2D. A la société civile et surtout aux collectivités locales est réservé un rôle que nous qualifierons de minimaliste. Il est prévu, sans autre précision, que ces dernières seront « ...*étroitement* » associées à la préparation et à l'exécution des C2D. En octobre 2003, le Conseil de surveillance de l'Agence française de développement a établi le bilan d'un an et demi de mise en œuvre des C2D et a constaté que les principes de mise en œuvre des C2D ont été respectés et donne un aperçu de la situation de chaque pays (contrats en préparation ou signés, montants, programmes prévus).

Au regard de ce qui précède que constate-t-on ? La centralisation de l'Etat persiste dans la politique de l'Aide au développement quand bien même nous avons pu constater que l'une des causes principales de l'échec de cette politique tient à la concentration entre ses mains de tous les pouvoirs au détriment d'initiatives pourtant plus proches des populations cibles. L'Etat a connu des régressions de part et d'autre dans les politiques publiques. Mais comme nous l'avons souligné avec Badie et Birnbaum, cette régression semble traîner le pas en France dans des domaines comme l'Aide au développement où la puissance publique semble maintenir bec et ongle le but qu'elle s'est toujours fixé : policer la société toute entière.

Le pluralisme et la reterritorialisation des politiques publiques

L'Aide française semble avoir méconnu le désenchantement et les défaillances *(faillures)* de l'Etat dont parle Gilles Massardier dans les années 1980 et 1990 ; défaillances dues à son incapacité à faire face à ses compétences[420]. L'Etat reste là dans la politique de l'Aide. Il n'a pas dépéri comme le pensaient les marxistes. Il ne s'est même pas effacé substantiellement pourtant il n'a cessé d'être contesté dans ses prérogatives, son mode d'intervention et son efficacité. Alors que la

---
[420] Gilles Massardier, op. cit. p166.

tendance va plus vers une perte d'influence de la structure étatique au plan interne et au plan international[421], l'Aide en général et la mise en œuvre des C2D réaffirment le rôle centralisateur de l'Etat en France à travers ses trois structures principales que sont le MAE, le MINEFI et l'AFD. Certes, on est d'accord avec Jacques Chevallier cité par Massardier que la fin du protectorat exercé par l'Etat sur la vie sociale ne signifie pas la fin de l'Etat comme l'ont imaginé un peu naïvement les marxistes mais le passage à une conception nouvelle de l'Etat, l'esquisse d'un nouveau modèle de l'Etat, mais la politique de l'Aide semble ne pas prendre corps dans cet élan de modernisation. Tout ou presque dans les C2D reste encore de l'apanage des structures étatiques.

La prise de conscience est donc nécessaire car de tous les éléments qui caractérisent l'action publique aujourd'hui au moins un présente un trait incontestable : son pluralisme. Massardier citant Muller nous rappelle que : « *L'action de l'Etat n'est plus que le résultat aléatoire du libre affrontement des intérêts particuliers.*[422] ». Cet affrontement fait ressortir l'incapacité qu'on les autorités publiques à faire valoir certaines de leurs ressources traditionnelles (droit, légitimité) et à s'imposer comme le centre d'impulsion unique comme elles en avaient la prétention ou en ont encore parfois la volonté. C'est dire avec Massardier que l'Etat ne serait plus dans cas qu'un des acteurs de cette action collective publique hautement concurrentielle. Cela ne semble pas être le cas dans la politique de l'Aide et dans la gestion des C2D. Bien plus l'auteur parlant dans le même ouvrage de la réinvention des territoires, évoque la question de la *« reterritorialisation des politiques publiques. »* Sa remarque nous semble pertinente dans la mesure où il souligne que l'action publique aujourd'hui se met de moins en moins en œuvre sur les territoires administratifs classiques. Reprenant Duran et Thoenig il souligne : « *La logique territoriale propre au politique se trouve remise en question par les logiques de la gestion. La plupart des politiques sont construites en référence à des espaces qui ont de moins en moins à voir avec la géographie institutionnelle politico administrative. […]*

---

[421] Keohane et Nye, Rosenau…op. cit.

[422] Massardier, *ibidem,* p82.

La gestion publique est confrontée à des issues areas dont l'espace de référence est de plus en plus variable.[423] »

Cette approche s'est manifestée en France par ce que Marc Leroy appelle un « *foisonnement des initiatives* » des services de proximité. Tout commence par le moratoire de 1993 qui poussera le Comité interministériel de développement et d'aménagement rural (CIDAR) du 30 juin 1994 à officialiser les points publics en milieu rural qui étaient expérimentés depuis 1992 dans une logique de coopération inter-services et de mis en commun de moyens, et à instituer les espaces ruraux emploi et formation (EREF). Marc Leroy poursuivra qu'en milieu urbain, les plates-formes de services publics se sont expérimentées à la suite du Comité interministériel de la ville du 29 juillet 1993. A cela, il faut ajouter que la circulaire conjointe des ministères de l'Emploi et de la Ville du 3 mai 1994 consacrera cette expérimentation finalisée en 1996 par un appel à projet piloté par la Délégation interministérielle à la Ville. Est aussi à citer dans le même ordre d'idées, la généralisation des expériences qui est décidée dans le cadre d'un label commun au regroupement des services en milieu rural et urbain. C'est dans cet ordre d'idées que les « *maisons de services publics* » seront officiellement reconnues par le Comité interministériel à la réforme de l'Etat du 29 mai 1996.

La deuxième raison pour laquelle nous proposons la territorialisation des C2D dans leur mise en œuvre tient au fait que les domaines principaux d'affectation touchent au plus près la vie quotidienne des populations. C'est ainsi que nous traiterons des domaines de refinancement et de la proximité de terrain puis l'expérience de la coopération décentralisée en la matière.

4. Les domaines de financement

Certes, la mise en œuvre des programmes et projets financés par les fonds C2D devra obéir aux principes généraux qui guident l'Aide que sont la transparence des budgets et des comptes, l'indépendance des organes de contrôle mais aussi la participation des Parlementaires à la définition et au suivi des priorités de la dépense publique. Mais les expériences du passé, la gestion de la dépense publique, la part accordée aux questions sociales nous rendent plus que jamais

---

[423] Massardier, op cit. p110.

suspicieux à l'égard des gouvernements du Nord mais surtout ceux du Sud. Au Cameroun, nous savons que la crise économique des années 80 a entraîné *« une forte dégradation de l'esprit public. »* La corruption et les détournements des fonds se sont répandus à de nombreux échelons de l'administration. Or, comme le montre Mattei Dogan, sur la base des données d'enquête portant sur une cinquantaine de pays[424], la corruption est un de principaux facteurs de méfiance à l'égard des élites politiques et des institutions publiques ou privées[425].

Nous n'avons cessé de dire plus haut que les élus et fonctionnaires locaux sont plus aptes à gérer ces domaines en raison de leur proximité de terrain. Il en existe quatre domaines principaux que sont : l'éducation de base et la formation professionnelle ; les soins de santé primaire et la lutte contre les grandes endémies ; les équipements et infrastructures des collectivités locales et enfin l'aménagement du territoire et la gestion des ressources naturelles.

Les programmes et projets susceptibles d'être fiancés concerneront trois types de dépenses : celles liées aux fonctions assurées directement par les administrations ; les dépenses de transfert du budget de l'Etat au budget des collectivités locales et enfin les subventions accordées par l'Etat à des associations ou à des organismes professionnels. Tout cela est réalisé sous la responsabilité de l'Etat ou des collectivités bénéficiaires et verra selon le discours officiel, leur maîtrise d'ouvrage confiée à chaque fois que c'est possible à des entreprises, ONG ou opérateurs locaux. Mais les expériences du passé et le potentiel des collectivités locales nous font solliciter une fois de plus la coopération décentralisée comme moyen principal de gestion des C2D, son rôle est sans cesse reconnu. Pour le Sénat français, dans le rapport de Michel Charasse du 21 novembre 2002 sur l'Aide au développement : *« la coopération décentralisée est particulièrement adaptée aux évolutions structurelles en cours dans un grand nombre de pays d'Amérique latine, d'Afrique et d'Europe centrale, où la décentralisation est en marche. L'Etat s'efforcera toutefois dans les prochaines années d'améliorer et de simplifier les procédures de cofinancement, notamment en associant le plus en amont possible les collectivités locales poursuivant des partenariats*

---

[424] Europe, USA, Amérique, Afrique.

[425] Dogan Mattei : *« Méfiance et corruption : discrédit des élites politiques »*, Revue internationale de politique comparée, vol 10, n°3, 2003.

avec des pays faisant l'objet d'un C2D...[426] ». La proximité de terrain et l'expérience de la coopération décentralisée.

En décrivant les champs d'action de la coopération décentralisée, nous avons pu déceler qu'il en existe trois grandes catégories dont celles portant sur les actions sociales et celles portant sur les actions administratives et institutionnelles. Ainsi les collectivités locales françaises et leurs homologues de l'Afrique centrale et des Grands Lacs coopèrent dans les domaines de l'éducation, des actions sanitaires et sociales, mais aussi dans ceux portant sur la gestion locale et institutionnelle et le développement urbain. Nous ne reviendrons pas sur ce dernier point car nous l'avons suffisamment développé en soulignant que ce volet a longtemps été le fer de lance de la coopération entre les collectivités locales et que c'est la Banque mondiale qui, durant les années 80, s'employa à répandre la problématique de l'urbanisation faisant de celle-ci un facteur décisif de développement.

Ainsi, de toutes les coopérations actives que nous avons étudiées, il est à relever que plusieurs touchent aux domaines d'affectation des crédits des C2D. C'est dans cette mesure que nous avons pu imaginer que les collectivités locales pourraient capitaliser leur expérience en la matière, mais aussi leur connaissance et leur proximité du terrain afin de rendre plus utiles les allègements et annulations des dettes des pays de l'Afrique centrale et des Grands Lacs.

La coopération entre la ville de Nantes et la ville camerounaise de Dschang porte entre autres sur la protection de l'environnement avec mise en valeur des ressources naturelles et amélioration des conditions de vie au quotidien[427]. On y retrouve aussi un volet urbanistique avec à la clef la création d'un pôle d'activités commerciales et tertiaires. Dans les projets que la région d'Alsace soutient au Cameroun par le bais de l'IRCOD, on retrouve entre autres le renforcement des capacités des collectivités locales (commune urbaine de Douala 1er et ville de Lingolsheim...), le développement des structures de santé (hôpitaux alsaciens et hôpitaux de Douala...), appui à l'éducation et à la formation (IUT alsaciennes et franc-comtois), culture et éducation

---

[426] Rapport Michel Charasse sur l'Aide au développement, session ordinaire du 21 novembre 2002.

[427] Les travaux d'aménagement du Lac municipal de Dschang ont débuté effectivement le 21 mars 2005.

au développement (commune d'Ombessa/IRCOD...). Pour le Congo, deux conventions ont été signées entre la ville du Havre et Pointe-Noire. La première concerne la ville de Pointe-Noire et celle du Havre alors que la deuxième lie l'hôpital public de Pointe-Noire à l'hôpital du Havre.

Afin de réaffirmer la grande expérience que les collectivités locales ont dans le domaine social, administratif et institutionnel, nous pouvons extrapoler en prenant des exemples dans d'autres coopérations s'exerçant hors de notre champ d'étude. Dans les coopérations franco-vietnamiennes par exemple, les collectivités françaises ont fait preuve au cours des années 90 d'une intense activité en portant leurs efforts sur des thèmes tels que la gestion des déchets solides et liquides en milieu urbain. C'est encore de la gestion urbaine dont on parlait plus haut. Ainsi, le District urbain de Nancy et la communauté urbaine de Lille se sont lancés dans des projets qu'on pourrait aujourd'hui citer comme des références en matière de coopération décentralisée. Le District urbain de Nancy, le Centre international de l'eau et la municipalité vietnamienne de Hué ont donc engagé une action ayant pour objectif d'apporter d'une part de l'assistance technique à la ville de Hué dans le domaine de l'assainissement, sous forme de mission d'ingénierie, et d'autre part de former un personnel compétent qui puisse se structurer et devenir rapidement autonome. Comme résultat à cette démarche, on peut relever que des cadres ont été formés, et sont à leur tour capable de transmettre à leurs collègues leurs connaissances techniques de base en matière d'eau et d'assainissement. Même si les impacts de ce projet n'ont pu être rendu publics jusque-là, les acteurs directs et indirects de cette coopération reconnaissent qu'elle représente *« un cas intéressant »* à suivre.

Par ailleurs, entre la communauté urbaine de Lille et la ville de Danang (Vietnam), la coopération, dont le premier protocole technique a été signé en 1993, porte aussi sur l'amélioration des conditions de vie des populations et l'accompagnement du développement de la ville à partir d'actions menées en matière d'assainissement, d'aménagement et de gestion des déchets urbains. En 1994 ont démarré le volet assainissement et l'identification du volet aménagement urbain.

Pour les officiels français et vietnamiens, ces exemples de coopération constituent une réelle externalisation des savoir-faire, et cet échange permet une actualisation des approches en matière d'ingénierie urbaine par la confrontation et la diffusion d'expérience entre collectivités. Bien plus il n'est pas superflu de remarquer que les acteurs de la coopération décentralisée en France reconnaissent que certaines collectivités locales françaises comme la municipalité de Nancy et la communauté urbaine de Lille ont acquis une réelle expérience sur la question de l'environnement au Vietnam. Aussi, la problématique de l'environnement occupe une place de choix dans la politique des collectivités locales françaises. Elles ont développé un fort potentiel de gestion des problèmes environnementaux qui intègre considérations écologiques et nécessité d'un développement économique. Les municipalités se sont engagées en faveur d'un développement durable par des choix politiques assez ambitieux d'une part (initiatives diverses, formation des fonctionnaires municipaux…) et par l'amélioration des techniques (recyclage…) d'autre part. Plusieurs villes peuvent être citées dans le cadre de cet engagement pour la protection de l'environnement : Athis-Mons, Fos-Sur-Mer et Lille. Mais la ville pionnière semble être Grenoble (Isère). Les autorités locales se sont engagée en 1997 a élaboré un Agenda 21 local qui constitue une sorte de projet pilote pour le ministère de l'Aménagement du territoire et de l'Environnement et pour la Délégation interministérielle pour la ville[428].

---

[428] Cet Agenda 21 Local est inspiré des recommandations de la Conférence des Nations Unies sur l'environnement et le développement tenue à Rio de Janeiro au Brésil du 3-14 juin 1992. Le principe N°1 de la Déclaration de Rio prévoit : *« Les êtres humains sont au centre des préoccupations relatives au développement durable. Ils ont droit à une vie saine et productive en harmonie avec la nature »*.

ÉTAT DES PUBLICATIONS RÉCENTES SUR L'AFRIQUE

En suivant la subdivision par discipline il en ressort que dans le domaine de la science politique, on peut énumérer quelques ouvrages récents comme ceux de :

Gourévitch Jean-Paul : « La France en Afrique. Cinq siècles de présence : vérités et mensonges. », Acropole Belfond, 2006

Gaye Adama : « Chine-Afrique : le dragon et l'Autriche. Essai d'analyse de l'évolution contrastée des relations sino-africaines : sainte ou impie alliance du XXIe siècle », l'Harmattan, 2006

Foirry Jean-Pierre : *« L'Afrique : continent d'avenir ? »*, Ellipse marketing, 2006

M. L. J.Chiadjeu : « Comment comprendre la « crise » de l'Etat post-colonial en Afrique », Bern, Peter Lang, 2005

Rocardo René Larémont : *« Borders, nationalism and the African state »*, Boulder, Lynne Rienner publ ; 2005

Jean Emmanuel Pondi : *« L'ONU vue d'Afrique »*, Paris, Maisonneuve et Larose ; 2005

Luc Sindjoun : « Etat, individus et réseaux sans les migrations africaines », Khartala ; 2005

Stephen Smith et Antoine Glaser : *« Comment la France a perdu l'Afrique »*, Paris, Calmann-Lévy, 2005

En remontant en 2004 on retrouve également des publications intéressantes dans le domaine de la science politique dont celle de Joshua B. Forrest : *« Subnationalism in Africa : ethnicity, alliances, and politics »*, Boulder, London, Lynne Rienner…

Outre ces ouvrages on retrouve dans les rayons des bibliothèques près d'une dizaine de titres de périodiques dont les plus connus sont :

« *L'Afrique contemporaine* », La Documentation Française puis Agence Française de Développement

« L'Afrique politique », Khartala

« Géopolitique africaine », Or.ima international

« Journal of contemporary African studies », Africa Institute of South Africa

« *Maghreb Machrek* », suite du Monde arabe, Institut Choiseul ; ou encore

« Politique africaine », Karthala

Dans le domaine de l'économie et du monde de l'entreprise, au moins plusieurs dizaines d'ouvrages ont été publiés depuis 2000 sur l'Afrique dont les plus récents sont entre autres ceux de :

Ela Jean-Marc : « Travail et entreprise en Afrique. Les fondements sociaux de la réussite économique », Khartala, 2006

Hamouda Ben Hakim : « L'Afrique et l'OMC. Les 100 mots clés », Maisonneuve et Larose, 2006

Assogba Yao : « Sortir l'Afrique du gouffre de l'histoire : le défi éthique du développement et de la renaissance de l'Afrique noire », Québec, les Presses de l'Université de Laval ; 2004

IRIS : « Les défis de l'Afrique », Dalloz, 2005

Fosu Kwasi Augustin : « *Post conflict economies in Africa* », Houndmills, Palgrave Macmillan ; 2005

Leonard K David. : « Africa's stalled development : international causes and cures », Oxford, Indiana university press, 2004

Mbaku Mukum John et Chandra Suresh Saxena : « *Africa at the crossroads : between regionalism and globalism* », Westport (Conn.), London, Praeger...2004.

Dans le même ordre d'idées une vingtaine d'articles sont connus tant en français qu'en anglais. Plus d'une dizaine de titres de périodiques analysent et commentent l'actualité économique de notre continent. Les plus connus sont :

« Africa Monitor : North Africa Monitor », London

« Africa Business », London

« Business Africa », London

« *Journal de l'Afrique en expansion* », suite de Jeune Afrique économique, Paris

« Journal of African economies », Oxford

« Marchés tropicaux », Paris

« MOCI », Paris…

C'est dans le domaine du droit que les auteurs ont été les plus féconds ces dernières années. C'est ainsi que Etienne Le Roy a publié en 2004 chez Dalloz : « *Les Africains et l'institution de la justice : entre mimétisme et métissages* ». Plus récents encore sont les ouvrages de :

Nkot Pierre-Fabien : « Usages politiques du droit en Afrique. Le cas du Cameroun », Bruylant, 2006

Mpungu (wa) Bakandeja Grégoire : « Le droit du commerce international. Les peurs justifiées de l'Afrique face à la mondialisation des marchés », De Boeck, 2006

Aivo Frédéric Joël : « Le juge constitutionnel et l'Etat de droit en Afrique. L'exemple du modèle béninois », L'Harmattan, 2006

Dans le même ordre d'idées on peut citer les publications régulières de la « *Revue de droit des pays d'Afrique* », Penant.

En droit constitutionnel et droit administratif ces dernières années n'ont pas connu de travaux de référence après ceux d'André Cabanis sur « *Les constitutions d'Afrique francophone : évolutions récentes* », Khartala, 1999 ; ou même plus loin de nous dans le temps l'ouvrage du professeur Maurice Kamto : « *Pouvoir et droit en Afrique noire : essai sur les fondements du constitutionnalisme dans les Etats d'Afrique noire francophone* », Librairie générale de droit et de jurisprudence, 1987. En revanche on retrouve des articles récents en droit constitutionnel et droit administratif dans les revues telles que « *Cahiers du Conseil Constitutionnel* », « *Revue internationale de droit comparé* », « Revue française de droit constitutionnel, « *Revue de droit prospectif* » ou encore « *Revue juridique et politique, indépendance et coopération* »...

En matière des droits de l'homme, il est impossible de passer outre deux ouvrages dont l'un est en anglais « *The African human rights system : its laws practice, and institutions* » de Vincent O. O. Nmehielle publié en 2001 par l'International studies in human rigths, et celui de Keba Mbaye sur « *Les droits de l'homme en Afrique* », Pedone, 2002, prix de l'Académie des sciences morales et politique. Par ailleurs près d'une dizaine d'articles ont été publiés en la matière dont les plus récents sont celui de Roger Magloire K. Koude ou encore celui de Mactar Kamara dans la Revue trimestrielle des droits de l'homme.

En droit de la famille, la doctrine n'a pas connu assez de publications ces dernières années. Il existe cependant une contribution récente de Moussa Thioye dans la « *Revue internationale de droit comparé* » sur le titre : « *Part respective de la tradition et de la modernité dans les droits de la famille des pays d'Afrique noire francophone* », 2005.

En droit des affaires enfin, il existe pour l'Afrique deux ouvrages fondamentaux récents dont l'un, collectif, est de Martor et *al.* intitulé : « *Le droit uniforme africain des affaires issu de l'OHADA* », Paris, Litec, 2005 ; et l'autre, publié par l'OHADA elle-même et intitulé : « *Droit commercial général* », Bruylant, 2002. De nombreux articles sont par ailleurs connus dans ce domaine dans la Revue internationale de droit comparé en 2005 ; la « *Revue internationale de droit économique* » en 2004 ; « *La Semaine juridique entreprises et affaires* » en 2004 ; la « *Revue trimestrielle de droit africain en 2003* »...En droit de la famille, la doctrine n'a pas connu assez de publications ces dernières années. Il existe cependant une contribution récente de Moussa Thioye dans la « *Revue internationale de droit comparé* » sur le titre : « *Part respective de la tradition et de la modernité dans les droits de la famille des pays d'Afrique noire francophone* », 2005.

PETIT LEXIQUE DE L'UNION AFRICAINE

- **Acte :** Acte constitutif de l'Union Africaine
- **Affaires économiques :** intégration économique, affaires monétaires, développement du secteur privé, investissements et mobilisation de ressources
- **Affaires politiques :** droits de l'homme, démocratie, bonne gouvernance, institutions électorales, organisations de la société civile, affaires humanitaires, réfugiés, rapatriés et personnes déplacées
- **Affaires sociales :** santé, enfants, lutte contre la drogue, population, migration, travail et emploi, sports et culture
- **CEA :** Communauté économique africaine
- **CER :** Les communautés économiques régionales
- **Charte :** La Charte de l'OUA ;
- **Comité :** Un comité technique spécialisé
- **Commerce et industrie :** commerce, industrie, douanes et immigration
- **Commission :** Le Secrétariat de l'Union
- **Commission :** Commission de l'Union Africaine
- **Conférence :** Conférence des chefs d'Etat et de gouvernement de l'Union Africaine
- **Conférence :** La Conférence des Chefs d'Etat et de Gouvernement de l'Union
- **Conseil exécutif :** Le Conseil exécutif des Ministres de l'Union
- **Conseil :** Le Conseil économique, social et culturel de l'Union
- **Consolidation de la paix :** Elle concerne trois situations : le développement institutionnel, la mise en oeuvre de politiques visant à arrêter la dégradation des conditions sociales et économiques découlant des conflits ; et enfin l'assistance par le Conseil de Paix et de Sécurité des Etats membres qui ont été affectés par des conflits violents
- **COREP :** Le Comité des représentants permanents
- **Cour :** La Cour de justice de l'Union

- **CSSDCA** : La Conférence sur la sécurité, la stabilité, le développement et la coopération en Afrique

- **Déclaration de Lomé** : Déclaration sur le cadre pour une réaction de l'OUA aux changements anticonstitutionnels de gouvernement

- **Déclaration du Caire** : Déclaration sur la création au sein de l'Organisation de l'Unité Africaine du Mécanisme pour la prévention, la gestion et le règlement des conflits par la 29e session ordinaire de la Conférence des chefs d'Etat t de gouvernement tenue du 28-30 juin 1993. Cette Déclaration a été remplacée par le Protocole relatif à la création du Conseil de Paix et de Sécurité adopté par la première session de la Conférence de l'Union Africaine à Durban le 19 juillet 2002

- **Economie rurale et agriculture** : économie rurale, agriculture et sécurité alimentaire, élevage, environnement, eau et ressources naturelles et désertification

- **Etat membre** : Un Etat membre de l'Union

- **Etats membres** : Etats membres de l'Union Africaine

- **Fonds général** : C'est un fonds dans lequel sont versées trois types de contributions : les contributions annuelles payées par les Etats membres, les recettes diverses, y compris les dons et subventions ; et les avances prélevées sur le fonds de roulement

- **Fonds spéciaux** : Ce sont des fonds que peut créer le président sous réserve de l'approbation du Conseil exécutif dans le cadre des ressources financières de l'Union

- **Force africaine pré positionnée** : C'est une force qui aura pour but de permette au Conseil de paix et de sécurité d'assumer ses responsabilités en ce qui concerne le déploiement de missions d'appui à la paix et l'intervention. Elle sera composée de contingents multidisciplinaires en attente, avec des composantes civiles et militaires, stationnés dans leurs pays d'origine et prêts à être déployées rapidement, aussitôt que requis

- **Groupe des sages** : Groupe dont le but est de venir en appui aux efforts du Conseil de paix et de sécurité et à ceux du président de la Commission, en particulier dans le domaine de la prévention des conflits. Voir Conseil de Paix et de Sécurité.

- **Infrastructures et énergie** : énergie, transports, communications, infrastructures et tourisme

- **Mécanismes régionaux** : Mécanismes régionaux africains pour la prévention, la gestion et la règlement des conflits

- **MAEP** : Mécanisme africain d'évaluation par les pairs

- **NEPAD** : Le Nouveau Partenariat pour le développement de l'Afrique

- **OUA** : L'Organisation de l'Unité Africaine

- **Paix et sécurité** : prévention, gestion et règlement des conflits et lutte contre le terrorisme

- **Parlement** : Le Parlement panafricain de l'Union

- **Ressources humaines, science et technologie** : éducation, technologies de l'information et de la communication, jeunesse, ressources humaines, science et technologie

- **Système continental d'alerte rapide** : C'est un système qui permet de faciliter la prévention et la prévision des conflits au sein l'Union. Voir Conseil de Paix et de Sécurité

- **Union** : Union Africaine - **Paix et sécurité** : prévention, gestion et règlement des conflits et lutte contre le terrorisme

- **Parlement** : Le Parlement panafricain de l'Union

- **Ressources humaines, science et technologie** : éducation, technologies de l'information et de la communication, jeunesse, ressources humaines, science et technologie

- **Système continental d'alerte rapide** : C'est un système qui permet de faciliter la prévention et la prévision des conflits au sein l'Union. Voir Conseil de Paix et de Sécurité

- **Union** : Union Africaine

ACTE CONSTITUTIF DE L'UNION AFRICAINE

Nous, Chefs d'Etat et de Gouvernement des Etats membres de l'Organisation de l'Unité Africaine (OUA) ;

Inspirés par les nobles idéaux qui ont guidé les Pères fondateurs de notre Organisation continentale et des générations de panafricanistes dans leur détermination à promouvoir l'unité, la solidarité, la cohésion et la coopération entre les peuples d'Afrique, et entre les Etats africains ;

Considérant les principes et les objectifs énoncés dans la Charte de l'Organisation de l'Unité Africaine et le Traité instituant la Communauté économique africaine ;

Rappelant les luttes héroïques menées par nos peuples et nos pays pour l'indépendance politique, la dignité humaine et l'émancipation économique ;

Considérant que depuis sa création, l'Organisation de l'Unité Africaine a joué un rôle déterminant et précieux dans la libération du continent, l'affirmation d'une identité commune et la réalisation de l'unité de notre continent, et a constitué un cadre unique pour notre action collective en Afrique et dans nos relations avec le reste du monde ;

Résolus à relever les défis multiformes auxquels sont confrontés notre continent et nos peuples, à la lumière des changements sociaux, économiques et politiques qui se produisent dans le monde ;

Convaincus de la nécessité d'accélérer le processus de mise en œuvre du Traité instituant la Communauté économique africaine afin de promouvoir le développement socio-économique de l'Afrique et de faire face de manière plus efficace aux défis de la mondialisation ;

Guidés par notre vision commune d'une Afrique unie et forte, ainsi que par la nécessité d'instaurer un partenariat entre les gouvernements et toutes les composantes de la société civile, en particulier les femmes, les jeunes et le secteur privé, afin de renforcer la solidarité et la cohésion entre nos peuples ;

Conscients du fait que le fléau des conflits en Afrique constitue un obstacle majeur au développement socio-économique du continent, et de la nécessité de promouvoir la paix, la sécurité et la stabilité, comme condition préalable à la mise en œuvre de notre agenda dans le domaine du développement et de l'intégration ;

Résolus à promouvoir et à protéger les droits de l'homme et des peuples, à consolider les institutions et la culture démocratiques, à promouvoir la bonne gouvernance et l'Etat de droit ;

Résolus également à prendre toutes les mesures nécessaires pour renforcer nos institutions communes et à les doter des pouvoirs et des ressources nécessaires afin de leur permettre de remplir efficacement leurs missions ;

Rappelant la Déclaration que nous avons adoptée lors de la quatrième session extraordinaire de notre Conférence à Syrte, en Grande Jamahiriya arabe libyenne populaire socialiste, le 9.9.99, et par laquelle nous avons décidé de créer l'Union Africaine, conformément aux objectifs fondamentaux de la Charte de l'Organisation de l'Unité Africaine (OUA) et du Traité instituant la Communauté économique africaine ;

Sommes convenus de ce qui suit :

Article Premier

Définitions

Dans le présent Acte constitutif, on entend par :

« **Acte** », le présent Acte constitutif ;

« **AEC** », la Communauté économique africaine ;

« **Charte** », la Charte de l'OUA ;

« **Comité** » un comité technique spécialisé ;

« **Commission** », le Secrétariat de l'Union ;

« **Conférence** », la Conférence des Chefs d'Etat et de Gouvernement de l'Union ;

« **Conseil** », le Conseil économique, social et culturel de l'Union ;

« **Conseil exécutif** », le Conseil exécutif des Ministres de l'Union ;

« **Cour** », la Cour de justice de l'Union ;

« **Etat membre** », un Etat membre de l'Union ;

« **OUA** », l'Organisation de l'Unité Africaine ;

« **Parlement** », le Parlement panafricain de l'Union ;

« **Union** », l'Union Africaine créée par le présent Acte constitutif.

Article 2

Institution de l'Union Africaine

Il est institué par les présentes une Union Africaine conformément aux dispositions du présent Acte.

Article 3

Objectifs

Les objectifs de l'Union sont les suivants :

(a) Réaliser une plus grande unité et solidarité entre les pays africains et entre les peuples d'Afrique ;

(b) Défendre la souveraineté, l'intégrité territoriale et l'indépendance de ses Etats membres ;

(c) Accélérer l'intégration politique et socio- économique du continent ;

(d) Promouvoir et défendre les positions africaines communes sur les questions d'intérêt pour le continent et ses peuples ;

(e) Favoriser la coopération internationale, en tenant dûment compte de la Charte des Nations Unies et de la Déclaration universelle des droits de l'homme ;

(f) Promouvoir la paix, la sécurité et la stabilité sur le continent ;

(g) Promouvoir les principes et les institutions démocratiques, la participation populaire et la bonne gouvernance ;

(h) Promouvoir et protéger les droits de l'homme et des peuples conformément à la Charte africaine des droits de l'homme et des peuples et aux autres instruments pertinents relatifs aux droits de l'homme ;

(i) Créer les conditions appropriées permettant au continent de jouer le rôle qui est le sien dans l'économie mondiale et dans les négociations internationales ;

(j) Promouvoir le développement durable aux plans économique, social et culturel, ainsi que l'intégration des économies africaines ;

(k) Promouvoir la coopération et le développe- ment dans tous les domaines de l'activité humaine en vue de relever le niveau de vie des peuples africains ;

(l) Coordonner et harmoniser les politiques entre les Communautés économiques régionales existantes et futures en vue de la réalisation graduelle des objectifs de l'Union ;

(m) Accélérer le développement du continent par la promotion de la recherche dans tous les domaines, en particulier en science et en technologie ;

(n) Oeuvrer de concert avec les partenaires internationaux pertinents en vue de l'éradication des maladies évitables et de la promotion de la santé sur le continent.

Article 4

Principes

L'Union Africaine fonctionne conformément aux principes suivants :

(a) Egalité souveraine et interdépendance de tous les Etats membres de l'Union ;

(b) Respect des frontières existant au moment de l'accession à l'indépendance ;

(c) Participation des peuples africains aux activités de l'Union ;

(d) Mise en place d'une politique de défense commune pour le continent africain ;

(e) Règlement pacifique des conflits entre les Etats membres de l'Union par les moyens appropriés qui peuvent être décidés par la Conférence de l'Union ;

(f) Interdiction de recourir ou de menacer de recourir à l'usage de la force entre les Etats membres de l'Union ;

(g) Non-ingérence d'un Etat membre dans les affaires intérieures d'un autre Etat membre ;

(h) Le droit de l'Union d'intervenir dans un Etat membre sur décision de la Conférence, dans certaines circonstances graves, à savoir : les crimes de guerre, le génocide et les crimes contre l'humanité ;

(i) Coexistence pacifique entre les Etats membres de l'Union et leur droit de vivre dans la paix et la sécurité ;

(j) Droit des Etats membres de solliciter l'intervention de l'Union pour restaurer la paix et la sécurité ;

(k) Promotion de l'auto dépendance collective, dans le cadre de l'Union ;

(l) Promotion de l'égalité entre les hommes et les femmes ;

(m) Respect des principes démocratiques, des droits de l'homme, de l'état de droit et de la bonne gouvernance ;

(n) Promotion de la justice sociale pour assurer le développement économique équilibré ;

(o) Respect du caractère sacro-saint de la vie humaine et condamnation et rejet de l'impunité, des assassinats politiques, des actes de terrorisme et des activités subversives ;

(p) Condamnation et rejet des changements anti-constitutionnels de gouvernement.

Article 5

Organes de l'Union

1. Les organes de l'Union sont les suivants :

(a) La Conférence de l'Union

(b) Le Conseil exécutif ;

(c) Le Parlement panafricain ;

(d) La Cour de justice ;

(e) La Commission ;

(f) Le Comité des représentants permanents ;

(g) Les Comités techniques spécialisés ;

(h) Le Conseil économique, social et culturel ;

(i) Les institutions financières.

2. La Conférence peut décider de créer d'autres organes.

Article 6

La Conférence

1. La Conférence est composée des Chefs d'Etat et de Gouvernement ou de leurs représentants dûment accrédités.

2. La Conférence est l'organe suprême de l'Union.

3. La Conférence se réunit au moins une fois par an en session ordinaire. A la demande d'un Etat membre et sur approbation des deux tiers des Etats membres, elle se réunit en session extraordinaire.

4. La présidence de la Conférence est assurée pendant un an par un chef d'Etat et de Gouvernement élu, après consultations entre les Etats membres.

Article 7

Décisions de la Conférence

1. La Conférence prend ses décisions par consensus ou, à défaut, à la majorité des deux tiers des Etats membres de l'Union. Toutefois, les décisions de procédure, y compris pour déterminer si une question est de procédure ou non, sont prises à la majorité simple.

2. Le quorum est constitué des deux tiers des Etats membres de l'Union pour toute session de la Conférence.

Article 8

Règlement intérieur de la Conférence

La Conférence adopte son propre Règlement intérieur.

Article 9

Pouvoirs et attributions de la Conférence

1. Les pouvoirs et attributions de la Conférence sont les suivants :

(a) Définir les politiques communes de l'Union ;

(b) Recevoir, examiner et prendre des décisions sur les rapports et les recommandations des autres organes de l'Union et prendre des décisions à ce sujet ;

(c) Examiner les demandes d'adhésion à l'Union ;

(d) Créer tout organe de l'Union ;

(e) Assurer le contrôle de la mise en œuvre des politiques et décisions de l'Union, et veiller à leur application par tous les Etats membres ;

(f) Adopter le budget de l'Union ;

(g) Donner des directives au Conseil exécutif sur la gestion des conflits, des situations de guerre et autres situations d'urgence ainsi que sur la restauration de la paix ;

(h) Nommer et mettre fin aux fonctions des juges de la Cour de justice ;

(i) Nommer le Président, le ou les vice-présidents et les Commissaires de la Commission, et déterminer leurs fonctions et leurs mandats.

2. La Conférence peut déléguer certains de ses pouvoirs et attributions à l'un ou l'autre des organes de l'Union.

Article 10

Le Conseil exécutif

1. Le Conseil exécutif est composé des Ministres des Affaires étrangères ou de tous autres ministres ou autorités désignés par les gouvernements des Etats membres.

2. Le Conseil exécutif se réunit en session ordinaire au moins deux fois par an. Il se réunit aussi en session extraordinaire à la demande d'un Etat membre et sous réserve de l'approbation des deux-tiers de tous les Etats membres.

Article 11

Décisions du Conseil exécutif

1. Le Conseil exécutif prend ses décisions par consensus ou, à défaut, à la majorité des deux tiers des Etats membres de l'Union. Toutefois, les décisions de procédure, y compris pour déterminer si une question est de procédure ou non, sont prises à la majorité simple.

2. Le quorum est constitué des deux tiers de tous les Etats membres pour toute session du Conseil exécutif.

Article 12

Règlement intérieur du Conseil exécutif

Le Conseil exécutif adopte son propre Règlement intérieur.

Article 13

Attributions du Conseil exécutif

1. Le Conseil exécutif assure la coordination et décide des politiques dans les domaines d'intérêt communs pour les Etats membres, notamment les domaines suivants :

(a) Commerce extérieur ;

(b) Energie, industrie et ressources minérales ;

(c) Alimentation, agriculture, ressources animales, élevage et forêts ;

(d) Ressources en eau et irrigation

(e) Protection de l'environnement, action humanitaire et réaction et secours en cas de catastrophe ;

(f) Transport et communication ;

(g) Assurances

(h) Education, culture et santé et mise en valeur des ressources humaines ;

(i) Science et technologie ;

(j) Nationalité, résidence des ressortissants étrangers et questions d'immigration ;

(k) Sécurité sociale et élaboration de politiques de protection de la mère et de l'enfant, ainsi que de politiques en faveur des personnes handicapées ;

(l) Institution d'un système de médailles et de prix africains.

2. Le Conseil exécutif est responsable devant la Conférence. Il se réunit pour examiner les questions dont il est saisi et contrôler la mise en œuvre des politiques arrêtées par la Conférence.

3. Le Conseil exécutif peut déléguer tout ou partie de ses pouvoirs et attributions mentionnés au paragraphe 1 du présent article aux Comités techniques spécialisés créés aux termes de l'article 14 du présent Acte.

Article 14

Les Comités techniques spécialisés

Création et composition

1. Sont créés les Comités techniques spécialisés suivants qui sont responsables devant le Conseil exécutif :

(a) le Comité chargé des questions d'économie rurale et agricoles ;

(b) le Comité chargé des affaires monétaires et financières ;

(c) le Comité chargé des questions commerciales, douanières et d'immigration ;

(d) le Comité chargé de l'industrie, de la science et de la technologie, de l'énergie, des ressources naturelles et de l'environnement ;

(e) Le Comité chargé des transports, des communications et du tourisme ;

(f) Le Comité chargé de la santé, du travail et des affaires sociales ;

(g) Le Comité chargé de l'éducation, de la culture et des ressources humaines.

2. La Conférence peut, si elle le juge nécessaire, restructurer les Comités existants ou en créer de nouveaux.

3. Les Comités techniques spécialisés sont composés des ministres ou des hauts fonctionnaires chargés des secteurs relevant de leurs domaines respectifs de compétence.

Article 15

Attributions des Comités techniques spécialisés

Chacun des comités, dans le cadre de sa compétence, a pour mandat de :

(a) préparer des projets et programmes de l'Union et les soumettre au Conseil exécutif ;

(b) assurer le suivi et l'évaluation de la mise en œuvre des décisions prises par les organes de l'Union ;

(c) assurer la coordination et l'harmonisation des projets et programmes de l'Union ;

(d) présenter des rapports et des recommandations au Conseil exécutif, soit de sa propre initiative, soit à la demande du Conseil exécutif, sur l'exécution des dispositions du présent Acte ; et

(e) s'acquitter de toute tâche qui pourrait lui être confiée, en application des dispositions du présent Acte.

Article 16

Réunions

Sous réserve des directives qui peuvent être données par le Conseil exécutif, chaque Comité se réunit aussi souvent que nécessaire et établit son Règlement intérieur qu'il soumet au Conseil exécutif, pour approbation.

Article 17

Le Parlement panafricain

1. En vue d'assurer la pleine participation des peuples africains au développement et à l'intégration économique du continent, il est créé un Parlement panafricain.

2. La composition, les pouvoirs, les attributions et l'organisation du Parlement panafricain sont définis dans un protocole y afférent.

Article 18

La Cour de justice

1. Il est créé une Cour de justice de l'Union.

2. Les statuts, la composition et les pouvoirs de la Cour de justice sont définis dans un protocole y afférent.

Article 19

Les Institutions financières

L'Union Africaine est dotée des institutions financières suivantes, dont les statuts sont définis dans des protocoles y afférents :

(a) La Banque centrale africaine ;

(b) Le Fonds monétaire africain ;

(c) La Banque africaine d'investissement.

Article 20

La Commission

1. Il est créé une Commission qui est le Secrétariat de l'Union.

2. La Commission est composée du Président, du ou des vice-présidents et des commissaires. Ils sont assistés par le personnel nécessaire au bon fonctionnement de la Commission.

3. La structure, les attributions et les règlements de la Commission sont déterminés par la Conférence.

Article 21

Le Comité des Représentants Permanents

1. Il est créé, auprès de l'Union, un Comité des représentants permanents. Il est composé de représentants permanents et autres plénipotentiaires des Etats membres.

2. Le Comité des représentants permanents est responsable de la préparation des travaux du Conseil exécutif et agit sur instruction du Conseil. Il peut instituer tout sous-comité ou groupe de travail qu'il juge nécessaire.

Article 22

Le Conseil économique, social et culturel

1. Le Conseil économique, social et culturel est un organe consultatif composé des représentants des différentes couches socioprofessionnelles des Etats membres de l'Union.

2. Les attributions, les pouvoirs, la composition et l'organisation du Conseil économique, social et culturel sont déterminés par la Conférence.

Article 23

Imposition de Sanctions

1. La Conférence détermine comme suit les sanctions appropriées à imposer à l'encontre de tout Etat membre qui serait en défaut de paiement de ses contributions au budget de l'Union : privation du droit de prendre la parole aux réunions, du droit de vote, du droit pour les ressortissants de l'Etat membre concerné d'occuper un poste ou une fonction au sein des organes de l'Union, de bénéficier de toute activité ou de l'exécution de tout engagement dans le cadre de l'Union

2. En outre, tout Etat membre qui ne se conformerait pas aux décisions et politiques de l'Union peut être frappé de sanctions notamment en matière de liens avec les autres Etats membres dans le domaine des transports et communications, et de toute autre mesure déterminée par la Conférence dans les domaines politique et économique.

Article 24

Le Siège de l'Union

1. Le siège de l'Union est à Addis-Abeba (République fédérale démocratique d'Ethiopie).

2. La Conférence peut, sur recommandation du Conseil exécutif, créer des bureaux ou des représentations de l'Union.

Article 25

Langues de travail

Les langues de travail de l'Union et de toutes ses institutions sont, si possible, les langues africaines ainsi que l'arabe, l'anglais, le français et le portugais.

Article 26

Interprétation

La Cour est saisie de toute question née de l'interprétation ou de l'application du présent Acte. Jusqu'à la mise en place de celle-ci, la question est soumise à la Conférence qui tranche à la majorité des deux tiers.

Article 27

Signature, ratification et adhésion

1. Le présent Acte est ouvert à la signature et à la ratification des Etats membres de l'OUA, conformément à leurs procédures constitutionnelles respectives.

2. Les instruments de ratification sont déposés auprès du Secrétaire général de l'OUA.

3. Tout Etat membre de l'OUA peut adhérer au présent Acte, après son entrée en vigueur, en déposant ses instruments d'adhésion auprès du Président de la Commission.

Article 28

Entrée en vigueur

Le présent Acte entre en vigueur trente (30) jours après le dépôt des instruments de ratification par les deux tiers des Etats membres de l'OUA.

Article 29

Admission comme membre de l'Union

1. Tout Etat Africain peut, à tout moment après l'entrée en vigueur du présent Acte, notifier au Président de la Commission son intention d'adhérer au présent Acte et d'être admis comme membre de l'Union.

2. Le Président de la Commission, dès réception d'une telle notification, en communique copies à tous les Etats membres. L'admission est décidée à la majorité simple des Etats membres. La décision de chaque Etat membre est transmise au Président de la Commission qui communique la décision d'admission à l'Etat intéressé, après réception du nombre de voix requis.

Article 30

Suspension

Les Gouvernements qui accèdent au pouvoir par des moyens anti-constitutionnels ne sont pas admis à participer aux activités de l'Union.

Article 31

Cessation de la qualité de membre

1. Tout Etat qui désire se retirer de l'Union en notifie par écrit le Président de la Commission qui en informe les Etats membres. Une année après ladite notification, si celle-ci n'est pas retirée, le présent Acte cesse de s'appliquer à l'Etat concerné qui, de ce fait, cesse d'être membre de l'Union.

2. Pendant la période d'un an visée au paragraphe 1 du présent article, tout Etat membre désireux de se retirer de l'Union doit se conformer aux dispositions du présent Acte et reste tenu de s'acquitter de ses obligations aux termes du présent Acte jusqu'au jour de son retrait.

Article 32

Amendement et révision

1. Tout Etat membre peut soumettre des propositions d'amendement ou de révision du présent Acte.

2. Les propositions d'amendement ou de révision sont soumises au Président de la Commission qui en communique copies aux Etats membres dans les trente (30) jours suivant la date de réception.

3. La Conférence de l'Union, sur avis du Conseil exécutif, examine ces propositions dans un délai d'un an suivant la notification des Etats membres, conformément aux dispositions du paragraphe (2) du présent article.

4. Les amendements ou révisions sont adoptés par la Conférence de l'Union par consensus ou, à défaut, à la majorité des deux tiers, et soumis à la ratification de tous les Etats membres, conformément à leurs procédures constitutionnelles respectives. Les amendements ou révisions entrent en vigueur trente (30) jours après le dépôt, auprès du Président de la Commission exécutive, des instruments de ratification par les deux tiers des Etats membres.

Article 33

Arrangements transitoires et dispositions finales

1. Le présent Acte remplace la Charte de l'Organisation de l'Unité Africaine. Toutefois, ladite Charte reste en vigueur pendant une période transitoire n'excédant pas un an ou tout autre délai déterminé par la Conférence, après l'entrée en vigueur du présent Acte, pour permettre à l'OUA/AEC de prendre les mesures appropriées pour le transfert de ses prérogatives, de ses biens, et de ses droits et obligations à l'Union et de régler toutes les questions y afférentes.

2. Les dispositions du présent Acte ont égale- ment préséance et remplacent les dispositions du Traité d'Abuja instituant la Communauté économique africaine, qui pourraient être contraires au présent Acte.

3. Dès l'entrée en vigueur du présent Acte, toutes les mesures appropriées sont prises pour mettre en œuvre ses dispositions et pour mettre en place les organes prévus par le présent Acte, conformément aux directives ou décisions qui pourraient être adoptées à cet égard par les Etats Parties au présent Acte au cours de la période de transition stipulée ci-dessus.

4. En attendant la mise en place de la Commission, le Secrétariat général de l'OUA est le Secrétariat intérimaire de l'Union.

5. Le présent Acte, établi en quatre (4) exemplaires originaux en arabe, anglais, français et portugais, les quatre (4) textes faisant également foi, est déposé auprès du Secrétaire général et, après son entrée en vigueur, auprès du Président de la Commission, qui en transmet une copie certifiée conforme au Gouvernement de chaque Etat signataire. Le Secrétaire général de l'OUA et le Président de la Commission notifient à tous les Etats signataires, les dates de dépôt des instruments de ratification et d'adhésion, et l'enregistrent, dès son entrée en vigueur, auprès du Secrétariat général des Nations Unies.

EN FOI DE QUOI, NOUS avons adopté le présent Acte.

Fait à Lomé (Togo), le 11 juillet 2000.

ACTE CONSTITUTIF DE L'UNION AFRICAINE ADOPTE PAR LA TRENTE-SIXIEME SESSION ORDINAIRE DE LA CONFERENCE DES CHEFS D'ÉTAT ET DE GOUVERNEMENT

11 JUILLET 2000 – LOME (TOGO)

1. République d'Afrique du Sud ; 2. République Algérienne Démocratique et Populaire ; 3. République d'Angola ; 4. République du Bénin ; 5. République du Botswana ; 6. Burkina Faso ; 7. République du Burundi ; 8. Président de la République du Cameroun ; 9. République du Cap Vert ; 10. République Centrafricaine ; 11. République Fédérale Islamique des Comores ; 12. République Démocratique du Congo ; 13. République du Congo ; 14. République de Côte d'Ivoire ; 15. République de Djibouti ; 16. République Arabe d'Egypte ; 17. République Fédérale et Démocratique d'Ethiopie ; 18. Etat d'Erythrée ; 19. République Gabonaise ; 20. République de Gambie ; 21. République du Ghana ; 22. République de Guinée ; 23. République de Guinée Bissau ; 24. République de Guinée Equatoriale ; 25. République du Kenya ; 26. Royaume du Lesotho ; 27. République du Libéria ; 28. La Grande Jamahiriya Arabe Libyenne Populaire et Socialiste ; 29. République de Madagascar ; 30. République du Malawi ; 31. République du Mali ; 32. République de Maurice ; 33. République Islamique de Mauritanie ; 34. République du Mozambique ; 35. République de Namibie ; 36. République du Niger ; 37. République Fédérale du Nigeria ; 38. République d'Ouganda ; 39. République du Rwanda ; 40. République Arabe Sahraoui Démocratique ; 41. République de Sao Tome & Principe ; 42. République du Sénégal ; 43. République des Seychelles ; 44. République de Sierra Léone ; 45. République de Somalie ; 46. République du Soudan ; 47. Royaume du Swaziland ; 48. République Unie de Tanzanie ; 49. République du Tchad ; 50. République Togolaise ; 51. République de Tunisie ; 52. République de Zambie, 53. République du Zimbabwe.

PROTOCOLE SUR LES AMENDEMENTS À L'ACTE CONSTITUTIF

Les Etats membres de l'Union Africaine, Etats parties à l'Acte constitutif instituant l'Union Africaine.

ONT CONVENU D'ADOPTER LES AMENDEMENTS A L'ACTE CONSTITUTIF COMME SUIT :

Article 1

Définitions

Dans le présent Protocole, sauf indication contraire, les expressions suivantes s'entendent par :

« Acte », l'Acte constitutif ;

« Conférence », la Conférence des chefs d'Etat et de gouvernement de l'Union ;

« Président », le Président de la Conférence des chefs d'Etat et de Gouvernement de l'Union ;

« Cour », la Cour de justice de l'Union et Cour de justice s'entend de la même manière ; « Union », l'Union Africaine.

Article 2

Préambule

Au premier paragraphe du Préambule de l'Acte constitutif, le remplacement des termes « pères fondateurs » par fondateurs.

Article 3

Objectif

A l'article 3 de l'Acte (Objectifs), l'insertion de trois nouveaux sous paragraphes (i), (p) et (q) entraînant la renumérotation des sous paragraphes :

Les objectifs de l'Union sont :

(i) Assurer la participation des femmes au processus de prise de décisions, notamment dans les domaines politique, économique et socioculturel ;

(p) Développer et promouvoir des politiques communes sur le commerce, la défense et les relations extérieures en vue d'assurer la défense du continent et le renforcement de sa position de négociation ;

(q) Inviter et encourager la participation effective des Africains de la diaspora, en tant que partie importante de notre continent, à la construction de l'Union Africaine.

Article 4

Principes

A l'article 4 de l'Acte (Principes), un ajout au sous-paragraphe (h) et l'insertion de deux nouveaux sous-paragraphes (q) et (r) :

(h) Le droit de l'Union d'intervenir dans un Etat membre sur décision de la Conférence, dans certaines circonstances graves, à savoir : les crimes de guerre, le génocide et les crimes contre l'humanité ainsi qu'une menace grave de l'ordre légitime afin de

3 restaurer la paix et la stabilité dans l'Etat membre de l'Union sur la recommandation du Conseil de Paix et de Sécurité ;

(q) Abstention pour tout Etat membre de conclure des traités ou alliances qui sont incompatibles avec les principes et objectifs de l'Union ;

(r) Interdiction à tout Etat membre d'autoriser l'utilisation de son territoire comme base de subversion contre un autre Etat membre.

Article 5

Organes de l'Union

A l'article 5 de l'Acte (Organes de l'Union), l'insertion d'un nouveau sous-paragraphe (f) entraînant la renumérotation des sous paragraphes suivants :

(f) Le Conseil de paix et de sécurité

Article 6

La Conférence

A l'article 6 de l'Acte (la Conférence) et partout où il apparaît dans l'Acte, procéder au remplacement du terme anglais « Chairman » par « Chairperson » ; la suppression de la deuxième phrase du sous paragraphe 3 et l'insertion des nouveaux paragraphes 4, 5, 6 et 7.

3. La Conférence se réunit au moins une fois par an en session ordinaire.

4. A l'initiative du Président après consultation avec tous les Etats membres, ou à la demande d'un Etat membre et après approbation par la majorité des deux tiers des Etats membres, la Conférence se réunit en session extraordinaire.

5. La Conférence élit son Président parmi les chefs d'Etat ou de gouvernement au début de chaque session ordinaire et de manière rotative pour une période d'un an renouvelable.

6. Le Président est assisté par un Bureau choisi par la Conférence sur la base de la représentation géographique équitable.

7. Quand la Conférence se tient au Siège, l'élection du Président se fait en tenant compte du principe de rotation et de la répartition géographique équitable.

Article 7

Les Attributions du Président

L'insertion dans l'Acte d'un nouvel article 7 (bis) :

1. Le Président représente l'Union pendant son mandat en vue de promouvoir les objectifs et les principes de l'Union Africaine, tels que

stipulés dans les articles 3 et 4 de l'Acte. En collaboration avec le Président de la Commission, il/elle exerce les attributions de la Conférence conformément à l'article 9 (e) et (g) de l'Acte.

2. Le Président peut convoquer les sessions des autres organes, par le biais de leurs Présidents ou de leurs chefs exécutifs et conformément à leurs règlements intérieurs respectifs.

Article 8

Le Conseil exécutif

A l'article 10 de l'Acte (Le Conseil exécutif), l'insertion d'un nouveau paragraphe 3 :

3. Le Président du Conseil exécutif est assisté d'un Bureau choisi géographique équitable.

Article 9

Conseil de paix et de sécurité

L'insertion dans l'Acte d'un nouvel article 20 (bis) :

1. Il est crée par les présentes un Conseil de paix et de sécurité (CPS) de l'Union, qui sera l'Organe de décision permanent pour la prévention, la gestion et le règlement des conflits.

2. Les attributions, les pouvoirs, la composition et l'organisation du CPS sont déterminés par la Conférence et indiqués dans un protocole y relatif.

Article 10

Le Comité des représentants permanents

A l'article 21 de l'Acte (le Comité des représentants permanents), l'insertion d'un nouveau paragraphe 3 :

3. Le Président du Comité des représentants permanents est assisté par un Bureau choisi sur la base de la représentation géographique équitable.

Article 11

Langues officielles

A l'article 25 de l'Acte (Langues de travail), remplacer le titre « Langues de travail » par « Langues Officielles » et remplacer la disposition existante par :

1. Les langues officielles de l'Union et de toutes ses institutions sont : l'arabe, l'anglais, le français, le portugais, l'espagnol, le kiswahili et toute autre langue africaine.

2. Le Conseil exécutif détermine le processus et les modalités pratiques d'utilisation des langues officielles comme langues de travail.

Article 12

Cessation de la qualité de membre

L'article 31 de l'Acte (Cessation de la qualité de membre) est supprimé.

Article 13

Entrée en vigueur

Le présent Protocole entre en vigueur trente (30) jours après le dépôt des instruments de ratification par la majorité des deux tiers des Etats membres.

Adopté par la 1ère session extraordinaire de la Conférence de l'Union à Addis-Abeba (Ethiopie), le 3 février 2003 et par la 2ème session ordinaire de la Conférence de l'Union à Maputo (Mozambique), le 11 juillet 2003.

STATUT DE LA COMMISSION DE L'UNION AFRICAINE

DISPOSITION GÉNÉRALE

La Commission est le Secrétariat de l'Union Africaine et agit en tant que tel, conformément aux articles 5 et 20 de l'Acte constitutif de l'Union Africaine.

Article premier

Définitions

Dans les présents Statuts, on entend par :

« Acte Constitutif », l'Acte constitutif de l'Union Africaine ;

« CER », les Communautés économiques régionales ;

« Commission », le Secrétariat de l'Union ;

« Comité », un Comité technique spécialisé de l'Union ;

« Conférence », la Conférence des chefs d'Etat et de gouvernement de l'Union ;

« Conseil », le Conseil économique, social et culturel de l'Union ;

« Conseil exécutif », le Conseil exécutif des ministres de l'Union ;

« COREP », le Comité des représentants permanents ;

« Cour », la Cour de justice de l'Union ;

« CSSDCA », la Conférence sur la sécurité, la stabilité, le développement et la coopération en Afrique ;

« Etat membre », un Etat membre de l'Union ;

« OUA », l'Organisation de l'unité africaine ;

« Membres de la Commission », le Président, le vice-président et les Commissaires ;

« NEPAD », le Nouveau Partenariat pour le développement de l'Afrique ;

« Parlement », le Parlement panafricain de l'Union ;

« Président », le Président de la Commission, sauf indication contraire ;

« Union », l'Union Africaine créée par l'Acte constitutif ;

« Vice-président », le Vice-président de la Commission, sauf indication contraire.

Article 2

Composition

1. La Commission est composée des membres suivants :

a) un Président ;

b) un Vice-président ; et

c) huit (8) Commissaires.

2. La Conférence peut modifier le nombre des Commissaires, si elle le juge nécessaire.

3. Les membres de la Commission sont assistés par le personnel nécessaire pour le fonctionnement harmonieux de la Commission.

Article 3

Attributions

1. La Commission s'acquitte des fonctions qui lui sont assignées par l'Acte constitutif, de celles qui peuvent être spécifiées dans les protocoles y relatifs et les décisions de l'Union, ainsi que de celles qui sont définies dans les présents Statuts.

2. La Commission :

a) représente l'Union et défend ses intérêts, sous l'autorité et sur mandat de la Conférence et du Conseil exécutif ;

b) élabore les propositions à soumettre à l'examen des autres organes ;

c) met en oeuvre les décisions prises par les autres organes ;

d) organise et gère les réunions de l'Union ;

e) agit comme le dépositaire de l'Acte constitutif, de ses protocoles, des traités, des autres instruments juridiques et décisions adoptés par l'Union, et ceux hérités de l'OUA ;

f) crée, sur la base des programmes approuvés, les unités opérationnelles qu'elle juge nécessaires ;

g) coordonne et contrôle la mise en oeuvre des décisions des autres organes de l'Union, en étroite collaboration avec le COREP, et fait régulièrement rapport au Conseil exécutif ;

h) aide les Etats membres dans la mise en oeuvre des programmes et politiques de l'Union, y compris la CSSDCA et le NEPAD ;

i) élabore les projets de positions communes de l'Union et coordonne les positions des Etats membres dans les négociations internationales

j) prépare le budget et le programme de l'Union, pour approbation par les organes délibérants ;

k) gère les ressources budgétaires et financières, perçoit les recettes approuvées de différentes sources, crée des fonds d'affectation spéciale, des fonds de réserve et des fonds spéciaux, sous réserve des approbations appropriées, et accepte les dons, legs et subventions qui sont compatibles avec les objectifs et les principes de l'Union ;

l) gère l'actif et le passif de l'Union, conformément aux procédures et règlements établis ;

m) élabore des plans stratégiques et des études, pour examen par le Conseil exécutif ;

n) prend des mesures dans certains domaines de responsabilité, sur délégation de pouvoirs par la Conférence et le Conseil exécutif. Ces domaines sont, entre autres, les suivants :

i. lutte contre les pandémies ;

ii. gestion des catastrophes ;

iii. lutte contre la criminalité internationale et le terrorisme ;

iv. gestion de l'environnement ;

v. négociations relatives au commerce extérieur ;

vi. négociations relatives à la dette extérieure ;

vii. population, migration, réfugiés et personnes déplacées ;

viii. sécurité alimentaire ;

ix. intégration socio-économique ; et

x. tout autre domaine dans lequel une position commune a été adoptée.

o) mobilise des ressources et élabore des stratégies appropriées d'autofinancement, des activités génératrices de revenus et des investissements pour l'Union ;

p) oeuvre à la promotion de l'intégration et du développement socio-économique ;

q) renforce la coopération entre les Etats membres et la coordination de leurs activités dans les domaines d'intérêt commun ;

r) oeuvre à la promotion de la paix, de la démocratie, de la sécurité et de la stabilité ;

s) apporte un appui opérationnel au Conseil de paix et de sécurité ;

t) assure l'élaboration, la promotion, la coordination et l'harmonisation des programmes et politiques de l'Union avec ceux des CER ;

u) prépare et présente un rapport annuel sur les activités de l'Union à la Conférence, au Conseil exécutif et au Parlement ;

v) élabore le Statut et Règlement du personnel, pour approbation par la Conférence ;

w) applique les décisions de la Conférence relatives à l'ouverture et à la fermeture de sections et de bureaux administratifs ou techniques ;

x) suit et veille à l'application des règlements intérieurs et des statuts des organes de l'Union Africaine ;

y) négocie avec les pays hôtes, en consultation avec le COREP, les accords de siège de l'Union, ainsi que de ses bureaux administratifs et techniques ;

z) renforce les capacités en matière en recherche scientifique et de développement en vue de promouvoir le développement socio-économique dans les Etats membres ;

aa) oeuvre à la promotion et à la vulgarisation des objectifs de l'Union ;

bb) collecte et diffuse les informations sur l'Union et crée et gère une base de données fiable ;

cc) assure l'intégration des questions de genre dans tous les programmes et activités de l'Union ;

dd) entreprend des activités de recherche sur la construction de l'Union et sur le processus d'intégration ;

ee) renforce les capacités, et développe les infrastructures et la maintenance des technologies de l'information et de la communication intra-continentales ;

ff) prépare et soumet au Conseil exécutif, pour approbation, les règlements administratifs, les règlements intérieurs et les règles de gestion des biens de l'Union, et tient les livres et documents comptables appropriés.

Article 4

Obligations

1. Dans l'exercice de leurs fonctions, les membres de la Commission et les autres membres du personnel ne sollicitent ni ne reçoivent d'instructions d'aucun gouvernement, ni d'aucune autre autorité extérieure à l'Union. Ils s'abstiennent de toute activité de nature à porter atteinte à leur qualité de fonctionnaires internationaux responsables seulement devant l'Union.

2. Chaque Etat membre s'engage à respecter le caractère exclusif des responsabilités des membres de la Commission et des autres membres du personnel, et à ne pas les influencer ou chercher à les influencer dans l'exercice de leurs fonctions.

3. Dans l'exercice de leurs fonctions, les membres de la Commission et les autres membres du personnel ne peuvent occuper aucun autre emploi, qu'il soit rémunéré ou non. En prenant fonction, ils prennent l'engagement solennel que pendant et après leur mandat, ils honoreront les obligations qui en découlent, en particulier le devoir

de se comporter avec intégrité et discrétion et de régler leur conduite en fonction des seuls intérêts de l'Union, sans solliciter ni accepter des instructions d'un gouvernement des Etats membres ou de toute autre autorité extérieure à l'Union.

4. En cas de manquement à ces obligations par les membres de la Commission, la Conférence peut, à la demande du Conseil exécutif ou de la Commission, décider des mesures disciplinaires à prendre à l'encontre de ces membres.

5. En cas de manquement à ces obligations par les autres membres du personnel, les procédures internes définis dans le Statut et Règlement du personnel s'appliquent. Les membres du personnel qui ont épuisé les voies de recours internes auront le droit de faire appel devant la Cour.

Article 5

Siège de la Commission

1. La Commission est établie au Siège de l'Union dans la ville d'Addis- Abeba (Ethiopie).

2. Le Siège est utilisé pour les activités officielles de l'Union.

3. Le Président peut autoriser la tenue de réunions ou de manifestations sociales au Siège ou dans les autres bureaux de l'Union lorsque ces réunions ou manifestations sont étroitement liées ou sont compatibles avec les objectifs et principes de l'Union.

Article 6

Élection des membres de la Commission

1. L'élection des membres de la Commission est régie par les Règlements intérieurs de la Conférence, du Conseil exécutif, et les présents Statuts.

2. Les régions d'où viennent le président et le vice-président ont droit à un (1) Commissaire. Toutes les autres régions ont droit à deux (2) commissaires chacun.

3. Un des membres de la Commission au moins, par région, est une femme.

Article 7

Le Président

1. Le Président est :

a) le Chef exécutif de la Commission ;

b) le représentant légal de l'Union ;

c) l'ordonnateur de la Commission ;

2. Le Président est directement responsable devant le Conseil exécutif en ce qui concerne l'exécution efficace de ses fonctions.

Article 8

Attributions du Président

1. Le Président est chargé, entre autres, de :

a) présider toutes les réunions et diriger tous les travaux de la Commission ;

b) prendre des mesures en vue de promouvoir et de vulgariser les objectifs et principes de l'Union et sa performance ;

c) promouvoir la coopération avec les autres organisations pour contribuer à la réalisation des objectifs de l'Union ;

d) participer aux délibérations de la Conférence, du Conseil exécutif, du COREP, des Comités et de tout autre organe de l'Union, le cas échéant, et enregistrer leurs délibérations ;

e) soumettre les rapports demandés par la Conférence, le Conseil exécutif, le COREP, les Comités techniques spécialisés et les autres organes de l'Union ;

f) préparer, en collaboration avec le COREP, le Statut et Règlement du personnel et les soumettre au Conseil exécutif, pour approbation ;

g) préparer, en collaboration avec le COREP, et transmettre aux Etats membres le budget, les comptes vérifiés et le programme de travail au moins un (1) mois avant l'ouverture des sessions de la Conférence et du Conseil exécutif ;

h) assumer les fonctions de dépositaire de tous les traités de l'UA et de l'OUA et des autres instruments juridiques de l'Union ;

i) assumer les fonctions de dépositaire des instruments de ratification, d'accession ou d'adhésion à tous les accords internationaux conclus sous les auspices de l'Union, et communiquer les informations y relatives aux Etats membres ;

j) recevoir copies des accords internationaux conclus entre les Etats membres ;

k) recevoir la notification des Etats membres souhaitant renoncer à leur qualité de membres de l'Union, conformément aux dispositions de l'article 31 de l'Acte constitutif ;

l) communiquer aux Etats membres et inscrire à l'ordre du jour de la Conférence les demandes écrites d'amendement ou de révision de l'Acte constitutif, conformément à l'article 32 de l'Acte constitutif ;

m) communiquer aux Etats membres l'ordre du jour provisoire des sessions de la Conférence, du Conseil exécutif et du COREP ;

n) recevoir les propositions et les notes explicatives, pour inclusion aux points de l'ordre du jour de la Conférence et du Conseil exécutif, au moins soixante (60) jours avant l'ouverture de la session ;

o) recevoir et communiquer les demandes de convocation d'une session extraordinaire de la Conférence ou du Conseil exécutif, émanant des Etats membres et conformes aux Règlements intérieurs respectifs ;

p) évaluer, en collaboration avec le COREP, la nécessité de mettre en place les antennes et les bureaux administratifs et techniques jugés nécessaires pour le bon fonctionnement de la

Commission, et créer ou supprimer des bureaux, le cas échéant, avec l'approbation de la Conférence ;

q) consulter et assurer la coordination avec les gouvernements et les autres institutions des Etats membres et les CER en ce qui concerne les activités de l'Union ;

r) nommer le personnel de la Commission, conformément aux dispositions de l'article 18 des présents Statuts ;

s) assumer la responsabilité générale de l'administration et des finances de la Commission ;

t) préparer un rapport annuel sur les activités de l'Union et de ses organes ;

u) effectuer les démarches diplomatiques de l'Union ;

v) assurer étroitement la liaison avec les organes de l'Union pour orienter, soutenir et suivre de près la performance de l'Union dans les différents domaines afin d'assurer la conformité et l'harmonie avec les politiques, stratégies, programmes et projets convenus ;

w) assumer toute autre fonction que pourrait lui confier la Conférence ou le Conseil exécutif ;

x) superviser le fonctionnement du Siège et des autres bureaux de l'Union ;

y) coordonner tous les programmes et activités de la Commission sur les questions de genre.

2. Le Président peut déléguer certains de ses pouvoirs au Vice-président.

Article 9

Le Vice-président

1. Dans l'exercice de ses fonctions, le Vice-Président est responsable devant le Président. Il assume, entre autres, les fonctions suivantes :

(a) assister le Président dans l'exercice de ses fonctions ;

(b) exercer tous les pouvoirs et attributions que lui délègue le Président ;

(c) assumer la responsabilité de l'administration et des finances de la Commission ;

(d) assurer l'intérim de la Présidence en cas de décès ou d'empêchement définitif du Président, jusqu'à l'élection du nouveau Président ;

(e) assurer l'intérim du Président en l'absence ou en cas d'incapacité temporaire de celui-ci ;

2. En cas d'empêchement, de décès ou d'incapacité temporaire ou permanente du Vice-président, le Président, en consultation avec le Président de la Conférence, désigne un (1) des Commissaires pour assurer l'intérim, en attendant le retour du titulaire ou l'élection d'un nouveau Vice président, selon le cas ;

Article 10

Mandat et Cessation des fonctions

1. Le mandat des membres de la Commission est de quatre (4) ans ; il est renouvelable une seule fois.

2. La Conférence peut mettre fin au mandat des membres de la Commission pour garantir le bon fonctionnement de l'Union, conformément aux dispositions des règles intérieures à la Commission.

3. Lorsque, pour une raison ou une autre, un Commissaire n'est pas en mesure d'achever son mandat, la région d'origine du Commissaire propose un candidat pour le reste de la période de son mandat.

Article 11

Les Commissaires

Chaque Commissaire est chargé de la mise en oeuvre de tous les programmes, politiques et décisions concernant le portefeuille pour lequel il a été élu. Il est responsable devant le Président.

Article 12

Portefeuilles de la Commission

1. Les portefeuilles de la Commission sont les suivants :

a) PAIX ET SECURITE (prévention, gestion et règlement des conflits et lutte contre le terrorisme) ;

b) AFFAIRES POLITIQUES (droits de l'homme, démocratie, bonne gouvernance, institutions électorales, organisations de la société civile, affaires humanitaires, réfugiés, rapatriés et personnes déplacées) ;

c) INFRASTRUCTURES ET ENERGIE (énergie, transports, communications, infrastructures et tourisme) ;

d) AFFAIRES SOCIALES (santé, enfants, lutte contre la drogue, population, migration, travail et emploi, sports et culture) ;

e) RESSOURCES HUMAINES, SCIENCES ET TECHNOLOGIE (éducation, technologies de l'information et de la communication, jeunesse, ressources humaines, science et technologie) ;

f) COMMERCE ET INDUSTRIE (commerce, industrie, douanes et immigration) ;

g) ECONOMIE RURALE ET AGRICULTURE (économie rurale, agriculture et sécurité alimentaire, élevage, environnement, eau et ressources naturelles et désertification) ;

h) AFFAIRES ECONOMIQUES (intégration économique, affaires monétaires, développement du secteur privé, investissements et mobilisation de ressources).

2. Etant donné que les questions de genre intéressent tous les portefeuilles de la Commission, il est créé dans le Bureau du Président une unité spéciale chargée de coordonner tous les programmes et activités de la Commission sur les questions de genre.

Article 13

Nomination des Commissaires

Il est institué un processus de présélection au niveau régional. Chaque région propose deux (2) candidats, dont une femme, pour chaque portefeuille, sur la base des modalités convenue par la région. Les candidats proposés par les régions constituent un pool continental sans préjudice du respect scrupuleux du paragraphe 2 de l'article 6 des présents Statuts.

Article 14

Processus central de présélection

1. Il est créé un groupe de présélection composé de deux (2) représentants par région. Le groupe est chargé de la présélection des candidats au niveau central.

2. Le groupe est composé de ministres. Ceux-ci sont assistés par une équipe de consultants indépendants pour la présélection des candidats.

3. Le groupe soumet à l'élection du Conseil exécutif une liste d'au moins deux (2) candidats pour chaque portefeuille. La liste des candidats présélectionnés tient compte de la formule de répartition géographique régionale convenue.

Article 15

Qualifications et Expérience des Commissaires

1. Les Commissaires doivent être titulaires au moins d'une licence ou d'un titre équivalent décerné par une université reconnue.

2. Ils doivent également avoir une expérience professionnelle significative et riche au gouvernement, au parlement, dans une organisation internationale, une université ou une organisation multinationale ou le secteur privé.

3. Seuls les ressortissants des Etats membres sont nommés Commissaires. Toutefois, deux (2) ressortissants d'un même Etat membre ne peuvent être nommés Commissaires. Les Commissaires doivent être âgés d'au moins trente-cinq (35) ans.

Article 16

Procédure de vote pour l'élection des Commissaires

1. Les candidatures aux postes de Commissaire sont communiquées aux Etats membres au moins trois (3) mois avant l'élection.

2. A l'issue du premier tour de scrutin, si aucun candidat n'obtient la majorité requise des deux tiers, le vote se poursuit jusqu'à ce que l'un des candidats obtienne la majorité requise des deux tiers. Si, à l'issue du troisième tour de scrutin, aucun candidat n'obtient la majorité requise, le scrutin se poursuit avec seulement les deux (2) candidats qui ont obtenu le plus grand nombre de voix au troisième tour.

3. Si, à l'issue de trois (3) autres tours de scrutin, aucun des deux (2) candidats n'obtient la majorité requise, le candidat ayant eu le moins de voix se retire. Le scrutin se poursuit alors pour le candidat restant.

4. Si le candidat restant n'obtient pas la majorité requise des deux tiers au cours de ce tour de scrutin, l'élection est suspendue jusqu'à la prochaine session du Conseil exécutif. Dans ce cas, le Président, en consultation avec le Président du Conseil exécutif, désigne l'un des autres Commissaires pour assurer l'intérim jusqu'à l'élection du Commissaire concerné, conformément aux présents statuts.

Article 17

Règlement intérieur

La Commission adopte son propre règlement intérieur.

Article 18

Nomination des autres membres du personnel de la Commission

1. Dans l'exercice de leurs fonctions, les membres de la Commission sont assistés par un corps de cadres administratifs, professionnels et techniques suffisamment qualifiés, expérimentés et motivés.

2. Les cadres administratifs, professionnels et techniques de la Commission sont nommés par un Comité de recrutement composé de membres de la Commission, du Chef de la Division des ressources humaines, du Conseiller juridique et d'un représentant de l'Association du personnel.

3. Les cadres administratifs, professionnels et techniques sont recrutés après consultation avec le Sous-Comité consultatif sur les questions administratives, budgétaires et financières du COREP.

4. Les autres membres du personnel des services généraux d'appui de la Commission sont recrutés et nommés conformément aux mécanismes et procédures prévus dans le Statut et Règlement du personnel.

5. Le processus de recrutement est conduit conformément aux procédures de recrutement établies pour garantir le maximum de transparence et d'objectivité.

6. Lors du recrutement des cadres administratifs, professionnels et techniques, le Comité de recrutement :

a) applique le principe de la représentation géographique équitable et de l'égalité entre les hommes et les femmes ;

b) applique le système de quotas recommandé par le Conseil exécutif et approuvé par la Conférence, sur la base d'un nombre minimum de postes alloué à chaque Etat membre et de postes supplémentaires alloués sur la base des critères convenus, dont le barème des contributions.

7. Le souci primordial dans l'emploi du personnel évoqué dans le paragraphe précédent est la nécessité de garantir les normes les plus élevées de compétence, d'efficacité et d'intégrité.

8. Les ressortissants des Etats membres soumis aux sanctions pour défaut de paiement de leurs contributions au budget ordinaire pour deux (2) exercices ou plus, ou pour non-application des décisions et politiques de l'Union, ne peuvent pas être recrutés.

9. Les dispositions du paragraphe 8 ci-dessus s'appliquent également pour les recrutements effectués pour les projets financés par des ressources/ fonds extrabudgétaires.

10. La promotion et l'avancement des hauts cadres administratifs, professionnels et cadres techniques de la Commission sont effectués par un Comité de promotion, sur la base des critères suivants, entre autres :

a) rapports annuels d'évaluation des performances ;

b) résultats des concours/ interviews organisés par un Comité composé des représentants de la Commission et de l'Association du personnel.

11. Il est créé un Conseil de discipline, composé, des représentants de la Commission, conformément au Statut et Règlement du personnel. Le type de faute passible de sanctions disciplinaires est déterminé dans le Statut et Règlement du personnel à élaborer par la Commission, pour approbation par le Conseil exécutif.

12. La Commission établit une grille des salaires et des conditions de service comparables à celles des autres organisations internationales, des institutions multilatérales et des organisations du secteur privé de statut équivalent, afin d'attirer et de retenir des personnes suffisamment qualifiées.

Article 19

Privilèges et Immunités

1. Le Siège de l'Union, et ceux des autres organes et des bureaux administratifs et techniques de l'Union sont régis par des accords de siège négociés avec les pays hôtes par la Commission et approuvés par le Conseil exécutif. Ces accords sont révisés périodiquement pour garantir leur respect scrupuleux et faciliter le fonctionnement harmonieux de la Commission.

2. Le Siège de l'Union et ceux des autres organes et des bureaux administratifs et techniques de l'Union jouissent des privilèges et immunités prévus par la Convention générale sur les privilèges et immunités de l'Organisation de l'unité africaine/ Union Africaine, la Convention de Vienne sur les relations diplomatiques et la Convention de Vienne sur le droit des traités entre les Etats et les organisations internationales ou entre les organisations internationales.

FINANCES DE L'UNION

Article 20

Budget programme

1. La Commission prépare le budget programme de l'Union tous les deux (2) ans et le soumet à la Conférence, par l'intermédiaire du COREP et du Conseil exécutif, pour examen.

2. Le budget programme proposé comprend :

a) le programme d'activités de la Commission ;

b) les dépenses relatives à la Conférence, au Conseil exécutif, aux Comités et aux autres organes de l'Union ;

c) l'état des contributions payées par les Etats membres, conformément au barème des contributions établi par le Conseil exécutif ;

d) l'estimation des diverses recettes de l'Union ;

e) la description de la situation financière du Fonds de roulement créé aux termes des présents Statuts ;

f) l'état nominatif du personnel de la Commission.

3. Dans la préparation du budget programme de l'Union, la Commission consulte les différents organes de l'Union.

Article 21

Ressources financières

1. Dès l'approbation du budget par la Conférence, le Président le communique aux Etats membres, en même temps que tous les documents y afférents, au moins trois (3) mois avant le premier jour de l'exercice financier.

2. Le budget est accompagné d'un état des contributions statutaires annuelles à payer par les différents Etats membres.

3. La contribution annuelle de chaque Etat membre est exigible et payable le premier jour de l'exercice financier, à savoir le 1er janvier.

4. Le Président soumet aux Etats membres un état trimestriel des contributions effectivement payées et des contributions non encore acquittées.

Article 22

Fonds général

1. Il est créé un Fonds général dans lequel les catégories suivantes de compte sont maintenues :

a) les contributions annuelles payées par les Etats membres ;

b) les recettes diverses, y compris les dons et subventions ; et

c) les avances prélevées sur le fonds de roulement.

2. Toutes les dépenses prévues au budget de l'Union sont supportées à partir des ressources du Fonds général.

Article 23

Fonds spéciaux

Le Président peut créer des fonds spéciaux, y compris des fonds d'affectation spéciale et des fonds de réserve, sous réserve de l'approbation du Conseil exécutif. La destination et les limites de ces différents fonds sont déterminées par le Conseil exécutif. Ces fonds sont gérés dans des comptes distincts, conformément au Règlement financier de l'Union.

Article 24

Dons et autres libéralités

1. Le Président peut accepter, au nom de l'Union, tous dons, legs et autres libéralités octroyés à l'Union, à condition que ceux-ci soient conformes aux objectifs et principes de l'Union et restent la propriété de l'Union.

2. En cas de dons en espèces affectés à des fins particulières, les fonds correspondants sont considérés comme des fonds d'affectation spéciale ou des fonds spéciaux, conformément à l'article 23 des présent Statuts. Les dons en espèces sans affectation spéciale sont considérés comme des recettes diverses.

Article 25

Placement des fonds

La Commission détermine les institutions financières où les fonds de l'Union doivent être placés. Les intérêts produits par ces fonds, y compris le fonds de roulement, sont inscrits au poste des recettes diverses.

Article 26

Tenue et Vérification des comptes

1. Les comptes de l'Union sont tenus dans les monnaies spécifiées par le Conseil exécutif, sur proposition de la Commission.

2. Le Président veille à ce que les comptes de l'Union soient vérifiés par des vérificateurs externes à la fin de chaque exercice financier, y compris les comptes des projets financés par des ressources extrabudgétaires.

3. Le Président soumet au Conseil exécutif, dans les plus brefs délais, pour approbation, le jeu complet de tous les règlements

régissant les méthodes de comptabilité de l'Union, conformément aux normes internationales de comptabilité établies.

Article 27

Amendements

Les présents Statuts peuvent être amendés par la Conférence.

Article 28

Entrée en vigueur

Les présents Statuts entrent en vigueur dès leur adoption par la Conférence.

Protocole relatif à la création du CPS

NOUS, chefs d'Etat et de gouvernement des Etats membres de l'Union Africaine ;

CONSIDÉRANT l'Acte constitutif de l'Union Africaine et le Traité instituant la Communauté économique africaine, ainsi que la Charte des Nations Unies ;

RAPPELANT la Déclaration sur la création, au sein de l'Organisation de l'unité africaine (OUA), d'un Mécanisme pour la prévention, la gestion et le règlement des conflits, adoptée par la 29ème session ordinaire de la Conférence des chefs d'Etat et de gouvernement, tenue au Caire (Egypte), du 28 au 30 juin 1993 ;

RAPPELANT ÉGALEMENT la décision AHG/Dec. 160 (XXXVII) adoptée par la 37ème session ordinaire de la Conférence des chefs d'Etat et de gouvernement de l'OUA, tenue à Lusaka (Zambie), du 9 au 11 juillet 2001, décision par laquelle la Conférence a décidé d'incorporer l'Organe central du Mécanisme de l'OUA pour la prévention, la gestion et le règlement des conflits en tant qu'organe de l'Union, conformément à l'Article 5(2) de l'Acte constitutif de l'Union Africaine, et demandé au Secrétaire général de procéder à la révision des structures, procédures et méthodes de travail de l'Organe central, y compris la possibilité de changer son appellation ;

AYANT A L'ESPRIT les dispositions de la Charte des Nations Unies conférant au Conseil de Sécurité la responsabilité principale du maintien de la paix et de la sécurité internationales, ainsi que celles relatives au rôle des accords et organismes régionaux dans le maintien de la paix et de la sécurité internationales et la nécessité de mettre en place un partenariat plus étroit entre les Nations Unies, les autres organisations internationales et l'Union Africaine, dans la promotion et le maintien de la paix, de la sécurité et de la stabilité en Afrique ;

RECONNAISSANT la contribution des Mécanismes régionaux africains pour la prévention, la gestion et le règlement des conflits dans le maintien et la promotion de la paix, de la sécurité et de la stabilité sur le continent, ainsi que la nécessité de mettre en place et de renforcer les mécanismes formels de coordination et de coopération entre ces Mécanismes régionaux et l'Union Africaine ;

RAPPELANT les décisions AHG/Dec.141 (XXXV) et AHG/Dec.142(XXXV) sur les changements anticonstitutionnels de gouvernement, adoptées par la 35ème session ordinaire de la Conférence des chefs d'Etat et de gouvernement, tenue à Alger (Algérie), du 12 au 14 juillet 1999, et la Déclaration AHG/Decl.5(XXXVI) sur le cadre pour une réaction de l'OUA aux changements anticonstitutionnels de gouvernement, adoptée par la 36ème session ordinaire de la Conférence des chefs d'Etat et de gouvernement, tenue à Lomé (Togo), du 10 au 12 juillet 2000 ;

RÉAFFIRMANT notre attachement à la Déclaration solennelle AHG/Decl. (XXXVI) sur la Conférence de la sécurité, la stabilité, le développement et la coopération en Afrique (CSSDCA), adoptée par la 36ème session ordinaire de la Conférence des chefs d'Etat et de gouvernement de l'OUA, tenue à Lomé (Togo), du 10 au 12 juillet 2000, ainsi qu'à la Déclaration AHG/Decl.1(XXXVII) sur le "Nouveau Partenariat pour le développement de l'Afrique (NOPADA)", qui a été adoptée par la 37ème session ordinaire de la Conférence des chefs d'Etat et de gouvernement de l'OUA, tenue à Lusaka (Zambie), du 9 au 11 juillet 2001 ;

EXPRIMANT EN OUTRE notre attachement à la Déclaration AHG/Decl.2(XXX) portant Code de Conduite pour les relations inter-africaines, adoptée par la 30ème session ordinaire de la Conférence des chefs d'Etat et de gouvernement de l'OUA, tenue à Tunis (Tunisie), du 13 au 15 juin 1994, ainsi qu'à la Convention de l'OUA sur la prévention et la lutte contre le terrorisme, adoptée par la 35ème session ordinaire de la Conférence des chefs d'Etat et de gouvernement de l'OUA, tenue à Alger (Algérie), du 12 au 14 juillet 1999.

PRÉOCCUPÉS par les conflits armés qui continuent de sévir en Afrique et par le fait qu'aucun facteur interne n'a autant contribué au déclin socio-économique du continent et aux souffrances des populations civiles que le fléau des conflits au sein de nos Etats et entre nos Etats ;

PRÉOCCUPÉS ÉGALEMENT par le fait que les conflits ont contraint des millions de personnes, y compris des femmes et des enfants, à prendre le chemin de l'exil et à devenir des réfugiés et des personnes déplacées, privées de tout moyen de subsistance, de dignité humaine et d'espoir ;

PRÉOCCUPÉS EN OUTRE par le fléau des mines terrestres sur le continent et

RAPPELANT, à cet égard, le Plan d'Action sur la transformation de l'Afrique en une Zone exempte de mines, adoptée par la première Conférence continentale des experts africains sur les mines anti-personnel, tenue à Kempton Park (Afrique du Sud), du 17 au 19 mai 1997, et entérinée par la 66ème session ordinaire du Conseil des ministres, tenue à Harare (Zimbabwe), du 26 au 30 mai 1997, ainsi que les décisions subséquentes adoptées par l'OUA sur cette question ;

ÉGALEMENT PRÉOCCUPÉS par l'impact de la prolifération, de la circulation et du trafic illicites des armes légères et de petit calibre sur la paix et la sécurité en Afrique, ainsi que sur les efforts visant à améliorer les conditions de vie des peuples africains, et

RAPPELANT, à cet égard, la Déclaration sur la position commune africaine sur la prolifération, la circulation et le trafic illicites des armes légères et de petit calibre, adoptée par la

Conférence ministérielle tenue à Bamako (Mali), du 30 novembre au 1er décembre 2000, ainsi que les décisions subséquentes adoptées par l'OUA sur cette question ;

CONSCIENTS de ce que les problèmes causés par les mines terrestres ainsi que par la prolifération, la circulation et le trafic illicites des armes légères et de petit calibre constituent une grave entrave pour le développement socio-économique de l'Afrique et qu'ils ne peuvent être surmontés que dans le cadre d'une coopération accrue et mieux coordonnée au niveau du continent ;

CONSCIENTS également du fait que le développement d'institutions et d'une culture démocratiques fortes, le respect des droits de l'homme et de l'Etat de droit, ainsi que la mise en oeuvre de programmes de redressement post-conflits et de politiques de développement durable sont essentielles à la promotion de la sécurité collective, d'une paix et d'une stabilité durables et à la prévention de conflits ;

RÉSOLUS à renforcer notre capacité à faire face au fléau des conflits sur le continent et à assurer que l'Afrique, à travers l'Union Africaine, joue un rôle de premier plan dans la restauration de la paix, de la stabilité et de la sécurité sur le continent ;

DÉSIREUX de mettre en place une structure opérationnelle pour la mise en oeuvre efficace des décisions prises dans les domaines de la prévention des conflits, du rétablissement de la paix, des opérations d'appui à la paix et de l'intervention, ainsi que de la consolidation de la paix et de la reconstruction après les conflits, conformément à l'autorité conférée à cet égard par l'Article 5(2) de l'Acte constitutif de l'Union Africaine ;

Sommes convenus de ce qui suit :

Article premier

Définitions

Au terme du présent Protocole :

a) « Protocole » signifie le présent Protocole ;

b) « Déclaration du Caire » signifie la Déclaration sur la création, au sein de l'OUA, du Mécanisme pour la prévention, la gestion et le règlement des conflits ;

c) « Déclaration de Lomé » signifie la Déclaration sur le cadre pour une réaction de l'OUA aux changements anticonstitutionnels de gouvernement ;

d) « Acte constitutif » signifie l'Acte constitutif de l'Union Africaine ;

e) « Union » signifie l'Union Africaine ;

f) « Conférence » signifie la Conférence des chefs d'Etat et de gouvernement de l'Union Africaine ;

g) « Commission » signifie la Commission de l'Union Africaine ;

h) « Mécanismes régionaux » signifie les Mécanismes régionaux africains pour la prévention, la gestion et le règlement des conflits ;

i) « Etats membres » signifie Etats membres de l'Union Africaine.

Article 2

CRÉATION, NATURE ET STRUCTURE

1. Il est créé, au sein de l'Union, conformément à l'Article 5(2) de l'Acte constitutif, un Conseil de paix et de sécurité, qui est un organe de décision permanent pour la prévention, la gestion et le règlement des conflits. Le Conseil de paix et de sécurité constitue un système de sécurité collective et d'alerte rapide, visant à permettre une réaction rapide et efficace aux situations de conflit et de crise en Afrique.

2. Le Conseil de paix et de sécurité est appuyé par la Commission, un Groupe des sages, ainsi que par un système continental d'alerte rapide, une force africaine pré positionnée et un Fonds spécial.

Article 3

OBJECTIFS

Les objectifs du Conseil de paix et de sécurité sont :

a. de promouvoir la paix, la sécurité et la stabilité en Afrique, en vue d'assurer la protection et la préservation de la vie et des biens, le bien-être des populations africaines et de leur environnement, ainsi que la création de conditions propices à un développement durable ;

b. d'anticiper et de prévenir les conflits. Lorsque des conflits éclatent, le Conseil de paix et de sécurité aura la responsabilité de rétablir et de consolider la paix en vue de faciliter le règlement de ces conflits ;

c. de promouvoir et de mettre en oeuvre des activités de consolidation de la paix et de reconstruction après les conflits pour consolider la paix et prévenir la résurgence de la violence ;

d. de coordonner et d'harmoniser les efforts du continent dans la prévention et la lutte contre le terrorisme international sous tous ses aspects ;

e. d'élaborer une politique de défense commune de l'Union, conformément à l'Article 4(d) de l'Acte constitutif ;

f. de promouvoir et d'encourager les pratiques démocratiques, la bonne gouvernance et l'état de droit, la protection des droits de l'homme et des libertés fondamentales, le respect du caractère sacré de la vie humaine, ainsi que du droit international humanitaire, dans le cadre des efforts de prévention des conflits.

Article 4

PRINCIPES

Le Conseil de paix et de sécurité est guidé par les principes énoncés dans l'Acte constitutif, la Charte des Nations Unies et la Déclaration universelle des droits de l'homme. Il est, en particulier, guidé par les principes suivants :

a. le règlement pacifique des différends et des conflits ;

b. la réaction rapide pour maîtriser les situations de crise avant qu'elles ne se transforment en conflits ouverts ;

c. le respect de l'état de droit, des droits fondamentaux de l'homme et des libertés, le respect du caractère sacré de la vie humaine, ainsi que du droit international humanitaire ;

d. l'interdépendance entre le développement socio-économique et la sécurité des peuples et des Etats ;

e. le respect de la souveraineté et de l'intégrité territoriale des Etats membres ;

f. la non-ingérence d'un Etat membre dans les affaires intérieures d'un autre Etat membre ;

g. l'égalité souveraine et l'interdépendance des Etats membres ;

h. le droit inaliénable à une existence indépendante ;

i. le respect des frontières existant au moment de l'accession à l'indépendance ;

j. le droit de l'Union d'intervenir dans un Etat membre sur décision de la Conférence dans certaines circonstances graves, à savoir les crimes de guerre, le génocide, les crimes contre l'humanité, conformément à l'Article 4(h) de l'Acte constitutif ;

k. le droit des Etats membres de solliciter l'intervention de l'Union pour restaurer la paix et la sécurité, conformément à l'Article 4(j) de l'Acte constitutif.

Article 5

COMPOSITION

1. Le Conseil de paix et de sécurité est composé de quinze membres ayant des droits égaux et élus de la manière suivante :

a. dix membres élus pour un mandat de deux ans ; et

b. cinq membres élus pour un mandat de trois ans en vue d'assurer la continuité

2. En élisant les membres du Conseil de paix et de sécurité, la Conférence applique le principe de la représentation régionale équitable et de la rotation, et tient compte des critères ci-après pour chaque Etat membre postulant :

a. l'engagement à défendre les principes de l'Union ;

b. la contribution à la promotion et au maintien de la paix et de la sécurité en Afrique - à cet égard, une expérience dans le domaine des opérations d'appui à la paix constituera un atout supplémentaire ;

c. la capacité et l'engagement à assumer les responsabilités liées à la qualité de membre ;

d. la participation aux efforts de règlement des conflits, de rétablissement et de consolidation de la paix aux niveaux régional et continental ;

e. la disposition et la capacité à assumer des responsabilités en ce qui concerne les initiatives régionales et continentales de règlement des conflits ;

f. la contribution au Fonds de la paix et/ou à un Fonds spécial créé pour un but spécifique ;

g. le respect de la gouvernance constitutionnelle, conformément à la Déclaration de Lomé, ainsi que de l'Etat de droit et des droits de l'homme ;

h. l'exigence pour les Etats membres postulants d'avoir des Missions permanentes aux sièges de l'Union et des Nations Unies dotées du personnel adéquat et suffisamment équipées pour leur permettre d'assumer les responsabilités liées à la qualité de membre ;

i. l'engagement à honorer les obligations financières vis-à-vis de l'Union.

3. Un membre sortant du Conseil de paix et de sécurité est immédiatement rééligible.

4. La Conférence procède à une évaluation périodique pour déterminer dans quelle mesure les membres du Conseil de paix et de sécurité continuent à remplir les critères énoncés à l'article 5-2 et prendre toute action appropriée à cet égard.

Article 6

FONCTIONS

1. Le Conseil de paix et de sécurité assume des fonctions dans les domaines suivants :

a. promotion de la paix, de la sécurité et de la stabilité en Afrique ;

b. alerte rapide et diplomatie préventive ;

c. rétablissement de la paix, y compris les bons offices, la médiation, la conciliation et l'enquête ;

d. opérations d'appui à la paix et intervention, conformément à l'Article 4(h) et (j) de l'Acte constitutif ;

e. consolidation de la paix et reconstruction post-conflit ;

f. action humanitaire et gestion des catastrophes ;

g. toute autre fonction qui pourrait être décidée par la Conférence.

Article 7

POUVOIRS

1. Conjointement avec le Président de la Commission, le Conseil de paix et de sécurité :

a. anticipe et prévient les différends et les conflits, ainsi que les politiques susceptibles de conduire à un génocide et à des crimes contre l'humanité ;

b. entreprend des activités de rétablissement et de consolidation de la paix lorsque des conflits éclatent, pour faciliter leur règlement ;

c. autorise l'organisation et le déploiement de missions d'appui à la paix ;

d. élabore les directives générales relatives à la conduite de ces missions, y compris le mandat desdites missions, et procède à la révision périodique de ces directives ;

e. recommande à la Conférence, conformément à l'article 4(h) de l'Acte constitutif, l'intervention au nom de l'Union dans un Etat membre dans certaines circonstances graves, à savoir les crimes de guerre, le génocide et les crimes contre l'humanité, tels que définis dans les conventions et instruments internationaux pertinents ;

f. approuve les modalités d'intervention de l'Union dans un Etat membre, suite à une décision de la Conférence conformément à l'article 4(j) de l'Acte constitutif ;

g. impose, conformément à la Déclaration de Lomé des sanctions chaque fois qu'un changement anti-constitutionnel de gouvernement se produit dans un Etat membre ;

h. met en oeuvre la politique de défense commune de l'Union ;

i. assure la mise en oeuvre de la Convention de l'OUA sur la prévention et la lutte contre le terrorisme et des autres Conventions et instruments internationaux, continentaux et régionaux pertinents, et harmonise et coordonne les efforts visant à combattre le terrorisme international, au niveau continental et régional ;

j. assure une harmonisation, une coordination et une coopération étroites entre les Mécanismes régionaux et l'Union dans la promotion et le maintien de la paix, de la sécurité et de la stabilité en Afrique ;

k. assure la promotion et le renforcement d'un partenariat solide pour la paix et la sécurité entre l'Union et les Nations Unies, et leurs agences ainsi qu'avec les autres organisations internationales compétentes ;

l. élabore les politiques et les actions nécessaires pour que toute initiative extérieure dans le domaine de la paix et de la sécurité sur le continent soit entreprise dans le cadre des objectifs et des priorités de l'Union ;

m. suit, dans le cadre de ses responsabilités en matière de prévention des conflits, les progrès réalisés en ce qui concerne la promotion des pratiques démocratiques, la bonne gouvernance, l'état de droit, la protection des droits de l'homme et des libertés fondamentales, le respect du caractère sacré de la vie humaine, ainsi que du droit international humanitaire, par les Etats membres ;

n. favorise et encourage la mise en oeuvre des conventions et traités internationaux pertinents de l'OUA/UA, des Nations Unies, ainsi que d'autres conventions et traités internationaux pertinents sur le contrôle des armes et le désarmement ;

o. examine et prend toute action appropriée dans la cadre de son mandat dans les situations où l'indépendance nationale et la souveraineté d'un Etat membre sont menacées par des actes d'agression, y compris par des mercenaires ;

p. appuie et facilite l'action humanitaire dans les situations de conflit armé ou de catastrophe naturelle grave ;

q. soumet, à travers son Président, des rapports réguliers à la Conférence sur ses activités et l'état de la paix et de la sécurité en Afrique ; et

r. se prononce sur toute autre question ayant des incidences sur le maintien de la paix, de la sécurité et de la stabilité sur le continent, et exerce les pouvoirs que lui délègue la Conférence, conformément à l'article 9(2) de l'Acte constitutif.

2. Les Etats membres reconnaissent qu'en s'acquittant de ses devoirs au terme du présent Protocole, le Conseil de paix et de sécurité agit en leur nom.

3. Les Etats membres conviennent d'accepter et d'appliquer les décisions du Conseil de paix et de sécurité, conformément à l'Acte constitutif.

4. Les Etats membres conviennent d'apporter leur entière coopération au Conseil de paix et de sécurité et de faciliter toute action qu'il entreprendrait en vue de la prévention, de la gestion et du règlement des crises et des conflits, en vertu des responsabilités qui lui sont confiées au terme du présent Protocole.

Article 8

PROCÉDURE

Organisation et réunions

1. Le Conseil de paix et de sécurité est organisé de manière à pouvoir exercer ses fonctions en permanence. A cet effet, chaque membre du Conseil de paix et de sécurité doit avoir, en tout temps, un représentant au Siège de l'Union.

2. Le Conseil de paix et de sécurité se réunit au niveau des représentants permanents, des ministres ou des chefs d'Etat et de gouvernement. Il est convoqué aussi souvent que nécessaire au niveau des représentants permanents, et au moins deux fois par mois. Les ministres et les chefs d'Etat et de gouvernement se réunissent au moins une fois par an, respectivement.

3. Les réunions du Conseil de paix et de sécurité se tiennent au Siège de l'Union.

4. Lorsqu'un Etat membre propose d'abriter une réunion du Conseil de paix et de sécurité, et sous réserve de l'acceptation de cette invitation par les deux tiers des membres du Conseil de paix et de sécurité, cet Etat membre prend en charge les incidences financières additionnelles que la tenue de la réunion hors du siège de l'Union aura entraînées pour la Commission.

Structures subsidiaires et sous-Comités

5. Le Conseil de paix et de sécurité peut créer les structures subsidiaires qu'il juge nécessaires à l'exercice de ses fonctions. Ces structures subsidiaires peuvent comprendre des comités ad hoc de médiation, de conciliation ou d'enquête, composés d'un Etat ou d'un groupe d'Etats. Le Conseil de paix et de sécurité peut également recourir à toutes autres formes d'expertise militaire, juridique et autre, requises pour l'exercice de ses fonctions.

Présidence

6. La présidence du Conseil de paix et de sécurité échoit, à tour de rôle, aux membres du Conseil de paix et de sécurité, dans l'ordre alphabétique de leurs noms. Chaque Président demeure en fonction pendant un mois.

Ordre du jour

7. L'ordre du jour provisoire du Conseil de paix et de sécurité est établi par le Président du Conseil de paix et de sécurité sur la base des propositions soumises par le Président de la Commission et les Etats membres. Un Etat membre ne peut s'opposer à l'inscription d'un point à l'ordre du jour provisoire.

Quorum

8. Le quorum est constitué des deux tiers des membres du Conseil de paix et de sécurité. Conduite des débats

9. Le Conseil de paix et de sécurité tient des réunions à huis clos. Tout membre du Conseil de paix et de sécurité, s'il est partie à un conflit ou à une situation soumis à l'examen du Conseil de paix et de sécurité, ne participe ni aux débats ni au processus de prise de décision relatifs à ce conflit ou à cette situation.

Ce membre peut être invité à présenter sa position au Conseil de paix et de sécurité et se retirera ensuite de la réunion.

10. Le Conseil de paix et de sécurité peut décider de tenir des réunions publiques. A cet effet :

a. tout Etat membre qui n'est pas membre du Conseil de paix et de sécurité, s'il est partie à un conflit ou à une situation soumis à l'examen du Conseil de paix et de sécurité, est invité à présenter sa position et à participer sans droit de vote aux débats ;

b. tout Etat membre qui n'est pas membre du Conseil de paix et de sécurité peut être invité à participer, sans droit de vote, aux débats sur toute question soumise au Conseil de paix et de sécurité, à chaque fois que cet Etat membre estime que ses intérêts sont spécialement affectés ;

c. tout Mécanisme régional, toute organisation internationale ou organisation de la société civile impliquée et/ou intéressés dans/par un conflit ou une situation soumis à l'examen du Conseil de paix et de sécurité, peut être invité à participer, sans droit de vote, aux débats relatifs à ce conflit ou à cette situation.

11. Le Conseil de paix et de sécurité peut avoir des consultations informelles avec les parties concernées ou intéressées par un conflit ou une situation soumis à l'examen du Conseil de paix et de sécurité, ainsi qu'avec les Mécanismes régionaux, les organisations internationales et les organisations de la société civile, à chaque fois que cela est requis pour l'exercice de ses responsabilités.

Vote

12. Chaque membre du Conseil de paix et de sécurité dispose d'une voix.

13. Les décisions du Conseil de paix et de sécurité sont généralement guidées par le principe du consensus. A défaut de consensus, le Conseil de paix et de sécurité adopte ses décisions sur les questions de procédure à la majorité simple, tandis que les décisions sur toutes les autres questions sont prises à la majorité des deux tiers de ses membres votants.

Règlement intérieur

14. Le Conseil de paix et de sécurité établit son propre règlement intérieur, dans lequel il fixe la convocation de ses réunions, la conduite des débats, la publicité et les procès-verbaux des séances, ainsi que tout autre aspect pertinent de son travail, pour examen et approbation par la Conférence.

Article 9

MODALITÉS DE SAISINE ET D'ACTION

1. Le Conseil de paix et de sécurité prend les initiatives et conduit les actions qu'il juge appropriées concernant les situations de conflit potentiel ainsi que celles où des conflits ont déjà éclaté. Le Conseil de paix et de sécurité prend également toutes les mesures requises en vue d'empêcher qu'un conflit pour lequel un règlement a déjà été trouvé ne dégénère à nouveau.

2. A cette fin, le Conseil de paix et de sécurité utilise les moyens à sa discrétion pour se saisir d'un conflit ou d'une situation, soit à travers l'action collective du Conseil lui-même, soit à travers son Président et/ou à travers le Président de la Commission, le Groupe des sages et/ou en collaboration avec les Mécanismes régionaux.

Article 10

LE RÔLE DU PRÉSIDENT DE LA COMMISSION

1. Le Président de la Commission, sous l'autorité du Conseil de paix et de sécurité et en consultation avec toutes les parties impliquées dans un conflit, déploie tous les efforts et prend toutes les initiatives jugées appropriées en vue de la prévention, de la gestion et du règlement des conflits.

2. A cette fin, le Président de la Commission :

a. peut attirer l'attention du Conseil de paix et de sécurité sur toute affaire qui, à son avis, pourrait mettre en danger la paix, la sécurité et la stabilité sur le continent ;

b. peut attirer l'attention du Groupe des sages sur toute affaire qui, à son avis, mérite leur attention ;

c. peut, de sa propre initiative ou à la demande du Conseil de paix et de sécurité, user de ses bons offices, soit personnellement, soit par l'intermédiaire d'Envoyés spéciaux, de Représentants spéciaux, du Groupe des sages ou des Mécanismes régionaux pour prévenir les conflits potentiels, régler les conflits en cours et promouvoir les initiatives et les efforts de consolidation de la paix et de reconstruction post-conflit.

3. Le Président de la Commission assure :

a. la mise en oeuvre et le suivi des décisions du Conseil de paix et de sécurité, y compris l'organisation et le déploiement des missions d'appui à la paix autorisées par le Conseil de paix et de sécurité. A cet égard, le Président de la Commission tient le Conseil de paix et de sécurité informé des développements relatifs au fonctionnement de ces missions. Tous les problèmes susceptibles d'affecter le fonctionnement continu et efficace de ces missions sont soumis au Conseil de paix et de sécurité pour examen et la suite utile à donner, le cas échéant ;

b. la mise en oeuvre et le suivi des décisions prises par la Conférence, conformément à l'Article 4 (h) et (j) de l'Acte constitutif ;

c. la préparation de rapports et de documents exhaustifs et périodiques, tel que requis, afin de permettre au Conseil de paix et de sécurité et aux autres structures subsidiaires d'assumer leurs fonctions avec efficacité.

4. Dans l'exercice de ses fonctions et pouvoirs, le Président de la Commission est assisté du Commissaire chargé des questions de paix et de sécurité, qui est le responsable des questions du Conseil de paix et de sécurité. Le Président de la Commission fait également recours aux autres ressources humaines et matérielles disponibles au sein de la Commission pour prêter au Conseil de paix et de sécurité, les services techniques et le soutien requis. A cet égard, un Secrétariat du Conseil de paix et de sécurité sera mis en place au sein de la Direction traitant des questions liées à la prévention, à la gestion et au règlement des conflits.

Article 11

LE GROUPE DES SAGES

1. Pour venir en appui aux efforts du Conseil de paix et de sécurité et à ceux du Président de la Commission, en particulier dans le domaine de la prévention des conflits, il est créé un Groupe des sages.

2. Le Groupe des sages est composé de cinq personnalités africaines, hautement respectées, venant des diverses couches de la société et qui ont apporté une contribution exceptionnelle à la cause de la paix, de la sécurité et du développement sur le continent. Elles sont sélectionnées par le Président de la Commission, après consultation des Etats membres concernés, sur la base des représentations

régionales, et nommées pour une période de trois ans par la Conférence.

3. Le Groupe des sages fournit des services consultatifs au Conseil de paix et de sécurité et au Président de la Commission sur toutes questions relatives au maintien et à la promotion de la paix, de la sécurité et de la stabilité en Afrique.

4. A la demande du Conseil de paix et de sécurité ou du Président de la Commission ou de sa propre initiative, le Groupe des sages entreprend les actions jugées appropriées pour venir en appui aux efforts du Conseil de paix et de sécurité et à ceux du Président de la Commission en vue de la prévention des conflits, et se prononce sur toutes questions liées à la promotion et au maintien de la paix, de la sécurité et de la stabilité en Afrique.

5. Le Groupe des sages fait rapport au Conseil de paix et de sécurité et, par l'intermédiaire de celui-ci, à la Conférence.

6. Le Groupe des sages se réunit en tant que de besoin pour l'exercice de son mandat. Le Groupe des sages tient normalement ses réunions au siège de l'Union. En consultation avec le Président de la Commission, le Groupe des sages peut tenir des réunions en dehors du siège de l'Union.

7. Les modalités de fonctionnement du Groupe des sages seront élaborées par le Président de la Commission et approuvées par le Conseil de paix et de sécurité.

8. Les indemnités des membres du Groupe des sages sont déterminées par le Président de la Commission, conformément au règlement financier de l'Union.

Article 12

SYSTÈME CONTINENTAL D'ALERTE RAPIDE

1. Pour faciliter la prévision et la prévention des conflits, un Système continental d'alerte rapide appelé système d'alerte rapide est créé.

2. Le Système d'alerte rapide est composé :

a. d'un centre d'observation et de contrôle dénommé « Salle de veille », situé à la Direction de la gestion des conflits de l'Union et chargé de la collecte et de l'analyse des données sur la base d'un module approprié d'indicateurs d'alerte rapide ; et

b. des unités d'observation et de contrôle des Mécanismes régionaux directement liées par des moyens de communication appropriés à la Salle de veille et qui collectent et traitent les données recueillies à leur niveau et les transmettent à la Salle de veille.

3. La Commission collabore également avec les Nations Unies, leurs agences et d'autres organisations internationales compétentes, les centres de recherche, les institutions universitaires et les ONG, pour faciliter le fonctionnement efficace du Système d'alerte rapide.

4. Le Système d'alerte rapide élabore un module d'alerte rapide sur la base d'indicateurs politiques, économiques, sociaux, militaires et humanitaires clairement définis et acceptés qui sont utilisés pour analyser l'évolution des situations sur le continent et recommander la meilleure action à prendre

5. Le Président de la Commission utilise les informations recueillies par le Système d'alerte rapide pour informer le Conseil de paix et de sécurité des conflits potentiels et des menaces à la paix et à la sécurité en Afrique et pour recommander les mesures à prendre. Le Président de la Commission utilise également ces informations pour s'acquitter des responsabilités et fonctions qui lui sont confiées au terme du présent Protocole.

6. Les Etats membres s'engagent à faciliter l'action rapide entreprise par le Conseil de paix et de sécurité et/ou le Président de la Commission sur la base des informations recueillies dans le cadre du Système d'alerte rapide.

7. Le Président de la Commission élabore les détails pratiques liés à la mise en place du Système d'alerte rapide et prend toutes les mesures nécessaires pour son fonctionnement efficace en consultation avec les Etats membres, les Mécanismes régionaux, les Nations Unies et d'autres institutions compétentes.

Article 13

FORCE AFRICAINE PRÉPOSITIONNÉE

Composition

1. Pour permettre au Conseil de paix et de sécurité d'assumer ses responsabilités en ce qui concerne le déploiement de missions d'appui à la paix et l'intervention, conformément à l'article 4 (h) et (j) de l'Acte constitutif, il est créé une Force africaine pré positionnée. Cette Force est composée de contingents multidisciplinaires en attente, avec des composantes civiles et militaires, stationnés dans leurs pays d'origine et prêts à être déployées rapidement, aussitôt que requis.

2. A cet effet, les Etats membres prennent les mesures nécessaires pour mettre en place des contingents pré positionnés pour participer aux missions d'appui à la paix décidées par le Conseil de paix et de sécurité ou à une intervention autorisée par la Conférence. Les effectifs et la nature de ces contingents, leur degré de préparation et leur emplacement général sont déterminés, conformément aux règles de procédure opérationnelles des missions d'appui à la paix de l'Union, et seront soumis à des examens périodiques, tenant compte des situations de crise et de conflit.

Mandat

3. La Force africaine pré positionnée assume, entre autres, des fonctions dans les domaines suivants :

a. missions d'observation et de contrôle ;

b. autres types de missions d'appui à la paix ;

c. intervention dans un Etat membre dans certaines circonstances graves ou à la demande d'un Etat membre afin de rétablir la paix et la sécurité, conformément à l'article 4 (h) et (j) de l'Acte constitutif ;

d. déploiement préventif afin d'éviter (i) qu'un différend ou un conflit ne s'aggrave, (ii) qu'un conflit violent en cours ne s'étende à des zones ou Etats voisins, ou (iii) la résurgence de la violence après que des parties à un conflit sont parvenues à un accord ;

e. consolidation de la paix, notamment le désarmement et la démobilisation après les conflits ;

f. assistance humanitaire pour atténuer les souffrances des populations civiles dans les zones de conflit et action visant à faire face aux catastrophes naturelles ; et

g. toutes autres fonctions que pourrait lui confier le Conseil de paix et de sécurité ou la Conférence.

4. Dans l'exercice de ses fonctions, la Force africaine pré positionnée coopère, en tant que de besoin, avec les Nations Unies et leurs agences, les autres organisations internationales et régionales compétentes, ainsi qu'avec les autorités et les ONG nationales.

5. Les tâches détaillées de la Force africaine pré positionnée et son concept d'opération pour chaque mission autorisée doivent être examinés et approuvés par le Conseil de paix et de sécurité sur recommandation de la Commission.

Commandement

6. Pour chacune des opérations entreprises par la Force africaine pré positionnée, le Président de la Commission nomme un Représentant spécial et un Commandant de la Force, dont les rôles et fonctions détaillés sont définis dans des directives appropriées, conformément aux règles de procédure opérationnelles des missions d'appui à la paix.

7. Le Représentant spécial fait rapport au Président de la Commission par les voies hiérarchiques appropriées. Le Commandant de la Force fait rapport au Représentant spécial. Les Commandants des contingents font rapport au Commandant de la Force, alors que les composantes civiles font rapport au Représentant spécial.

Comité d'Etat Major

8. Il est créé un Comité d'état-major chargé de conseiller et d'assister le Conseil de paix et de sécurité pour tout ce qui concerne les questions d'ordre militaire et de sécurité en vue du maintien et de la promotion de la paix et de la sécurité en Afrique.

9. Le Comité d'état-major est composé d'officiers supérieurs des Etats membres du Conseil de paix et de sécurité. Tout Etat membre qui n'est pas représenté au Comité d'état-major peut être invité par le

Comité à participer à ses délibérations lorsque la bonne exécution de ses responsabilités le requiert.

10. Le Comité d'état-major se réunit aussi souvent que nécessaire pour examiner les questions qui lui sont soumises par le Conseil de paix et de sécurité.

11. Le Comité d'état major peut aussi se réunir au niveau des chefs d'état major des Etats membres du Conseil de paix et de sécurité pour discuter des questions d'ordre militaire et de sécurité en vue de la promotion et du maintien de la paix et de la sécurité en Afrique. Les chefs d'état major soumettent des recommandations au Président de la Commission sur les moyens les meilleurs pour renforcer les capacités de l'Afrique dans les opérations d'appui à la paix.

12. Le Président de la Commission prend les mesures appropriées pour la tenue et le suivi des réunions des chefs d'état major des pays membres du Conseil de paix et de sécurité. Formation

13. La Commission élabore des directives pour la formation du personnel civil et militaire des contingents nationaux pré positionnés tant sur le plan opérationnel que tactique. La formation en droit international humanitaire et dans le domaine des droits de l'homme, avec un accent sur le droit des femmes et des enfants, doit être partie intégrante des programmes de formation de ces personnels.

14. A cette fin, la Commission accélère l'élaboration et la diffusion des règles de procédure opérationnelles pour, entre autres :

a. faciliter la normalisation des doctrines de formation, des manuels et des programmes pour les écoles d'excellence nationales et régionales ;

b. coordonner les cours de formation, de commandement et d'exercice du personnel de la Force africaine pré positionnée, ainsi que les exercices de formation sur le terrain.

15. La Commission procède périodiquement, en collaboration avec les Nations Unies, à l'évaluation des capacités de l'Afrique dans le domaine des missions d'appui à la paix.

16. La Commission, en consultation avec le Secrétariat des Nations Unies, contribue à la coordination des initiatives extérieures visant à renforcer les capacités de la Force africaine pré positionnée dans les domaines de la formation, de la logistique, de l'équipement, des communications et du financement.

Rôle des Etats membres

17. En plus des responsabilités qui sont les leurs, au terme du présent Protocole :

a. les Etats membres contributeurs de troupes s'engagent, à la demande de la Commission, et après autorisation du Conseil de paix et de sécurité ou de la Conférence, à mettre immédiatement à disposition les contingents en attente avec l'équipement nécessaire pour les opérations visées à l'article 13(3) du présent Protocole ;

b. les Etats membres s'engagent à fournir à l'Union toutes formes d'assistance et de soutien nécessaires pour le maintien et la promotion de la paix, de la sécurité et de la stabilité sur le continent, y compris le droit de passage par leurs territoires.

Article 14

CONSOLIDATION DE LA PAIX

Développement institutionnel pour la consolidation de la paix

1. Dans les situations post-conflits, le Conseil de paix et de sécurité facilite la restauration de l'état de droit, la création et le développement d'institutions démocratiques, ainsi que la préparation, l'organisation et la supervision des élections dans l'Etat membre concerné.

Consolidation de la paix pendant les hostilités

2. Dans les zones où prévaut une paix relative, priorité doit être donnée à la mise en oeuvre de politiques visant à arrêter la dégradation des conditions sociales et économiques découlant des conflits.

Consolidation de la paix à la fin des hostilités

3. En vue d'assister les Etats membres qui ont été affectés par des conflits violents, le Conseil de paix et de sécurité doit entreprendre les activités suivantes :

a. consolidation d'accords de paix qui ont déjà été conclus ;

b. création de conditions pour la reconstruction politique, sociale et économique de la société et des institutions gouvernementales ;

c. mise en oeuvre de programmes de désarmement, de démobilisation et de réinsertion, y compris en faveur des enfants soldats ;

d. réinstallation et réintégration des réfugiés et des personnes déplacées ;

e. assistance aux personnes vulnérables, y compris les enfants, les personnes âgées, les femmes et d'autres groupes traumatisés de la société.

Article 15

ACTION HUMANITAIRE

1. Le Conseil de paix et de sécurité participe activement à la coordination et à la conduite de l'action humanitaire en vue du retour à une vie normale en cas de conflit ou de catastrophe naturelle.

2. A cet égard, le Conseil de paix et de sécurité développe ses propres capacités pour entreprendre efficacement des actions humanitaires.

3. La Force africaine pré positionnée sera adéquatement équipée en vue d'entreprendre des activités humanitaires dans ses zones de mission sous la supervision du Président de la Commission.

4. La Force africaine pré positionnée facilite les activités des agences humanitaires dans ses zones de mission.

Article 16

RELATIONS AVEC LES MÉCANISMES RÉGIONAUX POUR LA PRÉVENTION, LA GESTION ET LE RÈGLEMENT DES CONFLITS

1. Les Mécanismes régionaux font partie intégrante de l'architecture de sécurité de l'Union, qui assume la responsabilité principale pour la promotion de la paix, de la sécurité et de la stabilité en Afrique. A cet égard, le Conseil de paix et de sécurité et le Président de la Commission :

a. harmonisent et coordonnent les activités des Mécanismes régionaux dans le domaine de la paix, de la sécurité et de la stabilité, afin que ces activités soient conformes aux objectifs et aux principes de l'Union ;

b. travaillent en étroite collaboration avec les Mécanismes régionaux pour assurer un partenariat efficace entre le Conseil de paix et de sécurité et les Mécanismes régionaux dans le domaine de la promotion et du maintien de la paix, de la sécurité et de la stabilité.

Les modalités de ce partenariat seront basées sur leurs avantages comparatifs respectifs et les circonstances du moment.

2. Le Conseil de paix et de sécurité, en consultation avec les Mécanismes régionaux, assure la promotion des initiatives visant à anticiper et à prévenir les conflits et, lorsque des conflits éclatent, à entreprendre des activités de rétablissement et de consolidation de la paix.

3. Dans le cadre de ces efforts, les Mécanismes régionaux concernés doivent, à travers le Président de la Commission, tenir le Conseil de paix et de sécurité pleinement et régulièrement informé de leurs activités et s'assurer que ces activités sont étroitement coordonnées et harmonisées avec le Conseil de paix et de sécurité. Le Conseil de paix et de sécurité, à travers le Président de la Commission, doit également tenir les Mécanismes régionaux pleinement et régulièrement informés de ses activités.

4. Pour assurer une harmonisation et une coordination étroites et faciliter un échange continu d'informations, le Président de la Commission convoque des réunions périodiques, au moins une fois par an, avec les premiers responsables et/ou les autorités chargées des questions de paix et de sécurité au niveau des Mécanismes régionaux.

5. Le Président de la Commission prend les mesures nécessaires pour assurer l'entière participation, le cas échéant, des Mécanismes régionaux à la mise en place et au fonctionnement efficace du Système d'alerte rapide et de la Force africaine pré positionnée

6. Les Mécanismes régionaux sont invités à participer à l'examen de toute question soumise au Conseil de paix et de sécurité, chaque fois que cette question est traitée par un Mécanisme ou présente un intérêt particulier pour ce Mécanisme.

7. Le Président de la Commission est invité à participer aux réunions et aux délibérations des Mécanismes régionaux.

8. Afin de renforcer la coordination et la coopération, la Commission met en place des bureaux de liaison au niveau des Mécanismes régionaux. Les

Mécanismes régionaux sont encouragés à mettre en place des bureaux de liaison au niveau de la Commission.

9. Sur la base des dispositions qui précèdent, la Commission et les Mécanismes régionaux concluent un Mémorandum d'entente sur leur coopération.

Article 17

RELATIONS AVEC LES NATIONS UNIES ET LES AUTRES ORGANISATIONS INTERNATIONALES

1. Dans l'exercice du mandat qui est le sien dans la promotion et le maintien de la paix, de la sécurité et de la stabilité en Afrique, le Conseil de paix et de sécurité coopère et travaille en étroite collaboration avec le Conseil de sécurité des Nations Unies, qui assume la responsabilité principale du maintien de la paix et de la sécurité internationales. Le Conseil de paix et de sécurité coopère et travaille également étroitement avec les institutions compétentes des Nations Unies pour la promotion de la paix, de la sécurité et de la stabilité en Afrique.

2. A chaque fois que nécessaire, recours sera fait aux Nations Unies pour obtenir l'assistance financière, logistique et militaire nécessaire pour les activités de l'Union dans le domaine de la promotion et du maintien de la paix, de la sécurité et de la stabilité en Afrique, conformément aux dispositions du chapitre VIII de la

Charte des Nations Unies relatives au rôle des Organisations régionales dans le maintien de la paix et de la sécurité internationales.

3. Le Conseil de paix et de sécurité et le Président de la Commission maintiennent une interaction étroite et continue avec le Conseil de sécurité et ses membres africains, ainsi qu'avec le Secrétaire général des Nations Unies, y compris au moyen de l'organisation de réunions périodiques et de consultations régulières sur les questions de paix, de sécurité et de stabilité en Afrique.

4. Le Conseil de paix et de sécurité coopère également et travaille étroitement avec les autres Organisations internationales compétentes pour tout ce qui concerne les questions de paix, de sécurité et de stabilité en Afrique. Ces Organisations peuvent être invitées à prendre la parole devant le Conseil de paix et de sécurité sur les questions d'intérêt commun si le Conseil estime que l'exercice efficace de son mandat le requiert.

Article 18

RELATIONS AVEC LE PARLEMENT PANAFRICAIN

1. Le Conseil de paix et de sécurité entretient des relations de travail étroites avec le Parlement panafricain en vue de la promotion de la paix, de la sécurité et de la stabilité en Afrique.

2. A la demande du Parlement panafricain, le Conseil de paix et de sécurité soumet, par l'intermédiaire du Président de la Commission, des rapports au Parlement panafricain, afin de faciliter l'exécution par le Parlement de ses responsabilités liées au maintien de la paix, de la sécurité et de la stabilité en Afrique.

3. Le Président de la Commission présente au Parlement panafricain un rapport annuel sur l'état de la paix et de la sécurité sur le continent. Le Président de la Commission prend également toutes les mesures nécessaires pour faciliter l'exercice par le Parlement panafricain de ses pouvoirs, tels qu'énoncés à l'Article 11(5) du Protocole au Traité instituant la Communauté économique africaine relatif au Parlement panafricain, ainsi qu'à l'article 11(9) pour autant que cet Article se rapporte à l'objectif de promotion de la paix, de la sécurité et de la stabilité énoncé à l'Article 3(5) dudit Protocole.

Article 19

RELATIONS AVEC LA COMMISSION AFRICAINE DES DROITS DE L'HOMME ET DES PEUPLES

Le Conseil de paix et de sécurité établit une coopération étroite avec la Commission africaine des droits de l'homme et des peuples pour tout ce qui est des questions relevant de ses objectifs et de son mandat. La Commission africaine des droits de l'homme et des peuples porte à l'attention du Conseil de paix et de sécurité toute information en rapport avec les objectifs et le mandat du Conseil de paix et de sécurité.

Article 20

RELATIONS AVEC LES ORGANISATIONS DE LA SOCIETE CIVILE

Le Conseil de paix et de sécurité encourage les organisations non gouvernementales, les organisations communautaires et les autres organisations de la société civile, notamment les organisations de femmes, à participer activement aux efforts visant à promouvoir la paix, la sécurité et la stabilité en Afrique. A chaque fois que nécessaire, ces organisations seront invitées à s'adresser au Conseil de paix et de sécurité.

Article 21

FINANCEMENT

Fonds de la paix

1. En vue de fournir au Conseil de paix et de sécurité les ressources financières nécessaires pour les missions de soutien à la paix et d'autres activités opérationnelles liées à la paix et à la sécurité, un Fonds Spécial dénommé Fonds de la paix, est crée. Les opérations du Fonds de la paix sont régies par le règlement financier de l'Union.

2. Le Fonds de la paix est alimenté par des crédits prélevés sur le budget ordinaire de l'Union, y compris les arriérés de contributions, les contributions volontaires des Etats membres et d'autres sources en Afrique, y compris le secteur privé, la société civile et les particuliers, ainsi que par des fonds provenant d'activités de mobilisation de ressources.

3. Le Président de la Commission mobilise et accepte des contributions volontaires provenant de sources extérieures à l'Afrique, conformément aux objectifs et aux principes de l'Union.

4. Il est également créé, au sein du Fonds de la paix, un Fonds d'affectation spécial auto-renouvelable. Le montant approprié du Fonds d'affectation spécial auto-renouvelable est approuvé par les

organes délibérants compétents de l'Union sur recommandation du Conseil de paix et de sécurité.

Évaluation des coûts des opérations et préfinancement

5. A chaque fois que nécessaire, et suite à une décision des organes délibérants compétents de l'Union, le coût des opérations envisagées au terme de l'Article 13(3) du présent Protocole est reparti entre les Etats membres sur la base du barème de leurs contributions au budget de l'Union.

6. Les Etats pourvoyeurs de contingents peuvent être invités à prendre en charge le coût de leur participation pendant les trois premiers mois.

7. L'Union rembourse les frais ainsi encourus par les Etats pourvoyeurs de contingents concernés dans un délai maximum de six mois et reprend à son compte le financement des opérations.

Article 22

DISPOSITIONS FINALES

Statut du Protocole par rapport à la Déclaration du Caire

1. Le présent Protocole remplace la Déclaration du Caire.

2. Les dispositions du présent Protocole remplacent les résolutions et décisions de l'OUA relatives au Mécanisme pour la prévention, la gestion et le règlement des conflits qui sont contraires au présent Protocole.

Signature, ratification et adhésion

3. Le présent Protocole est ouvert à la signature, à la ratification et à l'adhésion des Etats membres de l'Union, conformément à leurs procédures constitutionnelles respectives.

4. Les instruments de ratification sont déposés auprès du Président de la Commission.

Entrée en vigueur

5. Le présent Protocole entre en vigueur après le dépôt des instruments de ratification par la majorité simple des Etats membres.

Amendements

6. Tout amendement ou révision du présent Protocole doit être conforme aux dispositions de l'Article 32 de l'Acte constitutif.

Dépositaire

7. Le présent Protocole et tous les instruments de ratification sont déposés auprès du Président de la Commission, qui transmet des copies certifiées conformes à tous les Etats membres et leur notifie les dates de dépôt des instruments de ratification par les Etats membres. Le Président de la Commission enregistre le présent Protocole auprès des Nations Unies et auprès de toute autre organisation tel que décidé par l'Union.

Adopté par la Première session ordinaire de la Conférence de l'Union Africaine.

Durban, le 9 juillet 2002

BIBLIOGRAPHIE

OUVRAGES SUR LES RELATIONS INTERNATIONALES

- **Badie Bertrand** : « La diplomatie des droits de l'Homme, entre éthique et volonté de puissance », Paris, Fayard, 2004.

- **Battistela Dario** : *« Théorie des relations internationales »*, Presses de Science Po, 2004.

- **Braillard et Djallili** : *« Relations internationales »*, Paris, Presses universitaires de France, Coll. QSJ, 1997.

- **Cohen Samy** : « Pouvoir, décision et rationalité dans l'analyse de la politique étrangère », in Smouts Marie-Claude : « Les nouvelles relations internationales. Pratiques et théories », Paris, Presses de Sciences Po, 1998.

- **Duroselle Jean-Baptiste et Kaspi André**, *« Histoire des Relations internationales de*

- **Duroselle Jean-Baptiste** : *« Tout empire périra »*, Paris, Armand Colin, 1992.

- **Frémeaux Jacques**, « Les empires coloniaux dans le processus de mondialisation », Maisonneuve et Larose, 2002.

- **Gerbet Pierre, Mouton Marie-Renée, Ghébali Victor-Yves**, *« Le rêve d'un ordre mondial de la SDN à l'ONU »*, Paris, Imprimerie Nationale, 1996.

- **Gonidec et Charvin** : *« Relations internationales »*, Paris, Montchrestien, 3e édition, 1981.

- **Guilhaudis Jean-François** : *« Relations internationales contemporaines »*, 2e édition, Litec, 2005.

- **Kissinger Henry**, *« Diplomatie »*, Fayard.

- **Laroche Josepha** : *« Politique internationale »*, LGDJ, 1998.

- **Merle Marcel** : « Sociologie des relations internationales », 4ᵉ éd. Dalloz, 1988.

- **Montbrial (De) Thierry,** « *Mémoire du temps présent* », Flammarion, 1996.

- **Moreau Defarges Philippe**, « *L'ordre mondial* », Armand Colin, 2003.

- **Plantey Philippe :** « *Principes de diplomatie* », Nouvelle édition, Pedone, 2000.

- **Postel-Vinay, K,** « La transformation spatiale des relations internationales. Les nouvelles relations internationales », Paris, Presses de Science-Po, 1998.

- **Ramel Frédéric** : » *Philosophie des relations internationales* », Paris, Presses de Sciences Po, 2002.

- **Ramel Frédéric** : « Les fondateurs oubliés. Durkheim, Simmel, Weber, Mauss et les relations internationales ». Paris, Presse universitaires de France, 2006.

- **Roche Jean-Jacques** : « *Théorie des relations internationales* », Paris, Montchrestien, coll. clefs, 1999.

- **Roche Jean-Jacques :** « *Relations internationales* », LGDJ, 1999.

- **Sindjoun Luc,** « Sociologie des relations internationales africaines », Paris, Khartala, 2002.

- **Smouts Marie-Claude :** « *Les organisations internationales* », Paris, Armand Colin, 1995.

- **Sur Serge :** « *Relations internationales* », 3ᵉ édition, Montchrestien, 2004.

- **Vaïsse Maurice,** « Les relations internationales depuis 1945 », Cursus, 2004.

OUVRAGES SUR LES ORGANISATIONS INTERNATIONALES ET LE DROIT INTERNATIONAL

- **Carreau Dominique et Julliard Patrick :** « *Droit international économique* », 2ᵉ édition, Dalloz, 2005.

- **Carreau Dominique**, *« Droit international »*, 8ᵉ édition, Paris, Pedone, 2004.

- **Combacau Jean et Sur Serge** : *« Droit international public »*, LGDJ, 2005.

- **Diez De Valasco Vallejo Manuel** : *« Les organisations internationales »*, Economica, 2002.

- **Dupuy Pierre-Marie**, *« Droit International Public »*, 7è édition, Dalloz, 2004.

- **Nguyen Quoc Dinh** : *« Droit international public »*, LGDJ, 6ᵉ édition, 1999.

- **Rousseau Charles :** *« Droit international public »*, Tome II, 1974.

- **Zorgbibe Charles**, *« Histoire de l'Union européenne »*, Albin Michel, 2005.

- **Zorgbibe Charles**, *« Les organisations internationales »*, Que Sais-je ?

OUVRAGES SUR L'AFRIQUE ET LE MONDE EN DÉVELOPPEMENT

- **Adda Jacques et Smouts Marie-Claude :** *« La France face au Sud. Le miroir brisé »*, Karthala, 1989.

- **Attac** : « Inégalités, crises et guerres. Sortir de l'impasse », Paris, Mille et une nuits, 2003.

- **Bangoura Dominique** (Collectif) : « L'Union Africaine face aux enjeux de Paix, de Sécurité et de Défense », l'Harmattan, 2003.

- **Cayet Janine :** « Prospectives pour un développement durable : quelle politique de coopération dans les pays de l'Union économique et monétaire ouest-africaine ? », La Documentation Française, 1999.

- **Cling Jean-Pierre, Razafindrakoto Mireille et Roubaud François** (sous la direction): *« Les nouvelles stratégies internationales de lutte contre la pauvreté »*, Paris, DIAL/Economica, 2002.

- **Hugon Philippe :** « Atouts et faiblesses des économies africaines » in Coll.: « Les défis de l'Afrique », Paris, Dalloz, 2005

- **Lebeau Yann, Niane Boubacar, Piriou, Saint-Martin Monique** : *« Etat et acteurs émergents en Afrique »,* Khartala, 2003.

- **Rocard Michel** : *« Pour une autre Afrique »,* Flammarion, 2001.

- **Sequera Carvalho José Antonio :** « Enjeux géopolitiques et nouvelles approches pour la coopération au développement », L'Harmattan, 2003.

- **Talonto Fattany** : « Union Africaine et développement. Entre espoirs et illusions. », L'Harmattan, 2004.

AUTRES OUVRAGES

- **Ardant Philippe** : « Institutions politiques et droits constitutionnel », 15e édition, LGDJ, 2003.

- **Badie Bertrand et Hermet Guy** : *« La politique comparée »,* Paris, Armand Colin, 2001.

- **Blanc Jacques et Rémond Bruno** : *« Les collectivités locales »,* Paris, Presses de Science Po et Dalloz, 1995

- **Bordes-Benayoun Chantal et Schnapper Dominique**, *« Diasporas et nations »,* Odile Jacob, 2006.

- **Bouthoul Gaston** : *« Traité de polémologie. Sociologie des guerres. »,* Bibliothèque scientifique de Payot, 1991.

- **Chaigneau Pascal** (sous la direction): « Dictionnaire des relations internationales »,

- **Clausewitz, Carl Von** : *« De la guerre »,* les éditions de minuit, 1992.

- **Cohen Samy** : « La résistance des Etats. Les démocraties face au défis de la mondialisation », Paris, Seuil, 2003.

- **Coutau-Begari Hervé** : *« Traité de stratégie »,* 2e édition, Paris Economica, 1999

- **Denquin Jean-Marie** : *« Introduction à la science politique »,* 2e édition, Paris, Hachette Supérieur, 2001

- **Durkheim Emile :** *« Les règles de la méthode sociologique »,* Paris Flammarion, 1998.

- **Durkheim Emile :** *« L'Allemagne au-dessus de tout »*, 1915, Les classiques des sciences sociales.

- **Gazibo Mamadou et Jenson Jane :** *« La politique comparée, enjeux et approches théoriques »*, les Presses de l'Université de Montréal, 2003.

- **Grawitz Madeleine** : *« Méthodes des sciences sociales »*, 11ᵉ édition, Dalloz, 2005.

- **Herson JR Lawrence :** « La politique publique aux Etats-Unis. Théorie et pratique », Nouveaux horizons, 1987.

- **M'baye Kéba** *« Les droits de l'homme en Afrique »*, Paris, Pedone, 2003.

- **Marora Lelio** : « Les politiques de migrations internationales », l'Harmattan, 2002.

- **Massardier Gilles** : *« Politique et action publiques »*, Armand Colin, 2003.

- **Mény Yves et Surel Yves :** « Politique comparée. Les démocraties. Allemagne, Etats-Unis, France, Grande Bretagne, Italie. », Paris, Montchrestien, 7ᵉ édition, 2004.

- **Muller Pierre et Yves Surel :** *« L'analyse des politiques publiques »*, Montchrestien, 1998.

Economica, 1998.

REVUES

- **Antil Alain :** « Europe-Afrique : la fin d'un modèle ? », revue Ramsès, août 2006.

- **Aron Raymond :** *« Qu'est-ce qu'une théorie des relations internationales »*, Revue française de science politique, 1967.

- **Badie Bertrand :** *« L'Etat importé »*, Revue Esprit, n°197, décembre 1993.

- **Battistela Dario** : *« L'apport de Karl Deutsch à la théorie des relations internationales »*, Revue internationale de politique comparée, vol. 10, n° 4, 2003.

- **Bertoncini Yves** : *« Le multilatéralisme en question. Horizon indépassable ou fausse valeur »,* Fondation Robert Schuman, site : http://www.robertschuman.org/supplement/questions_europe2.htm.

- **Bettati, Mario** : *« L'usage de la force par l'ONU »,* Revue Pouvoirs, n°109, 2004.

- **Bourgi, Albert** : « L'Union Africaine entre les textes et la réalité », AFRI, vol.5, 2005.

- **Castillo, Monique :** *« La guerre asymétrique »,* Le mensuel de l'Université, mars 2006, www.lemensuel.net.

- **Chaigneau Pascal :** « Afrique les crises d'un continent », in « Enjeux diplomatiques et stratégiques », Economica, 2004.

- **Chaigneau Pascal :** « L'Afrique, continent oublié », in « Les grands enjeux du monde contemporain », Ellipses, 1996.

- **Chaigneau Pascal :** *« La France et l'Afrique »,* in Enjeux diplomatiques et stratégiques, Economica, 2005.

- **Chaigneau Pascal :** « Vers de nouveaux enjeux économiques et financiers », in « Les grands enjeux du monde contemporain », Ellipses, 1996.

- **Chaigneau Pascal** *« L'imbroglio ivoirien »,* Défense nationale, février 2003.

- **Chaigneau Pascal**, *« Afrique : les crises d'un continent »,* Défense nationale, novembre 2003.

- **Chouala Yves Alexandre :** « Puissance, résolution des conflits et sécurité collective à l'ère de l'Union Africaine », Annuaire Français des Relations Internationales, 2005.

- **Duroselle Jean-Baptiste :** *« l'étude des relations internationales : objet, méthode, perspectives »,* Revue française de science politique, vol. 2, 1952.

- **Godement François** : *« La paix asiatique est-elle possible sans architecture régionale ? »,* Politique étrangère, 2001, vol. 66, n°1.

- **Gueyou Mesmer Luther :** « Les rapports entre l'Organisation des Nations Unies et l'Organisation de l'unité africaine- l'Union Africaine au regard du chapitre VIII de la Charte de l'ONU », thèse de doctorat en droit de l'Université de Paris X, Nanterre, 2002.

- **Guiraudon Virginie :** *« Jeux d'ombre et de lumière : les politiques envers les étrangers en Europe »,* Revue française de science politique, vol. 49, n°6, décembre 1999.

- **Hall A. Peter, Taylor C. R. Rosemary :** *« La science politique et les trois néo-institutionnalismes »,* Revue française de science politique, vol. 47, n° 3-4, juin-juillet 1997.

- **Jobert Bruno :** « Représentations sociales, controverses et débats dans la conduite des politiques publiques », Revue française de science politique, 1992.

- **Joubert Jean-Paul :** *« La marge de manœuvre des Africains »,* Géopolitique africaine, n°7-8, été-automne, octobre 2002.

- **Joubert Jean-Paul :** *« Réflexions sur les Etats-Unis d'Afrique »,* Géopolitique africaine, 2002

- **Jouve Bernard** : « La démocratie en métropoles : gouvernance, participation et citoyenneté », RFSP, vol.55, n°1, 2005.

- **Koh Tommy et Kremer Benoît :** « *L'ASEAN a- t-elle encore un rôle ?* », Politique étrangère, 1999, vol. 64, n° 1.

- **Korany Bahgat :** *« Dépendance financière et comportement international »,* Revue Française de science politique, volume 28, numéro 6, 1978.

- **Lacorne Denis :** « Mémoire et amnésie : les fondateurs de la Républiques américaine, Montesquieu et le modèle politique romain », Revue Française de Science Politique, vol. 42, n° 3, 1992.

- **Landau Alice :** « Conceptualiser l'Union européenne : apport et limites des théories des relations internationales », Swiss Political Science Review, 1(2-3).

- **Lequesne Christian :** *« La Commission européenne entre autonomie et dépendance »,* Revue française de science politique, Vol. 46, n° 3, 1996.

- **Moreau-Desfarges :** *« De la SDN à l'ONU »,* Revue Pouvoirs, n°19, avril 2004.

- **Mouchard Daniel** : « Les mobilisations des « sans » dans la France contemporaine l'émergence d'un « radicalisme auto limité », Revue française de science politique, Vol. 52, Numéro 4, 2002.

- **Muller Pierre :** « Forum. Enjeux, controverses et tendances de l'analyse des politiques publiques. », Revue française de science politique, 1996, vol. 46, n°1.

- **Murray S et Stedman Jr.** : « *Le travail du Congrès* », Revue Française de Science Politique, Vol. 4, n°4, 1954.

- **Mwayila Tshiyembe,** « *L'Afrique face au défi de l'Etat multinational* », Le Monde diplomatique, septembre 2000.

- **Pérousse De Montclos Marc Antoine**, « Le fédéralisme au secours de l'Afrique ? Du Nigeria au Soudan, des expériences contrastées », Revue Afrique contemporaine, Hiver 2003.

- **Quermone Jean-Louis :** « *Existe-il un modèle politique européen ?* », Revue Française de Science Politique, vol. 40, n° 2, 1990.

- **Roche Jean-Jacques :** « Le retour de l'Etat dans les relations internationales » in Chaigneau Pascal (sous la direction) « Enjeux diplomatiques et stratégiques 2005 », Economica, 2005.

- **Scharrpf W. Fritz :** « *La diversité légitime : nouveau défi de l'intégration européenne* », Revue Française de Science Politique, vol. 52, n°5-6, octobre- novembre, 2002.

- **Thoenig, J.C :** « *La quête du deuxième souffle* », Revue française de science politique, 1996, vol.46, n°1.

- **Vedel Georges :** « Le problème des rapports du législatif et de l'exécutif au Congrès de l'Association internationale de science politique », Revue française de science politique, vol. 8, n° 4, 1958.

- **Védrine Hubert :** « *Réflexions sur la réforme de l'ONU* », Revue Pouvoirs, avril 2004.

- **Venesson Pascal :** « Les réalistes contre les interventions : arguments, délibération et politique étrangère », Annuaire Français des Relations Internationales, 2003.

- **Zorgbibe Charles :** « *Pour une Charte africaine de la diplomatie préventive* », Géopolitique africaine, n°7-8, été-automne, octobre 2002.

- **Zorgbibe Charles :** « *De l'OUA à l'Union Africaine ?* », Géopolitique Africaine, hiver 2000-2001.

DOCUMENTS ET RAPPORTS PUBLICS

- **Amnesty International :** « Union Africaine. Une nouvelle chance pour la promotion et la protection des droits humains en Afrique. », 2002.

- **Bekkouche Adda et Gallet Bertrand :** « La coopération décentralisée : l'émergence des collectivités et autorités territoriales sur la scène internationale », Annuaire français des relations internationales, AFRI, 2001.

- **Centraider :** « Les organisations de solidarité internationale issues des migrations (OSIM) en région centre », juillet octobre 2004.

- **Centre Africain pour le politique commerciale** : *« Financement de l'intégration régionale »,* Commission économique pour l'Afrique, novembre 2004.

- **Cités Unies France**, dossier pays sur la Tunisie, septembre 2005.

- **Cohen Samy :** « ONG, altermondialistes et société civile internationales », communication présentées au colloque « les mobilisations altermondialistes », GERMM-AFSP, Paris, 3-5 décembre 2003.

- **Commission de l'Union Africaine** : « Le plan stratégique de la Commission africaine. Volume 1, Vision d'avenir et mission de l'Union Africaine », mai 2004.

- **Commission For Africa :** *« Pour l'Afrique. Contre l'indifférence et le cynisme. »,* Paris, La documentation Française, 2005.

- **Essy Amara,** Secrétaire général de l'OUA : « Allocution à l'ouverture de la deuxième conférence OUA/UA-société civile », Addis-Abeba, 11 juin 2002.

- **Haut Conseil à la coopération internationale** : « Les pratiques de la coopération décentralisée pour le développement et la solidarité internationale. », 2004.

- **OCDE :** « Prévenir les conflits violents : quels moyens d'actions ? », 2001

- **Secrétaire général de l'ONU :** « Nouveau partenariat pour le développement en Afrique : deuxième rapport complet sur les progrès de la mise en oeuvre et de l'appui international », 4 août 2004.

CONVENTIONS, PROTOCOLES ET CHARTES

- Acte constitutif de l'Union Africaine, Lomé, Togo, 11 juillet 2000

- Charte de l'OUA, Addis Abeba, Ethiopie, 25 mai 1963.

- Convention générale sur les privilèges et immunités de l'Organisation de l'Unité Africaine, Accra, Ghana, 25 octobre 1965.

- Protocole additionnel à la Convention générale sur les privilèges et immunités de l'Organisation de l'Unité Africaine, Freetown, Sierra Leone, juin 1980

- Charte africaine des droits de l'Homme et des peuples, Nairobi, Kenya, juin, 1981.

- Charte africaine des droits et du bien-être de l'enfant, Addis-Abeba, Ethiopie, juillet, 1990.

- Traité instituant la Communauté économique africaine, Traité d'Abuja, Abuja, Nigeria, 1991.

- Protocole relatif à la Charte africaine des droits de l'Homme et des peuples, portant création d'une Cour africaine des droits de l'Homme et des peuples, Ouagadougou, Burkina Faso, 10 juin 1998.

- Protocole au traité instituant la Communauté économique africaine relatif au Parlement panafricain, Syrte, Libye, 2 mars 2001.

- Protocole relatif à la création du Conseil de Paix et de Sécurité de l'Union Africaine, Durban, Afrique du Sud, juillet 2002.

- Protocole à la Charte africaine des droits de l'homme et de peuples relatif aux droits de la femme, Maputo, Mozambique, 10-12 juillet 2003.

- Protocole de la Cour de Justice de l'Union Africaine, Maputo, Mozambique, 10-12 juillet 2003.

- Protocole sur les Amendements à l'Acte constitutif de l'Union Africaine, Maputo, Mozambique, 10-12 juillet 2003.

POUR ALLER PLUS LOIN SUR L'AFRIQUE

- **Aivo Frédéric Joël :** « Le juge constitutionnel et l'Etat de droit en Afrique. L'exemple du modèle béninois », L'Harmattan, 2006.

- **Assogba Yao :** « Sortir l'Afrique du gouffre de l'histoire : le défi éthique du développement et de la renaissance de l'Afrique noire », Québec, les Presses de l'Université de Laval ; 2004

- **Chiadjeu M. L. J.:** « Comment comprendre la « crise » de l'Etat post-colonial en Afrique », Bern, Peter Lang, 2005.

- **Ela Jean-Marc :** « Travail et entreprise en Afrique. Les fondements sociaux de la réussite économique », Khartala, 2006

- **Foirry Jean-Pierre :** *« L'Afrique : continent d'avenir ? »,* Ellipse marketing, 2006

- **Forrest Joshua B.**: « Subnationalism in Africa : ethnicity, alliances, and politics », Boulder, London, Lynne Rienner, 2004.

- **Fosu Kwasi Augustin** : *« Post conflict economies in Africa »*, Houndmills, Palgrave Macmillan ; 2005

- **Gaye Adama :** « Chine-Afrique : le dragon et l'Autriche. Essai d'analyse de l'évolution contrastée des relations sino-africaines : saint ou impie alliance du XXIe siècle », l'Harmattan, 2006

- **Gourévitch Jean-Paul** : « La France en Afrique. Cinq siècles de présence : vérités et mensonges. », Acropole Belfond, 2006

- **Hamouda Ben Hakim** : « L'Afrique et l'OMC. Les 100 mots clés », Maisonneuve et Larose, 2006

- **IRIS** : « Les défis de l'Afrique », Dalloz ; 2005

- **Larémont Rocardo René :** *« Borders, nationalism and the African state »,* Boulder, Lyne Rienner publ ; 2005.

- **Leonard David K.**: « Africa's stalled development : international causes and cures », Oxford, Indiana university press ; 2004

- **Mbaku Mukum John et Chandra Suresh Saxena** *: « Africa at the crossroads : between regionalism and globalism »,* Wesport (Conn.), London, Praeger...2004

- **Mpungu (wa) Bakandeja Grégoire :** « Le droit du commerce international. Les peurs justifiées de l'Afrique face à la mondialisation des marchés », De Boeck, 2006

- **Nkot Pierre-Fabien :** « Usages politiques du droit en Afrique. Le cas du Cameroun », Bruylant, 2006

- **Pondi Jean Emmanuel :** *« L'ONU vue d'Afrique »,* Paris, Maisonneuve et Larose ; 2005

- **Sindjoun Luc** : « Etat, individus et réseaux sans les migrations africaines », Karthala ; 2005

- **Smith Stephen et Glaser Antoine :** *« Comment la France a perdu l'Afrique »,* Paris, Calmann-Lévy, 2005

Table des matières

Remerciements 7

PRÉFACE 11

Sigles et abréviations 13

INTRODUCTION
Indifférence ou intérêt pour l'Afrique et pour l'Union Africaine ? 17

ORIENTATIONS ET PLAN DE L'OUVRAGE 25

PREMIÈRE PARTIE
L'Union Africaine : le contexte et les codéterminants d'une création 33

CHAPITRE 1
AUX ORIGINES DE LA CRÉATION DE L'UNION AFRICAINE :
LES CONFÉRENCES FONDATIVES 35
    Section 1
    Les rencontres et les différentes options en vigueur 38
    1. Le sommet extraordinaire de Syrte de septembre 1999 38
    2. Le sens du choix de Mouammar Kadhafi 41
    3. Le 36ᵉ sommet de l'Organisation de l'Unité Africaine
    et la naissance de l'Union Africaine 46
    Section 2
    Une troisième voie possible : un fédéralisme fonctionnel ? 51
    1. Un fédéralisme à mi-chemin entre la confédération et l'Etat fédéral .. 51
    2. Un modèle à compléter 53

CHAPITRE 2
DE L'ORGANISATION DE L'UNITE AFRICAINE A L'UNION AFRICAINE :
LES CODETERMINANTS D'UNE CREATION 55
    Section 1
    L'OUA et l'absence d'un sentiment de dépendance, *path dependency* .. 61
    1. Une période de conjoncture défavorable au maintien de l'OUA 61
    2. L'Union Africaine : un remède aux insuffisances de l'Organisation
    de l'Unité Africaine 63
    Section 2
    L'Union Africaine : du choix rationnel à l'action de certains leaders 68
    1. L'Union Africaine : fruit de choix calculés 68

    2. Une réaction face aux contraintes économiques 70
    3. Une réponse face aux contraintes sécuritaires 72
    4. L'UA ou le volontarisme et la capacité de certains dirigeants 75

CHAPITRE 3
L'UNION AFRICAINE : NOUVELLE ORGANISATION OU SIMPLE
SUCCESSION 77
    Section 1
    L'Union Africaine et les formes classiques d'établissement
    des organisations internationales 79
    1. L'Union Africaine : un développement par étapes successives ? 79
    2. L'Union Africaine et l'institutionnalisation progressive 80
    Section 2
    L'Union Africaine : un établissement par formation instantanée 84
    1. Une petite ambiguïté ? 84
    2. Une ou plusieurs dates de naissance ? 84

CHAPITRE 4
LA DEFINITION DE L'UNION AFRICAINE 87
    Section 1
    L'Union Africaine : une organisation régionale 90
    1. Une organisation régionale non restreinte 90
    2. Une différence par rapport à l'Organisation de l'Unité Africaine ? 91
    Section 2
    L'Union Africaine : une organisation généraliste 92
    1. Des compétences non spécialisées 92
    2. Une mission globale d'unité et de solidarité 93
    Section 3
    L'Union Africaine : une organisation d'intégration
    ou de coopération ? 94
    1. Un débat classique 94
    2. Des critères permanents de distinction 95

CHAPITRE 5
LES IDEES-FORCES DE L'UNION AFRICAINE 99
    Section 1
    L'intégration politique et la réaffirmation du rôle de l'Etat 101
    1. L'intégration politique 101
    2. La réaffirmation du rôle de l'Etat 101
    Section 2
    Les idées liées à la personne et aux peuples africains 106
    1. Le développement du continent 106
    2. La participation populaire 108
    3. La dignité humaine 109
    4. La place à la jeunesse et la mobilisation de la diaspora africaine 109

CHAPITRE 6
LA PARTICIPATION AU SEIN DE L'UNION AFRICAINE ... 121
Section 1
La participation plénière ... 123
1. L'adhésion : une rupture avec la pratique au sein de l'Organisation de l'Unité Africaine ... 123
2. La perte de la qualité de membre : une rupture théorique avec le régime de l'impunité ... 124
Section 2
La participation restreinte ... 126
1. Le silence des textes ... 126
2. Un concours nécessaire au multilatéralisme ... 127
Section 3
La prise de décision au sein de l'Union Africaine ... 128
1. Le consensus comme principe de base ... 128
2. La règle de la majorité comme exception ... 129

CHAPITRE 7
LES PRINCIPES DE L'UNION AFRICAINE ... 131
Section 1
Les principes régissant les rapports entre les Etats africains ... 132
1. Des principes de l'Organisation de l'Unité Africaine enrichis ... 133
2. De nouveaux principes notamment sur les droits de l'Homme ... 135
Section 2
L'Union Africaine et les organisations africaines ... 137
1. Généralités ... 137
2. L'Union Africaine et la Communauté Economique Africaine ... 137
Section 3
Les relations entre l'Union Africaine et le reste du monde ... 139
1. Les dispositions statutaires ... 139
2. Un soutien opérationnel de l'ONU ... 144
3. Les relations Europe-Afrique ... 147
4. Les relations Afrique-Asie ... 149

CHAPITRE 8
LES RESSOURCES FINANCIERES DE L'UNION AFRICAINE ... 151
Section 1
L'Union Africaine et les financements classiques ... 152
1. Considérations générales ... 152
2. Les différentes sources de financement de l'Union Africaine ... 153
Section 2
A la recherche de ressources alternatives de financement ... 156
1. Un risque de dépendance financière ... 156
2. Quelques pistes dont les annulations de la dette ... 157

DEUXIÈME PARTIE
LES ORGANES DE L'UNION AFRICAINE 163

CHAPITRE 9
LES ORGANES INTERETATIQUES 169
   Section 1
   Les organes pléniers 171
   1. La Conférence de l'Union : organe suprême de l'Union 171
   2. Le Conseil exécutif 173
   3. Le COREP : Un activisme inquiétant ? 175
   Section 2
   Les organes restreints 178
   1. Généralités 178
   2. Le Conseil de Paix et de Sécurité 179

CHAPITRE 10
LES ORGANES INTEGRES DE L'UNION AFRICAINE 187
   Section 1
   Le Parlement panafricain 189
   1. Fondements, objectifs et composition 189
   2. Une institution d'apparat ? 190
   3. Une « presque exception » au sein des organisations régionales 192
   Section 2
   La Cour de Justice de l'Union Africaine 198
   1. Une idée innovante pour l'Afrique 198
   2. La saisine et les compétences 199
   Section 3
   Les institutions financières africaines 203
   1. Les erreurs à ne pas commettre 204
   2. La cohérence avec les autres institutions africaines de régulation
   des échanges 207
   3. La question de la convertibilité des monnaies africaines 208
   4. Une Banque centrale pour quels instruments
   de politique monétaire ? 209
   5. Un Fonds monétaire africain à définir 210
   Section 4
   Le Conseil économique, social et culturel 212
   1. Généralités 212
   2. Un catalyseur d'intégration 213

CHAPITRE 11
LA COMMISSION DE L'UNION AFRICAINE 215
   Section 1
   Considérations générales 216
   1. Fondements et composition 216

2. Les missions de la Commission 217
　　3. Les attributions de la Commission 218
　Section 2
　Autonomie et dépendance de la Commission de l'Union Africaine 221
　　1. Les ressources d'intelligibilité 222
　　2. Les ressources d'autonomie 224
　　3. De la dépendance vis-à-vis des Etats membres
　　de l'Union Africaine 228

CHAPITRE 12
LE CONSEIL DE PAIX ET DE SECURITE 233
　Section 1
　Le CPS et l'évolution de la défense commune en Afrique 234
　　1. L'Afrique : un continent sans pacte de défense
　　et de sécurité collectives 234
　　2. L'effort des organisations sous-régionales 235
　Section 2
　Le CPS : une innovation dans la construction de la paix collective
　en Afrique ? 238
　　1. Au-delà de l'idéalisme et de l'angélisme de l'OUA 238
　　2. Une vision réaliste des relations internationales africaines 239
　　3. Pour une approche « appropriation/multilatéralisation »
　　de la sécurité collective en Afrique 241
　Section 3
　Galop d'essai dans le conflit du Darfour 244
　　1. Rappel des faits 244
　　2. Trois grandes leçons à tirer 247

TROISIÈME PARTIE
Les limites de l'Union Africaine et les obstacles à l'intégration 251

CHAPITRE 13
L'UNION AFRICAINE ET LA COOPÉRATION
NON-GOUVERNEMENTALE 253
　Section 1
　Eléments de définition de la coopération non-gouvernementale 254
　　1. Une coopération de la société civile 254
　　2. Une coopération de revendication 255
　Section 2
　Les rapports entre l'Union Africaine et les ONG 257
　　1. Des rapports existants mais à l'état embryonnaire 257
　　2. Dans l'attente du Conseil économique, social et culturel 259

CHAPITRE 14
L'UNION AFRICAINE ET LA COOPERATION DECENTRALISEE 261
    Section 1
    Considérations générales sur la coopération décentralisée 262
    1. Plusieurs conceptions de la coopération décentralisée 262
    2. Des actions et modalités diverses et variées 263
    Section 2
    De la reconnaissance de la coopération décentralisée
    par l'Union Africaine 266
    1. Windhoek, Cotonou et Maputo : l'idée d'une conférence de l'UA
    sur la décentralisation 266
    2. Yaoundé I et II ou la deuxième étape vers des rapports
    entre l'Union Africaine et la coopération décentralisée 270
    3. L'idée d'un comité de régions 271

CHAPITRE 15
LES AUTRES OBSTACLES A L'INTEGRATION EN AFRIQUE 273
    Section 1
    Les cause internes à l'Union Africaine 274
    1. Une adhésion sans conditionnalité 274
    2. Une absence de période d'adaptation 275
    Section 2
    Les causes extérieures à l'Union Africaine 277
    1. La question de l'Union du Maghreb Arabe 278
    2. La question de la Communauté des Etats sahélo-sahariens 280
    3. Une concurrence éventuelle avec la Francophonie ? 280
    4. La question du Commonwealth 281

QUATRIÈME PARTIE
Les programmes spéciaux 283

CHAPITRE 16
LE NEPAD OU L'INTÉGRATION PAR LE HAUT 285
    Section 1
    Essai sur un modèle d'intégration 294
    1. L'inter gouvernementalisme dans le concept du NEPAD 294
    2. Le risque de marchandages intergouvernementaux 298
    Section 2
    Les limites de inter gouvernementalisme et les réponses éventuelles ... 302
    1. Le principe de subsidiarité 303
    2. Partenariat et additionnalité 305
    Section 3
    Vers une approche multi niveaux 307
    1. Un enchevêtrement à l'européenne 308
    2. Vers un modèle original de politiques publiques 309

Section 4
La réforme des politiques au sein du NEPAD.. 313
1. Les grands aspects du Programme 313
2. La question d'un modèle dominant en Afrique 315
3. Une transposition difficile 319
4. A la recherche d'un modèle conformément aux modèles existants... 322

CHAPITRE 17
LA CONFERENCE SUR LA SECURITE, LA STABILITE,
LE DEVELOPPEMENT ET LA COOPERATION EN AFRIQUE (CSSDCA) ... 327
Section 1
Les objectifs de la CSSDCA 328
1. Des préalables à préciser 328
2. Le sens à donner à la prévention des conflits 329
Section 2
Le rôle de la CSSDCA à côté du Conseil de Paix et de Sécurité 332
1. Un regrettable doublon ? 332
2. Pour une CSSDCA plus utile 333

CONCLUSION GENERALE 335

ANNEXES 339
Dette et aide publique au développement 339
Acte constitutif de l'union africaine 381
Protocole sur les amendements à l'acte constitutif............................... 398
Statut de la commission de l'union africaine.. 403
Protocole relatif à la création du CPS 421

BIBLIOGRAPHIE 449
Ouvrages sur les relations internationales................................ 449
Ouvrages sur les organisations internationales et le droit international 450
Ouvrages sur l'afrique et le monde en développement 451
Autres ouvrages 452
Revues 453
Documents et rapports publics................................ 457
Conventions, protocoles et chartes 458
Pour aller plus loin sur l'Afrique 459

617673 - Septembre 2015
Achevé d'imprimer par